开新

当代儒学理论创构

郭沂 编

北京大学出版社

图书在版编目(CIP)数据

开新:当代儒学理论创构/郭沂编. —北京:北京大学出版社,2013.1
(近思文丛)
ISBN 978-7-301-21667-5

Ⅰ.①开… Ⅱ.①郭… Ⅲ.①儒学-传统文化-国学-现代 Ⅳ.①B222.05

中国版本图书馆 CIP 数据核字(2012)第 282228 号

书　　　名:开新——当代儒学理论创构
著作责任者:郭　沂　编
责 任 编 辑:王立刚
标 准 书 号:ISBN 978-7-301-21667-5/B·1086
出 版 发 行:北京大学出版社
地　　　址:北京市海淀区成府路 205 号　100871
网　　　址:http://www.pup.cn　新浪官方微博:@北京大学出版社
电 子 信 箱:pkuphilo@163.com
电　　　话:邮购部 62752015　发行部 62750672　出版部 62754962
　　　　　　编辑部 62755217
印 刷 者:北京宏伟双华印刷有限公司
经 销 者:新华书店
　　　　　　787mm×1092mm　16 开本　21 印张　440 千字
　　　　　　2013 年 1 月第 1 版　2013 年 1 月第 1 次印刷
定　　　价:39.00 元

未经许可,不得以任何方式复制或抄袭本书之部分或全部内容。
版权所有,侵权必究
举报电话:010-62752024　电子信箱:fd@pup.pku.edu.cn

目录

杜维明
论儒学第三期/1
儒学第三期发展的前景/14
新儒学论域的开展/30

李泽厚
漫说"西体中用"/37
说儒学四期/55

刘述先
系统哲学的探索/69
从当代新儒家观点看世界伦理/83

成中英
中国哲学的重建/96
第五阶段儒学的发展与新新儒学的定位/111

张立文
中国哲学的创新与和合学的使命/121
和合学论纲/139

牟钟鉴
儒家仁学的演变与重建/154
重建诚的哲学/161

安乐哲
儒家式的民主主义/169
儒学与杜威的实用主义：一种对话/182

林安梧
后新儒家哲学之拟构："道"的彰显、遮蔽、错置与治疗之可能/203
后新儒学的社会哲学：契约、责任与"一体之仁"
　　——迈向以社会正义论为核心的儒学思考/219

黄玉顺

面向生活本身的儒学

　　——"生活儒学"问答/231

儒学与生活:民族性与现代性问题

　　——作为儒学复兴的一种探索的生活儒学/253

郭沂

当代儒学范式

　　——一个初步的儒学改革方案/268

道哲学概要/287

论儒学第三期

杜维明

维达利·A.鲁宾在《儒学的价值》中指出:"近几十年来,在大陆以外的汉语文化、思想界,出现了一个特别有意义的现象:儒学的复兴。这场运动已有近三十年历史,被称做'新儒学'运动。"①对我们这些置身于这场运动的人来讲,鲁宾的激励之辞弥足珍贵。在永恒的死寂被视为理所当然的荒野中,听到这样的同情言语,令人快慰。虽然我从未有机会和鲁宾晤面,但是从他的著作里,我听见了他发自内心的声音,感受到他的智慧和探索的心灵。鲁宾不仅用他的头脑,还用他的心,甚至用他的整个身体和灵魂来进行思考。

本文拟讨论儒学第三期的可能性,这也是吸引鲁宾的问题。为了能够使问题明确,我拟首先采用列文森(Levenson)的阐释立场,作为我的出发点。先简述一下历史背景,然后试图从儒家中国现代转化的角度,评估当前的状况。本文结束时,就未来略作瞻望。

问　题

第三期儒学是否可能?这个问题几十年来一直引起中国思想史研究者的莫大兴趣。列文森花费了巨大的精力,去理解现代中国思想家在回应西方冲击时所面临的困境,他对这个问题的回答是否定的②。对那些有幸认识列文森本人的人来说,这位"莫扎特式历史学家"③对儒教中国及其现代命运的论断,不仅是冷峻的判词,更是一位诗人、历史学家的哀恸之言。据说,列文森曾因儒家理想的死灭而备感痛苦。他虽然对儒者甚为仰慕,但是,其结论却是,在不断专业化、职业化的现代社会,学者兼官员的理想已经过时了。列文森看出,儒学不可避免地衰微了④。

---

① Vitaly A. Rubin, "Values of Confucianism", *Numen* 38, no. 1(1981):第72页。有关从比较的角度进行阐释的立场,见 Rubin:《儒学的终结?》("The End of Confucianism?"),载《通报》(*T'oung Pao* 49[1973]:第68—78页)。
② Joseph R. Levenson:《儒教中国及其现代命运:三部曲》(*Confucian China and Its Modern Fate: A Trilogy*, Berkeley and Los Angeles: University of California Press, 1968)。
③ 借自一部列文森纪念文集的书名:《莫扎特式历史学家:列文森学术论集》(*The Mozartian Historian: Essays on the Works of Joseph R. Levenson*, Maurice Meisner and Rhoads Murphey, eds., Berkeley and Los Angeles: University of California Press, 1976)。
④ 列文森:《儒教中国及其现代命运》总序,第10页。

在列文森的阐释中有一个重要的假设,亦即赞同马克斯·韦伯(Max Weber)将现代西方的特征归之为理性的胜利。韦伯论点的寓意很清楚:传统的生活方式都将在现代化过程中遭到摧毁,这个过程导源于西欧加尔文(Calvin)教派的资本主义精神,吞噬了整个世界。科学技术的调整力量,逐渐使得作为不同文化要素的历史上主要宗教不再起作用。科技专家,而非文人,将会统治世界。以列文森的观点观之,儒学只能是一些人脑海里的模糊记忆了,这些人依然怀恋作为爱好者以吟诗思考为乐的理想①。儒家遗产或许在"无墙博物馆"②里仍然有位置,但是,掌控者却已是韦伯所说的"官僚权威"了③。然而,这种保留位置并不意味着,儒学在20世纪会重新兴起,成为一种活生生的思想力量,有什么希望可言。

列文森对儒家中国之命运所作的阐释或许是武断的,但是,儒学对当今的中国而言,只具有历史意义。这个论点被视作不证自明,因此也就是正确的,从而广为人们所接受。研究当代中国的西方学者普遍给五四以后的儒学贴上传统、保守或反动的标签,就是列文森式解释颇有影响的明证。他们理所当然地认为,儒家传统主义和理性的、科学的现代精神不可调和、截然判明,中国若要出现现代性,儒家传统就必须死灭④。

一些学者尝试着提出不同的阐释模式。探索"传统主义者"、"保守主义者"、"反动者"的生平思想,以求搞清楚他们是如何与"现代的"西方式问题搏斗的,就是颇见成果的取径。在题为《变化的限度》的论文集里,儒家保守主义的边缘得以延伸,涵括了精神价值⑤。老套看法是,儒学使得极权、老人统治、男性沙文主义等,成为中国传统政治文化中居主导地位的取向,这部论文集起到了纠偏的作用。艾恺有关梁漱溟的研究,显然在尝试将儒家观念应用到20世纪的乡村自治上⑥。梁氏也许很可能是"最后的儒家",但是,他所倡导的儒学,比起诸如社会主义、自由主义、民主主义、科学主义等有影响的现代意识形态,无论是在理论上或者实践上,在中国的影响更为持久。

韦伯式的解释将儒家伦理视为"调适世界"的伦理⑦,墨子刻就新儒家的"困境"进行了发人深省的反思,向韦伯发起了严肃的挑战。墨子刻表明,典型儒者在修身和服务社会之间所处的困境,同样也能促生一种内部的精神动力,就其强度而言,堪与加尔文信众在清教徒内在禁欲主义影响下产生的精神动力相媲美。以此观之,儒家也按照自己的文化

---

① 列文森:《儒教中国及其现代命运》总序,第10页。
② 同上。
③ 见韦伯:《社会学论集》(*Essays in Sociology*, H. H. Gerth and C. Wright Mills. trans. and eds., New York:Oxford University Press,1958),第196页。
④ 列文森:《儒家中国及其现代命运》,3:第110—125页。
⑤ 此论文集副标题为"论民国时期的保守主义"(*The Limits of Change:Essays on Conservative Alternatives in Republican China*, Charlotte Furth, ed., Cambridge, Mass:Harvard University Press,1976)。见内收张灏、林毓生、杜维明文。
⑥ Guy S. Alitto:《最后的儒家:梁漱溟和中国的现代性困境》(*The Last Confucian:Liang Shu-ming and the Chinese Dilemma of Modernity*, Berkeley and Los Angeles:University of California Press,1979)。
⑦ Max Weber:《中国的宗教》(*The Religion of China*, Hans H. Gerth, trans. and ed., New York:The Free Press,1964),第235页。

理想改变了世界,并非只是安于现状。考虑到儒家的本体论预设和生存状况,则他们是否必定为墨子刻所言不如意的世事所限,还是可以商榷的。墨子刻认为,西方的冲击实际上为新儒家逃离无法承受的困境提供了出路。这个意见,也可以争议。不过,他断言,就韦伯式理论而言,儒家伦理是可以转化的,却是可以成立的①。

在美国,共同致力于探究新儒家传统的内在逻辑和外在动力,始于 60 年代早期。在狄百瑞的领导下,一系列研讨会在欧美召开,鼓励东西方学者研究第二期儒学。四部论文集得以出版,试图探索新儒家生平、思想所蕴涵的意义②。如果没有儒学遗产的当代典范,如美国陈荣捷、香港唐君毅、日本冈田武彦的积极参与,这种尝试是不可能的。他们的言传身教,激励了整整一代的美国学者,承担起利用当代西方概念工具理解、阐释儒学"密码"的艰巨任务。

狄百瑞相信,儒学与我们的当下关怀密切相关,表面上看,和列文森对儒家中国命运的论断截然相反。1969 年,列文森未登高寿即已辞世,其后发生的政治事件表明,儒学在中国的命运仍然是一个有待深入讨论的问题。几乎不会有人怀疑儒家传统和中国新兴政治文化的关联。工业化东亚在近二十年里,成功地在制造业和高科技领域同美国、西欧竞争,则代表了另一种情况。巧妙采取文化特别发展战略,就儒家伦理和东亚企业精神之间的关系提出了具有挑战性的问题③。有一些社会学家,受到"后儒家国家"(日本、韩国、新加坡)以及中国台湾、香港地区经济表现的强烈吸引,甚至建议用诸如"现代资本主义"、"第二种现代性"等新概念,来描述这种新的现象④。列文森如果活到今天,是否会根本改变他的阐释立场呢?

列文森,这位毕生在自己的背景下研究思考着的思想史专家,对儒学在当今中国催生出原创性、创造性观点的能力特别敏感。他觉得儒学极其缺乏这方面的能力。他没有发现在那些改变了当代中国思想潮流的著名知识分子中,有哪位具备了原创性、创造力。儒学若要成为活生生的传统,就必须具有原创性、创造力。但是,无论是在能言善辩的西化论者,还是在敛心寡言的博雅的经学家身上,他都没有找到这种能力。然而,人们也许想知道,假若他能够接触到诸如非凡的形上学家熊十力、文化哲学家唐君毅、忧国忧民的知

---

① Thomas A. Metzger:《摆脱困境:新儒学和演进中的中国政治文化》(*Escape from Predicament: Neo—Confucianism and China's Evolving Political Culture*, New York: Columbia University Press, 1977)。
② 《明代思想中的自我与社会》(*Self and Society in Ming Thought*, Wm. T. de Bary, ed., New York: Columbia University Press, 1970);《新儒学的展开》,《理与行:论新儒学和实学》(*Principle and Practicality: Essays in Neo—Confucianism and Practical Learning*, Wm. T. de Bary and Irene Bloom, eds., New York: Columbia University Press, 1979);《元代思想:蒙古统治下的中国思想和宗教》(*Yüan Thought: Chinese Thought and Religion Under the Mongols*, Hok—lam Chan and Wm. T. de Bary, eds., New York: Columbia University Press, 1982)。
③ 杜维明:《儒家伦理与东亚企业精神》("Confucian Ethics and the Entrepreneurial Spirit in East Asia"),系 1982 年 8 月 31 日在新加坡国立大学商业管理研究会的发言。后作为第 3 章收入《儒家伦理现状:新加坡的挑战》(*Confucian Ethics Today: The Singapore Challenge*, Singapore: Federal Publications, 1984)。
④ 彼得·伯格:《一种东西发展模式?》(Peter Berger, "An East Asian Development Model?"),收入《寻求东亚发展模式》(*In Search of an East Asian Development Model*, edited by Peter L. Berger and Hsin Huang Hsiao; New Brecnswick, USA and Oxford, UK: Transaction Books, 1988),第 3—11 页。

识分子徐复观、唯心主义思想家牟宗三这些人的著作,他是否会改变自己的看法呢?

感谢狄百瑞及其同事,我们对宋明大儒的生平思想更为了解了,列文森式的观点就变得越来越刺眼。朱熹(1130—1200年)和王阳明的时代一去不复返了,在现代儒者的哲学著作中,即使是戴震(1723—1777年)的风采,也难以一见了。许多所谓的儒家之道的信徒,更令人联想到吴敬梓《儒林外史》里的人物:褊狭、肤浅、自私、冷漠。鲁迅(1881—1936年)对儒家重礼主义溢于言表的深恶痛绝,真实地揭示了儒学实践严重的冷漠、无情、不合时宜。我们对儒家传统了解越多,就越感觉到,儒家的现代形象断非它本来应有的面目。

将朱熹思想中的体用二分法和张之洞(1837—1909年)的名言"中学为体,西学为用"加以比较,就可以清楚地看到,精妙的能动范畴如何变成停止思想的借口。当然,这并不是说,张之洞努力将传统中国哲学中诸如"体用"之类的范畴与近代情势联系起来,是毫无意义可言的。他的这句话也许是缓解西方冲击的巧妙方法,不过,就创造性思想而言,张氏的体用论显然缺乏从儒学角度对西方文化挑战做出回应。列文森将当代中国知识分子的如意算盘形容为中国当代思想认同危机的标志,实在是正确的①。

在较为深层的意义上,列文森对是否可能出现第三期儒学这个问题的否定性回答,颇可作为出发点,由此去探索或许可以找到肯定性答复的论域。不同的是,有希望实现这种可能性的具体步骤,必须始于认同狄百瑞以及他的同事所研究的儒家世界已经不复存在了。狄百瑞及其一些同事意识到了思想上的挑战。这种实现并不意味着,复活是儒学在当代中国复兴的唯一希望。催活旧的,获取新的,对于儒家象征主义来说,仍然是有可能的。但是,如果要这么做,无论任务多么困难,工作多么艰辛,当代儒者也必须再次具有原创性、创造力。

在以为传统肯定是放诸四海而皆准的天真想法遭到彻底批判之后,再要寻回传统的意义并非轻而易举之事。克服疏离感,跨越经典作为死文字和活生生信息之间的鸿沟,也断非举手之劳。系统研究宋明大儒的生平思想仅仅是第一步。单靠学术研究也许并不能带来思想复兴。埃及学家或者佛教学家,靠他们自己并不能将生机吹入古代文字之中。中国学家单靠自己同样也不能带来儒学的新纪元。这里牵涉到不计其数的政治、社会、文化因素。20世纪80年代,人们对儒家伦理的兴趣日见增长,与20世纪60年代狠批儒学形成鲜明对照,这是预料之外的情况。也没有精密的解释模式可以帮助我们评估这种情况的深远意蕴。无知的迷雾太过浓烈,我们唯有听任超出自己理解力的外在力量摆布了。

这种濒于困惑的不确定感,对儒家的经验来说绝不陌生。据说,孔子自己就时常担忧其学说的命运,尽管并不特别担心自己②。孔子对保存自文王、周公而来的生活方

---

① 列文森:《梁启超和现代中国思想》(*Liang Ch'i—ch'ao and the Mind of Modern China*, Cambridge Mass: Harvard University Press,1953)。

② 《论语·述而》。

式,亦即文化传统的关怀,是孟子、荀子以及几乎所有后来的大儒所共有的。道统已断,必然采取非常措施来保证真正的道统,这个观念在韩愈(768—824年)的名文之前很久就已出现了。韩愈的独特贡献在于将"道统"定为人之道,与佛家之法判然不同①。张载(1020—1077年)以降的理学大师,都将认同儒家之道作为终极关怀。如果不继续将"道"体现在平凡的日常存在中,"斯文"②将丧,这种忧惧一直弥漫在新儒学思想家之间。

历史背景

宋明儒者普遍接受韩愈的说法,即儒家之道在孟子以后不得其传,但是,从历史上看,这种说法乃是严重的夸大。它忽视了儒家体制正是在汉代(公元前206—220年)得以确立的事实。法家官僚体系的儒家化以及儒家道德价值的政治化之间的互动,乃是汉代统治机器的动力的主要特征③。确实,一般认为,此后的魏(220—265年)、晋(265—420年)在思想史上乃是新道教的时期,学者通常也都以为,随着汉朝的覆亡,儒术也黯然失色了。不过,正如余英时以及其他人所指出的那样,儒家的生活方式不仅在社会上继续存在,甚至还更加盛行。门阀世族在这个时期兴起,居于统治地位,都带有儒家色彩,尽管儒家体制分裂了,儒家规范却在社会中发挥了重要作用④。

隋(581—618年)、唐(618—907年)时期,佛教是中国社会中占主导地位的精神力量,即使如此,有关儒家经典、历史、礼仪的研究仍然得到进一步发展。十三经注疏的完成、唐律的编辑、正史与史学巨著的编纂、礼学的研究,都象征着唐代儒学研究达到了很高水平⑤。

我们从孟子、韩愈身上看到的是儒学的扩展,将政治、社会实践都包括在整体关怀之中。反讽的是,正是政治的儒家体制化和社会的儒家礼仪化,使得韩愈指责说,儒家之道的真意一千多年来久已不得其传。韩愈和儒家之道的其他卫道者所希望的,并非最低限度地保留儒家伦理,而是最大限度地彰扬儒家真理,他们希望最真实地展现儒家的生活方式。这种基于对儒家精神的整体观的追求,导致对儒学进行重新定义。卫道者对作为政治意识形态和社会规范的儒学再也不能感到满意了。他们希望将圣人之言作为自己生活方式的中心。当然,他们深切关注政治与社会,但是,却将儒家的自我实现作为终极关怀。

---

① 韩愈:《原道》,载《昌黎全集》。
② 《论语·子罕》。
③ 儒法冲突之例,见侯外庐主编:《中国思想通史》,五卷本(北京:人民出版社,1957年),第2卷,第172—180页。
④ 见余英时:《汉晋之际士之新自觉与新思潮》,载《新亚学报》,5. no.1(1959),第25—144页。
⑤ 蒲立本(Edwin G. Pulleyblank):《唐代文化生活中的新儒学和新法家(755—805)》("Neo-Confucianism and Neo-Legalism in T'ang Intellectual Life, 755—805"),载《儒家的信仰》(The Confucian Persuasion, Arthur F. Wright, ed., Stanford: Stanford University Press, 1960),第77—114页。

他们显然确立了新的优先顺序:政治、社会的可行性必须从修身引发出来。古典儒家的理想"内圣外王"①,成了他们重新发现的"性命之学"的明确特征。

无疑,如果没有佛教在中国的兴起以及佛教的中国化②,第二期儒学就不会出现。尽管儒学的范围扩大了,但是,主导3世纪至10世纪中国学术思想界的,乃是佛教的传入、发展、成熟乃至转化③。从比较的观点来看,这是人类历史上文化交流最辉煌的篇章之一。印度影响中国的范围、程度、遗留下来的结果,代表着一种具有深远意义的现象④。至少,它表明了佛教的普世性和中国思想的接受能力。

理学在对佛教的回应中兴起了,但经常被描绘成对唐代世界主义精神的叛离。这种定义狭隘的官方正统学说的兴起,也许会加深这样一个印象,即理学作为一种政治意识形态无法摆脱与排外的唯文化主义的纠缠。宋至清的中国史是征服朝代的历史。理学的重点在于史书的合法性和文化的正当性,对种族和原居民情感产生了兴趣。然而,将理学等同于唯汉族主义却是有欠谨慎,更不必说宋、明等特定朝代了。历史记载会为历史说话。理学的故事展开后,我们看到,它不仅覆盖了宋明儒学,而且还有金代(1115—1234年)儒学、元代(1271—1368年)儒学、清代(1644—1911年)儒学。也许还包括朝鲜(1392—1910年)儒学、日本的德川(1600—1867年)儒学、越南的李朝(1428—1789年)儒学。由于我们日益意识到问题的复杂性,兴许会发现有时"新儒学"这个术语也会导致误解。

第二期儒学的显著特征就是儒学传入朝鲜、日本、越南。正如岛田虔次暗示的那样,将儒学描述成"中国的",不免狭隘,儒学同样也是朝鲜的、日本的、越南的⑤。儒学不同于佛教、基督教、伊斯兰教,它不是世界性的宗教,未延伸到东亚之外,至今也未超越语言的边界。虽然儒家经典现在有了英译本,但是,儒学的信息似乎仍然和中国文字缠绕在一起。然而,至少可以看到,如果儒学还可能有第三期发展,那么,儒家的信息就应该可以用中文以外的语言交流。

就此而言,列文森的语言和词汇间关系的比喻,就特别有关系了⑥。10世纪的儒学复兴开创了认识的新纪元,部分的原因在于它创造了一种新语言,或者,更不如说,一种新的行为语法。宋代儒者从道教、佛教汲取了颇多资源。他们的修身词汇由于道教、佛教的观念而大为丰富。强烈而又不失开放的认同感使他们能够利用其他伦理宗教传统的符号资

---

① 出处见《庄子》32章,参阅《庄子引得》(哈佛燕京学社,1947),91/33/15。
② 下面二书与此问题有关,许理和:《佛教征服中国:佛教在中世早期中国的传播与适应》(Erik Zücher, *The Buddhist Conquest of China: The Spread and Adaptation of Buddhism in Early Medieval China*, Leiden: Brill, 1959);陈观胜:《佛教的中国化》(Kenneth K. S. Ch'en, *The Chinese Transformation of Buddhism*, Princeton: Princeton University Press, 1973)。
③ 芮沃寿:《中国历史上的佛教》(Arthur Wright, *Buddhism in Chinese History*, Stanford: Stanford University Press, 1959)。
④ 陈观胜:《中国佛教简史》(*Buddhism in China: A Historical Survey*, Princeton: Princeton University Press, 1964),第471—486页。
⑤ 我以为岛田的文章隐含着此意。《战后日本宋明理学研究的概况》,载《中国哲学》第7辑(1983),第146—158页。
⑥ 列文森:《儒家中国》,第1卷,第156—163页。

源,而又不丧失自身的精神取向。他们倡导一种无所不包的人类之道,既不否认也不贬抑自然与天,试图结合作为终极关怀组成部分的广泛经验。他们坚信,自己的思想拥有真实,并且特点就是他们所教的"实学"①。对他们而言,"自然与神圣"、"身心"、"理气"都是真实的。他们所构建的道德形上学②作为一项集体事业,为其学说提供了最终证明。在西方冲击到来之前,儒家价值对东亚政治、社会,很大程度上还有心理,产生了重大影响。东亚人民的语言,尤其是行为语法,显然是儒家的。

现代转化

自19世纪中叶以来,儒家中国经历了始料不及的转化。40年代的鸦片战争、50年代的太平天国,引发了中国近现代史上"国内困境和外来侵略"的永恒模式。紧接着是中途夭折的自强运动,更是中国领导人没有能力应付西方入侵的象征。西方势力从沿海一直侵害到内地,中国国防的土崩瓦解出现在一代人之间。到了1898年百日维新,魏源(1794—1857年)在此前半个多世纪提出的"师夷之长技以制夷"③,也被付诸尝试,而且也失败了。芮玛丽称之为中国最后的保守主义姿态的同治中兴(1862—1874年),也不足以扭转乾坤④。康有为(1858—1927年)在1898年激进地试图改组军事、政治、教育等所有体制,为时仅百天而已。他的大同观就是乌托邦。根本就是"乌托"的,无关乎实际⑤。

康有为的弟子梁启超(1873—1929年)将其师对儒家传统所作的今文经学阐释,比喻为飓风、火山爆发、大地震⑥。康氏在保守的学者中间,制造出的狂热,标志着儒学发生了重大变化。我们可以不接受梁启超将康有为赞誉为马丁·路德的做法,但是,康有为的行为和其观点一样革命。康有为的理想国幻想极大地改变了儒家话语。假若孔子是康有为所说的改制者,则儒学就不仅是改革的意识形态,而且还是彻底的乌托邦。在康有为看来,儒学和等级差别几无关系可言,儒学完全是普世的。为了使儒学现代化,康有为随心所欲地从许多资源处汲取灵感,如道教、佛教、基督教、社会达尔文主义、科学主义以及普

---

① 应该指出,"实学"见于程颐著作,朱熹在《大学》序里予以引用,清楚地表明,"实学"的反面乃是"虚文"和"空理"。宋代大儒亦用此指真正的儒学。
② 牟宗三以此形容宋明儒学处理本体论和宇宙论问题的取径,见其所著《心体与性体》,三卷本(台北:正中,1968年),第1卷,第115—189页。
③ 邓嗣禹、费正清(John K. Fairbank)编《中国对西方的回应:文献概述,1839—1923》(China's Response to the West: A Documentary Survey, 1839—1923, Cambridge, Mass., Harvard University Press, 1954)。
④ Mary Wright:《中国保守主义的最后姿态:同治中兴,1862—1874》(The Last Stand of Chinese Conservatism: The T'ung—chih Restoration, 1862—1874, Stanford: Stanford University Press, 1957)。
⑤ 见萧公权:《现代中国与新世界:改革者和乌托邦主义者康有为,1858—1927》(Kung—Ch'üan Hsiao, A Modern China and a New World: K'ang Yuwei, Reformer and Utopian, 1858—1927, Seattle: University of Washington Press, 1975)。亦见史景迁:《天国和平之门:中国人及其革命,1895—1980》(Jonathan Spence, The Gate of Heavenly Peace: The Chinese and Their Revolution, 1895—1980, New York: The Viking Press, 1981),第1—60页。
⑥ 陈荣捷:《中国哲学资料》,第724页。

通常识。他的兼收并蓄主义使儒学增添了新的内容。他试图贬低乾嘉时期的学术成就，引起古文学派学者，特别是章炳麟(太炎，1868—1936年)的很大不满。由于康有为的不羁想象力，儒家传统的形态不再确定，更易受到各种解释的影响①。儒家的节目增多了，然而，它的核心课程却出了问题。

这种情况在梁启超身上表现得十分明显。列文森将梁氏的思想困境定义为感情上眷恋中国历史，思想上却接受了西方价值②。这是似是而非的论断。史华慈对严复的精细分析表明，中与西、历史与价值的二分法，用作分析梁启超思想的实际活动，实在是一个过于简单化的模式。真理经常在两极之间。这种困难只有靠细致的探讨才能克服③。不过，梁启超似乎漫无节制地选取资源，也许正好反映了他没有能力摆妥其学术的位置。这种精神上的丧家感觉对于他那一代敏感的心灵来说，一定十分剧烈。

五四期间，一些最有影响的知识分子大力批判儒学。表面上看，乃是中国进步青年基于现实存在的选择结果，与中国封建的过去一刀两断：家族主义、极权主义、好古、消极、屈从、停滞都是他们的靶子。然而，隐藏在他们兴高采烈的解放感背后的却是极其顽固、消极的犬儒主义。"全盘西化"的口号，或许只有极少数反传统主义者拥护，但是，却是一种普遍态度的表征。对激进变革的要求是如此的压倒一切，政治结构不具备任何调适的能力是如此的显而易见，挫败的程度已非忧心忡国的知识分子所能承受得了的。这种情势绝对无益于冷静地反思和深入地思考。付诸行动的趋势是如此强烈，所有的写作活动都变成了引发社会具体变化的武器。逃避现实只是作为对这种集体卷入的冲动的反应而日益常见。政治问题支配了学术思想界④。当魏源在19世纪40年代提出处理沿海紧急事态的对策时，文化认同问题甚至还未见提出。张之洞在19世纪90年代的一厢情愿，至少是在认同与适应之间做出妥协。五四时期的西化论者，将保存汉族和中国视作至高无上的目标。对他们来讲，文化认同具有帮助中国顺应西方式秩序的工具价值。

反讽的是，正当中国青年，尤其是学生，展现伟大的爱国主义和民族主义之时，儒学作为中国性的明确特征，正在受到彻底的批判。使中国以及东亚成为礼乐之邦的儒学，如今被诅咒成是中国经济、政治、社会、文化落后的原因。胡适说中国文化的本质是缠足和吸

---

① 鲍吾刚：《中国和寻求幸福》(Wolfgang Bauer, *China and the Search for Happiness*, Michael Shaw, trans., New York: The Seabury Press, 1976)，第300—329页。
② 列文森：《儒家中国》，第1卷，第107—108页，第2卷，第37页。对列文森的批评，见张灏：《梁启超和中国的思想变迁，1890—1907》(*Liang Ch'i-ch'ao and intellectual Transition in China*, 1890—1907, Cambridge, Mass. Harvard University Press, 1971)，第224—237页。
③ 对近现代中国思想史的细致研究，例见史华慈：《寻求富强：严复与西方》(Benjamin I. Schwartz, *In Search of Wealth and Power: Yen Fu and the West*, Cambridge, Mass.: Harvard University Press, 1964)。
④ 周策纵：《五四运动：现代中国的思想革命》(*The May Fourth Movement: Intellectual Revolution in Modern China*, Cambridge, Mass. Harvard University Press, 1960)，第19—40页。

鸦片,并不十分认真①。鲁迅则不然,他在严厉抨击"孔子及其徒子徒孙"②时是完全认真的。陈独秀(1879—1942年)的短命杂志《新青年》在科学和民主的传播上并无特殊之处,但是,对儒学的评论却具有毁灭性③。毛泽东将"三纲"刻画成掌权者、父亲、丈夫的极权主义,与五四时期对儒家遗产的评价是完全一致的④。

《新青年》的作者们相信,向中国介绍西方观念当以中国人对西方思想潮流的态度的根本转变为基础,摈绝儒家的思考模式是中国现代化的前提。在很短的一段时间内,几乎所有流行于欧美的思想学说都可以在中国找到同情的听众,中国正面临启蒙运动的感觉确实很普遍。约翰·杜威和伯特兰·罗素在中国逗留期间都感到兴奋⑤。自由主义、实用主义、生命主义、理想主义、社会主义、无政府主义、进化论、实证论、科学主义,似乎都在中国青年饥渴的心灵里拥有光明的未来。回过头去看,马克思、列宁主义在中国共产党于1921年成立之后不到二十年,即已广为传播,成为居主导地位的意识形态力量,似乎是非同寻常的。民族主义者李大钊(1889—1927年)视列宁关于帝国主义的理论为中国独立的出路所在,多年来一直欢呼"布尔什维主义的胜利"⑥!

这种有关五四时期思想信仰的描述,可能会使人产生如下的印象,即西化论者没有对公平地评价儒家传统作出任何积极贡献。事实并非如此,正因为西化论者对孔子及其门徒进行了全面有力的攻击,所以,对有思考能力的知识分子而言,再要不经批判地拥护儒学也就几乎不可能了。他们迫使那些忠于活着的儒家传统的少数学者将新鲜的观点引入儒家传统之中。五四时期的西化论者就这样吊诡地起到了重大作用:通过对儒家价值取向和现代化精神不可兼容的努力证明,而有助于净化儒家的象征意义。

对儒学公共形象的最严重损害,并非来自自由主义者、无政府主义者、社会主义者或其他西化论者所组织的正面攻击,而是来自极右翼,尤其是利用儒家伦理巩固统治的军阀以及同流合污的传统主义者。袁世凯(1859—1916年)为了实现自己的帝制野心,试图恢复孔子的国祀,此举臭名昭著,必定在革命者中引发强烈的反儒情绪。费正清称袁世凯

---

① 胡适的策略是以指出中国文化的阴暗面作为贬损自以为是的传统主义者的方法,见其《信心与反省》三篇,载《胡适论学近著》(上海:商务印书馆,1935年),第479—499页。
② 周策纵:《五四运动》,第308—312页。
③ 同上书,第58—61页。
④ 毛泽东:《湖南农民运动考察报告》,《毛泽东选集》,四卷本(北京:人民出版社,1951年),第1卷,第32—35页。
⑤ 关于杜威,见毋忘记录的《杜威五大演讲》(北京:晨报社丛书,1920年),《杜威在中国的讲演:1919—1920》(*John Deway's Lectures in China*,1919—1920, Robert W. Clopton and Tsuin—chen Ou, trans. and eds., Honolulu: University Press of Hawaii,1973);贝瑞·基南:《杜威在中国的经历》(Barry Keenan, *The Dewey Experiment in China*, Cambridge, Mass.: Harvard Unversity Press,1977)。关于罗素,见李小峰记录《罗素及勃拉克讲演集》(北京:1921);苏珊娜·P. 奥格顿:《墨水瓶里的圣人伯特兰·罗素和20世纪20年代中国的社会重组》(Susanne P. Ogden, "The Sage in the Inkpot: Bertrand Russell and China's Social Reconstruction in the 1920s"),刊《当代亚洲研究》(*Modern Asian Studies*) 16, no.4(1982):第529—600页。
⑥ 摩里斯·麦士纳:《李大钊和中国马克思主义的起源》(Maurice Meisner, *Li Tachao and the Origins of Chinese Marxism*, Cambridge, Mass.: Harvard University Press,1967),第60—70页。

1915年的帝制失败为可笑的闹剧①,正是它对儒家的损害最严重。那些在袁世凯帝制运动中看见了儒学复兴的些末微光的人彻底醒悟了。那些直接卷入其中者,看起来要么是傻瓜,要么就是骗子。不幸的是,儒学符号的这种由内而外的腐败,至少被其他军阀持续了又一代人的时间。例如,鲁迅就一再被遍布中国的儒家幽灵所震惊②。轮番交替的正面攻击和内部腐败,使儒学不是成为中国罪恶的替罪羊,就是成了麻醉欺骗无辜者的凶恶的意识形态。

现代状况

不用说,环境使得有意识对儒学真精神从哲理角度进行思考的知识分子倍感痛苦。只有很少几位儒家思想家这么去做,他们的思想具有原创性和卓越成就,吸引着我们的注意。五四以后,儒学传统创造性思想的复苏有两大灵感来源,一是西方的批判精神。1921年,曾经在第一次世界大战后同梁启超一道出席巴黎和会的张君劢(1887—1969年),提出从生命哲学角度重新考察民族遗产的新方法③。他后来全力组建民主社会党,以此作为将西方的自由民主和儒家社会主义结合起来的方式④。他的"第三种力量"虽然几乎未能对中国政治产生什么冲击,但是,他却是用比较哲学的方法来分析新儒家思想的先驱⑤。张君劢的注意力在20世纪40年代转向学术研究,但是,此时冯友兰、贺麟早已经借介绍西方哲学,对儒学加以重新阐释了。冯友兰利用新实在论重组朱熹的体系,而贺麟则以德国唯心主义的观点阐释王阳明的心学⑥。

另一个灵感来源是佛教,特别是唯识学。欧阳竟无(1871—1943年)和太虚法师(1889—1947年)领导之下的这一传统的复兴,在中国知识分子中激发出大量的原创性思想⑦。唯识学的分析方法,尤其是心理分析的技巧,有助于中国学者对人的生活和世

---

① 费正清、赖肖尔、克瑞格:《东亚:传统与转化》(J. K. Fairbank, E. D. Reischauer, and A. M. Craig, *East Asia: Tradition and Transformation*, Boston: Houghton Mifflin Company, 1973),第756页。

② 鲁迅《随感录三十八》,《新青年》5, no. 5(1918年11月15日):515—518页。有关对鲁迅"复杂意识"的分析,林毓生的书颇有启发性,见《中国意识的危机:五四时期的激进反传统主义》(*The Crisis of Chinese Consciousness: Redical, Antitraditionism in the May Fourth Era*, Madison: University of Wisconsin Press, 1979),第142—151页。

③ 夏洛特·福尔斯:《丁文江:科学与中国新文化》(Chorlotte Furth, *Ting Wen-chiang: Science and China's, New Culture*, Cambridge, Mass.: Harvard University Press 1970),第99—135页。亦见狄百瑞、陈荣捷、切斯特·谭(Chester Tan)合编《中国传统资料》,共二卷(*Sources of Chinese Tradition*, New York: Columbia University Press, 1960),第2卷,第172—181页。

④ 张君劢:《中国的第三种力量》(Carsun Chang, *The Third Force in China*, New York: Bookman Associates, 1952)。

⑤ 张君劢:《新儒家思想的发展》(Carsun Chang, *The Development of Neo-Confucian Thought*, 2 vols., New York: Bookman Associates, 1957—1962)。

⑥ 冯友兰著有《新理学》(长沙:商务印书馆,1939),《新原人》(重庆:商务印书馆,1943),《新原道》(上海:商务印书馆,1945)。贺麟著有《当代中国哲学》(南京:胜利出版公司,1947)。

⑦ 霍默斯·韦尔赫:《中国的佛教复兴》(Holmes Welch, *The Buddhist Revival in China*, Cambridge, Mass.: Harvard University Press, 1968),第51—71、117—120页。

界作整体性的研究。尽管并无明显证据表明,艾恺笔下"最后的儒学"梁漱溟也直接受益于唯识学方法,但是,他却深受佛教影响。他的《东西文化及其哲学》出版于1921年,通过将中国的世界观一方面与印度、一方面与西方加以比较,"捍卫儒家的道德价值,将中国人提高到当代世界中罕见的高度"①。熊十力也从佛教汲取了不少灵感,他在欧阳竟无主持下的支那内学院接受了分析方法的训练。熊十力被认为乃当代中国最为深刻、最具原创性的思想家之一,他以对唯识学的批判为基础,重构了儒家形上学②。

有人认为,胡适就当代中国问题所进行的实用主义研究之所以失败,部分原因在于他强烈反对"主义"③。马克思主义成功地填充了早先由"布尔乔亚"学者以追求学术和解决问题的精神所占据,而今遗留下来的意识形态空白,似乎乃是不可避免的。结果,儒学在这种据称是有关中国历史和社会的唯物主义解释中,占有显著地位。然而,儒家思想在中国马克思主义中的形态是片面的。由于马克思主义认为历史无非是唯物主义和唯心主义的斗争,也就不会重视诸如孟子、董仲舒、朱熹、王阳明的伟大儒学架构了。带有可以意识到的唯物主义倾向的儒家思想家,如王充(27—97?年)、张载、王夫之等,则甚受注意。不过,儒学的问题,或者是评价孔子的历史作用,或者是为社会主义中国确定适当的文化遗产传承,却依然在思想论断中占据了中心位置④。"文化大革命"开始后,列文森开始困惑了,他的早期论点,即儒家遗产已经被贬入古代博物馆,如何才能和反儒家运动嘹亮号角协调起来。他不得不承认,无疑,儒家的象征意义在当代中国的政治文化中并未过时⑤。

近三十年来,儒学在中国台湾和香港地区有重大的发展。香港的新亚书院,本着复兴儒家教育真精神的原则,将个人力量加以协调统筹,以传播儒学。在钱穆以及上面提到的唐君毅的领导下,书院培养了一整代学者,研究儒家文化的各个方面。特别值得注意的是,他们的学术研究以哲学为中心。钱氏、唐氏后来在两位台湾文化名人牟宗三、徐复观的协助之下,开出了近年来儒家思想研究最为全面的课程。即使新亚已并入香港中文大学,其儒学研究的中心地位依然坚固如昔。

台湾的情况则比较分散。由于北京大学来台的学者在20世纪50年代与60年代主

---

① 陈荣捷:《中国哲学资料》,第743页。
② 熊十力:《新唯识论》(杭州:自印本,1932);《破〈破新唯识论〉》(北京:北京大学,1933)。
③ 葛理德:《胡适和中国文艺复兴:中国革命中的自由主义,1917—1937》(Jerome B. Grieder: *Hu Shih and the Chinese Renainssance: Liberalism in the Chinese Tradition. 1917—1937*, Cambridge, Mass.: Harvard University Press, 1970),第173—216页。
④ 杜维明:《儒学:现代的符号与实质》,载《亚洲思想和社会:国际评论》("Confucianism: Symbol and Substance in Recent Times", *Asian Thought and Society: An Internatzonal Review*) no. 1 (April 1976),第42—66页;亦见杜维明《仁与修身》。大陆儒学研究之兴旺,例见《论宋明理学》(杭州:浙江人民出版社,1983)。这本论文集所收的三十余篇文章,原是提交给1981年10月15—21日在杭州举行的宋明理学国际会议的论文。
⑤ 列文森:《时空中的共产主义中国:根和无根》("Communist China in Time and Space: Roots and Rootlessness"),刊《中国季刊》(*The China Quarterly*) no. 39 (July—September 1969),第1—11页。

持着岛上最著名的高等学术机构,所以,学术思想的氛围与儒学并不契合。牟宗三先是在台湾师范大学,后在东海大学,徐复观在东海大学,都是孤军奋战,传播儒学。然而,到70年代,情况有了明显的不同。方东美在台湾大学、辅仁大学有关中国哲学的一系列充满激情的讲座,激发起整整一代的年轻学者探索儒家文化精神的热情①。然而,由于在将儒学视作反共产主义武器的官方意识形态与纯粹的学术研究之间缺乏区别,因此,近年来在台湾对儒学研究兴趣大增的情况也就复杂化了。当然,儒学肯定不止于纯粹的学术研究,但是,将政治道德化的儒家意图,以及出于意识形态掌控的需要将儒家价值政治化,二者之间的区别不仅具有学术思想的意义,而且在政治上也是意义重大的。

唐君毅、徐复观、牟宗三已经提出了儒学第三期的问题。确实,他们的毕生工作都是要展示这种可能性不仅存在于他们的心中,也不仅存在于那些和他们持相同观点的人的心中,而且还可以在哲学活动、著述、全世界无数心同此理的人的言传身教中认识到。对他们的真正挑战,乃是复兴后的儒学如何回答科学与民主提出的问题。尽管这些问题对于儒家传统而言乃是陌生的,但是,对于中国之今天却是绝对必须的。在更深层的意义上,这些学者觉察到,这种挑战乃是面对全人类的永恒问题阐明儒学的路径:创建出对全人类都是一种普遍信念的新的哲学人学。他们清醒地意识到,必须将对复兴儒家传统以及延续中国传统文化的关怀包括在对人类未来的关怀之下。他们认为,关键问题并非儒家学者的大众化思想是否与专门化的现代社会相关,问题的范围大得多——人类的福祉——它能够在我们现在和未来的世界中提供一个有意义的存在位置②。

未　来

无法预言唐、徐、牟所展望的儒学的未来走向。不过,考虑到眼下诸多卓有成效的迹象,我们可以指出这项事业进一步发展的步骤。如果人类的福祉乃是中心关怀,则第三期儒学绝不能局限于东亚,而是需要一种全球眼光使其关怀普世化。儒家学者可以与犹太教、基督教、伊斯兰教神学家,与佛教徒、马克思主义者、弗洛伊德派以及后弗洛伊德心理学家对话,从中获益。利用康德、黑格尔范畴分析儒学思想,已经成果斐然,但是仍必须拓宽视野,采纳20世纪新的哲学见解。

儒学对西方的回应一定不会动摇其在东亚的根基。日本、韩国、新加坡以及中国台湾、香港地区的儒学研究者之间的区域交流,应该引向与中国大陆学者真正的思想交流。

---

① 方东美哲学之简单介绍,见方氏《人和自然的创造力》(Thomé H. Fang, *Creativity in Man and Nature*,台北:联经,1980)。
② 见张君劢、唐君毅、牟宗三、徐复观联署的《中国文化与世界——我们对中国学术研究及中国文化与世界文化前途之共同认识》;见张君劢著:《新儒学思想的发展》,第2卷,第455—483页。

"文化大革命"后中国的内在动力可能会在儒学研究中产生出不可预料的创造性。北美和欧洲的儒学研究者可以在使这些对话持续进行下去方面发挥积极作用①。这样的对话会给全世界的儒学知识分子带来共同的、批判的自我意识。由儒学之根生发出来的原创思想,列文森对此已不抱希望,却会很快涌现出来,激励创造性的学术研究。维达利·鲁宾有洞见的预言,就列文森式的意义而言,实具有重大的历史意义。

---

① 关于此问题的两种近著,见狄百瑞:《中国的自由传统》,第91—108页及杜维明:《儒家伦理现状:新加坡的挑战》。

儒学第三期发展的前景

杜维明

世界上有很多有古无今的光辉灿烂的文化，如巴比伦、埃及、苏美尔、希腊、罗马等；世界上也有很多有今无古的文化，如美国、苏联。在世界上既有古又有今，而且源远流长、承继性很强的文化，并不多见。印度文化可算是其中之一。但印度文化的历史意识不很强，可以说是一种突出超越性的文化。历史意识特别强，承继性特别明显，既有古又有今的，好像是中国文化的特色。这个观点当然会引起争议。我不能说是世界上独一无二的类型，但是说中国文化是世界上极少数有古有今且承继性非常强的文化，我想大概不会引起质疑。今天，我想从儒学第三期发展的前景这一课题作一历史的回顾，提出儒家如何进一步发展的难题以及我的一些构想。

儒家传统的起源和发展

首先提一下儒家传统的起源。儒家传统的起源和基督教、伊斯兰教或佛教皆不相同，比较像犹太教、婆罗门教或希腊哲学一样，儒家传统的起源真是众说纷纭。从比较学的角度来看，孔子不像耶稣之于基督教，也不像释迦牟尼之于佛教，他并不是儒家的创始人。不仅如此，我们甚至可以说，孔子并不代表儒家人格最高的精神体现，因为儒家人格最高的精神体现是圣王，如尧、舜。这是很大的不同。耶稣之于基督教，释迦牟尼之于佛教，或穆罕默德之于伊斯兰教，和孔子之于儒家是相当不同的。孔子之于儒家，在有些地方很像犹太教的先知。这意味着儒家的传统不能从简单的发生学的角度来了解它的起源。有些韩国学者强调韩国是儒家的祖国，因为箕子是儒家传统的开山祖师。这虽然引起了很大的争议，被认为是狭隘的民族主义的表现，但这个说法也还是有点道理的。有些学者，如熊十力，认为儒家的传统要归于《易经》，而《易经》源头可追溯到甲骨文时代的商代文明。因此可以说，儒家思想在孔子以前就有很多源头。这一点大概是可以肯定的。很多儒家思想的重要价值，如德、礼、修身、"天人合一"，乃至对人的各种不同角度的理解，在孔子以前就出现了，孔子是集大成者。他是一个述而不作的思想家和教育家。他把儒家传统提升到一种知识分子群体的批判的自我意识的层次，但他不是儒家传统的严格意义下的创始人。

一般认为，儒家传统在先秦时代逐渐成为中国各家各派中的一个学派，再经过一段发展时期才成为中国学术的主流。这个学派是从曲阜、邹县一带发展出来的。开始的时候，这个思潮就有多样性的倾向，因此有所谓儒分为八的说法。现在我们要重新建构那时的八个不同的学派，到底什么是子夏氏之儒，什么是子张氏之儒、子游氏之儒、颜氏之儒、漆雕氏之儒、仲良氏之儒或孙氏之儒，这在历史学上是非常困难的课题。但毫无疑问，儒学早期的发展就具有多样性、兼容并包的特点，而且和当时各种不同的思想都有互相渗透的痕迹。当然，这并不表示儒家传统是拼盘思想。对于各种不同的思想，儒家有自己不同的认知方式，也有自己不同的融通策略。儒家的一些基本的价值取向，在先秦可以说已经相当明显了。孟子、荀子继承了孔子所提出来的一些中心课题，逐渐成为定义儒家传统的大方向。

首先，必须指出，先秦儒学基本上是通过教育，通过思想的努力来发生极大影响的，而不是通过实际的政权形式，从由上至下的控制来影响社会的。可以说，原始儒家的动向就是教育，是通过教化来转化政治，而不是依赖政治权力来塑造理想世界。甚至被认为最能够凸显儒家精神的"内圣外王"之道，还是庄子提出来的。虽然很多儒家的学者接受这种儒家的基本精神，但毫无疑问，从儒家学术本身的发展脉络来看，它是从教育，从做人的道理，从教化、思想和社会实践来转化政治的。因此，儒家的精神方向是既在这个世界，又不属于这个世界；既和现实社会、政治发生各种不同的、有血有肉的联系，又和现实社会、政治权力结构有相当的距离。这不仅表现为孟子的大丈夫精神，荀子也体现儒效（也就是儒者在社会中发挥实际功能）的精神。因为儒家传统的精神资源是来自历史意识，来自文化意识，来自社会意识，来自主体意识，甚至可以说来自超越意识。

另外我想提一下孔子时代所代表的儒家对于人的理解。孔子的思想体现了对人的反思，孟子则是对士大夫也就是知识分子的自觉，荀子从礼、从法、从各种不同方面来鉴定人文价值。这些思想说明了原始儒家对于人的理解是多样性的、具体的、复杂的、变动不居的，有一些相当深刻的看法。概括地说，儒家的这个传统，后来变成了定义中国文化特色的主流思潮，即不从归约主义的方式来了解人，不简单地定义人为理性的动物、政治的动物，而是对活生生的人这个具体现象从各种不同侧面、不同层次加以理解。

人是一个艺术的动物（如先秦儒家以诗礼为教典），人是一个感性的动物（后来宋明理学家认为人是最有感性觉情的动物）；同时，人又是历史的动物、政治的动物、社会的动物，具有超越向往的动物。人不是一个孤立绝缘的个体，而是在复杂的关系网络中间的中心点，但是他的人格发展一定要和其他互为中心的中心点发生关系，因此有"己立立人，己达达人"的说法。人同时也是历史的动物，有集体的记忆。最后人也是哲学的存在物。因此，可以说儒家的"五经"（当然"五经"的形成在汉代以后）是对人的不同侧面的理解，是五种具有儒家特色的洞见。《诗经》代表对人的感性、艺术性的理解；《尚书》代表对人的政治性、政治理想的理解；《礼记》代表对人的社会性的理解；《春秋》代表对人的历史性的理解；《易经》代表对人的哲学性、超越性的理解。这个传统逐渐成为中国思想界最有说服力的传统，是经过相当长期的发展，尤其是经过学术上的各种辩论而获得的。现在有不少学者讨论所谓中国知识阶层、知识分子的起源问题,都涉及整个儒家传统实际上和理想上如何发展的问题。

有人认为两汉是独尊儒术的时代,尤其是汉武帝时代。在我看来,西汉的发展是儒学迈向另一个意见气候的分水岭。经过秦大一统,真正在中国发挥极大作用的是受到法家影响的政治制度,这个大一统局势已经建立。汉初虽崇尚黄老之术,但整个政治结构和秦代基本相同。徐复观先生曾把司马迁关于秦始皇的《始皇本纪》和关于汉武帝的《孝武帝本纪》相比较,发现汉武帝的人格形态和秦始皇的人格形态基本上相同:好大喜功,相信方士,继位之后又封禅。汉武帝虽然推崇儒家学说,但他整个思想的结构是阴阳五行的,在政治上运作多半是法家的。如《盐铁论》的辩论,汉武帝所代表的是桑弘羊这一派而不是文学之士的观点,也不是道家所代表的一种小国寡民的农业社会思想。

汉代儒家的特色是五经博士的设立。但五经博士的设立使得儒学成为官学,这并不表示儒学在汉代是独尊,因为在宫廷、在官场、在民间,各种不同的思想都在起作用,如道家、方士、阴阳五行,甚至邹衍的五德终始说。儒家只是很多思想潮流中的一派。因为政府主动来推动儒学,使儒学成为经学,在政治文化中有一定的影响。这表现在政治上是汉代的相权突出和法律制度的礼俗化,即儒家化。汉代政治的儒家化,也就是说通过礼的方式来转化法,是一个影响极大的发展。因此可以说,汉代以后,儒家思想和中国政治文化结了不解之缘。甚至可以说,儒学到汉代以后,不仅成为塑造中国政治文化的一个传统,它在政治结构、政治组织、乃至当时具有汉代特色的法律制度中,都发挥了相当积极的作用。

但是汉代儒学和先秦的儒学已有很大的不同。先秦儒学是在一个多元政治体系中出现的,它造成了知识分子的相对独立性。一个游士可以从鲁国到齐国,从齐国到宋国,处于所谓"士无定主"的状态。而汉代以后,情况就有了很大的变化。汉代出现了叔孙通、公孙弘这样趋炎附势的儒生。不过我们不能把这类儒生和董仲舒用儒家的神学来限制王权混为一谈,也不能把东汉太学生的抗议精神和受了政权势力的影响以后完全依附政权的一些知识分子混为一谈。这中间的情况非常复杂。但,毫无疑问,我们可以说,只在少数知识分子中发生教化作用的先秦儒学,到汉代在政治上发生很大影响的儒术,是一大发展。

魏晋时代被认为是儒学的没落。魏晋时代兴起的是道家和佛教。但对这个问题很多学者经过考虑研究后,提出了不同的意见。我的理解是:儒学在魏晋时代有进一步的发展,它表现在儒学的深入社会。儒学深入社会有各种不同的途径。当时因为外族入侵,所谓五胡乱华,很多士族南迁,特别重视家族形式的组织——家教家训起了很大的作用。各种具有地方特色的、以儒家伦理来维系的社会秩序的规约和制度,在魏晋时代得到了发展。现在甚至有人争议王弼到底是儒家还是道家。王弼是讲究"圣人体无"的哲学天才。魏晋时代用"圣人"一词多半是指孔子,王弼所讲的"圣人体无"就是孔子比老子高明,因为老子还得堕入言诠的格套。孔子"体无",因为彻底超越了文字的障碍,真正达到了得意忘言的境界。这是很有趣的。如果我们作进一步的理解,所谓圣人就是孔子的讲法源于道家。在道家看来,孔子的境界要高于老子。所谓"圣人体无",因此就可以理解为,老子有五千言,而孔子则是默而识之,所以孔子才是名副其实的圣人。而且,魏晋时代一些重要的思想家都注经,注《易经》,注《论语》和其他一些儒家经典。所以经学也得到了一定的发展。

隋唐时代基本上是佛教的盛世,但儒学还是有进一步的发展。这就是继续的注经,如《五经正义》。另外还值得注意的是唐代的礼学。《贞观政要》里的一些重要人物如魏征、房玄龄、杜如晦等,都是非常熟悉礼学的。唐代的礼学和经学配合在一起,基本上就是唐代政治制度。它的建立是靠儒家传统。不管它的政治结构还是政治运作,都和儒家传统有密切的联系。虽说唐代有三教之辩,但它的整个政治结构有一个根,这也是中国文化发展的特色。汉代的崩溃不同于罗马帝国在西方的崩溃以后就分裂、消失,而是又重新整合起来,它所运用的政治制度基本上还是承继的。虽然中间有一些很大的变化,譬如内朝和外朝关系的变化,即可从尚书省的发展窥得一些消息等,但很多基本的价值、基本的政治运作乃至行政体系,都是继承的。

还有一点应该提出考虑,即道家和儒家的关系究竟如何?这一点有很多争议。就史学的发展来看,很多人认为司马迁因为受到司马谈的影响,道家思想比较重。这点很难有说服力。从整个史学的传统来看,从班固以后,断代史的笔法都有非常浓厚的儒家成分在里面,这一点是可以肯定的。所以很多人说,从二十四史来理解中国文化,就一定带着儒家的道德主义色彩来了解历史事实。从这个反证也可以说明整个历史的发展,特别是断代史的发展,都和传统儒学有密切的关系。所以,我们可以说,韩愈所谓孟子以后儒家传统即成为绝响的说法,是党性很强的道德观点。只是在宋明儒学的复兴是继承先秦儒家传统这一点上,韩愈的危言耸听才有历史意义。

宋明儒学的复兴,这是我要重点提出分析的。我并不是没有意识到儒家发展过程中的各种不同内涵,但我为什么要提出宋明儒学是儒学的第二期发展呢?有一些比较深刻的原因。不过我援用的名词也许会引起误会。我接受钱宾四先生和其他一些学者的说法,即认为把朱熹作为理学家是现代人的一种解释,特别是冯友兰,对这种两分法深信不疑。心学和理学代表宋明儒学的两派。程朱代表理学,陆王代表心学。但是把宋明儒学分为两个对比的系统,是一个现代人的解释。宋明儒学本身的发展脉络还有很多交互渗透影响而极为复杂的侧面,所以我们最好用宋明儒学而不是宋明理学这一名词。因为心的问题在宋明儒学中特别突出。真正引起极大争议的问题是心的问题。整个朱熹哲学是环绕着心的问题而展开的。从早期和陆象山的辩论到后来他所发展的他自己的思想体系,朱熹认为对人的理解基于理,而理是不能计较、不能造作的,是一个形而上的最基本的存在,是一切存在的基本条件。从这方面去理解,他的问题多半是集中在心的问题上的。这当然还会有争议,值得详细分疏。以后发展到清代的儒学,有各种不同的儒学大师,如戴震、钱大昕、王念孙等,为儒学作出了很多极有光辉的成绩。一直发展到现代汉学、国学,乃至西方所谓的汉学和中国学。

从学术史的角度来看,从孔孟时代以来,儒学就有一个源远流长的发展过程,如果分期的话,岂不可分为十期八期?先秦的儒学,春秋战国的儒学,西汉、东汉的儒学,魏晋和隋唐的儒学,北宋和南宋的儒学,元代以至清代、近代的儒学,都有所不同。即便是从宋到明的儒学发展,本身也是一个非常复杂的过程,中间有一百多年的时间南北分裂。金代儒学就是一大学术宝库,等待有志之士去发掘,去弘扬。这样一个复杂的发展,为什么说是第一期儒学、第二期儒学和第三期儒学呢?这个分期问题,在中国大陆也引起了很多争议。

所谓三期儒学,一般的理解是,从大的趋势来讲,从先秦源流到儒学发展成为中国思想的主流之一,这是第一期;儒学在宋代复兴以后逐渐成为东亚文明的体现,这是第二期(这一期一直延续到19世纪末叶);所谓第三期,就是从甲午战争、五四运动以后。至于它有没有第三期的进一步发展,我特别强调了对几个背景的理解。说三期儒学的发展,绝对不意味着粗暴、浮泛地把复杂的儒家的发展过程一笔勾销。这个分法,是从儒家传统的大脉络大趋势来设想的,可以从这三个角度去理解,也可以说这种提法是现实性比较强的,不是纯粹历史分析。所谓现实性比较强,是针对儒家成为东亚文明体现这个历史事实,是针对以后儒家还有没有进一步的发展而言的。说到底,儒家这个传统在进入现代之前有没有一个质的飞跃,或者一个质的变化,还是说儒家传统只是一个历史阶段,是轴心时代历史阶段的延长。这是一个复杂的学术领域,好像一个竞技场一样。我们可能在某些领域里,如道德哲学,取得成绩。如果在国际学坛确有所获的话,就把宋明儒学提升到一个新的层次,带到一个新的方向。这个工作是非常复杂的,这中间参加的学者绝对不只是中国学者,不只是北美学者,还有韩国的学者、日本的学者、越南的学者,以及世界各地关切儒家传统的现代转化的学者。

我之所以特别提出宋明以来儒学变成东亚文明的体现这一课题,是根据西方基督教发展所得到的启示。基督教经过路德的改教才有加尔文的新教思想,所以它是一个质变。很多大陆的学者认为,宋明儒学是先秦儒学的复现。有些明代学者如薛瑄认为,朱夫子把大的问题都解决了,我们就是躬行实践,不必致力于思想的创造工作。还有一些学者认为,中华民族真正有创造性的思想都在先秦时出现了,以后就每况愈下,到了宋明儒学变得非常薄弱,一直僵化到清代。但在我看来,宋明儒学是一个十分突出的而且有质的改变的阶段,它使儒学这个中国文化的主流思想变成东亚文明的体现。

儒学第三期发展的可能性

下面要讨论的是,当这个文化传统受到各种不同的打击、当它和传统的政治文化结合的特殊形式破裂了、当它和传统家族制度的联系破裂了,乃至和小农经济的联系也破裂时,有没有进一步发展的可能。这也就是儒学有没有第三期发展的可能性这个问题。

在这里我们曾碰到一个对儒家传统如何定位的问题。所谓定位,是指我们所理解的儒家思想属于哪一种类型,是哪一种精神文明。

首先从比较宗教学的角度来看,儒家是不是宗教?这对宗教学是一个很大的挑战。如果儒家不是宗教,也就意味着宗教的定义是受到犹太教、基督教和伊斯兰教的影响,由此来定义的。宗教的定义有广和狭的两种。从狭义的宗教定义来说,儒家很容易被排斥在外。甚至佛教是不是宗教也有很大的争议,因为佛教中没有上帝的观念。道家是半超越的多神宗教,而儒家是社会伦理,绝不是宗教。这是以前传统的提法,即以有没有上帝的观念来界定宗教。从广义的宗教定义来说,任何有生命力的意识形态都有宗教性,都有其特殊的终极关怀。很多人认为,马克思主义所代表的革命理论,有其宗教性。从这个角度来检视,儒家是不是宗教的问题,对于宗教学是一个考验。最近在联经出版事业公司安排的一个讨论会上,有人问我,你是希望发展儒学还是希望发展儒教?我回答说,我们要发扬的话,只讲儒学不行,还要讲儒教。这当然是一个发展策略,但另一个方面也意味着一定要有一个宗教形式的精神传统,它才可能在社会上发挥很大的作用,必须聚集一些认同儒家传统的人,才可以慢慢地对它做出贡献。到底儒家是不是一个有形式的宗教,这在历史上是很明显的,当然不是。有人说在传统社会中有孔庙,所以儒家有它的宗教性。但是,儒家不是一个有组织的宗教,中国没有出现僧侣阶级,没有真正的类似基督教会、佛教等的出家人的组织。可是,儒家是不是有很强烈的宗教性?我当然认为有。近半年来我所设法开展的学术工作的一个重点,即是凸显儒家的宗教性格。我特别强调儒家有它独特的终极关怀。它的终极关怀和它的社会实践是紧密结合的,是一个体现宗教性的特殊形式。

从比较宗教学的角度来看,儒家跟世界三大宗教相比,它的普世性不很够。基督教、伊斯兰教和佛教都是世界性的,在世界各地域都有这些宗教的文化形式出现,而儒家没有。儒家和犹太教、日本的神道有相似之处,即跟一种特殊的文化形式紧密结合。所以,儒家是介乎犹太教、神道和世界三大宗教之间的一个精神传统。它既是属于中国的,因此它的范围要比中国窄;同时又是属于东亚的,因此它的范围比中国文化的全部还要大。这点我们必须明确掌握。

从文化人类学的角度来看,儒家是一个很特殊的生命形态,贯穿于整个中国社会的各个阶层。我根本不能接受这样的论点,即认为儒家是属于中国上层社会的意识形态,即官僚制度或士大夫的意识形态。这种判断和历史事实是完全不相符的。我以前也提到过,为什么西方所谓的大传统和小传统决然分割的情况,在中国文化中找不到例子呢?因为儒家是把大、小传统结合在一起,乡村文明和都市文明结合在一起,而且渗透到各个不同阶层的生命形态。这并不表示在中国儒家是一枝独秀,因为儒家总是和其他很多的思想流派紧密结合的。因此,儒家并不属于某一阶级。

五四时代,有一些文化精英要对儒家传统进行批判,打倒孔家店,有两个策略是经常使用的:一是把它相对化,一是把它阶级化。相对化是说儒家并不能代表中国传统,事实上中国的传统非常复杂,儒家只是其中之一,即把它的重要性减杀。这种情况确实出现在先秦百家争鸣的时代。但是,儒家如何从先秦的一个学派发展成波澜壮阔的影响中国社会各层次的主流,这个过程是非常复杂的,不能简单地把它相对化。阶级化是说儒家实际上是中国上流社会的意识形态,和广大人民没有什么关系。这里涉及儒家这个传统在中国是怎样流传的,是一个很大的课题。儒家传统不是光靠书写文字而流传的。其实,儒家能够普及中华大地,是通过口传或心传。这是中国文化的特色。这个特色在现代发展的脉络里更为突出。当然,在中国文化区,对于文字的掌握和对于文化的理解,和儒家有密切的联系,这是无可怀疑的。因为儒家代表教育,而且中国的基本经典多半和儒家有密切的关系。要了解这些基本经典,就要认识汉字。但是,儒家的价值在中国社会中的广泛传播,常常是通过口传和心传。从解释学上来说,口语和书写文字的运作方式是非常不同的。口语常常通过身体力行的方式,通过身教的肢体语言,特别是通过母亲和老师,把这些价值带到下一代。这样的例子很多。

所以,从文化人类学的角度来看,不能够把儒家传统认为只是中国的大传统。甚至在我的感觉中,文化人类学所说的小传统就是大传统,而大传统常常是小传统。从儒家来看就是这样,它的社会基础是广大的人民,甚至可以说是农民。这也是它的意识形态的一个特色。它的传统养分必须来自广大的人民,如果百姓人伦日用之间和它没有关联的话,这个传统就没有什么生命力和现实意义了。它不是靠上帝的指示,不是靠哲学的睿智,也不是靠内在引发的精神体验。靠上帝的指示,这是希伯来的传统;靠哲学的睿智,这是希腊的传统;靠内在的体证,这是印度的传统。而儒家的传统则靠百姓日用间的一种关联,这是它在开始的时候就有的信仰,对人的自我转化、自我超升、自我实现的信仰。

中国传统社会中有乡约和社学。所谓乡约,是每到10天的旬日,大家就聚在一起,讨论道德问题。有坦白的,也有检举的,整个社会是靠一种象征控制(symbolic)来维持的,而这种象征控制是必须通过意识形态的。在中国传统社会,掌握实际控制权的官吏很少。一个县官有时要控制25万到80万人,而所有衙门之内的人有时就是十几个或几十个。没有军队,也没有警察,靠的就是像乡约、社学、圣谕之类的教化力量。这是传统社会中的互助组织,也是一种社会制约。因此,从文化人类学的角度来讲,儒家传统的这种传播方式有相当程度的政治作用在里面。

另外,从知识社会学的角度来看,到底儒家这个传统的中介是什么?即它的见证者,它的传播者,它的价值的承担者、沟通者和创造者是些什么人?这也是十分有趣的课题。在一般的理解中,这就是中国传统的知识分子。儒家传统是靠中国知识分子一代一代传下来的。有些人甚至说中国历史的承继性,也意味着文化的承继性,是知识分子共同创造出来的事业。

中国知识分子这个阶层很早就出现了。从比较文化的意义上来说,中国知识分子即士的阶层,和希腊、罗马的哲学家、希伯来的僧侣阶级、印度的婆罗门阶级相比,它的阶级性不很明显。在很早的时候,士多半是贵族的家臣,是贵族和平民交错的阶层。孔子也是一样。尽管大陆学者如赵纪彬,对孔子的阶级性作了很大的批判,但也只能说孔子是没落的贵族。他说过"吾少也贱,故多能鄙事"的话,你不能说孔子是代表地主阶级、贵族阶级或王权阶级。孔子的弟子有商人,像子贡;有无产阶级,像颜回,一无所有;有贵族,也有无业游民;还有一些是不知道自己该干什么,因此跟孔子跑的人。所以孔子提出"有教无类"的观点。孟子的观点中也应有社会最底层的贩夫走卒,所以孟子特别指出,在历史上能担负大任的人物之中,有种田的、造房子的、贩鱼盐的、管监狱的、流浪江湖的、混迹商场的,都不是贵族。我们也不能说孟子的阶级性很强,完全代表贵族阶级。这和西方的情况不同。如苏格拉底、柏拉图和亚里士多德,都是奴隶制度的既得利益者,而且默认不参加生产才能维持哲学冥思,确实是真正的贵族,而儒家知识分子的来源是多元的。传统中国至宋以来没有严格的长子继承制,家道维系三代不衰落的可能性就不大。所以社会的上升下降比较快,横向的变动性也比较大。在这样的社会中,知识阶层就可能来自各种不同的职业。

这样说的话,是不是传统儒家的"士"这个阶层和现代的知识分子即所谓 intellectual 的概念有不谋而合的地方?据说毛泽东有一次问他的侄女王海蓉:到底西方的知识分子是不是 intellectual?王海蓉查了一下字典说:对,就是 intellectual。这个概念出现于 19 世纪沙皇俄国时代。当时在俄国有一种人,知识水平非常高,同时受到法国大革命的影响,抗议精神很强。他们和现实保持一定的距离,但不是靠超越的宗教来改造世界;他们是凡俗的,属于此岸世界,有强烈的政治性,要求改革。改革的源头来自法国大革命所代表的精神。由此形成了 intellectual 的概念。当时在俄国,典范的知识分子有几个特性:一定是知识水平比较高的,一定是社会关切非常强的,一定是对政治抗议而不屑于做官的。一做官,一进入政界,就不是知识分子了。他们在政治之外,但批判性和参与感都很强,对政治权力的异化感也很强。这就是知识分子。这一现代西方知识分子的典范,和儒家传统所代表的士有很多相同之处,也有很多不同之处。至少从社会学的角度来看,士阶层是儒家传统的见证者、继承者,它把儒家传统带到社会各阶层,它是具有一种群体的批判的自我意识的。

因此,我不能接受这样的观点,即认为亚洲的政治、文化是以权威主义为主的,而权威主义的代表就是儒家。儒家传统在历史发展过程中确实和政治的权威主义发生密切的联系,但是如果作进一步的分疏,政权的势力和儒家的政治影响应该分开来看。政治学上的 power 是权力。在现代自由主义看来,权力是倾向于腐化的。阿克顿(Acton)说过,绝对权力,绝对腐化。但是政治的影响和权力是既有联系又有区别的。儒家的政治影响常常是通过道德的力量。所谓道德力量,当然就是道德影响。所以说,权力必然有强制性,而影响常常发挥一种潜移默化的功能。

还有一个相应的概念,即权威(authority)。它是一种权力,是一种 power,这没问题。但是,是怎样的 power,这个值得作进一层的理解。所谓的权威,不是一般人所理解的政治的权力,它是一定要通过受权威影响的人的自觉和认可。不然的话,就没有权威。要被受权威影响的人认识,权威的运作就一定要有一套社会的共同意识、共同语言。如果我们不属于同一个象征系统,不属于同一个语言环境,我们就不能感受到那种权威所在。儒家传统基本上是通过教育的影响、道德的影响来行使它的权威,而不只是通过政治的权力。因此,用政治的权力或权威政治的方式来理解儒家,是对儒家的曲解。

"文革"时大陆有的学者认为,在传统的中国思想中有所谓儒法斗争。我以为没有什么儒法斗争,而是政治化的儒家和以道德理想转化政治的儒家之间的斗争,也就是圣王和王圣的不同。圣王的思想落实到权力关系网络中成为王圣,而王圣代表的是一个特殊的控制模式,也可以说是一个象征的控制模式。这个象征的控制模式,是通过圣王观念而来的,它的权威的力量渗透到社会的各种不同层次,影响很大。我想,在一个纯粹的法家制度下生活,要比在一个彻底政治化的儒家社会中生活要幸福得多。因为前者的基本要求是行为的正确,胡思乱想没有关系,只要不犯法即不会受王权的残害。我们可以有个人的私有领域,只要不犯法,而法是明确地规定下来的。但是彻底政治化的儒家所代表的控制方式,所要求的不仅是行为的正确,而且是态度的良好,信仰的纯真,甚至下意识所呈现的梦也最好是忠君爱国。在中国大陆"文革"时用非常的方式来控制人民,那就是一个彻底政治化的儒家模式,不仅要求一般人民(特别是知识分子)行为上正确,还要了解到底态度是不是良好,信仰结构是不是纯真,整个文化心理结构的体系有没有毛病。这种由圣王所代表的很高的理想落实到权力关系网络中,成为王圣时的控制模式,在儒家传统来讲是一大弊病。可是,我们不能只用彻底政治化的儒家的权威形式来说明儒家传统在中国文化中所起的作用。

我想从思想史和哲学的角度把儒家传统通过道、学和政三个不同方面来理解。任何一个精神文明,都应该接触到这三个方面:

"道"是它的基础理论,即它最核心的价值。在儒家传统里,即到底什么是"道"? 如果说它是一种生命的哲学,是哪一种生命的哲学? 如果说它是一种哲学的人学,是哪一种哲学的人学? 在我看来,它是一种涵盖性非常强、突破人类中心典范的哲学人类学。

"学"是它的学术传统。任何一个精神文明,都有一个如何对它的整个基础理论进行系统陈述、整体解释、个案分析的学统。中国的经学就是体现这个传统的一个侧面。基督教的圣典是新、旧约,佛教的圣典是佛经,伊斯兰教是《古兰经》,犹太教是《律法》,而儒家的经典是"六经"。儒家的经典在儒家的学术传统中的地位,和犹太教、基督教的神学传统有很大的不同。基督教的《圣经》是上帝的启示,再伟大的神学家也不可能写出一本书来超越《圣经》的地位。因此,中世纪无数第一流的学者都在注经。注释和《圣经》原来的文字之间有不可逾越的鸿沟,因为这中间有一个永远没办法通过人的理性、人的智慧来理解上帝意愿的断崖。而中国的经学,情形不同。当然也有很保守的说法,认为经典是圣人所作。还有更极端的说法,如庄子认为"六经"都是圣人的糟粕,是圣人留下的一些陈迹,而不是圣人原有的生命力的体现。通过陈迹来了解圣人,那怎么可能呢? 陆象山甚至说出"六经注我"的大话。大家认为他很傲慢,因此有人认为他是禅而不是儒。最近我对陆象山下了一点工夫。他的两种讲法,一是"六经注我,我注六经",一是"学苟知本,六经皆我注脚"。陆象山是国子监的教授,不可能是对经典不熟悉而空口说说。因为他经常讲授的就是六经,特别是《春秋》,讲得非常好。所以,当学生问他何不注六经时,是对他的建议而不是挑战。意思是你对经典掌握得那么周全,为何不花一点时间注六经呢?而陆象山是一个古典主义者,他认为要了解经书一定要回到先秦的语言,因此很不赞同宋代的学者以当代的语言来讲解经典。所以陆象山不是一个野狐禅。他的意思是说,如果人的反思是中国儒家传统的主要课题,那么所有的经书都是人文精神的体现。因此不要执著于语言。意即每一个思想家都可以创造人文精神价值,都可以跟孔孟一争长短。如果从孔子、孟子的学说来推论的话,这个结论是可以接受的。陆象山所体现的绝不是傲慢而是承担。不过,要想把这种继往开来的事业当做是自己的天职的话,一定要努力争取到这个人人皆可享有的权利,即使争取发言权的过程是非常艰难的。但是,它是天下公器,而不是少数人的私产。因为学术不是私人的,而是社会的,是属于群体大众的。

"政"是它的经世实践。儒家是一种经世济民的传统,亦即它的整个实践,在政治上、社会上、经济上都发生了很大的作用。因此它是一种涵盖性比较强的哲学人学,一种生命形态。

总之,以上我所讲的,至少提出了两个观点,一个是为什么现在要讨论儒学第三期发展的问题;一个是说到底我所理解的儒家,它的社会基础是什么,它的历史形象是什么,真正代表它的见证者是属于哪一种人格形态?

儒家传统的限制及其创造性基础

儒家传统若要进一步发展,所应突破的限制是什么?特别是面临西方文化的挑战,应克服的困难是什么?另外,虽然受到了限制,碰到了困难,它的创造转化的基础又是什么?下面我想从这两个角度来讨论儒学第三期发展的前景。

我上面已提到把宋明儒学作为儒学发展第二阶段的说法。儒学和传统中国有千丝万缕的联系,使得它一方面在历史上发挥了极大的作用,另一方面从鸦片战争以来随着中国传统社会的各个不同阶层的解体,又经历了极大的认同危机。到底这个传统还有什么意义,能不能进一步发展,是一个很迫切的问题。鸦片战争以来,曾经塑造了中国文化并在历史上发挥过极大影响的传统本身的没落,意味着中国文化传统正在承受三千年来史无前例的大变化。这是一个很值得我们深思的问题。一些反传统意愿非常强的学者认为,一定要和传统作彻底的决裂,中国才能够现代化。这是要求真正的脱胎换骨,也是承认传统文化的博物馆化,像列文森所讲的将儒家传统等同于古代的埃及文明。古代的埃及文明只是在今天伦敦的大英博物馆里为人所瞻仰所凭吊的遗迹。

中国的传统文化经过彻底的铲除以后是否也会变成同样的情形,这就牵涉到文化传统和传统文化的问题。假如传统文化是这样的命运,那现代中国知识分子的文化传统究竟是什么,这是一个值得大家讨论的课题。我们能够全盘接受西方的文化价值吗?我们应当消极坐视甚至积极促成传统文化的彻底消解吗?如果我们当前的文化传统中有一种强烈的把传统文化彻底消解的动力,那么我们的文化传统和传统文化之间的关系又是什么呢?这对于儒学的进一步发展来说,不只是少数从事儒学研究的人的学术课题,而是现代中国知识分子应普遍予以关注的重大课题。我很希望具有儒家特色的传统文化都有进一步的发展,但我现在是站在一个当前文化传统的角度,即一个关切中国现代化的知识分子在进行群体批判的自我反思的角度。问题的提出不一定能够得到答案,但问题的形成常常表示答案的可能。如果不能形成问题,也不可能有答案。而形成问题的过程是非常艰苦的。但问题形成了,至少有了寻找答案的可能性。

儒学有没有进一步发展的可能性这个问题,是建构在一个基本设准上的。这个基本设准是,儒学能否对西方文化所提出的重大课题作出创建性的回应。因为儒学不能只是停留在中国文化的范畴里,也不能只是停留在东亚文化这个范畴里,儒家传统一定要面对西方文化的挑战,而西方文化是指现代的西方文化。一方面当然是理性主义所代表的现代西方文明,另一方面还有西方的浮士德精神。

因此,当我们讨论儒家传统能不能继承发展的课题时,至少有四个方面的问题需要做出回应,这都是西方文化提出来的。

第一是科学精神的问题。儒家这个传统代表强烈的道德理性,有涵盖性很大的人文思想,但面对科学主义的挑战,暴露出很多缺陷。一般认为,可以把儒家传统的道德理性及其运作的实际范畴和层次予以严格的规定,不要犯道德主义的毛病,即能发展出以认知为主导的科学精神。但很多学人不能接受唐君毅先生所讲的以良知和道德理性来发展科学精神的观点。也有很多学者对牟宗三先生所提出的良知的"自我坎陷"表示怀疑。这里碰到一个较大的困难,即儒家的道德理性的光芒有没有什么领域是不能照耀的?如果自觉地要求在某种领域中让道德理性不发生作用,还算不算是儒家?这是一个有趣而严肃的问题。假如不能,是不是儒家传统没有办法开出科学精神,也没有办法和科学精神相连。希腊理性思维的传统和培根以来实证科学的传统的结合,形成了现代西方的科学精神。这是儒家传统所缺的。有些学人把儒家是否能和这一精神相结合当做儒家能不能进一步发展的前提,这中间的难度很大。我认为,在了解儒家传统这个生命形态的时候,应强调它在人与人交通问题上的全面合理性,并以这个合理性为基础重新建构、定位儒家传统在新的人文世界中应该体现的价值和扮演的角色。这个工作极为艰苦。但是,如果仅仅接受从韦伯以来的现代精神所谓的专业分工的理论,把我们的价值领域很清楚地分为几个不同的范畴,如宗教的、艺术的、科学的、道德的,而让各种不同领域独立地发展,这种解决的途径我想可能是一厢情愿。韦伯本人对这种现代性即抱着悲观的态度。其实,我认为这种似乎言之成理的分工把人格的整体性彻底割裂了,最终道德不过作为一个人的自辩,科学则成为一个对外在事物的理解。这都不过是个人存在的一些可有可无的姿态。只是通过分工方式所展现出来的价值领域,并不能自然而然地产生有机的关联,因为它们之间没有任何内在的本质上的结合点。这个课题值得作进一步的思索。一个现代人必须扮演各种不同的社会角色,有家庭的角色、学校的角色、政治的角色、经济的角色、高尔夫球场的角色、餐馆的角色,我们如何在这些角色中安顿自己的身心性命?所以,价值领域分隔并不是一种健康的安排,并不是使儒家传统能进一步发展的助缘。这点很值得探索。

第二是民主运动的问题。一般认为儒家传统和民主运动是相冲突的,民主运动是建构在一个敌对抗衡的价值意识上,没有敌对抗衡,就很难有民主运动。这个抗衡哲学里面有一个非常重要的基础,即怀疑主义。怀疑权威,怀疑人性有光辉的一面,怀疑任何权力集团的利他倾向,怀疑任何人的动机。这是一种责任理论,即不谈动机问题,特别重视程序,要依靠程序政治,要依靠法律规约,要依靠在互相抗争中展现出来的新规则。但这不可能是执政党自愿的,而一定是争取来的。争取的过程中间一定有很多必须妥协,也必须让步的地方。儒家的道德理性的一个基本点是信赖,即对社会的信赖。从好的方面讲,政治是要靠所谓贤人政治,即以身作则的儒家型的政治家。他们对自己的权力不仅有自我约束的能力,而且对人民的福祉有一定的承诺。他们是从义务的观点来了解政权的社会作用的。实际上,这种道德自觉性很高的领导阶层,在当前的政治体系中还没有出现。真正能够体现儒家精神的是知识分子,而知识分子却常常是在政治斗争中被牺牲的,因为他们既没有社会力量,也没有经济基础。这是很大的危险。当然,要求现代知识分子来履行儒家所代表的道德理性是不可能的,因为它完全是一个不合法的利益集团。这意味着儒家道德理性的说服力越来越弱。这是很大的问题。

第三是宗教情操的问题。在前面一讲时,有人问到为什么中国文化区没有出现像欧美各地解放神学那种革命性和抗议性?这个我想和儒家传统的特殊性有关。基督教所代表的是一种革命精神,从超越外在的上帝看来,任何既有的社会秩序和社会结构都是不合法的,因此可彻底毁灭。它有强烈的抗争性。而儒家传统的特色是对所有人类创造的人文价值都给予平实的历史地位,甚至对于专制倾向非常强的权威主义也予以容忍。中国的老百姓受到儒家传统的影响,对执政者非常宽容。一方面很和顺,不造反;不过,一旦造反起来却很彻底。这就是所谓的"水可载舟,亦可覆舟"的观点。这种循环,不能进入民主的传统。这里有几个值得正视的问题,大家一般不太注意。一个就是说民主的建构是通过各种不同的价值、不同的解放观点,在民主运动中建立起来的一种体制。东亚的一些受儒家传统影响的社会里,都有权威主义的问题、男性沙文主义的问题、家族的封闭性的问题。因此,比较带有侵略性的,或者比较全面性的女性运动,在东亚社会还没有出现。我们所见到的欧美的妇女运动和东亚的妇女运动相比,差距太大。这是不是儒家文化的传统,即所谓的君权、父权、男权这些长期积累的力量的影响?这也是值得考虑的。现在有很多研究儒学的学者认为,儒家传统虽然有终极关怀,但它对宗教情操并不特别重视;

它有内在超越,也有外在超越,但对很多在民主政治中很重要的基础,譬如法律、程序政治、人权等,却没有很充分的认识。我认为,儒家传统最健康的是它的涵盖性很强的人文主义。它不要形式的宗教,而居然能发挥宗教的功能,这是它的优越性。但在现代看来,特别是从现代宗教的发展看来,它的优越性及其说服力已经很不够了。现在有很多人认为,儒家的圣王,要么就是偏向理想主义,要么就是和权威主义混为一谈。所以,我们要彻底消除圣王的观点。

第四是心理学方面对人性的理解。弗洛伊德用心理学的观点对人的幽暗面作了理解。这个理解是和犹太教、基督教有密切的关系,即相信人性本恶。人性本恶在原始基督教的描写是一种人和造物者之间的异化,这是对人限制的整体上的醒悟、整体上的了解。人有限制,从这个地方展现出幽暗面。怀疑主义以及各种不同的客观制度的设置,都和人的幽暗面有关。如果我们认为人性本善,人可以通过自觉奋斗体现完美的价值;在程序政治方面,我们也相信政治的领导基本上是好的,只要相互礼让就可能把我们这个社会带到更进一步的世界。面对复杂的现代文明,这种设想当然很幼稚。

总之,科学精神、民主运动、宗教情操,乃至弗洛伊德心理学所讲的深层意识的问题,都是儒家传统所缺乏的,而又都是现代西方文明所体现的价值。这是中国现代化所必须要发展、必须要掌握的价值。如果儒家传统不能对其作出创建性的回应,乃至开出一些类似的崭新价值,那么连健康的传统价值都可能因异化而变质,更不会有进一步发展的可能性。也许有人认为,儒家传统有它自己的价值,它可以充分地发展,自己走出一条路来。但我认为,如果儒家传统不面对西方所提出的这些课题作创建性的回应,也就没有办法进行创造转化的工作,以建立新的价值。这是我们对中国的传统文化进行反思的时候所不能回避的挑战。

源远流长的儒家传统虽然在中国和东亚文明中创造出了很多价值领域,也养育了很多杰出的人才,但从鸦片战争以来,随着中国政治、社会各方面的逐渐崩溃,它的传统生命也就衰退了。到底从什么角度我们可以说它还有发展的可能性呢?这里我想做一个简短的历史回顾。

从五四一直到1949年,中国哲学界和思想史界中主要的课题之一,是如何重建儒学。最近很多学者对这个问题作了一个比较全面的回顾。这个工作非常复杂,最难的就是在哲学史、思想史界的文化运动。

五四以来有两种资源使得思想界能够发展出蓬勃的景象。一个资源很容易理解,是用西方的范畴体系来对儒家进行重建。在这个工作上,冯友兰立了很大的功劳。冯友兰就是用他所理解西方"新实在论"重建儒学,也就是"接着"讲宋明理学。贺麟则是受到德国理想主义,特别是黑格尔哲学的启发来阐述陆王心学的当代意义。胡适之用杜威的一些观点来重建国故,重建中国古代的逻辑思想。虽然不主动自觉地认同儒学,但他的学术工作和人格形态与儒家有许多契合之处。牟宗三先生早期从事于伦理哲学、逻辑学的研究,对康德的批判理论进行了批判,逐渐从那个基础上来了解儒家的道德理想,又从理解儒家的道德理想主义，对康德所提出来的道德形而上学作一种诠释。这是由互相回应所逼出来的。

另一个资源是来自中国本土，基本上是来自佛教，即佛教的唯识宗。当年是梁启超、杨文会等学者从日本把唯识宗的一些经典带回来，成立中国内学院，后来欧阳竟无主持该院。这是一些对哲学有兴趣、而且思辨能力很强的人。他们面对西方的挑战，提出了一些有创建性的回应。最突出的是熊十力的"新唯识论"。他受到佛教思想的启示，但基本的认同是《易经》，其目的也是在重建儒学。梁漱溟先生也受到佛教的影响，所以他晚年时说，他的终极关怀是佛教，但他在学术上的重建工作基本上是儒家的。

现在看起来，熊十力、冯友兰、梁漱溟所代表的并不是像艾恺所说的最后的儒家，他们是第三期儒学发展的创导者。唐君毅、牟宗三等学者，也都是深受佛教文化影响的哲人。毋庸置疑，但他们都致力于儒家的重建工作。方东美和钱穆两位先生也如此。所以，我们可以说，从五四时代开始，对于儒家传统能不能进一步发展和重建的问题，至少在比较深刻的思想层面上，这个工作已经开始了，至少已经继续了一两代、两三代了。

1949 年以后，一般认为儒学再生只是海外学者比较关切的问题，而大陆学者对此问题没有兴趣。现在发现不是这样，只是关切的方式不同。大陆的关切不是如何重建，而是如何彻底解构儒学。这是大陆学者共同努力的目标。所以，海外的重建和大陆的解构形成非常尖锐的对立。

但尽管这样，即便是在大陆，重建的努力还是一直没有间断。比较突出的是冯友兰。1949 年以后，中国大陆的学术论辩多少都和他有关，常是针对他提出来的课题。现在重新回顾，他是想尽不同的办法要把他所理解的儒家传统和官方意识形态，特别是毛泽东思想的发展方向结合起来。这是他努力的重点，和黑格尔的取径相似。譬如他提出，在 20 世纪能否把中国传统继续下去，在作了一些具体的历史分析以后，是否可以把一些观点和价值抽象地继承下来？这就是所谓的抽象继承法。比如孔子的"仁者爱人"的观点，虽然从发生学上讲是阶级的反映，但是"仁"是不是有超阶级的内涵？能不能把爱人的观点用到今天？是不是可以抽象继承？大多数人认为是可以的，支持他的观点，但是代表官方的意识形态对他进行了长期的批判。

还有一位在大陆很有影响力的张岱年先生，因为 50 年代被打成右派，成了北大哲学系的资料员。他专门研究中国传统哲学的资料。经过二十多年的努力，他现在在中国哲学史研究方面不但资料最熟，而且对中国传统，尤其是儒家哲学进行了很多深刻的反思，如对"天人合一"、"情境合一"的理解，对知识分子性格的理解等等，都非常有意义。他的《中国哲学大纲》，我认为是 1949 年以来在大陆第一次把整个中国哲学史作一个全面的理解。他这种研究的方向很值得我们借鉴。

这些学者基本上是面对解构的大潮流所作的重建。在《历史研究》、《哲学研究》以及最近出的《中国哲学》、《中国哲学史研究》等杂志上，有许多分量很重的文章都和儒家有关。不少文章认为，要把礼和仁分开，礼是不健康的，是吃人礼教，而仁有它健康的一面。

最近大陆出了一本关于孔子研究的书目,有一千多种,作者超过五百人。

从这个角度我们可以说,儒家传统能不能进一步发展,有没有第三期发展的可能性,在面对西方作出回应之先,还要看它和今天中国文化这个课题是否相干。有一度大家认为不相干。即使在 80 年代初,金耀基先生还忧心如焚地表示,儒家传统和中国现代化也许越来越不相干。如果不相干,那就没有任何发展的可能性。现在大家都认为很相干。大陆所谓的相干,是说儒家传统的消极因素太大,所以要解构;海外所谓的相干,是要彻底批判大陆的一些抨击传统的意识形态。不管从哪个角度来看,都是相干的。可是我所考虑的儒家传统进一步发展的契机不在这里,而是从西方文化发展到现在人类所碰到的危机和困境处设思。在这个情况下,多元发展的趋势是不可抗拒的。而儒学第三期发展的意义正在于此。

在多元文化的前提下,如果各种不同的价值以及传统都能发挥,那内容就会很丰富,影响也会很大。儒家传统这个源远流长的文明形态是不是有很多资源可以发挥,是不是有很多工作可以做,我想是肯定的。但是这样讲还是太消极、太悲观了。中华民族所在的内地及港澳台,乃至东亚社会的华人社群,寻根的意愿都非常强烈。另外,儒家传统的资源,在多元文化的背景下,应可为最近才涌现的"地球村"找到一个大家共同的关切。这个共同的关切,即是人文的全面反思。这是一个大课题,可以提出很有说服力的理论,也可以说儒家传统能不能有第三期发展,和这种新人文主义能不能充分体现有密切的关系。假如没有这个新人文主义的出现,儒家传统的进一步发展是很有限的。

这里牵涉一个很复杂的课题,即到底儒家传统将来的社会基础是什么?有一个情况是值得注意的,即民间的儒学正在蓬勃地发展。现在有很多学术研究都在研究对象的故乡举行,如熊十力的研究在湖北黄冈,王船山的研究在湖南衡阳,王阳明的研究也在他的老家浙江余姚,康有为的研究在广东南海,梁启超的研究在广东新会等等。这使我想到,儒家将来发展的社会基础不仅会是地方色彩很强,而且群众性也会很强,甚至可能组织一些类似儒教的学会来发扬儒学,特别是宋明儒学的讲习。这是一个侧面。

儒家传统能不能发展,还要看具有儒家特色的知识分子能不能出现。但这种知识分子不一定要属于中国。任何一个知识分子,不管是东方的还是西方的,只要是知识分子,就会碰到儒家的问题。这种知识分子的终极关怀,可以来自基督教,可以来自佛教,可以来自伊斯兰教,可以来自各种其他的精神文明,但它的问题是儒家的。在某种程度上,他和儒家这个传统结下了不解之缘。我认为,儒家如果要发展的话,它不应该成为和世界各大宗教相提并论的一个宗教领域(这个可能性不大),而应该成为知识分子对各种问题进行理解和反思的一个基础,一个原则,一个资源。因此,可以有儒家式的基督教,可以有儒家式的伊斯兰教,可以有儒家式的犹太教,也可以有儒家式的佛教。这个发展前景取决于知识分子的责任,即可不可能出现一个特殊的阶层(但不是阶级)叫做知识分子。我想这个潮流是不可抗拒的。现在世界发展的大趋势是农业人口减少,产业方面的人口也在浓缩,而服务阶层的人数,特别是参与"沟通"工作的人数却越来越多。这个服务阶层的人基本上应该是知识分子,或跟知识分子相关的人。

这些问题,我想不仅在中国社会出现,而且可能在非中国社会出现;不仅在东亚社会出现,可能在非东亚社会也有。因此我提出,如果儒家传统第三期发展的话,要从中国文化和东亚文明走向世界。这意味着它的资源、它的养分来自中国文化,也来自东方文明。这是它的历史因缘,也是它的社会基础,但它一定要有勇气走向世界。为此,它要克服自身的缺陷,并面对历史发展的多样性和现代西方文明所碰到的各种挑战、难题,创造崭新的、有深刻宗教含义和广泛政治实效的人文精神。

新儒学论域的开展

杜维明

18世纪,欧洲启蒙的倡导者像伏尔泰、莱布尼茨和重农派的奎耐都很敬重儒家传统,并且以儒家中国为西欧主要的参考社会、参考文明。固然,西方哲人对以儒家为价值核心的中华帝国感到浓厚的兴趣,实际上是反映了当时当地的问题意识:如何摆脱宗教权威、打破神学教条,以开展一条以理性为基调的思想路线为鹄的。但是即使不问儒家的圣贤,如孔孟,在法国、德国、英国、意大利诸国哲学家们心目中的地位如何,或者他们象征什么样的意义,儒家伦理在他们看来是人本而不是神本;这种以人文理性为内核的中华文化为西欧知识界提供了自我反思的借镜和批判的助缘,这是无可争议的。带有讥讽意味的是,18世纪欧洲思想界对儒学的理解是导源于耶稣会传教士把孔孟经典翻译为拉丁文的传播事业,而以利玛窦为先驱的传教士却想借助西方的科技文明向深受儒家文化熏陶的士大夫来传达"天主实义"。根据近年来许多的学术研究,也包括哈佛科学史的博士研究生张琼在内,以往对利玛窦传教策略的解释,即让天主教充分儒家化以趋同的方式融会中西,必须加以修正。其实从17世纪到19世纪几乎长达2世纪之久,西方传教士和明清二朝的宫廷一直保持非常密切的关系,虽然他们所扮演的角色多半是天文、数学、翻译及后来乃至绘画在内的技术问题,或担任技术顾问。他们在吸收信徒方面有很大的成绩,在进行文化交流方面,其影响就更为深远。尽管如此,他们处心积虑的传教事业还是在于彻底改变儒家思想根深蒂固的人生观和宇宙观,例如"天人合一"、"天生人成"、"尽心知性知天"、"天行健,君子以自强不息"、"存有的连续"、"有机整体"和"身心灵神一气贯穿"等基本理念,以凸显超越而外在的上帝作为生命价值的终极归宿。这是传教士们共同努力的目标。现在很多人了解到利玛窦当时用拉丁文写给教皇的信中体现了这种基本的倾向。

康德提出以理性为标准的自律道德,在西方哲学史中是一个石破天惊的大手笔。虽然,康德也强调灵魂不灭与上帝存在,因此,与基督教传统实际上还是有一脉相承的痕迹,但他对启蒙所下的定义是敢于思考,具有摆脱宗教权威和打破神学教条的威力,也许这正是尼采以诙谐的口吻称"康德是来自孔尼斯堡的伟大的中国人"的关系。不过,既然康德是斯宾诺莎、休谟和卢梭哲学的继承者,他不仅突出理性的价值,同时也重视理性的限制。然而,他不能想象完全不符合理性原则的信仰。因此,他认为《旧约》中上帝为了考验亚伯拉罕,命令他的独生子为祭品的故事是违反理性的、反人性的一种虚构。他这一观点和齐尔克加德(即克尔凯廓尔)以同样例子为"信仰骑士"的典范,形成了非常尖锐的对比。

在康德以前,也包括康德在内,西方启蒙思想家有条件也有意愿和儒家哲学或儒家学者进行平等互惠的对话,这虽然是历史上并未出现的情况,而是我现在的想当然尔,但这种虚拟是可能的,也是合情合理的。因为启蒙的欧洲知识精英确有认识儒家的意愿,而且我觉得这种历史的回顾可以启发和帮助我们提出新的问题。

可是,19世纪,欧洲因为工业革命带来的社会、政治、经济各层面的巨大变化,生产关系的重组,权力结构的解体和身份等级的彻底改换,为思想领域开创了史无前例的崭新局面。康德逝世之前,以理性为基础的所谓"理性时代"虽然对人类自律道德的信念因为革命的激情而有所减杀,但已经成为现代西方的标志,像自由、容忍和法治,即使在19世纪强烈民族主义和国家主义的氛围中,其理性精神仍然不丧失其在现代西方思想界所共许的独立价值。然而在19世纪所营构的未必充分自觉的欧洲中心主义,已和受到儒学传统的影响、并以儒家中国为主要参考社会的启蒙的先进们所代表的18世纪的欧洲思想家的开放心灵大异其趣。在思想界被称誉为人类第一位具有全球视野的哲学家黑格尔彻底改变了古今中西的逻辑关系,在他的《历史哲学》的分析中,把东方思想归纳为人类文明的曙光,而且判定世界精神已经落在西方,并且断言人类文明的日落,即人类文明的最高精神体现,伴着历史的终结,最后必然归结在西欧。他心目中的西欧也许只是普鲁士德国而已。

今天来看,这只是地域观念极其浓厚的一种论说,原本只是黑格尔心灵哲学的特殊取向。但这套所谓历史发展的必然规律在欧洲中心论建构坚实的理据之后,不仅为西方哲人所接受,成为不言而喻的"真理",而且进而成为东方哲人特别是中国学人坚信不移的共识。其实斯大林所诠释的马克思主义以五种生产方式刻画人类文明发展的取向:从原始公社经过奴隶社会,经过封建社会,经过资本主义社会,最后进入共产社会,可以说是黑格尔必然性的一种例证。即使韦伯以理性化为现代化的本质定义,并得出西欧、北美一带独具的资本主义精神,也和黑格尔哲学中蕴涵的欧洲特殊论有千丝万缕的联系。有些学者指出,韦伯的宏观的比较文化学中明显地对两个课题没有进行研究,一个是现代西方,另一个是希腊哲学,正因为他自己深受这两大"传统"影响的关系,他认为人类文明必然发展的归结是导源于希腊理性的现代欧洲。正是这个缘故,美国社会学家如柏深思从结构和功能交互关系来确定理性化的含义,并且得出市场经济、民主政治和个人主义是现代性中不可分割的三个侧面,也只是总结欧洲发展的特殊经验为人类文明发展的必然归趋的明证,他的欧洲的特殊经验到后来更变成了以美国的特殊经验为典范的论说。哈贝马斯如同他自己声称是继承马克思、韦伯和柏深思,他对各种不同的理性进行现代诠释,当然也不脱欧洲中心的格套。

黑格尔式的论说实际上也成为五四以来中国知识分子所深信不疑的共识。即使是梁漱溟也一直认为中国文明既早熟又不成熟。为什么不成熟?因为缺乏科学和民主,因此不符合人类文明发展的必然归趋。他的看法也和这一论说有关系。以儒家传统能不能开出或转出科学与民主,作为论断儒家现代价值的主要标准,当然也是如此。我想问一个问题:我们并不要求犹太教、基督教、伊斯兰教、佛教、兴都教、耆那教和各种民间宗教开出现代科学民主,而且,也不因为它们没有开出或转出西方现代的特殊价值,比如理性、自由、平等、人权和法治而丧失其存在的理由。只有中国文化,特别是儒家传统,就必须担负这个使命,而且人们认为如果它不担负这个使命,便无法见容于天地之间,为什么?值得注意的是,启蒙以来的西方已经在经济、社会、政治和文化各个层次,如同梁启超所说,都发挥了"以动力横决天下"的强势,而且在思想领域中也是波澜壮阔,充分呈现了多元的景观。对西方内部所涌起的思潮作出非常严厉的批评,而且经过批判进行更宽广的结合,这是西方当代哲学的特色。尼采对基督教文化的抨击,对古希腊哲学思想的向往,并彻底解构以抽象理性为基础的道德说教。这种既高明而又深刻的抗议精神,即使在今天后现代主义大行其道的欧美学坛还是新鲜而有价值的。这种例子比比皆是。批判西方最全面和最严厉的思想家即是现代西方最具创意而且传统意识深厚的学者。换一个角度看,当今对西方现代主义提出全面批判的哲学家,如法国的德里达曾经一度是新左翼,但对西方主流的传统特别是犹太教不仅是耳熟能详,而且研究得非常深刻,可以说从柏拉图、亚里士多德等西方早期思想到整个中世纪的思想发展以至现代西方文化的发展,德里达以及和他辩难的西方学者都知之甚稔。也就是说西方哲学家自启蒙以来在进行扬弃的同时,决不忽视如孟子所说的"掘井汲泉"的功夫。再比如福柯的"知识考古学"就体现了所谓"扬弃",表示要扬而弃之则必须深入探索,以窥全豹。对西方的整个文化传统,现代最有批判性、最极端的知识分子对其精神内涵和整体的掌握却是非常周全的,而且确实深知其意。

第一次世界大战后,梁启超和张君劢因为亲睹现代西方文明出现的弊病而提出国人自救的新途径。张君劢在清华大学提出人生观的构想,引发所谓科玄论战,是1923年,可以说是启蒙反思的一件重大事件。当时,德国学者斯宾格勒已经提出"西方的没落"是不可逆反的大趋势,在欧洲也引起很大的反响。但是,五四的知识分子因为时代的需要,"向西方学习"成为追求富强的唯一途径。在他们的视野里,富强是现代性的定义,使得极端而又相当肤浅的科学主义凌驾各种现代西方思潮之上而成为现代文明的象征。这种以西化为现代化、以富国强兵为现代化标准的理念,固然是救亡图存的危机感引发的,但这种心态,正如我在论文集《现代精神与儒家传统》的"后记"中所提到的:"与其说是救亡压倒启蒙,不如说是启蒙所体现的科学、物质、功利、现实以及进步的观念所铸模而成的工具理性已成为先进知识分子心目中救亡图存的不二法门。"

虽然,五四运动以来,科学主义、物质主义、功利主义和现实主义在中国思想界蔚然成风,至今仍是方兴未艾,然而从宽广的人文视野和比较深厚的宗教体验对启蒙进行反思的中国学者也大有人在,比如创办《学衡》的一批知识精英即受到哈佛大学白璧德人文主义的感召。白璧德当时教导他的学生不仅要了解西方现代,也要了解释迦牟尼,要了解孔子,要了解苏格拉底。这批学者想结合中国人文学的优良传统,为当代中国知识分子提供文化资源,这条思路通常被称为文化保守主义。其实像吴宓、梅光迪、汤用彤和陈寅恪都是学贯中西的学界高人,他们对思想自由和学术独立的坚持决不亚于认同自由主义和社会主义的公众知识分子,但是正因为他们对儒家传统的人生智慧确有了悟,对中华民族人文精神确有体认,所以不愿意一味反传统,盲目地把儒家的身心性命之学贬低为不合时宜的封建糟粕。

第一代的现代新儒家,像贺麟、梁漱溟、冯友兰,或者通过德国理想主义,或者融合印度的人生智慧,或者嫁接英美的新实在论,都致力于为儒家传统创造再生条件的文化事业。熊十力的《新唯识论》植根于大易本体,既是宇宙论也是本体论的诠释,脱胎于中土的法相宗,即唯识宗,并且参照了柏格森的生命哲学和怀特海的过程哲学,这也是对启蒙进行反思的杰出代表。

五四以后的30年,从1919年到1949年,以上海和北京为首的中国知识界曾围绕着农业和工业、资本主义和社会主义、中国文化本位和全盘西化几个重大课题,进行了非常广泛而又深入的辩解。值得特别提出的是,虽然日本和西方帝国主义引起的外患日益严重,军阀割据以及随后的国共对立的内忧也越来越惨烈,关切政治、参与社会,而且究心于文化的公众知识分子对中国现代化的思考却变得更加深沉。最难能可贵的是当时的知识分子已明确指认现代化并非西化,二三十年代的中国知识界就已提出这样的看法:中国的现代化必须走一条融合古今、会通中西的道路。从北京大学罗荣渠教授汇集的丰富资料中,我们可以断言,当时在上海《申报》上所发表的见解从思想的深度和学识的广度各方面来看,并不亚于60年代在台湾或者80年代在大陆兴起的文化浪潮的水平。的确,以启蒙心态为价值取向的现代西方,以超越时空的观念而成为世界各地不请自来的主人翁。50年代坚信西方的过去就是中国未来的台湾学者完全接受西化是现代化中唯一可选择的命题。具体地说,第二次世界大战以后,美国文化已经成为西化的典范,向美国学习便是民族自救的康庄大道。这一抉择和大陆向苏联一面倒的策略形成了非常鲜明的对比。不论是社会主义还是资本主义,都是西学东渐的结果。30年代的中国知识分子就已明确指出现代化并非就是西化。但60年代的台、港西化派主动自觉地认西化为现代化的唯一取向。

台、港的新儒家继承了中国第一代新儒家为儒学创造再生条件的文化事业,他们或者从道德理想主义切入,或者从人文精神的重建入手,或者从民族魂的再铸用力,都通过深究百年来中华民族所承受的"人为刀俎,我为鱼肉"的理由,从价值根源来彻底反省"自立立人"的长治久安之道。他们的重点关怀是所谓"观念的灾害"。到底这一"观念灾害"的哲学理由是什么?因为他们亲身阅历了由于百年来西方帝国主义和殖民主义所带来的祸害,中华民族的身心灵神各个层次都受到了严重的创伤。固然经济萧条、政治崩溃和社会解体,使得提高生产力、统一国家以及维持基本安定成为有目共睹的当务之急,没有人能够否认这些事情的严重性。但是,新儒家们所忧虑的是心灵的生命,这种心灵生命的缺失和价值取向的误导,表面上治疗心灵的创伤和调整价值的迷惑并非燃眉之急,即使全力以赴也未必有效,何况有此自觉的少数哲人自身也因为深受穷困、分裂和解构的痛苦而大有屈辱和悲愤的情绪,维持内心的平静已是非常困难,甚至要有超凡的定夺;在自家分内的日常生活都无法安顿的乱世竟然奋身而起,为民族千百年的心灵再造之大计而思考,这是需要非常大的勇气和非常大的智慧的。牟宗三从孟子心学吸取了深造自得的理据,为康德由定然命令所呈现的人性尊严建立了坚实的哲学基础,由此开出一条会通东西的途径。唐君毅纵览轴心文明所展现的精神世界,为了贞定人文精神价值在当今人类社群生活中应有的位置而开拓出心灵哲学的价值境界。徐复观立足于日常生活的平实世界,通过严格的朴学功夫,为具有中国特色的人文学,包括思想史、文学、艺术进行诠释,并充分体现公众知识分子的风骨,在学术和政治之间拓展民主的空间。这三位学者都从启蒙反思入手,为儒学创新提供了崭新的前景,树立了前所未有的学术典范。

牟宗三先生对康德和儒家心性之学所作的现代诠释,纵使他的论说受到专业的康德学者和宋明思想研究者的非议,但他那种直捣黄龙的慧解不仅为新儒家开出了一个极富原创性的学派,而且,现在也在欧美学术界引起了注意。但是如果我们坚持这是唯一发展儒学的途径,舍此皆是断港绝河,甚至以为不懂康德就没有资格发展儒学,那就未免太偏颇了。唐君毅先生则从高屋建瓴的宏观视野化解物欲横流的暴戾之气,通过判教的途径为宗教对话安顿了道场。纵使他的融会贯通不尽然为犹太教、基督教、伊斯兰教、兴都教和佛教的学者所首肯,这是由于他的心灵九境的最高、最后处是儒家,对佛教、基督教等而言,未必令人信服,但他凸显了儒家人文精神的文化哲学,却为儒学和深度生态学、女性主义乃至多元文化主义的沟通提供了非常深厚的资源。徐复观的身体力行,验证了当今儒家的抗议精神,因此为儒家式的民主作出了贡献,同时又落实了现代儒学的研究方法,打破了汉、宋的藩篱,超脱了义理和考据的争端,并跨越了文史哲的界域,为关心政治、参与社会和究心文化,以儒学传统自立的公共知识分子树立了良好的典范。纵使他出入政治与学术间的人生抉择,引起很多士林的不满,他笔端带着深情的学术论文,也未必为经院式的专家所认可,但他的傲骨和他的见识、他的学养和他勇猛精进的力度,特别是他的奉献民主建国的志趣充分体现了儒家学者的社会良知,为儒家式的自由主义树立了典范。

如果说,第一代新儒家在西潮冲击之下,坚守儒家身心性命之学、在本体诠释中的终极价值以及在道德实践中的现实意义,那么,第二代新儒家则在痛定思痛的心境中,进行掘井汲泉的知识考古学的工作,他们在欧风美雨的猛攻中取得了片刻的宁静,把古今中西之争化解为现代与传统的对话,以及西方启蒙与中土儒识的互通,在学术界、知识界、文化界都创造了新的论域。

最近这几年,我受到美国人文社会学院的支持,聚集了在美国康桥一带的学人,对西方和启蒙进行了一系列的儒学的反思。一方面是继承两代新儒家辛苦耕耘的文化事业,另一方面也是着眼于开辟一个前辈学人虽然乐观其成却无法具体落实的项目,就是既非攻击,又非防御,而是在文明对话的脉络中以不卑不亢的平实心态,从儒家人文精神的核心价值对西方启蒙进行深刻的反思。其间共有三个步骤。第一,对启蒙思想家以儒家中国为参考社会的历史意义作出总结,所谓历史意义包括两个层面:不仅是历史上意义,而且包括至今仍有现实意义的历史潮流;第二,19世纪欧洲中心主义兴起的来龙去脉,以及欧洲中心主义所代表的基本心态在中国学术界所起的各种不同作用,解剖现代中国知识分子启蒙的心结;第三,到底西方启蒙这个现象,如果我们进行儒学的反思,它的可能性是如何,它所蕴涵的实际意义又是如何?不论启蒙是何种情况,现在西方不少第一流的学者也在进行对启蒙的批判,由于现代西方以霸权宰制天下,在世界各地当家做主已有一二百年,环视西欧北美之外的全球社群,由启蒙理性化所塑造的利益领域,可以说西方启蒙精神是无所不在,市场经济、民主政治、跨国公司、传播媒体、国际贸易、旅游事业,以及所有的现代大学,包括新加坡大学,都属于西方启蒙心态所塑造的现代文明典范。更值得注意的是支持这些领域的核心价值,自由、理性、人权和法治。一般的理解,自由、理性、人权和法治才是真正可以普世化的现代伦理。可是,毫无疑问,现代西方所带给人类社群的后果,除了这些健康的价值以外,还有剥削、掠夺、抗争、宰割所导致的贫富不均、弱肉强食、生态破坏、社群解体、人性异化,以及核战的威胁。也就是说经过百万年演化而成的人种,现在到了因为自作孽而未必可以活下去的困境。

我们不禁要问,以启蒙心态为代表的现代西方包括其无处不在的利益领域和放诸四海皆为准的核心价值。我说"核心价值",我确实认为它是核心价值,也就是任何一个文化现在应该突出理性、自由、人权和法治。但虽然有这些核心价值,这个启蒙心态是否已经具备了引导人类社群走出危机的全幅精神资源?如果答案是否定的,那人类社群还有哪些精神资源必须积极开发以进行价值转换的文化工程?伊斯兰教的学者、犹太教的学者、基督教的学者、兴都教的学者都在进行这一工作,难道儒家的学者、研究中国文化的学者可以对这些问题不作一点反思吗?根据这个问题意识,我认为儒学创新可以在启蒙反思的基础上进行。

我提出三个可以反思的途径作为我的结论:

第一,作为当代知识分子自我定义的主要参照,儒家伦理有可能为宗教对话提供大家都首肯的共法的机制。我进行了许多次儒家与各种不同文明的对话:与伊斯兰教、基督教、犹太教和佛教。有一个非常有趣的现象,在基督教与伊斯兰教或与佛教对话时,两边的角色非常清楚,谁是基督教徒,谁是伊斯兰教徒,一目了然;当儒家参加对话之后,角色便不太明显,因为有儒家式的基督徒、儒家式的伊斯兰教徒,也有儒家式的佛教徒和儒家式犹太教徒。所谓"儒家式"是什么意思?仔细分析会发现其最重要的所指是现代公众知识分子所具有的特性。如果是儒家式的基督徒、伊斯兰教徒、佛教徒,那一定是关心社会、参与政治、究心文化,一定是对我们现在所碰到的人类的困境、生态环境的问题,有忧患的意识,有强力的反思的能力,有参与社会但又不为现实政权所腐蚀的内部转化的机制,这是值得我们注意的。最近在美国,有总统所特聘的委员会在讨论美国人文学的危机。我提出关于公众知识分子的观点,而现在大家形成非常有趣的共识,就是公众知识分子所能掌握的资源不是希腊的哲学家,不是犹太教的先知,不是僧侣阶级,不是一般所谓的传教士,当然这些人格形态都可以为现代知识分子提供很多的资源,也不完全是19世纪以来俄国所代表的知识分子，但儒家传统的"士"、"君子"却可以为现代知识分子可以提供非常丰富的资源。

第二，在进行全球伦理的思考中，包括联合国教科文组织所组织的"世界伦理"的计划，或者非政府组织所发展的"地球大宪章"所作的努力，儒家人文学，我称之为涵盖性的人文学，它有四个侧面：个人、群体、自然、天道。个人与社群之间保持一种健康的互动，而社群不仅是市民社会，也包括家庭，包括各种不同的民间社会，一直到人类社团，在人类和自然之间要保持和谐，在人心和天道之间要保持互赖互信。这四个侧面全部照顾到，而且有三个基本的核心价值要充分体现，对于建构人类社群所必需的伦理，它可以提供资源。各种文化都可以提供资源，儒家的资源是不可忽视的。比如说，"己所不欲，勿施于人"的原则和"己欲立而立人，己欲达而达人"的原则，不仅对个人与其他人的沟通，而且对国与国之间的沟通，乃至人类与自然的沟通、人心与天道的沟通都可以发挥积极的作用。

第三，在为人类社群建构本体思维，回应深度生态学、女性主义、社群伦理和宗教多元主义的纯粹哲学的工作上，儒学可以在全球化和本土化的复杂的辩证关系中开创出一条既能落实于具体，"人伦日用之间"的具体，又能够通向永恒，面向更宽广的空间，从普遍落实为具体，一种成己成物，尽人尽物，参天地之化育的道理。儒家的本体论、宇宙论的思想面对现在生态学等各方面的挑战，它有非常深刻的资源：一个活生生的人在今天对问题进行反思的时候，他的具体性、特殊性，通过人与人之间的，不是零和游戏，而是沟通理性的发展，这样，各个不同人、不同的族群、不同地方的特殊性不再成为人类冲突的必然原因，而成为丰富世界文化的各种不同的助缘。通过掘井汲泉的方式来做，这个工作虽然相当艰巨，但在儒家传统中有非常丰富的资源。假如我们不了解这些资源，而去斫伤它，这就犯了王阳明所说："抛却自家无尽藏，沿门托钵效贫儿。"所以，我认为我们现在的工作极为艰巨。在台湾学术界，我曾提出个人的期待。如果台湾的民主化能够健康地发展，它应该能够为儒家的人文精神提供发展的空间，假如民主化只能跟黑道、金钱结合在一起，这是民主化本身的失误。如何发展民主、发展科学，为儒家深厚的人文精神资源提供发展的空间，这是文化中国乃至关切东亚社会发展的公众知识分子应有的共同认识。

新加坡的公众知识分子，也就是在政府、学术、媒体、企业、宗教，以及社会各行各业关切政治、参与社会并究心文化的公民，如果要为星洲建立一个环境优美、秩序井然，而又有创造力和鲜活之气的工商社会，就不得不通过教育培养一代一代具有开放心灵、责任和忠恕之道的知识精英。正因为新加坡是中华、印度、马来和欧美文化交汇的现代国际大埠，文明对话便成为公众领域的主要议题，通过文明对话来思考全球伦理是我们不可推却的思想天职。儒家人文精神的涵盖性可以开拓启蒙心态所标示的人类中心主义的价值领域，也可以丰富启蒙心态所突出的理性的资源，这点我深信不疑。但我也有自知之明，儒学第三期发展的文化事业要靠文化中国、儒家东亚乃至全球社群中有志融会东西的公众知识分子共同来缔造。这个文化事业现在才刚刚起步，所谓创业维艰正是这个意思。

漫说"西体中用"

李泽厚

在毛泽东逝世和"四人帮"垮台后,在理论、学术、文化所掀起的两次思想浪潮,都使人回想起五四。一次是关于启蒙、人道、人性的呐喊和争论,一次是最近两年关于中西比较的所谓"文化热"讨论。

的确很热。从北京到上海,从官方①到民间,从研究生、大学生到老学者、老教授,统统出场。各种讲习班、研讨会此起彼落。九十余高龄已被人完全遗忘了的梁漱溟先生重登学术讲坛,再次宣讲他的中西文化及其哲学,仍然强调儒家孔孟将是整个世界文明的走向。

这是怎样发生的呢?"难道历史真如此喜欢开玩笑,绕了一个大圆圈,又回到了原来的起点?时间已经过去了七十年,难道今天二十几岁的青年,还要再次拾起他们的祖父曾祖父们的问题、看法,去选择、去思索、去争辩?"②1949年中国革命胜利时,毛泽东曾总结过近代中国"向西方学习"的历史。今天所谓的"文化热",却是在惊醒了"最高最活的马克思主义"中国是"世界人民的革命灯塔"的迷梦之后,重新痛感落后而再次掀起"向西方学习"的现实条件下产生的。因此冷落多年的中、西、体、用之类的比较又重新被提上日程。

一 "中体西用"的由来和演化

要了解这种中西文化比较,便得追溯一下百多年来"西学东渐"的基本遭遇。不少人指出,西学东渐或"向西方学习"经历了科技——政治——文化三个阶段,亦即洋务运动——戊戌、辛亥——五四三个时期。由船坚炮利、振兴实业以富国强兵,到维新、革命来改变政体,到文化、心理的中西比较来要求改造国民素质,人们今天认为这是历史和思想史层层深入的进程。其实,戊戌变法前夕,湖南的保守派曾廉早就如此概括过:"变夷之议,始于言技,继之以言政,益之以言教,而君臣父子夫妇之纲,荡然尽矣。君臣父子夫妇之纲废,于是天下之人视其亲长亦不啻水中之萍,泛泛然相值而已。悍然忘君臣父子之

---

① 1986年5月"上海文化战略会议"上,中共上海市市委第一书记、中共中央宣传部部长、国务院文化部副部长出席,见该月《解放日报》、《文汇报》。

② 参看李泽厚《杨煦生编〈传统文化的反思〉序》。

义,于是乎忧先起于萧墙。"(曾廉:《瓠庵集·卷13·上杜先生书》)这主要是针对当时谭嗣同、梁启超在湖南宣传民权平等即曾廉之所谓"教"而言的。曾廉看出,如果鼓吹西方这些文化思想,就将从根本上破坏中国传统的"君臣父子夫妇"的纲常伦纪,这是非常危险的,这可能导致本来为抵抗外侮的变革将首先在内部引起动乱……

不能说这位顽固保守派的眼光不锐利,但他言之过早了一些,因为当时康有为、谭嗣同等人活动上和思想上注意的焦点,主要仍在政治,即进行变法维新的政治体制的改革。以后的革命派也如此。他们还没有从根本文化心理上来动摇传统的打算。不过,即使如此,"向西方学习"过程的本身,在客观上就带来了一个如何对待和处理中西文化即中学西学的关系问题。

在"言技"阶段,问题比较简单,"西学"不过是些声光电化、工厂、实业。顽固派是坚决反对的,认为这些东西是"奇技淫巧",有害人心,应该坚决拒绝,因此在他们那里就没有中学西学的关系问题,只要统统排斥西学就行了。但对洋务派以及后来的改良者们,却有这个问题,即如何安排这两者。改良派的先驱冯桂芬最早提出,"以伦常名教为本,辅以诸国富强之术"(《校邠庐抗议》)。他的所谓"富强之术",便主要是"制洋器",重格致,他不仅承认船坚炮利不如人,而且开始承认"人无弃才不如人,地无遗利不如人,君民不隔不如人,名实必符不如人",从而要求适当改革内政,即扩大士绅权力,改良赋税,精简官吏等等,以后1870年代的王韬、马建忠、薛福成直到1880年代的郑观应、陈炽等人,虽已努力把这种学习西方、改革内政的要求向前逐步推进,除了工艺科技之外,在经济上提出扶助民间资本,"振兴商务",开办近代工业;在政治上提出从法律上保护民间资本,实行西方上下院代议制度;在文化上提出废科举,办学堂,等等,但他们仍然坚决排斥西方资产阶级社会政治的理论思想,无保留地拥护中国传统的"纲常名教"。他们认为西方的工艺科技以至政法制度只是拿来便可用的"器";至于维护中国自身生存的"道"和"本",则还是传统的"纲常名教"。他们说:"盖万世不变者,孔子之道也"(王韬:《易言跋》);"取西人器数之学以卫吾尧舜禹汤文武周孔之道"(薛福成:《筹洋刍议·变法》);"道为本,器为末;器可变,道不可变,庶知所变者,富强之权术,而非孔孟之常经也"(郑观应:《危言新编·凡例》);"形而上者谓之道,修道之谓教,自黄帝孔子而来至于今,未尝废也,是天人之极致,性命之大源,亘千万世而不容或变者也"(陈炽:《庸书·自强》);"中国之杂艺不逮泰西,而道德、学问、制度、文章,则复然出于万国之上"(邵作舟:《危言·译书》)。……总之,他们几乎一致认为,中国的纲常名教等等"圣人"的"道"或"本"是不可变易的,而且优越于西方……虽然在具体政治上开始具有开议院行立宪的要求,但在理论上却完全自相矛盾(他们没有也不能觉察这矛盾)地排斥和反对着正是作为西方代议制度理论基础的资产阶级的自由平等的思想学说。"[①]用郑观应的话来概括,这就是:"中学其本也,西学其末也,主以中学,辅以西学"(《盛世危言》)。这也就是后来在维

[①] 参看李泽厚《中国近代思想史论》第2章。

新变法高潮声中,洋务派大理论家张之洞所提出来的"中学为体,西学为用"的著名的"中体西用"说。张之洞在光绪皇帝曾奖为"持论平正通达,于学术人心大有裨益"(《戊戌六月上谕》),并"挟朝廷之力而行之,不胫而遍于海内"(梁启超)的《劝学篇》中,正式概括为:

> 不可变者,伦纪也,非法制也;圣道也,非器械也;心术也,非工艺也。……法者,所以适变也,不可尽同;道者,所以立本也,不可不一。……夫所谓道、本者,三纲四维是也……若守此不失,虽孔孟复生,岂有议变法之非者哉?(《劝学篇·外篇·变法第七》)

> 中学为内学,西学为外学;中学治身心,西学应世事。……如其心圣人之心,行圣人之行,以孝弟忠信为德,以尊主庇民为政,虽朝运汽机,夕驰铁路,无害为圣人之徒也。(《劝学篇·外篇·会通第十三》)

可注意的是,第一,"器"在这里已不仅是指工艺器械,而且包括某些政经体制,即政经体制也可以改,但"道"却绝不可变。这"道"指的便是伦常纲纪,即封建专制为特征的政治制度和家庭本位为基础的社会秩序。因此,所谓"法"可变,便必须限制在不破坏、不动摇、不损害这个根本制度和秩序的范围和限度之内。第二,这个"道"、"本"是与"孝弟忠信"的个体的道德修养联系在一起的,所以,它是"治身心"的"内学",不同于应付世俗外事的西学。这两点合起来,就正是中国儒家传统的所谓"内圣外王之道",只是现在这个"外王"要"辅以西学""西政"就是了。但由"内"而"外",先"内"后"外","内"为"主""本","外"为"辅""末",却仍是一贯的。这确乎是忠于儒学孔孟的基本原则的。

儒学孔孟千百年来建立起来的权威性,它在人们(主要是士大夫知识分子)心中所积淀下来的情感因素和维护力量,确乎极其巨大。所以,康有为、谭嗣同尽管已大不同于上述那些人,接受了民权、平等、自由等西方观念、思想,但也要打着孔子旗号来"托古改制"。康有为不必说,连急进如谭嗣同在痛斥三纲五伦,指出"数千年来三纲五伦之惨祸烈毒,由是酷焉矣"。"上以制其下,而不能不奉之",并提倡"五伦中于人生最无弊而有益……其惟朋友乎!……所以者何?一曰平等,二曰自由,三曰节宣惟意。总括其义曰,不失自主之权而已矣。……余皆为三纲所蒙蔽,如地狱矣。……故民主者,天国之义也,君臣,朋友也;……父子,朋友也;……夫妇,朋友也。……侈谈变法而五伦不变,则举凡至理至道,悉无从起点"(《仁学》)等等时,也仍然要假借孔子的名义,即以"仁"代"礼",把西方近代自由、平等、博爱的观念勉强纳到中国古老传统的格局中去。中国传统的肯定性的认识和情感在他们那一代心中的积淀是那样强大,他们完全相信孔子和中国传统中仍然有许多与西学完全符合一致从而非常适合于改革的东西,所以他们总是尽量发掘、表彰、附会中国传统中的任何民主、平等、自由的观念,他们尽量抬高从孟子到王阳明、黄宗羲的思想主张,在他们这里,所要提倡、宣传、传播的"西学",是与传统的"中学"混合"杂糟"(梁启超语)在一起的。从而,中学西学的根本差异,在他们那里便远没有被清楚地揭示出来。比起洋务派和早期改良派来,他们实质上已经不自觉地转到以"西学"(自由、平等、博爱)为主体这个方向来了。

直到五四新文化启蒙运动,情况才有了根本变化。"西学"、"中学"的根本对立和水火不容才被极度夸张地凸现出来,"打倒孔家店"的呼喊的重要意义也就在这里。陈独秀喊出伦理的觉悟是最后觉悟的觉悟,要求打倒忠、孝、贞(操)等一切旧道德;胡适提出"全盘西化"①,要求"死心塌地的去学人家,不要怕模仿。……不要怕丧失我们自己的民族文化"。鲁迅说少读或不读中国书,激烈抨击着种种中国的所谓"国粹";吴虞接着鲁迅,大讲孔学吃人:"孔二先生的礼教讲到极点,就非杀人吃人不成功,真是惨酷极了。一部历史里面,讲道德说仁义的人,时机一到,他就直接间接的都会吃起人肉来了"(《吃人与礼教》,《新青年》6卷6号,1919年11月1日)。总之,传统必须彻底打倒,"中学"必须根本扔弃,中国才能得救。

但是,这个五四运动新文化启蒙一开始就有其强有力的对立面,这个对立面实质上是承继着张之洞"中学治身心"、"中学为本"的传统,以梁启超、梁漱溟、张君劢、章士钊等人为代表,提出了中国的"精神文明"或"东方文明"的优越性,并引起"科学与人生观"的著名大论战。前一派如果可说是西化派的话,那么后一派则可说是国粹派。如果前一派的好些人(主要是年轻一代)后来日益走向马克思主义,那么后一派则变化为所谓中国文化本位派②和"现代新儒家"。尽管这种分野具有某种政治的性质和成分,但它毕竟又是文化—思想的。在中国近现代,文化、思想总与政治结下不解之缘。

现在看来,在这各派的各种议论中,陈独秀当年突出"西学"与"中学"的根本区别为"个人本位主义"和"家庭本位主义"的差异,应该说,是相当尖锐而深刻的。至今为止,在种种文化心理现象中,大到政经体制,小到礼貌习惯,都可以清楚看出这种中西的差异。可以随意举些例子。《中国古代思想史论》一书曾指出:"……就在称谓和餐桌上,便也可说是一'名'一'实'地在日常生活中把这种以血缘亲属为基础的尊卑长幼的等级秩序,作为社会风习长期地巩固下来了。"③中国号称"礼仪之邦",中国王朝和中国人素来以"礼仪"来标榜自己的传统特征,"礼"首先来源于食物的分配。荀子说:"礼起于何也?曰,人生而有欲,欲而不得,则不能无求,求而无度量分界,则不能不争。争则乱,乱则穷。先圣恶其乱也,故制礼义以分之,以养人之欲,给人之求"(《荀子·礼论》)。"礼"本来就是为制定一定的规矩秩序即所谓"度量分界"来分配食物,制止争斗,满足人们生存需要而产生的。中国人却把这种原始秩序长久地彻底地一直贯彻到饭桌上来了,并且成为一种规矩、仪容、礼貌。中国传统要求在饭桌上也必须"长幼有序""主客有别",要求控制或节制

---

① "全盘西化"一词则出自胡适1929年的文章。
② 1935年1月萨孟武、何炳松等十位教授发表《中国本位的文化建设宣言》。胡适批评它"是中学为本西学为用的最新式的化装出现,说话是全变了,精神还是那位《劝学篇》的作者的精神"。
③ 参看李泽厚《中国古代思想史论》末章。

自己的食欲以循规蹈矩,不予放纵。本来,"从儿童心理学看,服从社会指令(普遍性、理性),克制自然需求(个体性、感性),不为物欲(如食物)所动,也正是建立道德意志、培育道德感情的开端"①。中国传统的确把这个方面极端地扩充了,中国哲学之所以主要是伦理学,确乎与这种"制礼作乐"的现实传统直接相关。它不是发挥思辨的认识论,而成为规范行为的伦理学。

在"称谓"上,也如此。中国传统"称谓"的繁密细致说明这些区划的必要性和重要性,即示远近,别亲疏。如叔父、姑父、姨父、舅父,如堂兄弟、姑表兄弟、姨表兄弟,……便各有区别。林黛玉在客观上比薛宝钗对贾宝玉更亲,因为林、贾是姑表而薛、贾是姨表,父系亲戚的地位自然更重要,所以贾宝玉对林黛玉说"疏不间亲"具有双重(客观事实和主观表态)含义。在一般传统习惯和生活中,叔父、姑父之于姨父、舅父亦然,而叔父比姑父又更亲一些。因为同姓重于外姓,男重于女。与前述的吃饭一样,中国传统的这种尊卑长幼的秩序规定("礼"),已浸透到中国人"习焉而不察"的整个文化心理结构中去了。这在西方是没有的。在西方,人都是上帝的儿子,在上帝面前所有世间的尊卑长幼已无任何意义和价值,人们都平等地接受最后的审判。在中国,人们不相信上帝审判或来世天国,于是便执著地从理智到情感、从现实到观念都处在这个细密复杂的人世的伦常关系的网络中。我是谁?我是父之子,子之父,弟之兄,妇之夫……,人的存在和人的本质就在这网络之中,人只是关系,人的"自己"不见了,个性、人格、自由被关系、"集体"、伦常所淹没而消失。人被规范在这种"社会关系的总和"中。他(她)的思想、情感、行为、活动都必须符合这"社会关系的总和"的存在或本质。于是,父有"为父之道",子有"为子之道",此即"道在伦常日用之中"。没有脱离人世的"道","天道"也不过是这"人道"的同构而已。这与西方认为有独立于人世的宇宙自然,有超越世间的主宰上帝,有自然律,是大不相同的。

不仅此也,就在日常生活的一般习惯中,例如,见面打招呼,不是"早上好",而是问"吃饭了没有"?路上打招呼,不是说"今天天气不坏",而是问"上哪里去"?……这些在西方人也许会觉得"干预私人事务"的风俗,在中国却正是行之久远表现出某种"人际关怀"的习惯。本来,你的存在(吃饭与否)与行为(到哪里去),都是群体的一部分,"群体"是有权过问和表示关注的。这仍是上面所说的,个体的存在、行为,是被规定在、束缚在纲常秩序的社会关系中。这里难得有个体的自主、自由、平等与独立。

又例如,当被人称道或赞誉时,西方人常常回答"谢谢"即已足够;中国人却习惯于谦逊不惶地推谢:"过奖"、"不敢当",这正如中国人不很习惯于夸耀自己的才干、能力一样。总之,个体不能突出,这种种谦逊无非是有意识地去压抑、贬低、掩盖个性主体,以尊重、护卫、高扬群体结构的伦常秩序。中国人的吵架,也习惯于由第三者的调停、协商,和谐解决,而不重是非曲直的客观审断。所以,礼俗替代法律,国家变为社会,关系重于是非,

---

① 参看李泽厚《批判哲学的批判》(修订本),第309页。

调解优于判定,"理无可恕"却"情有可原"……等等,也就成了直到今日仍普遍存在的现象。它说明中国以"礼"为教的特征,和以儒家学说为代表的传统文明,已浸透到一般现实生活和习惯风俗中,形成了超具体时代、社会的"文化心理结构"了。这种结构的稳定性质,主要来源于陈独秀讲的"家庭本位主义",亦即拙作《中国古代思想史论》里讲的"血缘基础"——以原始氏族社会为渊源,建立在小生产自然经济之上的家族血缘的宗法制度。

《中国古代思想史论》认为,血缘宗法是中国传统的文化心理结构的现实历史基础,而"实用理性"则是这一文化心理结构的主要特征。所谓"实用理性"就是它关注于现实社会生活,不作纯粹抽象的思辨,也不让非理性的情欲横行,事事强调"实用"、"实际"和"实行",满足于解决问题的经验论的思维水平,主张以理节情的行为模式,对人生世事采取一种既乐观进取又清醒冷静的生活态度。它由来久远,而以理论形态呈现在先秦儒、道、法、墨诸主要学派中。《中国古代思想史论》认为与希腊哲学"爱知"为特征,寻求宇宙的本源根底,以了解自然、追求真理为己任不同,中国先秦哲学大都是一种社会论政治哲学,它以"闻道"为特征,要求理论联系实际,服务于实际,解决现实社会问题、人生问题,以"救民于水火之中"和"治国平天下"。西方基督教曾促使与实用无关的理智思辨和情感幻想充分发展,从而精神变得精致,中国哲学却执著于人世实用,即使清醒开通如荀子、王充、柳宗元、王夫之等人也都如此。总之,人与自然的关系服从于人的关系,人对自然的研究,从属于对人的服务,前者没有独立的地位。"天道"实际上只是"人道"的延伸或体现。从而中国文化及哲学中缺乏对上帝及恶的"畏",从而缺乏谦卑地去无限追求超越的心理。中国人容易满足,并满足在人世生活之中。

这种实用理性并不同于美国现代的实用主义(Pragmatism),它不只是一种工具主义,它有自己的"天道"、"人道"相同构而统一的历史信仰和客观规范,主要表现为"参天地,赞化育"的《易传》世界观和汉代形成的早熟型的系统论宇宙模式。这模式成为中国人认识世界、解释世界和指导自己实践行动的基本心态,是中国整个物质文明和精神文明在文化心理结构上的积淀表现。它具体呈现在医、农、兵、艺、历史、哲学……之中。《中国古代思想史论》一书具体讲过这个问题,这里不多重复。

前面一些文章和本文所反复指出的是,作为早熟型的系统论,中国文化善于用清醒的理智态度去对付环境,吸取一切于自己现实生存和生活有利有用的事物或因素,舍弃一切已经在实际中证明无用的和过时的东西,而较少受情感因素的纠缠干预。这是因为实用理性不是宗教,它没有非理性的信仰因素和情感因素,来阻碍自己去接受外来的异己的事物并扔弃本身原有的东西。

正因为此,中国文化传统在某种意义上,倒是最能迅速地接受、吸取外来文化以丰富、充实和改造自己。从物质文明到精神文明,从衣食住行到思想意识都如此。日本今日保留中国古代的东西,如木屐、和服、榻榻米以及茶道、花道……就比中国多,在中国是早已没有了。又例如,在唐代诗文中,便可以看见当时作为中国国都的长安市竟是一个"胡帽"、"胡酒"、"胡舞"、"胡姬"……的世界;而今日中国的所谓"民族"器乐中著名的"二胡"、"京胡"……也都是从异域传来落户的。古代中国人丝毫没有排斥拒绝它们。包括与儒学教义格格不入的佛教、佛学,自印度传来后,从南北朝到隋唐,兵不血刃地统治了中国意识形态数百年,"三武"之祸毕竟是极短暂和个别的时期,相反,列朝历代许多帝王都佞佛,如梁武帝定为国教,武则天奉之首席。释迦牟尼的地位经常在本土圣人孔夫子之上,孔夫子倒被看做是释迦的门徒。不仅在下层百姓,而且在上层士大夫知识者中,从谢灵运到王维,以及到后代的好些文人,佛学比儒家,在心目中的地位也常常更高一层。这说明,中国儒家的实用理性能不怀情感偏执,乐于也易于接受外来的甚至异己的事物①。也正因为此,五四时代才有上述那种在其他民族文化里所没有出现过的全盘性的反传统的思想、情感、态度和精神。也正因为如此,中国现代知识分子可以毫无困难地把马克思摆在孔夫子之上。所以包括五四时期那种全盘性反传统的心态倒又恰恰是中国实用理性传统的展现。从积极方面说,这是为了救国,为了启蒙,为了唤醒大众。当时先进的中国知识分子认为必须激烈彻底地抨击孔孟舍弃传统,才有出路。这不是为个体超越或来生幸福的迷狂信仰,它是经过理智思考过的有意识的选择,所以这仍然是积极入世以求社会、国家的生存发展的实用理性、儒学精神的表现。从消极方面说,它没有那种非理性的宗教情感的阻挡、干扰和抵制,也是因为实用理性并非宗教信仰的缘故。所以,这种全盘性激烈反传统的五四启蒙运动,发生在具有高度传统文化教养的第一流知识分子身上,由一批学通中西、思想敏锐、感情丰富的优秀人士所发动、所倡导和推行,便并不偶然。它实际显示着中国传统文化的负荷者具有不受本传统束缚限制的开放心灵,这其实也正说明这个古老的文化心理传统仍有其自身的活力。所以它能延续数千年之久而不灭绝消失,并非没有自身的原因。

此外,在拙作另一篇论文中也已指出,中国知识分子在近代如此顺利和迅速地接受进化论观念,一举扔弃历史循环论的传统思想,以及后来接受马克思主义阶级斗争学说,一举扔弃"和为贵"的传统思想,都证明中国实用理性这种为维护民族生存而适应环境、吸取外物的开放特征。实用理性是中国民族维护自己生存的一种精神和方法。

但是,也正因为是以早熟型的系统论为具体构架,中国实用理性不仅善于接收、吸取外来事物,而且同时也乐于和易于改换、变易、同化它们,让一切外来的事物、思想逐渐变成为自己的一个部分,把它们安放在自己原有体系的特定部位上,模糊和消蚀掉那些与本系统绝对不能相容的部分、成分、因素,从而使之丧失原意。总之,是吸取接收之后加一番改造,使之同化于本系统。就近现代中西文化说,这倒是最值得注意的"中体西用"的演化,即"西学"被吸收进来,加以同化,成为"中学"的从属部分,结果"中学"的核心和系统

---

① 当然这个过程中也不乏激烈的偏执和争论,如儒、佛在南北朝的激烈争辩,如"老子化胡"等道、佛相争,这有如近代中国认为西学不过是先秦中学流落至外国发展的结果相似。上面是就整体情况而言的。

倒并无根本变化①。

这个特点不仅表现在中古吸收佛教化出禅宗,进而出现理学这个上层文化现象上,同样也表现在下层社会中。这说明它是一种民族性的现象,即这个实用理性的系统论模式是中华民族将外来事物中国化,而后使自己延续生存的基本文化方式,它不是超社会的,却是超阶级的。

二 历史经验和"西体中用"新释

可以举许多例子。《中国古代思想史论》主要是举上层哲学的例子。《中国近代思想史论》主要也是讲上层从维新到革命的历史。因此,在这里,倒愿意重复摘引《中国近代思想史论》第一篇关于太平天国的一些论述,来作为例证。

太平天国的领袖洪秀全所创立的"拜上帝教",的确是从西方传教士的基督教小册子里借来一个上帝而组织的宗教—军事—政治组织和规范秩序。它在农民战争的革命斗争中起了极为巨大的现实作用和思想作用。洪秀全和太平天国表现了近代中国人为了生存是勇于吸收、接受外来的异己思想,同时又将它改造为服务于自己需要的事物,即很善于"中国化"的。

且看洪秀全和太平天国的这种将基督教义的"中国化":

---

① 关于这点,李泽厚《中国思想史杂谈》(《复旦学报》1985 年第 5 期)曾讲过,摘抄如下:"中国人到汉代便把'天人'古今,各种自然、社会、物质、精神现象统统构建、组合到一个系统里。这个系统已不同于孔孟时代是从氏族血缘出发,而是从一个统一的大帝国出发,其目的是为了稳固、保持这个巨大的社会机体的动态平衡,以达到长治久安。中国传统社会为什么那么持久,到现在还那么顽固,我觉得很大的一个原因是因为从汉代开始就有了这个系统。今天我们讲汉族、汉人、汉语,这也表明汉代不仅在物质文明上奠定了基础,而且在文化心理结构上也奠定了基础。我国是多民族国家,以汉语为基本语言,汉文化为基本文化,在历史上有不少少数民族例如满族,尽管是统治阶级却自愿放弃自己的文化而接受汉文化,这就是因为从汉代起在文化心理结构方面也形成了一个相对稳定的系统。""这个系统是把天地人各方面都通过阴阳五行结构的方式组合安排起来的。所以什么都是五,金木水火土,五味、五食、五声、五脏,还有五季,四季中加个长夏,以符合五的系统等等。在这个结构中的各个部分相互联系渗透,又有相生相克的反馈作用,这个结构有一套循环的模式,整个自然,整个社会,上自皇帝,下至百姓,包括时间、空间、人体、社会制度、伦常秩序统统都被安置在这个模式中。这有科学的成分,因为它把一些自然规律也放在系统内;也有大量的牵强附会,是属于当时政治需要的东西。李约瑟说,中国的思想的特点是没有上帝,没有创造主的概念,这是对的。西方认为世界是上帝创造的,中国没有这个概念。因为中国有这种系统观。这个系统本身大于一切,高于一切。天、地、人都在这个系统中,彼此牵制着,例如皇帝主宰着百姓,但得命于天,而天又得听听老百姓的意见……这便是一个循环的系统模式。有了这种系统,也就不需要有一个上帝来创造世界,主宰人世了。这也就是在中国历史上很多外国宗教进来了,都没被接受的原因。佛教曾经盛行一时,基督教很早就传进了中国,犹太教是最难消灭的宗教,宋朝就传到了开封,但现在没有了。所有这些宗教传进来后都慢慢地、无声无息地消失了。中国从来没进行过宗教战争(农民起义借宗教进行战争,不能算宗教战争)。""这个系统为了维持自己的生存稳定,对外部特别注意和要求能适应环境,它具有一种同化力,所以中国人喜欢讲求同存异。对待外来的东西,首先注意与自己的相同之处,模糊那些与自己不同的东西,从而进一步吸收、消化它,使之与自己相协同。它经常采用生物适应环境的那种同化形式……正是这个稳固的系统为适应生存对付异己所采取的动态(不是僵硬的)平衡的结果。这个系统当然有很大的缺点。它对内部要求秩序性、封闭性,使每个人的行动作为和思想观念都在系统中被规定好了位置。君应该如何,臣应该如何,父应该如何,子应该如何,不能越出特定的规矩和范围。……"

普列汉诺夫讲到宗教时曾提出观念、情绪和活动(仪式)是三个要素。洪秀全把这三者都注入了革命的内容。"人皆兄弟"基督教的博爱观念,被注入了农民阶级的经济平均主义和原始朴素的平等观。宗教狂热被充实以积压已久的农民群众的革命欲求。更突出的是,宗教戒律被改造成相当完备的革命军队所需的严格纪律。……洪秀全把摩西"十戒"改为"十款天条",成了太平军奉此为初期的军律。①

"人皆兄弟"的观念在这里便具体化为官长必须爱惜兵士,军队必须爱护百姓等等。《行营总要》中对此有种种具体规定,这使得太平天国有比历史上任何一次农民起义远为严明的军事纪律,如"遵条命"(即听指挥)、"不得下乡造饭起食,毁坏民序,掳掠财物"甚至规定不许"出恭(大便)在路井民房"、"公心和傩"、"不准妄取一物"、"路旁金银衣物,概不准低头捡拾以及私取私藏,违者斩首不留"……。各种基督教义、宗教仪式都被实用地改造成了一整套农民革命战争所需要的规章制度。这确乎是"中国化"了,这个"中国化"不仅是精神教义的世俗化,而且也是实用化,直接适应、符合于当时农民革命战争的实践需要。总之,是接受了西方传来的基督教义,但使之服从于中国现实的农民战争,并以此实践标准来进行改造和变易。尽管原意丧失,却极其有效地推动了太平天国事业的迅速发展,使它迅速地占据十余省,建国十六年,如无战略错误的偶然因素,本可长驱北京推翻清朝的。

农民革命战争有其不依人们主观意志为转移的规律,在太平天国利用和改造西方基督教义运用在战争中使之"中国化"时,由于这种规律的制约,便有几个鲜明的特征值得注意。

第一,是平均主义和禁欲主义。太平天国在理论(如《天朝田亩制度》等)和初期军事实践中,根据他们所了解和宣传的基督教义,强调"人无私财",建立"圣库",实行严格的供给制度。这种供给制又并非绝对平均主义,而是按官阶而有等差级别的。如"天王日给肉十斤,以次递减,至总制半斤,以下无与焉"(《贼情汇纂》)等等。太平天国分"男营""女营",男女严格分开,夫妻不能同居,"虽极热,夜卧不得光身,白昼不得裸上体"(《贼情汇纂》)。"老天王做有十救诗给我读,都是说这男女别开不准见面的道理。"(《洪福瑱自供》)但天王及其他五个王却明文规定可以有好些妻妾。

第二,行政权力支配一切。既然是"平均主义的分配、消费的经济生活,当然需要一种具有极大权威的行政力量和严密组织来支配和保证。《天朝田亩制度》从而规定了一系列社会生活的准则。这是一种严格组织起来的集体化的生活和权力高度集中的社会结构,它实际是要求建立在军事化的基础之上。

"它以二十五家为一'两','两'是生产、分配、军事、宗教、政治、教育等等几合一的社会基层组织和单位。在这里,军事(兵)、生产(农)是合一的,政治、经济是合一的,行政、

---

① 《中国近代思想史论》,第1章。

宗教是合一的,统统由'两司马'(官名)领导管理①。两司马管理生产,执行奖惩,保举人员,负责教育,处理诉讼,领导礼拜,宣讲《圣经》……具有极大权力。《天朝田亩制度》非常重视生产和宗教生活,以之作为根本标准,也非常重视社会福利:'鳏寡孤独废疾免役,皆颁国库以养。'总之,一切组织化,集体化,军事化,规格化,单一化,吃饭要祈祷,结婚有证书……一切都有强制纪律来保证执行。"②

所以,这是一种兵农合一、政(治)社(会)合一、宗教领先、从上至下权力都高度集中,由行政权力支配一切的社会结构和统治秩序。并且,"从永安到天京,从《太平礼制》到《天命诏旨书》,它的制度是等级异常确定,尊卑十分分明,弟兄称呼纯为形式,君臣秩序备极森严,不仅有等级制,而且有世袭制……根据《天朝田亩制度》的理想规定,产生官吏是'保举'(并非选举),即层层向上推举,然后由上层选择任命……政权人选和权力实际上仍然长期操纵在上级官员的手中,广大群众并无真正的权力"③。

第三,高度阶级觉悟基础上的道德主义。太平天国把农民阶级的阶级意识或阶级觉悟,提到了空前高度。它把劳动者与剥削者的对立极大地突显了出来。如:一方面,"凡掳人每视人之手,如掌心红润,十指无重茧者,恒指为妖"(《贼情汇纂》),"见书籍,恨如仇雠,目为妖书,必残杀而后快"(《平定粤匪纪略附记》)。另方面,"挖煤开矿人、沿江纤夫、船户、码头挑脚、轿夫、铁木匠作、艰苦手艺,皆终岁勤劳,未尝温饱,被掳服役,贼必善遇之,数月后居然老兄弟矣"(《贼情汇纂》)。太平天国就这样非常"自觉地建立起以贫苦劳动人民为骨干领导的从基层起的各级革命政权。'木匠居然做大人'(《金陵纪事》)……太平军对劳动大众极为热情和信任,对地主阶级的知识分子则一般是使用(如做文书)而并不重用"④。

与此同时,洪秀全极端重视部队和整个社会的思想教育工作,太平天国强调人们要"换移心肠","炼好心肠"。"炼好""换移"的具体办法是"习读天书"(即读洪秀全改编过的《圣经》)和"讲道理"(实即讲用会)。"凡刑人必讲道理,掠人必讲道理,仓促行军临时授令必讲道理……为极苦至难之役必讲道理。"(《贼情汇纂》)"讲道理"就是以宣讲宗教教义的方式所进行的鼓动工作和思想教育。其实际宣讲情况,有如下例:

……升座良久方致词:我辈金陵起义始,谈何容易乃至斯,寒暑酷烈,山川险峨,千辛万苦成帝基,尔辈生逢太平时,举足便上天堂梯……(《癸甲金陵新乐府》)

洪秀全和太平天国以这种思想教育作为革命的动力,确乎起了巨大作用,使广大的太平军战士团结一致,奋不顾身,前仆后继,不可阻挡。"以人众为技,以敢死为技,以能耐劳苦忍饥渴为技,……死者自死,渡者自渡,登者自登。"(《贼情汇纂》)

---

① 这在中国古代即现实地存在过,如近人中国农民起义史论著中艳称的张鲁政权。
② 参看《中国近代思想史论》,第1章。
③ 同上。
④ 同上。

第四,农业小生产基础上的"新天新地新人新世界"的乌托邦思想。

基督教的上帝叫人死后进天堂,洪秀全的上帝要在地上建立天国。洪秀全利用了《劝世良言》关于大天堂小天堂的含混说法,强调地上也应建立天国。……具体制定则主要是把在农民起义和革命战争中积累起来的经验加以理想化和规范化。

《天朝田亩制度》以改革土地所有制为核心,提出了一整套相当完备的理想设计。它宣告平均分配土地,共同从事劳动,彼此支援帮助,规定副业生产。

更重要的是,它对分配、消费的规定,其特点是否定私有财产,消除贫富差别,"有田同耕,有饭同吃,有衣同穿,有钱同使",希望把"无人不饱暖"建立在"无处不均匀"的分配基础上。

如此等等。

但是,众所周知,洪秀全和太平天国终于悲惨地失败了。这失败倒不在于被曾国藩等人的军队所打败,更重要在于他这一套中国化了的基督教义自身的失败。《中国近代思想史论》认为,"洪秀全迷信前期主要是在军事斗争中和在革命军队中所取得的经验,当做整个社会生活所必须遵循的普遍法则来强制推行,违反了现实生活的要求、需要,当然要失败(如废除家庭,实行男营女营),在战争中有效的,在和平时期便行不通(如没收私有财产,废除贸易,实行圣库制度等等)。平均主义、禁欲主义在早期发动组织群众作为军队风纪,的确能起巨大作用,但把它们作为整个社会长期或普遍的规范、准则和要求,则必然失败"。

"思想、观念、情感、意志靠一种非科学或反科学的宗教信仰和强制纪律来统一和维系,是不可能支持长久的。它必将走向反面。特别是经过天父代言人杨秀清竟然被杀的巨大事件之后,忠诚的信仰就逐渐变成怀疑或欺骗,狂热的情感变为'人心冷淡'(《资政新篇》)。仪式流为形式,禁欲转成纵欲,道德纯洁走向道德毁坏……""蜕化变质、徇私舞弊种种封建官场的陋习弊病便都不可避免弥漫开来。在上层,情况更是如此。由于没有任何近代民主制度,专制与割据、阴谋与权术,便成了进行权力争夺的手段,而且愈演愈烈……""洪秀全从前期经验出发,直到最后仍一再颁布各种诏令,极力强化道德说教和宗教宣传,结果在前期取得巨大成效的,现在却收效极微。以前好些论著说洪秀全到天京后如何昏聩无能,不问政事,以致失败。其实洪秀全始终是管事的,并且与前期一样,仍然在行政、组织、军事各方面表现出极大的敏锐、识力和才能……问题并不在这里,而在于他在基本思想和政纲政策上仍然顽固坚持,并愈来愈迷信他那一套非科学的宗教信仰和道德说教,他不是如实地总结斗争的经验教训,而把革命的成败归结是否忠诚于宗教信仰,抱着他那些僵死的教义和前期的经验不放,甚至于最后在改国名、朝名、玉玺名上面做文章,把'太平天国'改为'上帝天国'等等,以期拯救危局,改变形势,显然不能解决任何问题。"①

---

① 《中国近代思想史论》,第1章。

"从这个洪秀全个人的悲剧中,可以看到的正是阶级的局限。一代天才最后落得如此悲惨、被动,是由于他不可能摆脱封建生产方式带给他的深刻印痕。"①

为什么本文要重复这么多的太平天国?只是为了说明在"向西方学习"中搬来的观念、思想、学说、教义,在"中国化"的进程中,被本土的系统所改造和同化,而可以完全失去原意。无怪乎,当时的好些传教士认为:

> 我们的《圣经》注解,都很难得到他的赞同,我们最好的经本,都被他用朱笔在旁批上天意,全弄坏了。(《天京游记》)

> 传教士发现他们很少与太平军一致之处……洪秀全的教义是完全不像我们那样会从天父那里得来的,也和耶稣所说的话极不相同。(费正清:《美国与中国》第8章第2节)

为什么会这样?就是因为这种看来似乎是"西学为体,中学为用"——从西方搬来的基督教教义为主体,并规定为主要的、核心的观念、思想、体系,通过中国传统的下层社会的观念、习惯来具体应用它——实际上却仍然是"中体西用",即"中学"仍然是根本的,这里所谓"中学"就是生长在传统社会小生产经济基础上的各种封建主义的观念、思想、情感、习惯,如等级制,不患寡而患不均的平均主义……乌托邦,道德主义等。因此,"西学"在这里便不过是一层外装而已。这种"向西方学习"当然没有效果。农民战争有其自身的规律,洪秀全搬来的西方基督教在它的"中国化"中合规律地变成了"封建化"。我以为,太平天国作为一个极富有启发意义的思想史的课题,就在这里。

以上说明,由于有一个长久的传统小生产的社会经济基础和其上的意识形态,由于实用理性的系统论结构又善于化外物为自己:"中体西用"便确乎具有极为强大的现实保守力量,它甚至可以把"西学为体,中学为用"也同化掉。

太平天国是以下层人民(主要是农民)的革命实践活动方式,把西方观念、教义"中国化",使"西学"终于成为"中学"的。从张之洞到现代新儒家,则是以上层社会的思想学术的理论方式,进行着同一种"中国化"。例如,在五四时期陈独秀就批评过把西方的自由民主说成是与中国古代"民为贵"、"天视自我民视,天听自我民听"的民本思想、把人民做主与为民做主混同起来的主张,却仍然可以在现代新儒家那里找到极为类似的论调,并且至今在许多报刊文章上也可以看到。这同样表现了在"中国化"过程中,"中学"吃掉"西学",使"中体"岿然不动。

这种历史和思想史的教训,使得今天对"体"、"用"、"中"、"西"的比较和讨论,不是没有意义,而是很有必要。对"体"、"用"、"中"、"西"重新作番研讨,有重要的现实价值和理论价值。

首先,应该重新探讨和明确"体"、"用"范畴的含义。

---

① 《中国近代思想史论》,第1章。

"今天使用'体'、'用'范畴,要加以明确的规定。我用的'体'一词与别人不同,它包括了物质生产和精神生产①,我一再强调社会存在是社会本体。把'体'说成是社会存在,这就不只包括了意识形态,不只是'学'。社会存在是社会生产方式和日常生活。这是从唯物史观来看的真正的本体,是人存在的本身。现代化首先是这个'体'的变化。在这个变化中,科学技术扮演了非常重要的角色,科学技术是社会本体存在的基石。因为由它导致的生产力的发展,确实是整个社会存在和日常生活发生变化的最根本的动力和因素。就是在这个意义上,我来规定这个'体'。所以科技不是'用',恰好相反,它们属于'体'的范畴。在《批判哲学的批判——康德述评》一书中,我从使用工具制造工具来规定实践,也正是这个道理。……张之洞的'中体西用'说强调'教忠'。'教忠'是什么?就是维持清朝的政治制度,这个政治制度是维系在封建土地关系基础之上的。而土地关系就是属于社会生产方式。他不懂得在他所要维护的'中学'(三纲五伦的政治制度和以三纲五伦为轴心的封建意识形态)下有根本的东西。他不知道,他要维护的'学'不只是一个'学'的问题,也不仅是政经体制的问题。他看技术仅仅是'用',不知道轮船、火车、汽车之类的东西是与社会生产力、与社会生产方式紧密连在一起,是后者的具体体现。生产力和生产方式的变化必定带来生活方式和意识形态、政治制度的改变。可见,我讲的'体'与张之洞讲的'体'正好对立。一个(张)是以观念形态、政治体制、三纲五伦为'体',一个(我)首先是以社会生产力和生产方式为'体'。"②

总之,"学"——不管是"中学""西学",不管是孔夫子的"中学"还是马克思的"西学",如果追根究底,便都不是"体",都不能作为最后的"体"。它们只是"心理本体"或"本体意识",即一种理论形态和思想体系。严格说来,"体"应该是社会存在的本体,即现实的日常生活。这才是根本、基础、出发点。忽视或脱离开这个根本来谈体用、中西,都是危险的。就中国来说,如果不改变这个社会存在的本体,则一切"学",不管是何等先进的"西学",包括马克思主义,都有被中国原有的社会存在的"体"——即封建小生产经济基础及其文化心理结构即种种"中学"所吞噬掉的可能。上面讲太平天国,正是为了说明这一点。另文讲马克思主义在中国,也包含了这一点。从而,所谓现代化,首先是要改变这个社会本体,即小生产的经济基础、生产方式和生活方式。这也就要相应改变、批判现实日常生活。例如,农民只有从土地束缚中解放出来,父母在,且远游,离乡背井,走进各行各业和城市中去,祖祖辈辈的各种传统观念才会瓦解,大家庭才会分化成小家庭。例如,只有商品经济发达,才能有自由主义的意识和"西学"真正生根、发展的基地。

的确,"现代化"并不等于"西方化",但现代化又确乎是西方先开始,并由西方传播到东方到中国来的。现代大工业生产,蒸汽机、电器、化工、计算机……以及生产它们的各种科技工艺、经营管理制度等等,不都是从西方来的吗?在这个最根本的方面——发展现代

---

① 这里所谓"精神生产"指的是"心理本体"或称"本体意识"。
② 李泽厚:《"西体中用"简释》,《中国文化报》,1986年7月9日。

大工业生产方面,现代化也就是西方化。我提出的"西体"就是这个意思。在科学直接成为生产力的今天,这一点更加清楚、明白。

但是,陈寅恪早就说过,"寅恪……思想囿于咸丰同治之世,议论近乎(曾)湘乡(张)南皮之间"①。冯友兰也曾认为,"中国现在所经之时代,是自生产家庭化的文化转入生产社会化的文化之时代"②,从而批评"民初人"专搞文化(即指五四的新文化运动),而赞赏"清末人"(即洋务派)兴办实业,认为前者反而耽误和延缓了后者,以致中国未能富强。那么,难道今天这样提出"西体"是否又回到当年洋务派和陈、冯等人的立场?

答曰:否! 早在陈、冯以前,李大钊就深刻地指出过:

> 他(指孔丘)的学说所以能在中国行了两千余年,全是因为中国的农业经济没有很大的变动,他的学说,适宜于那样经济状况的缘故。现在经济上发生了变动,他的学说,就根本动摇,因为他不能适应中国现代的生活、现代的社会。就有几个尊孔的信徒天天到曲阜去巡礼,天天戴上洪宪衣冠去祭孔,到处建筑些孔教堂,到处传布"子曰"的福音,也断断不能抵住经济变动的势力,来维持他那"万世师表"、"至圣先师"的威灵了。③

可见,远不止陈、冯,马克思主义者更明白首先是社会经济基础(首先又是新的生产力)的变化,然后有观念形态的变化,但李大钊、陈独秀等人之所以仍然要搞启蒙和革命,恰恰又是为了加速改变这个经济基础。所以,抽象看来,陈、冯的议论似很合理,但如果真正历史具体地考察一下,就会发现,洋务运动之所以被维新、革命和五四所替代,恰恰是因为当年虽兴办了不少实业却极端腐败、贪污、无效能从而带来了普遍失望。洋务运动主要是官办企业和所谓"官督商办",其历史经验正是:

> 洋务派在八十年代由求强而言富,着手创办非军工的近代工业。但是,与私有工业的资本家不同,主持、管理或监督这些官办、官督商办企业的封建官僚们的个人利益与工业本身的利益是脱节的,官员们感兴趣的不是企业利润的扩大和资本的积累,而只是如何在企业内中饱贪污。陈陈相因、毫无效能的封建衙门及其官吏,当然完全不能也不愿适应资本主义的经济所要求的近代经营管理,所谓官督商办实质上是加在资本主义经济上的一副沉重的封建主义的上层建筑镣铐。……资本主义经济发展必然要求不适应于它的、严重阻碍它的封建上层建筑的改革。这一历史必然规律在上一世纪八十年代的中国开始显露出来了……西方资本主义代议制度在这时广泛地被当时中国开明人士所注意所介绍所赞扬,被看做是救亡之道、富强之本。④

这是整整一百年前的故事了。然而,历史却残酷无情,今天似乎又面临非常相似的问

---

① 《冯友兰中国哲学史审查报告三》。
② 《新事论》,第72页。
③ 李大钊:《由经济上解释中国近代思想变动的原因》,1920年1月3日《新青年》7卷2号。
④ 参看李泽厚《中国近代思想史论》,第2章。

题和局面,使这百年前的故事到今天仍有其现实意义。在一场农民战争(太平天国)之后,由洋务("同治中兴")而变法(戊戌)而革命(辛亥)而文化批判(五四)的这个历史行程,今天似乎把它们紧缩在同一时态内了。本来,社会是一个有机体的结构系统,作为结构的改变转换,有赖于它的诸因素相互作用所造成。特别是在中国,以从属和依附于政治的知识分子阶层为轴心建构基础的社会文化心理,已成为制衡整个社会动向、经济行为的强而有力的因素。因此,这个社会结构机体的改变,光引进西方的科技、工艺和兴办实业,是不能成功的;光经济改革是难以奏效的;必须有政治体制(上层建筑)和观念文化(意识形态)上的改革并行来相辅相成,现代化才有可能。经济、政治、文化的三层改革要求的错综重叠,正成为今天局势发展的关键。

于是继经济改革之后,政制改革和观念改革被突出地提了出来。涉及观念与政制,于是也就有了今天"西学"、"中学"的问题讨论。那么,究竟如何来看待和规定"西学"、"中学"？或者说,究竟什么是"西学"？什么是"中学"？它们谁主谁次、谁本谁末、谁"体"谁"用"呢？

如果承认根本的"体"是社会存在、生产方式、现实生活,如果承认现代大工业和科技才是现代社会存在的"本体"和"实质",那么,生长在这个"体"上的自我意识或"本体意识"(或"心理本体")的理论形态,即产生、维系、推动这个"体"的存在的"学",它就应该为"主",为"本",为"体"。这当然是近现代的"西学",而非传统的"中学"。所以,在这个意义上,又仍然可说是"西学为体,中学为用"。

这个"西学"当然包括马克思主义,马克思主义是近代大工业基础上产生出来的革命理论和建设理论。但这马克思主义也必须随着世界社会存在本体的发展变化而发展变化。同时,"西学"也不只是马克思主义,还有好些别的思想、理论、学说、学派,如科技工艺理论、政经管理理论、文化理论、心理理论等等。我们今天的意识形态、文化观念以及上层建筑便应输入这些东西,来作为主体作为基本作为引导。西方自培根到康德,自文艺复兴到19世纪初,启蒙经历了数百年的历史,中国的启蒙行程还如此之短暂,它在观念体系上彻底摆脱中世纪封建传统,就不是容易的事情。特别是与西方宗教相比,中国的伦理纲常由于有理性的支撑,从中解放出来,就更为艰难[①]。而西方启蒙文化对击溃中世纪封建传统,便是一种非常锐利的武器,所以,现在对"西学"不是盲目输入过多的问题,仍然是了解不够的问题。

现代社会是一个多元化和多样化的社会,现代的"西学"亦然。因之,在全面了解、介绍、输入、引进过程中,自然会发生一个判断、选择、修正、改造的问题。在这判断、选择、修正、改造中便产生了"中用"——即如何适应、运用在中国的各种实际情况和实践活动中。"实体(Substance)与功能即'用'(Function)本不可分,中国传统也讲'体用不二':没有离'用'的'体','体'即在'用'中。因此,如何把'西体''用'到中国,是一个非常艰难的创

---

① 参见 Vera Schwarcz, *The Chinese Enlightenment*, California, 1986 年。

造性的历史进程。例如大家都早知道要去取西方的'科学'、'民主',但在中国用起来,却由于没有意识到'体'、'用'转化的艰难性而遇到了重重阻碍。这就是由于对自己的国情和传统不够了解的缘故。"①这也就是本文为什么要讲近代中国历史,从五四运动讲到太平天国的缘故。只有充分了解这作为"国情"的传统,才能清醒地注意到,首先不要使"西学"被中国本有的顽强的"体"和"学"——从封建小生产方式、农民革命战争到上层孔孟之道和种种国粹所俘虏、改造或同化掉。相反,要用现代化的"西体"——从科技、生产力、经营管理制度到本体意识(包括马克思主义和各种其他重要思想、理论、学说、观念)来努力改造"中学",转换中国传统的文化心理结构,有意识地改变这个积淀。

改变、转换既不是全盘继承传统,也不是全盘扔弃。而是在新的社会存在的本体基础上,用新的本体意识来对传统积淀或文化心理结构进行渗透,从而造成遗传基因的改换。这种改换又并不是消灭其生命或种族,而只是改变其习性、功能和状貌。例如,在商品经济所引起的人们生活模式、行为模式、道德标准、价值意识改变的同时,在改变政治化为道德而使政治成为法律的同时,在发展逻辑思辨和工具理性的同时,却仍然让实用理性发挥其清醒的理智态度和求实精神,使道德主义仍然保持其先人后己、先公后私的力量光芒,使直觉顿悟仍然在抽象思辨和理论认识中发挥其综合创造的功能,使中国文化所积累起来的处理人际关系中的丰富经验和习俗,它所培育造成的温暖的人际关怀和人情味,仍然给中国和世界以芬芳,使中国不致被冷酷的金钱关系、极端的个人主义、混乱不堪的无政府主义、片面的机械的合理主义所完全淹没,使中国在现代化过程中高瞻远瞩地注视着后现代化的前景。本来,即使是资本主义,也还需要有如基督教那种非以赚钱为唯一目的的责任心、天职感、职业道德,也还要某种献身精神,中国传统的文化心理中的上述许多东西,难道不可以由我们作出转换性的创造吗?中国没有基督教等宗教传统,是否能从自己传统文化中以审美来作为人生境界的最高追求和心理本体的最高建树?……。所有这些,不也就是"西体中用"么?这个"中用"既包括"西体"运用于中国,又包括中国传统文化和"中学"应作为实现"西体"(现代化)的途径和方式;在这个"用"中,原来的"中学"就被更新了,改换了,变化了。在这种"用"中,"西体"才真正正确地"中国化"了,而不再是在"中国化"的旗帜下变成了"中体西用"。这当然是一个十分艰难、漫长和矛盾重重的过程。但真正的"西体中用"将给中国建立一个新的工艺社会结构和文化心理结构,将给中国民族的生存发展开辟一条新的道路和创造一个新的世界。

最后,从文化思想史看,这里还要注意的是,从中国目前的前现代化社会到现代化社会,和某些高度发达国家的走向后现代化社会,是三个不同的历史发展阶段,不能混淆它们。特别因为表面现象上前现代与后现代有某些近似处,便更需要予以清醒对待。不能因要求在现代中注意后现代问题,而将后现代与前现代混同起来。

例如,对待自然,前现代和后现代也许更强调人与自然和谐或重视人回到自然怀抱,

---

① 见李泽厚《"西体中用"简释》。

现代化则重点致力于征服自然，改变环境；前者重视精神的自由享受，后者首先着力于物质生活的改善。对待社会，前现代和后现代也许更重视财富平均、社会福利，而现代则主要是个人竞争、优胜劣败。对待人际关系，前后现代都追求心理温暖，现代则基本是原子式的异化的个人。对待人生，在前后现代，伦理和审美占重要地位，人本身即目的、超功利、轻理性，否认科学能解决人生问题；现代则突出工具理性，关注于目的、功利、前景和合理主义，人自身常常成了手段。在思维方式上，前后现代均重直觉、顿悟和个体经验，现代则重逻辑、理智。在前后现代，每个人都是重要的，几乎无分轩轾。现代则是明星、天才、领袖、名家、奇理斯玛（Charisma）①的世界。……

所有这些描述，是非常粗陋和简单化了的。之所以作这种描述是想指出，尽管前现代和后现代有某些接近或相似之处，但两者在根本实质上是不相同、不相通的。现代与后现代尽管在表面上有些不同，在实质上却更为相通和接近。

为什么？因为现代和后现代基本上建筑在同一类型的社会存在的"本体"之上，即大工业生产之上，与前现代建立在农业小生产自然经济基地的"本体"上根本不同。正如没有下过五七干校的国外左派知识分子，会觉得简单的体力劳动是真正的愉快和幸福，吃腻了冰冻食物和习惯了家用电器会感到简单落后的原始生活充满了生气和快乐……实际上，这两者是根本不相同的。所以，在今天的文化讨论和文化现象的研究评论中，重要的仍然是历史具体的科学分析。所谓"历史具体的科学分析"，也即是说，首先要注意社会存在本"体"的区别，并以之作为前提。只有这样，才能在现代化的过程中，清醒地批判和吸取前现代中的某些因素，包括中国传统文化心理结构中的实用理性、道德主义（甚至大锅饭中的某些积极因素），等等，来作为走出一条中国化的现代化道路的充分和必要条件，这就是《中国古代思想史论》一书所讲到的期望。

因之，我不同意绝对的文化相对主义。这种文化相对主义认为任何文化、文明均有其现实的合理性，从而不能区分高下优劣。原始文化与现代文明、农业文化与工业文化都是等价的，因为它们不能用同一标准去衡量，人们在这不同文化里的生活和幸福也是不能区分高下优劣的。这样，就甚至可以推论根本不必现代化。我以为，物质文明从而生活质量、水平（包括人的寿命长短）有其进步与落后的共同的客观尺度。不管哪一个国家、民族、社会、宗教，人们都希望乘坐飞机、汽车来替代古老的交通工具，都希望冷天有暖气，夏天有空调，都希望能通过电视、电影看到听到世界上更多的东西，都希望能吃得好一些，居住得宽敞舒适一些，寿命长一些……人毕竟不是神，他（她）是感性物质的现实存在物。他（她）要生活着，就必然有上述欲求和意向。因此就仍然有一种普遍必然性的客观历史标准，而不能是绝对的文化相对主义。

但是，人毕竟不是动物。除了物质生活，人各有其不同的精神需要，并且这种精神需要渗透在物质生活本身之中，也推动、影响、制约物质文明的发展，影响着物质文明所采取

---

① 奇理斯玛当然前现代也有。

的具体途径。所以,文化发展既有其世界性的普遍共同趋向和法则,同时又有其多元化的不同形态和方式。不同的民族、国家、社会、地域、传统,便可以产生各种重大的不同。自五四以来,西化派从康有为、严复到胡适、陈独秀强调的是普遍性,国粹派从章太炎到梁漱溟强调的是特殊性。一派追求"全盘西化",一派强调"中体西用"。只有去掉两者各自的片面性,真理才能显露,这也就是"西体中用"。

关键在于解释。解释正是过去与现在的某种融合。解释过去就是解释今天,反之亦然。为对近代以来"中体西用"的驳难而提出"西体中用"的新解释,正是如此。

说儒学四期

李泽厚

> 天生百物，人为贵
>
> ——郭店楚墓竹简
>
> 成为人，就是成为个体
>
> ——Clifford Geertz

一 起 源

"儒学四期说"有它的"直接源起"和"间接源起"。"直接源起"是针对由牟宗三提出、杜维明鼓吹、而在近年开始流行的"儒学三期说"。"儒学三期说"以心性论作"道统"来概括和了解儒学，认为这是儒学的"神髓"、"命脉"。从而，孔、孟是第一期，孟死后不得其传焉，直到宋明理学发扬心性理论，成为儒学第二期。按牟宗三的说法，自明末刘宗周死后，有清三百年又失其传，一片黑暗，直到熊十力出来，传至牟宗三、唐君毅等人，才又光大，是为儒学第三期。他们认为，今天的任务就是继续发扬这个以牟宗三为核心代表的"儒学第三期"。人名之曰"现代新儒学"，我称之为"现代宋明理学"。[①]

我以为，"三期说"在表层上有两大偏误。一是以心性—道德理论来概括儒学，失之片面。孔子本人极少谈"心"、"性"，"性"在《论语》全书中只出现两次。孟子谈了一些，但并不比谈社会政治问题更为重要。郭店竹简所谈"心"、"性"，大都联系"情"而非常具体，远非抽象的哲学观念。"三期说"以心性道德的抽象理论作为儒学根本，相当脱离甚至背离了孔孟原典。第二，正因为此，"三期说"抹杀荀学，特别抹杀以董仲舒为代表的汉代儒学。在他们看来，汉儒大谈"天人"，不谈"心性"，不属儒学"道统""神髓"。这一看法不符合思想史事实。"始推阴阳，为儒者宗"的董仲舒，以及其他汉代儒者，吸收消化了道法家、阴阳家许多思想、观念和构架，所创立包罗万有的天人感应的阴阳五行反馈图式，在当时及后代都具有重大意义，其理论地位并不在宋明理学之下。即使程、朱，不也仍然讲阴阳五行么？而在创设制度层面和作用于中国人的公私生活上，它更长期支配了中国社会及广大民众，至今仍有残留影响。因此，把它一笔抹杀，我以为是明显的偏见。由此

[①] 参阅李泽厚《世纪新梦·何谓现代新儒家》，安徽文艺出版社，1998年。

可见，所谓三期、四期的分歧，便不是什么"分十期都可以"①的问题，而是一个如何理解中国文化特别是儒学传统，从而涉及下一步如何发展这个传统的根本问题。儒学仅仅是心性道德的形而上学，从而只能发展为某种相当窄隘的宗教性的教义呢，还是有着更为丰富的资源，在吸取、消化现代某些思想、理论后，可以有一个更为广阔的前景？例如，今天讲"天人合一"，是停留在宋明理学心性论"天人合一"道德境界的继承上呢，还是可以更广泛地包容汉儒重视自然情境与社会相统一的天人图式等内容而加以改造、发扬？

"三期说"除了上述的表层偏失外，还有更为重要的深层理论困难。这种困难也有两点。一是"内圣开外王"，一是"超越而内在"。

"三期说"的倡始人和主要代表牟宗三，强调遵循宋明理学"内圣开外王"的传统，论证从心性论的道德形而上学（内圣），开出现代社会的自由和民主（外王），即由完满自足、至高无上的道德理性，经过"良知坎陷"自己，变为认识外界，从而接受西方现代民主、科学而开出"外王"。这理论非常晦涩而曲折，即使盛赞或同情"现代新儒学"的学者，也不得不承认它牵强难解。例如郑家栋说，道德良知既然如此圆善、完满，"达到了完满状态的本心性体、道德良知，何以又要坎陷自身而下开知性呢"？② 这种"坎陷"的动力和可能何在？这批评虽然简单，却道破了问题所在。即高悬道德心性作为至高无上的本体，宇宙秩序亦由此出发（道德秩序即宇宙秩序），那又何需现代科学和民主（均与传统道德基本无关）来干预和参与呢？这不是理论上的附加累赘么？想由传统道德开出现代的民主政治和社会生活，以实现儒家"内圣外王之道"，"现代新儒学"无论在理论上或实践上，都是失败的。熊十力用《周礼》来套现代政治，梁漱溟以伦理代政治的"乡村建设"是如此，冯友兰写《新世训》、《新事论》来"经世致用"，在理论上却与其强调"经虚涉旷"的纯概念体系的《新理学》打成两橛，没有内在逻辑联系，甚至互相矛盾。看来，牟宗三"内圣开外王"的"良知坎陷说"又是一例。与牟承认宋明理学"内圣学强，外王学弱"一样，现代宋明理学（即"现代新儒学"）也没能逃出这一理论缺失。

但是，更为重要，并且可说是致命伤的理论困难，是牟宗三体系核心的"内在超越说"。这本是宋明理学本身的一个巨大矛盾，到牟宗三这里，因为装上康德哲学的框架，便使这矛盾愈发突出了。简单说来，这矛盾在于："内在超越说"一方面强调遵循儒学传统，否认外在超验的上帝神明，把道德律令建立在"人心即天心"、"人性即神性"，即将内在心性作为本体的基础之上；另一方面又模拟西方"两个世界"（天堂与人世、理念世界与现实世界、本体与现象界）的构架，将此人"心"、人"性"说成是"超越"的。在西方，"超越"本是超越经验的意思，超越者（上帝）决定、主宰人类及其经验，人类及其经验却不能决定甚至不能影响到它。只有上帝全知全能，人必须臣服、从属、顺从。那个世界（上帝）是独立自足的，这个世界来源于它，依附于它。所以，现实存在的一切都是现象（appear-

---

① 杜维明："回顾儒家思想的发展，你分十期都可以。"见《世界汉学》创刊号，北京，1998，第 20 页。
② 郑家栋：《当代新儒学论衡》，台北，桂冠图书公司，1995，第 122 页。

ance),超验(超越)的存在才是实体(substance)、本质(essence)。《圣经》如是,希腊哲学,包括巴门尼德的存在(Being)、柏拉图的理念世界(the world of ideas)也如此。这与中国传统的"天人合一"、"体用不二"的"一个世界"观,应该说是迥不相同的。因之,一方面既强调中国传统的"即人即天","性体"即"心体";另一方面,又要将本不能脱离感性以及感情的"仁"、"恻隐之心"、"良知",说成是内在的"超越"(transcendent)或"先验"(transcendental),便不能不产生既超验(与感性无关,超越)又经验(与感性有关,内在),既神圣(上帝)又世俗(人间)的巨大矛盾。有如我十多年前在论述宋明理学时所一再指出:

> 康德只讲"义",理学还讲"仁"。康德把理性与认识、本体与现象作了截然分割,实践理性(伦理行为)只是一种"绝对命令"和"义务",与任何现象世界的情感、观念以及因果、时空均毫不相干,这样就比较彻底地保证了它那超经验的本体地位。中国的实践理性则不然,它素来不去割断本体与现象,而是从现象中求本体,即世间而超世间,它一向强调"天人合一,万物同体";"体用一源"、"体用无间"。康德的"绝对命令"是不可解释、无所由来(否则即坠入因果律的现象界了)的先验的纯粹形式,理学的"天命之谓性"("理")却是与人的感性存在、心理情感息息相通的。它不只是纯形式,而有其诉诸社会心理的依据和基础。继承孔孟传统,宋明理学把"义务"、"绝对命令"明确建筑在某种具有社会情感内容的"仁"或"恻隐之心"上……在宋明理学中,感性的自然界与理性伦常的本体界不但没有分割,反而彼此渗透吻合一致了。"天"和"人"在这里都不只具有理性的一面,而且具有情感的一面。① (重点号为原有)

尽管心学强调"心"不是知觉的心,不是感性的心,而是纯道德本体意义上的超越的心。但是它又总要用"生生不已"、"不安不忍"、"恻然"等等来描述它,表达它,规定它(包括牟宗三也如此)。而所谓"生生"、"不安不忍"、"恻然"等等,难道不正是具有情感和感知经验在内吗?尽管如何强调它非心理而为形上,如何不是感性,尽管论说得如何玄妙超脱,但真正按实说来,离开了感性、心理,所谓"不安不忍"、"恻然"等等,又可能是什么呢?从孔子起,儒学的特征和关键正在于它建筑在心理情感原则上。王阳明所谓《大学》古本,强调应用"亲民"来替代朱熹着力的"新民",也如此。但这样一来,这个所谓道德本体实际上便不容否定地包含有感性的性质、含义、内容和因素了。②

一方面,"人心"与感性自然需求欲望相连,与血肉之躯的物质存在相连,这是异常危险的,弄不好便变为"过度"的"私意""私欲"而"人欲横流",成为恶;另方面,"道心"又仍需依赖这个与物质存在相连的"人心",才可能存在和发挥作用,如果没

---

① 李泽厚:《中国古代思想史论》,北京:人民出版社,1985,第236—237页。
② 同上书,第262页。

有这个物质材料,"道心"、"性"、"命"也都落了空。"性只是理,然无那天气地质,则此理没安顿处",否认了"天气地质"、"人心"、"形气",也就等同于否定物质世界和感性自然的释家了……像"仁"这个理学根本范畴,既被认作是"性"、"理"、"道心",同时又被认为具有自然生长发展等感性因素或内容。包括"天"、"心"等范畴也都如此:既是理性的,又是感性的;既是超自然的,又是自然的;既是先验理性的,又是现实经验的;既是封建道德,又是宇宙秩序……。本体具有了二重性。这样一种矛盾,便蕴藏着对整个理学破坏爆裂的潜在可能。①(重点号为原有)

这就是我在论述宋明理学时所强调的这一理论体系的内在根本矛盾,即因为没有超验的上帝或先验的理性作为背景,天人不可分离必然会产生这样的问题。我之所以认为"现代新儒学无论在理论框架上,思辨深度上,创造水平上,都没有越出宋明理学多少,也没有真正突破的新解释"②,也表现在他们没能解决这个矛盾上。例如,牟宗三一再强调作为"仁"的"觉"即道德心灵(moral mind),"不是感官知觉或感觉(sense-perception),而是恻怛之感,即《论语》所言的'不安'之感,亦即孟子所谓恻隐之心或不忍人之心。……中国成语'麻木不仁',便指出了仁的特性是有觉而不是麻木"③。但这"恻怛之感"、"不安之感"、"不忍人之心"、"麻木"等等,不是感性心理又是什么?它并不是"无声无臭"的"於穆天命"。颇有意思的是,郑家栋发现,牟宗三是由某种"天人相分"即由讲述"人不即是天"(承认有某种外在超越对象),而逐渐转到"即人即天",即强调"内在超越",人的"心性"即"天道"本身上来的。这样一来,人既有此"内在的超越"、心中的上帝,也就不需要去"畏"那作为对象存在的超越的上帝,于是"天人之间的紧张关系亦消失了"。④"畏"只剩下了"敬"。如郑家栋所指出,"《心体与性体》论及孔子的有关思想,不再使用'敬畏'一语,而改用崇敬言之……即人即天,何畏之有。一个'敬'字已经足矣"。⑤ 宋明理学本就有此问题。朱熹将"畏"释为"敬",再变而为王阳明至刘宗周的"敬亦多余",只需"诚意"即可。对超验(或超越对象)的上帝("於穆天命")的畏惧,既完全失去;管辖人心的"天理"便只在此心之中。此"心"虽分为"人心"和"道心",但"道心"又不能脱离充满感性情欲的"人心"而存在。结果,"人心"反而成了更真实的根基。这就无怪乎王门后学几传之后,便走入以人欲为天理、由道德形而上学转到了它的反面——自然人欲论。因为,归根到底,没有外在超越对象的"超越",没有那个可敬畏的上帝,又能"超越"到哪里去呢?实际上,它只剩下"内在",而失去了"超越"。而这"内在",由于总与人的感性生命和感性存在相关联,它在根本上只是感性的、经验的,而不可能是超验或超越的,所以也就自然走向了人欲论即自然人性论。我曾说:"牟宗三强调的是个体主体性的道德实

---

① 李泽厚:《中国古代思想史论》,北京:人民出版社,1985,第240—241页。
② 李泽厚:《世纪新梦·何谓现代新儒家》,安徽文艺出版社,1998,第111页。
③ 牟宗三:《中国哲学的特质》,台北:学生书局,1984,第35—36页。
④ 郑家栋:《当代新儒学论衡》,台北:桂冠图书公司,1995,第207页。
⑤ 同上书,第207页。

践……与王阳明那里一样,这里便蕴涵着感性与超感性、活生生的人的自然存在与道德自律的内在矛盾。所以牟宗三抬为正宗的王学,不管哪条道路(龙溪、泰州或蕺山)都没有发展前途,它或者走入自然人性论或者走入宗教禁欲主义。牟自己的理论也将如此。现代新儒学不管是熊、梁、冯、牟,不管是刚健、冲力、直觉、情感、理知逻辑或道德本体,由于都没有真正探究到人类超生物性能、力量和存在的本源所在,便并不能找到存有与活动、必然与自然、道德与本体的真正关系。"①

在这问题上,与"三期说"只盯住宋明理学并以之作核心、主轴来解说儒学传统不同,我以为,对中国文化和中国儒学特征的探究,应该再一次回到先秦原典。我多次指出,中国之不同于西方,根本在于它的远古巫史传统,即原始巫术的直接理性化。它使中国素来重视天人不分,性理不分,"天理"与人事属于同一个"道"、同一个"理"。从而,道德律令既不在外在理性命令,又不能归纳为与利益、苦乐相联系的功利经验。中国人的"天命"、"天道"、"天意"总与人事和人的情感态度(敬、庄、仁、诚等)攸关。正由于缺乏独立自足的"超验"(超越)对象,"巫史传统"高度确认人的地位,以至可以"参天地赞化育"。与西方"两个世界"的"圣爱(agape)"(情)、"先验理性"(理)不同,这个中国传统在今天最适合于朝着"人类学历史本体论"的方向发展。这就是"儒学四期说"所要申述的"自然人化",此处不赘。

"三期说"不仅在表层论说和深层理论上有上述巨大困难,在实践方面也有两大问题。第一,由于"三期说"大都是纯学院式的深玄妙理、高头讲章,至今未能跨出狭小学院门墙,与大众社会几毫无干系;因之,"三期说"虽然极力阐明、倡导儒学的宗教性,却在实际上并无宗教性可言,既无传教业绩足述,也对人们的信仰、行为毫不发生影响。这就成为一种悖论。第二,与此相连,是倡导者们本人的道德—宗教修养问题。牟宗三曾被戏称为"宋明学理,魏晋人物",即其为人并不是循规蹈矩、中和温厚的理学先生,而毋宁更近于任性独行的魏晋人物。熊十力则早被梁漱溟批评为"自己不事修证实践,而癖好著思想把戏"。② 儒学,特别是宋明理学,一贯强调是"反躬修己之学",熊却妄自尊大,举止乖张,根本不像是"温良恭俭让"的孔氏门徒。冯友兰谈"天地境界",却参与了迎合当朝的批孔闹剧。凡此种种,使余英时不得不含蓄地提出:究竟是这些高谈心性、大畅玄风的"现代新儒家",还是在为人做事、生活实践中恪守孔门教义如陈寅恪等人,更能体现或代表儒学传统或儒家精神?③ 刘述先说,"(牟宗三)了解自己做的是以'辩而示之'的方式作圣学阐释的工作,绝不敢以圣贤自许。客观来说,他的主要贡献是在'学统'的开拓的一方面"。④ 韦政通说"(牟)要为儒家建立新学……必须暂时远离传统儒家修身为本、实

---

① 李泽厚:《中国现代思想史论》,北京:东方出版社,1987,第307—308页。其实朱熹对此早有察觉:"陆子静之学,看他千般百般病,只不知气禀之杂,把许多粗恶底气,都把做心之妙理,合当恁地自然做将去……,才说得几句,便无大无小,无父无兄,只我胸中流出底是天理。"(《朱子语类》卷一二四)
② 《梁漱溟全集》卷7,第756页。
③ 参阅余英时《钱穆与新儒家》文及有关陈寅恪诸论著。
④ 刘述先:《当代中国哲学论·人物篇》,香港,八方文化企业公司,1996,第198页。

践优位的原来轨迹"。① 郑家栋说,现代新儒学在"很大程度上已成为学理之事,而非真正的实践之事,生命之事"。② 用繁复的理论、高玄的学问来大讲儒学乃"生命之学"、"实践之学"、"修身之学"、"道德之学",实际上却完全无关于自己的生命、实践、修身、道德,那么这种"生命之学"、"实践之学"、"道德之学"、"修养之学"究竟又有什么意义、什么价值呢?"不能正己,焉能正人"?这不正是他们自己所极力反对的无价值、不道德的智力体操和空言戏论么?这不也正是从孔孟到宋儒所深恶大忌、痛加贬斥的么?而这,岂不又是一大悖论?

正由于"三期说"有上述六大问题,所以尽管在近期被少数学者哄抬一时,却无论在理论上或实践上恐怕都不会有很好的发展前景。所以我说它只是宋明理学在现代的"回光返照"、"隔世回响"③,构不成一个新的时期,"恐怕难得再有后来者能在这块基地上开拓出多少真正哲学的新东西来了","如不改弦更张,只在原地踏步,看来已到穷途"。④ 因此,儒学真要复兴,还得另辟蹊径,另起炉灶。而这也就是"儒学四期说"的直接源起。我所谓"四期",是认为孔、孟、荀为第一期,汉儒为第二期,宋明理学为第三期,现在或未来如要发展,则应为虽继承前三期,却又颇有不同特色的第四期。

二 问 题

如本文开头所说,"儒学四期说"还有它的"间接源起"。

这"间接源起"就是这里要讲的"问题"。既然儒学发展必须"另辟蹊径,另起炉灶",这"蹊径"这"炉灶"何由起、辟呢?我以为,必须面对当代现实问题的挑战,这才是儒学发展的真正动力。儒学及其传统所面临的当代挑战来自内外两方面,而都与现代化有关。今天,中国正处在现代化的加速过程中,如何与之相适应,成了儒学面对的最大课题。

首先是不适应。百年来的欧风美雨,或如陈寅恪所说的"北美东欧之学"的不断传播,使反传统、反儒学成了中国现代思潮的主流。从19世纪末谭嗣同《仁学》喊出反三纲五伦开始,到革命派《民报》发刊号不画孔子而画墨子头像作为旗号,到五四新文化启蒙运动猛烈抨击儒学传统,"打倒孔家店"成了20世纪中国文化的强音。再到毛泽东领导的农民革命,以与儒学背离而与墨家接近的兼爱、尚同、平均为实践理念,最后到史无前例的"文化大革命"中的批孔,似乎已经把传统儒学打扫得干干净净。"文革"之后的80年代学术界的文化热中,反传统再一次自发掀起,以《河殇》为代表,诅咒中华黄土,渴望汇入西方蓝色海洋,儒学又一次成为批判对象。而且,这种反儒反传统的思潮至今仍然有着

---

① 韦政通:《孔子》,台北:东大图书公司,1996,第250—251页。
② 郑家栋:《当代新儒学论衡》,台北:桂冠图书公司,1995,第5页。
③ 李泽厚:《世纪新梦·何谓现代新儒家》,安徽文艺出版社,1998,第111、141页。
④ 李泽厚:《中国现代思想史论》,北京,东方出版社,1987,第309页。

并不可低估的潜在势力。

为什么？简单说来，这是因为现代化带来了"个人主义"的问题。除了毛泽东以农民理念的平均、平等来反儒之外，其他批判的焦点，实际都集中在如何处理个人在社会生活中的定位问题上。现代化使这一问题要求新的解答，而与传统儒学有了很大甚至完全的背离和冲突。因为现代化使个人主义（个人的权利、利益、特性，个人的独立、自由、平等）与传统儒学（人的存在及本质在五伦关系之中）成了两套非常矛盾和冲突的话语。现代化的政治、经济的体制、观念和方式，如社会契约、人权宣言等等，与传统儒学扞格难通，凿枘不入。迄至今日，儒学与现代性究竟可能是何种关系，迎接、吸取西方科技、文化、经济、政治各种观念和体制应该是"全盘西化"、"中体西用"还是"西体中用"等等，仍然是一种不断被提及、被申说、被争辩的问题。对待所谓"内圣外王之学"的儒学教义，究竟如何才能真正检点家藏，重释传统，发掘资源，拭旧如新，以对应挑战，既保持重视心性道德的"内圣"精神，又同时"开出"现代化所必须的自由、民主的中国式的"外王"功业呢？

如果说儒学可以有第四期的发展，就必须面对这些问题。这是"三期说"的"现代新儒学"所未能明确回应的。

宋明理学和现代新儒学都自认"内圣学强"，但这方面同样面临挑战。挑战来自多方面，有基督教神学、有弗洛伊德（Freud）、有现代各派哲学伦理学。但当前最主要的挑战显然来自后现代主义。因为后现代主义在今天及明天的中国，颇有广泛流行的可能。

为什么？因为黑格尔所谓资本主义社会的散文时代在中国已开始到来。没有战争、没有革命、没有"宏伟叙事"，亦即"没有血腥的无聊生活"，使人在平平淡淡过日子中，走向个人主义不快乐的颓废。以前有伟大的奋斗目标、理想、信念、任务，今也无。因此即使生活富裕，精神却无聊而萎顿。以前，人们不快乐是由于贫穷、匮乏等物质生活因素，从而为改变而奋斗，而斗争，而快乐。如今，特别是今后，物质生活如果大体满足（当然这方面的"满足"也不断增长变化，但在一定时期内毕竟有一定限度），人们感到无所希冀，无所追求，无所期待。精神失去追求，没有寄托，从而不快乐。人生意义何在？我为什么活着？变得不很清楚或很不清楚了。凡人皆有死，生又何为？于是，失魂落魄，处在危机中。所有皆虚无，nothing nothings，既无"本质"存在，当下均嬉戏而已。只有嬉戏能抵抗生活的虚无。（当然，所有这些还只萌芽在极少数文化、艺术领域内的知识分子中。）

"文本之外无他物。"只有能指，并无所指。无实在，无客观，无本质。而"能指"也是在权力支配下，并无客观真理可言，更没有任何真正的确定性。从而，也就无所谓价值，包括"自我"本身。"我"不过同样在权力—知识支配之下，只是一堆不连贯、无一致的过程和碎片而已。人（主体）死了，死在被权力支配的文本—语言网络之中，死在一切已被规范、被控制、被权力主宰的机器世界中。不是人说言语，而是语言说人。渺小的个体又如何能对付那强大的异化力量——传媒、广告、政府、体制、国家、民族……？

"我（你）是谁？""我（你）是父（子）之子（父），夫（妻）之妻（夫），兄（弟）之弟

(兄)……","人在伦常关系中"的儒学传统如此说。"我(你)是共产党员、革命战士……","人是社会关系的总和"的马列主义如是说。这些固然"俱往矣",人不再是这些关系的承担者或体现物。那么,"我(你)是人",自由主义如是说。"我(你)是中国人",民族主义如是说。"我(你)是教授、记者、律师、工人……",专业主义者如是说。如此种种又如何呢?它们与前面那些不一样吗?它们真能让"我(你)"寻找到"自己"吗?"我是什么"?"我"与"在这个世界中(being-in-the-world)"究竟是什么关系?Being 何在?Dasein 如何?不是仍然不可知晓么?这一切不都早已死去了么?

有如一位作者不无晦涩与美丽交织的愤慨叙说:

> 商品时代在中国姗姗来迟,随即却以复仇的激情横扫城市的大街小巷。我们能在购物中心的橱窗旁注视着商品的行人身上认出本雅明笔下的"游走者"么?我们能在王府井或淮海路的广告牌和霓虹灯影中感受到 19 世纪巴黎"拱廊街""把室外变成了室内"的梦幻色调么?在流行歌曲的唱词和没有读者的诗行中,我们能看到那种"异化了的人"凝视自己的城市时的激烈而茫然的眼神么?我们还能在已变得像一张花里胡哨的招贴画一样的城市风景面前感到那"灵晕"的笼罩,并想起这是我们父辈生活过、并留下了他们的印记和梦想的地方么?我们能在自己的日益空洞的时间中感到那想"停下来唤醒死者,把破碎的一切修补完整"的天使的忧郁,感到那"狂暴地吹击着他的翅膀"、被人称为"进步"的风暴吗?这个由跨国资本、股票指数、温室效应、遗传工程、卡拉 OK、好莱坞巨片、房屋按揭、仓储式购物、牙医保险、个人财务、身份认同、高速路、因特网维持着的时代,究竟是资本的来世,还是"一个阶级的最后的挣扎"呢?在这个历史和意识形态据说业已"终结"的"后冷战时代",这个"美国时代"或"亚太时代",重访波德莱尔笔下的巴黎或超现实主义者们在梦中巡视的欧洲还会给我们带来什么教益吗?在这个传统、集体、记忆、价值和语言的整体都被无情地打碎的变化过程中,重建个人和集体经验的努力从何开始?对于当代中国的社会和文化矛盾,我们能否作出寓言式的描绘和分析,甚至为"赎救"的审判准备好今天的证词呢?①

后现代走来:不必再去寻觅和追求,一切均已解构成碎片,无所谓"重建"或"赎救"。此地乃真理,当下即实在,"玩的就是心跳","过把瘾就死"。②

这,也许是对"后现代"的漫画式推演,但"后现代"只有批判和解构,并无建设甚至嘲笑建设,则是实情。世纪末的颓废,正好碰上后现代。

那么,儒学传统的"内圣"又该怎么办?这就是问题。

总之,"外王"(政治哲学)上自由、民主的美雨欧风,"内圣"(宗教学、美学)上的"后现代"同样的美雨欧风,既然都随着现代化如此汹涌而来,传统儒学究竟能有何凭

---

① 张旭东文,《读书》杂志,北京:三联书店 1998 年 11 月号第 37 页。
② 王朔小说名,但这并不意味本文认王朔作品为后现代。

借或依据,来加以会通融合?"三期说"以为儒学传统已经丧亡,只有凭借和张扬孔孟、程朱、陆王、胡(五峰)刘(宗周)的圣贤"道统"才能救活,从而以"道统"的当代真传自命。在"四期说"看来,如果传统真的死了,今日靠几位知识分子在书斋里高抬圣贤学说,恐怕是无济于事,救不活的。"四期说"以为,正因为传统还活着,还活在尚未完全进入现代化的中国亿万老百姓的心里,发掘、认识这种经千年积淀的深层文化心理,将其明确化、意识化,并提升到理论高度以重释资源,弥补欠缺,也许,这才是吸取、同化上述欧风美雨进行"转化性的创造"的基础。也许,只有这样才能从内外两方面开出中国自己的现代性。

三　同　化

现代西方理论繁多,可说目不暇接。在此众多思潮、理论、观念、学说中,当然可以博采众家之长,不拘一定之见。各学派各学者可以各展怀抱,各有判断和选择。本文以为,与"三期说"提出者仅仅抓住康德哲学不同,要在今天承续发展儒学传统,至少需要从马克思主义、自由主义和存在主义以及后现代这些方面吸收营养和资源,理解而同化之。下面就此最简略地发表一点意见。

1. 马克思主义

它传播中国,将近百年;主宰中国,也已半个世纪。不仅对中国人的公私生活、观念、行为影响颇大,而且至今作用尚存,不容忽视。而且,这一切并不偶然。中国人之接受马克思主义,并非被苏俄强加。它是在二三十年代与其他理论如无政府主义、实用主义、自由主义、法西斯主义相比较相竞争中,被心悦诚服的中国知识分子特别是大批青年知识分子所选中而力行的。其后,在四五十年代大规模传布和灌输时期,也仍如是。只有当它成为社会统治意识形态一段时期之后,由于其理论被教条化和片面理解而导致灾难才逐渐被一些人怀疑。但时至今日,马克思主义在中国,如同在世界一样,却并未消亡。它在中国如同在世界,估计在今后一段时期仍将有重要影响。因此,如何区分马克思主义特别是马克思恩格斯他们本人的思想学说中"活的东西"与"死的东西",即至今犹有生命活力的东西与历史证明无效和过时的东西,并结合总结它在中国的经验教训,从而考虑在现时代如何与中国现实和传统再次交融汇合,便成了重要任务。就中国说,我以为至少下面三点仍然是"活的东西",可以而且应该存留下来,与中国传统交织会通,成为儒学发展的重要资源。

(1)吃饭哲学论。这是唯物史观的通俗讲法。它以制造—使用工具作为人"吃饭"的特征,即人的实践活动与动物界自然生存的分界线,确认科技—生产力是社会存在的根本。"儒学四期"将以此来解释原典儒学"天地之大德曰生"、"生为贵"等等基本观念,具体发展孔("庶之""富之")孟("盍反其本矣……五亩之宅,树之以桑……")荀("生非异也,善假于物也")的原典教义,使重生命、重人生的中国传统获得坚定的现代物质基础。"四期说"认为,科技—生产力在今日及未来,在决定人类生存、生命、生活上,将越来越起着无可估量的巨大作用。人在天地宇宙中的地位及其伟大的主动性,从而也将日益突出和重要。这与儒学传统是完全吻合一致的。我从 60 年代至 80 年代提出"自然人化"、"工具本体"等等,一直反对反科技的浪漫派和悲观主义,就是企望在现代科技前景下,具体继承和发扬中国儒学"以生为贵"的传统精神。

(2)个体发展论。"每个人的自由发展是一切人自由发展的条件",《共产党宣言》这一著名论断,以及《资本论》第 3 卷对"自由王国"的讲述,是马克思关于社会发展的根本理论。但长期在革命所需要的集体主义掩盖下,完全被人们遗忘或有意抹杀了。相反,"人的本质是社会关系的总和",人是革命机器的"螺丝钉",倒成了马克思主义的正统教义。手段成了目的,服从于集体、组织成了个人生存的价值和意义。理论是非的颠倒,莫此为甚。但这一颠倒了的真理,因为恰好与以家庭为本位的中国传统的"集体主义"相投合:过去强调人的本质和价值是在父母、兄弟、亲朋戚友五伦关系中,今日则是在同志、领导、组织的革命关系中,似乎顺理成章,很容易理解和接受。所以,今天首先必须在理论上将这一颠倒了的真理再颠倒过来,从根本上恢复个体的权益及尊严。在这方面,吸取自由主义的理论已成为今日的老生常谈。但是,这里的关键正在于应假手或通过马克思主义。因为马克思主义的个体发展论在根本理论上之不同并优越于自由主义处,在于它不是以假设的或先验的"原子个人"、"天赋人权"等等观念为基础,而是把个体放在特定时空的社会条件和过程中来具体考察,认为它是人类历史走向的理想和成果,个人不是理论的出发点,却是历史的要求和归宿。充满历史性是马克思主义个体发展论的主要特色,而这恰好可以与重视历史、承认发展变化的儒学传统相结合。"四期说"之所以号称"人类学历史本体论",亦以此故,即以马克思主义的历史观作为基础。

(3)心理建设论。这只在马克思早期著作《1844 年经济学哲学手稿》中提及,之后,包括马克思本人以及各派马克思主义都未多加发挥;而我以为这是马克思一个非常重要的论点,它是与深层历史学的唯物史观相对应的深层心理学。这也就是我所谓的"内在自然人化"的哲学心理学问题。它也就是古老的"人性"问题,即研究"人性"不同于动物(纯感性)不同于机器(纯理性)之特征所在。这恰好又与重视人性、谈论心性的中国儒学传统接上头。孔子讲"仁""礼",孟子讲"求放心",荀子讲"化性起伪",更不用说宋明理学了。"四期说"的"内在自然人化论"将是儒学"内圣"心性说的新发展。它认为人性心理是历史的成果,从而重人文,重情感,重塑建人性,将心理学、教育学提为新世纪的中心学科,以抵抗感性异化和理性异化的现代机器—权力世界。

上述三点可以说是"告别革命"即以阶级调和说替代阶级斗争论之后的马克思主义。它将融入今日儒学而成为重要资源和组成因素。

安乐哲(Roger Ames)等提出,在西方传统中,以美国杜威的实用主义与中国儒学最为接近。① 我相当支持这一观点的继续探索。具有世界意义的光明前景也许在于两者的结合。但我以为,这一方面,马克思主义要优于杜威。在与儒学传统接近交会上,马克思主义与杜威的实用主义的确有许多共同处,如重社会群体,轻"独立个人";重力行实践,轻逻辑玄理;重效用真理,轻执著教条;重现实经验,轻超验世界;等等。但与杜威相比较,马克思主义有两大不同。一是承认世界(包括自然与社会)有某种客观规律,二是从而对未来世界怀抱某种乌托邦大同理想,愿为之奋斗,并将人生意义寄托于此,这也就是马克思主义的伦理学,它具有某种准宗教功能。这两点比杜威更容易与中国儒学传统接近。如前所说,二三十年代中国知识分子择马而弃杜,四五十年代中国知识分子热衷学习社会发展史而归依马氏,都与这两点有很大关系。马可包含杜而不止于杜,如果去掉其偏失(如阶级斗争说②),发扬与儒学传统可相结合的方面、内容、因素,在马克思主义于中国已有半个世纪的广泛影响的情势下,融合二者而开拓新时期,当更为有效。而这不但不排斥,反而可以更顺利地吸取杜威。

2. 自由主义

自由主义已是当今中国的显学和热潮,著译如林,不必多赘。况且我非经济学家政治学家,更无容置喙于此。这里只想指出两点:

(1)事实证明,僵化的马克思主义经济理论问题甚多,效应甚差。今日需要借助于现代自由主义各派(特别是自由主义左派)的经济理论来加以改善。更重要的是,马克思主义从根本上缺少政治学理论。马克思以为经济上所有制问题如果解决,作为上层建筑的政治问题会自然解决,因之未加重视。列宁在十月革命前后设想废除议会,人人参加政府管理;"文革"红卫兵砸烂各级党、政,想以"革命委员会""勤务组"代替官僚机构;等等,均宣告彻底失败。如何在维护个人权益和社会契约基础上,真正实现人民民主,既不强凌弱,又不众欺寡,仍然是有待解决的难题。这方面当今自由主义各家理论都大有吸取、接受而结合中国实践加以同化、创新的价值。

(2)但另一方面,前面已提及,在纯粹理论层面,作为概念系统,自由主义的"原子个人"、"天赋人权"以及轻视甚至否认阶级、民族、国家等等集团、群体的重要意义和价值,是相当偏颇和谬误的。自由主义所谓个体自主(individual autonomy)、独立人权(human rights)本就是一种非历史的抽象,既失去了活生生的个人,又失去了社会关系的真实。它如何能与中国传统相结合,更成为巨大问题。今日某些维护传统儒学的学者,宁摒斥自由主义,而选择社群主义(Communitarianism),原因之一也就在此,即自由主义这种"原子个人"、"自主个体"与注重社会关系的中国儒学距离甚远,而社群主义则更为接近一些。但

---

① David Hull & Roger Ames, *The Democracy of the Dead: Dewey, Confucuics, and the Hope for Democracy in China*, Open Court, 1999.
② 不能否认包括中国社会在内的当前世界存在着阶级、阶级矛盾和阶级斗争,关键在于不能以革命战争和无产阶级专政作为解决阶级矛盾、阶级斗争的唯一或主要手段。此外,以阶级斗争来概括自原始社会解体以来的世界历史,也是偏颇、片面的。

是,有如拙文《论儒法互用》所认为,采取社群主义在理论上也许无可厚非,但实践上在中国却容易导致某种危险倾向,即重蹈以大小"社群"名义来控制、主宰、践踏个体权益的"群众专政"、"公众意志"的覆辙。历史的经验,值得注意。

那么,以个体为本位和以集体(家庭、宗族、民族、国家)为本位,亦即现代自由主义与儒学传统的矛盾、冲突如何解决呢?我曾提出区分"宗教性道德"、"社会性道德",即认为今日道德应明确一分为二。[①] "宗教性道德"乃私德,为个体安身立命之所;"社会性道德"为公德,是维系现代社会生活的基本规范。前者不能替代后者,却可以起某种范导功能。传统儒学与自由主义的关系,大体如是。从而,一方面重视有超乎个人权益及个体存在之上的"神圣"事物,以作为个人(不是社会)追求、向往以至献身的目标。这就是我讲的重建"天地国亲师"的传统信仰。另一方面又承认以个体权益为本位乃人类发展到今日的产物,是现代社会秩序的基础,这就是我讲的以社会契约来建立现代民主、法治。所以"天赋人权"等等从历史和理论看,是虚妄的、谬误的;但从今日现实和实践看,却又是必须的和有益的概念系统和现代话语。

在古典自由主义文本中,我仍然倾向于托克维尔(Tocqueville)。他重视自由与民主(平等)的尖锐矛盾,而以协调为解决之道。如果把它放在我所主张的马克思主义吃饭哲学(科技生产力的发展是这个托氏所谓"大势"、"天意"的根源)和儒学"中庸之道"("度"的艺术)的基础上,结合世界特别是中国自己的历史经验,加以吸取同化,希冀或可在制度层面上开拓新一轮的"儒法互用"。这样,一方面,自由主义的政治理念和理论将成为今日儒学"外王"方面不可或缺的组成因素;另一方面,传统儒学作为"宗教性道德"对自由主义的"社会性道德"仍然可以起着具体范导作用。"宗教性道德"是理想性的绝对伦理,"社会性道德"是经验性的相对伦理。前者纯属个人信仰范畴,人可各自选择,不能追求一致。任何社会社群、集体(从家庭到国家)都不能以绝对伦理的名义来规定个人信仰或强迫个人服从。但个人所选择的超越个人利益的信仰、道德却可以对以个人利益为基础的"社会性道德"起某种引导作用,使个人在公德中注意私德。例如,传统"天地国亲师"的信仰、道德、情感就未尝不可以在指引个人在保卫自己权益中注意集体权益、人际关系、家国利害、环境关怀、乡土情结,减轻容易由个人主义带来的种种隔离、自私、孤独、异化、人情淡薄、生活失去意义等等病症。纯是社会性道德,也许有如孔老夫子所言"民免而无耻",但如将"天地国亲师"的私德予以范导,将情感因素渗入其中,便可能争取"有耻且格"。总之,在素无独立个体的中国数千年传统社会,今天向现代化过渡的急速行程中,如何掌握这个公与私、个体权益、自由发展与集体共同利益的协调一致,争取二者之间某种合适的比例结构,是非常关键的问题。这其实也就是如何认识和处理这两种道

[①] 或可参考阿佩尔(Karl-Utto Apel):"在西方根据这种逻辑的自由民主型式,生活实践的公共部分当由无价值倾向的合理性来予以理想的规整,而最广义的分析正是对这种无价值倾向的合理性表达。在这一合理性意义上不能解决的东西,即终极价值优先和目标优先的问题,则基本上归属主观良知决断的私人领域,而最广义上的存在主义就表达了这一私人领域。"(《哲学的改造》中译本,第272页,上海译文出版社,1997)

德的复杂关系问题,属于我以前所说的"西体中用"的重要方面。

3. 存在主义及后现代

现代化突出了个人主义。正雄视阔步地进入21世纪的中国,这问题恐将更为凸出。如果说,自由主义从"外王"(政治哲学)凸现这一点,那么存在主义和后现代则从"内圣"(宗教学、美学)凸现出它。

在现代生活中,个人不再是关系,而是不可重复不可替代的有血有肉的独特而有限的存在。他(她)不再只是义务、责任、(夫妇、父子、公民、党员)的承担者,而成为自由的人。但是,如果真要完全彻底抽去这一切关系、社会、人际、乡土,个体存在及其意义,也就愈发成了空白或疑问。

如何办?于是,人们走向超越者的上帝。即使在过去,由于儒学不能很好满足个人心理这个安顿问题,一些儒者或选择佛教,或选择基督(现代),来作为自己安身立命之所。可以借用孔子称赞宁武子的一句话:"其智可及也,其愚不可及也。"(《论语·公冶长》)认识世界,掌握关系,都可以由知识做到,其智可及;安顿人生,了此情性,则为智识所难能为,唯宗教或有胜解。宗教不止于外在的教义、仪式和组织,而更在通过这些形式以信仰来安顿情感,并获取神秘体验。佛说无生,生即苦痛,不如获大觉悟而弃此世界。耶说皈依基督,以拯救灵魂,回报上帝。它们都使人生有所归依,命运有所寄托,情感有所安顿。从而使人在此有限人生中,或使得生活安心,或获得生活动力。世俗宗教如共产主义宣讲子孙后代的幸福,民间宗教祈求去灾求福,也都如此。那么,儒学有此可能吗?儒学是否也能为现代人提供某种终极关怀或安身立命之所呢?儒学"三期说"在努力探寻途径。在这一点上,我是支持和赞赏的。但"四期说"仍然主张以审美代宗教,以"人自然化"来替代"拯救"(耶)和"涅槃"(佛)。"四期说"非常重视存在主义所凸出的个体存在问题、Dasein问题,也非常重视后现代所凸出的"人"已完全坎陷在为传媒、广告、商品文化工业、权力、知识等异化力量所强力统治的奴隶境地的问题。从而,重提人的寻找、人性塑建和"第二次文艺复兴",以"认识自己"、"关切自己"、"实现自己",在深刻的情感联系中充分展开个体独特的潜能、才智、力量、气质、性格,作为人生意义。使人的生活目的、命运寄托、灵魂归依置放在这个有限而无界的感性世界和情感生命中,企望儒学传统在这方面吸取基督教神学等等营养,使它的"内圣"迈上一种崭新的"人自然化"的"天地境界"。

"儒学四期"的风貌,是期待某种多元化、多样化的发展。正如第二期有不同于董仲舒却仍具汉代特色的王符、仲长统、荀悦、扬雄、王充以及何休、郑康成等人一样,第三期有不同于周、张、程、朱的王安石(尊孟)、邵雍等人一样,四期儒学至少可以有宗教哲学、政治哲学和美学哲学等不同取向。这些不同取向之间可以互相补充,也有矛盾和冲突。它们相反相成,正好构成一副错综复杂的丰腴面相。例如,"四期说"虽不同意"三期说",却仍然可以包容"三期说"作为宗教哲学取向的一个偏支,而又与之争辩。如此等等。

如果说,原典儒学(孔、孟、荀)的主题是"礼乐论",基本范畴是礼、仁、忠、恕、敬、义、诚等等。当时个人尚未从原始群体中真正分化出来,但它奠定了"生为贵"、"天生百物人为贵"的中国人本主义的根基。第二期儒学(汉)的主题是"天人论",基本范畴是阴阳、五行、感应、相类等等,极大开拓了人的外在视野和生存途径。但个人屈从、困促在这人造系统的封闭图式中。第三期儒学(宋明理学)主题是"心性论",基本范畴是理、气、心、性、天理人欲、道心人心等等,极大地高扬了人的伦理本体,但个人臣伏在内心律令的束缚统制下,忽视了人的自然。那么,对我来说,第四期的儒学主题便是"情欲论",它是"人类学历史本体论"的全面展开,仔细探究现代人生各种不同层次和种类的情感和欲望及其复杂的结构关系,它以情为"本体",其基本范畴将是自然人化、人自然化、积淀、情感、文化心理结构、两种道德、历史与伦理的二律背反等等。个人将第一次成为多元发展、充分实现自己的自由人。

总括起来,"儒学四期说"将以工具本体(科技—社会发展的"外王")和心理本体(文化心理结构的"内圣")为根本基础,重视个体生存的独特性、阐释自由直观("以美启真")、自由意志("以美储善"),和自由享受(实现个体自然潜能),重新建构"内圣外王之道",以充满情感的"天地国亲师"的宗教性道德,范导(而不规定)自由主义理性原则的社会性道德,来承续中国"实用理性"、"乐感文化"、"一个世界"、"度的艺术"的悠长传统。可见,第四期与前三期的关系,在于儒学基本精神和特征的延续,而不在概念话语的沿袭和阐释。当然,对别人来说,所谓"儒学四期"也可能是些别的主题、范畴及研究。总之,它应开拓成不同学派自由并存、切磋琢磨、众声喧哗的局面。

如一开头所说,本文只是针对"儒学三期说"提出质疑,从而另行提出课题,以供比较和参考。所有论点、论断都只具提示性质,详细内容及论证并不属于此文范围。

儒门淡泊,已近百年;贞下起元,愿为好望。

系统哲学的探索

刘述先

一 引 言

在今天谈系统哲学,似乎是件不合时宜的事。

西方哲学的发展到黑格尔以后就陷入一种分崩离析的局面。尤其在英美方面,分析哲学成为时尚,微观代替了宏观,系统哲学的探索乏人问津,几成绝响。

但时尚趣味的转移并不表示这样的探索就不重要。反而在学院之外,"哲学"一词保留了它传统的意义与重要性。举个例来说,在美国的总统大选,投票给共和党或民主党的候选人,除了实际利益的考虑以外,还反映了根本的哲学上的差别。再放大来看,自由与极权的冲突,东方与西方的对比,都是思想理念层面的冲突与对比。而这个时代之所以被称为危机时代,其中一个重要的原因即在于现代人价值观念的混乱与重心的缺乏,所牵涉到的正是哲学上重要的问题。由现代走向现代之后,在这一个伟大的转型期间,哲学的探索应该是最有活力的一种活动。然而从事专业的哲学工作者似乎甘心隐退在一些精巧的技术性问题的研讨之后,好像未能足够地肩挑起自己的责任。这是一件十分令人遗憾的事情。

诚然,世界观与人生观的抉择的确牵涉到主观体验的因素。但如我们不愿接受非反省的观念型态宰制,也拒绝接受主观主义、情绪主义、相对主义、怀疑主义的理论效果,那么用一种理性开放的态度来反省这一个层面的问题,就变成了我们不可推卸的责任。

其实分析哲学也不能真正逃避这一方面的问题。我们必先已隐涵了某种预设,哲学的分析才有它的意义与价值。而哲学的反省是无封限的,我们不能拒绝去反省分析哲学背后所隐涵的预设,而且这种后设分析不能只限于语言分析的范围内,也就势不能不重新接触到世界观、人生观、系统哲学探索的问题。过去令人怀疑、反感的其实不应该是系统哲学探索的本身,只是某种封闭的哲学系统的形式罢了!20 世纪对于方法的着重使我们得以避开了许多方法学上的陷阱,但是因噎废食的结果却使我们避免去接触哲学的实质内容。于是伦理学变成了后设伦理学的分析,价值的抉择变成了价值语言形式的探讨,以致产生了一种无穷后退的效果。然而在现实生活上,我们却不断在作实质的价值的抉择。而缺乏理性、智慧指引的结果,使得我们完全听任主观情绪、社会习俗,及至观念型态与偏见的支配，因而造成了哲学退位的不幸后果，引起了有识之士的忧虑①。

我们现在要自觉地倡导系统哲学的探索，但这不是复古，而是更进一步的创新。我们不要重复过去的错误，而要从方法学上突破当前的瓶颈。用一种理性开放的态度重新考虑系统哲学建构的可能性所牵连的种种问题，找出一个方向并指明它的限制，让我们的双脚站在坚实的土地上，稳步向前，探索哲学的新境界。

二 方法学上的探索与考虑

我们在哲学上，究竟希望可以建构怎样的系统呢？

"系统"一词是饱含歧义的。一个数理逻辑家可以建构一套高度抽象、自圆一致的逻辑系统；一个物理学家可以发展一套统一场论，对于力的现象试图作一系统的解释；一个行为科学家可能考虑到有关科际整合的问题而发展了一套系统分析的方法；那么系统哲学企图探索的，究竟是怎样一种意义的系统呢？看来我们在这里只能用对比的方法来寻求系统哲学的适当定位。

很明显的，哲学系统的建构决不能用数理演绎的模式。一个数理逻辑家只需采用一定数目的初基语词、推论规则，在某种情形下，可以建构一个完美的封闭系统，系统内部所有的运作可以通过决定程序演算出来。这样的理想虽不是常常可以达到，有时演算还不免要依赖熟练与直觉，但任何一个数理系统内部演算的错误，不论多么繁复，都不难核对出来，是非对错，一目了然，极少有争议之可能。这样的数理逻辑系统的建构可能要预设某种心灵的构造，但我们若不对某一系统内部的语词加以进一步的解释，使它们代表经验世界的对象，它就只是一个纯粹自圆一致的符号世界，缺乏现实应用的意义。就是在这一种情况之下，我们在欧氏几何之外，还可以建构其他非欧几何的系统，各适其适，并行不悖。只有在古典物理利用欧氏几何去解释物质宇宙的架构，或者爱因斯坦选择用李曼的非欧几何来解释，这样两方面才会发生矛盾与冲突，必须在效果上明分轩轾，始可以谈物理学上的进步或革命。

哲学显然决不只是要闭门造车建构一个自圆一致的符号系统。哲学要求了解世界与人生的真相，把握智慧，追求理想，为未来找到一个指路的指南针。这样对世界人生有系统的了解必定与经验现实有所关连，哲学家决不能像数学家那样满足于纯粹符号、只有可能性不具现实性的净洁空阔的世界。尽管数学家的工作对人类文化的进展作出了一定的

---

① 西方哲学内部也渐渐对当代哲学发展的偏向有了深切的反省与批评，譬如耶鲁大学的史密斯教授在美国哲学会东部分会第七十八届年会的主席演讲词："哲学复原的新需要"（1981年12月29日）中就曾呼吁哲学家不要把自己限制在一些狭而专的论辩中，必须用心思在一些真正有重要性的问题上。Cf. John E. Smith, "The New Need for a Recovery of Philosophy," in *Proceedings and Addresses of The American Philosophical Association*, Vol. 56, No. 1 (Sept., 1982), pp. 5-18.

贡献,哲学家所要建构的系统却不是数学家所要建构的系统。当然哲学家为了避免荒谬悖理的结果,也必须符合最低限度的自圆一致的要求,但他要处理的是包含着真实世界人生复杂处境的问题,不像数学家那样选择沉浸在一个齐一、单纯、完美、充满了可能性的抽象符号宇宙之内。

既然哲学家所要建构的系统与数学系统不同,是否与物理学家所要建构的系统比较接近呢?从一个角度来看,这两方面的性质的确接近一点。两方面都得接触到世界的内容。物理的假设必须经过实验的证实才能成为定律,而且它的真实只具备有高度的或然性,不能像数学定理在系统以内可以具备绝对的真确性。大体来说,流行的物理、自然科学的方法可以用所谓的"设准法"(Postulational Method)来说明①。物理学家提出对于物理事象的假设,根据演绎推理,推演出这一假设所含藏的理论效果,而后设计实验或者通过观察来印证这样的效果,如果这样的效果的确出现,那么假设得到证实而被肯认成为定律,它被大家接受成为真理,一直要到有相反的事例出现,或者有更有力的假设得到证实而取代了它的地位为止。这样的真理只是杜威所谓"经过证实的可断定性"(warranted assertability)②,而决非颠扑不破的绝对真理。这一种方法的运作显然并不合乎逻辑推论的规律,由出现的效果来推断前提的正确性,只能得到或低或高的或然性,不能保证结论的绝对正确性。但诺斯陆普指出,自然科学的方法本不是形式逻辑的方法,它的作用是来发现事象的关连,不是建立前提与推论之间的必然逻辑蕴涵关系。这样的经验推概方法脱胎于培根所倡导的归纳法,可以用来说明并预测事象的形成,由此可以累积经验知识,得到"知识即权力"的效果。西方现代科学的突飞猛进正是拜这一方面的进步开展所赐。而数学物理(Mathematical Physics)之所以能够成立,似乎预设了人心所能掌握的逻辑推理与客观事象的因果关连有一种两面若合符节的关系,否则就不能够解释何以纯粹演绎的逻辑推论可以成为设准法的应用一个重要的环节③。现代科学的胜利是远超越了简单的枚举归纳法的应用。卡西尔曾指出,越是抽象的概念反而越是有用,此真可谓道尽了现代科学成功的奥秘④。

哲学的系统,如果关连着对于世界人生的统观而言,虽然必须要利用物理知识所积累的成果,但却不能够希望去建构像物理知识那样的系统。物理研究的对象是原子、电子、质子、中子、介子一类的东西,这些东西虽然不能目击,但却可以设计实验、观察或者征验它们所产生的效果。在这一种运作的模式之下,个别差异的因素完全被漠视。我们毋需

---

① Cf. F. S. C. Northrop, "The Method and Theories of Physical Science in Their Bearing en Biological Organization" in *The Logic of the Sciences and the Humanities* (Cleveland and New York: The World Publishing. Co. , 1959. First published by Macmillan in 1947), pp. 133-168.
② John Dewey, *Logic: The Theory of Inquiry* (New York: Henry Holt and Company, 1938), p. 7.
③ Cf F. S. C. Northrop, "Epistemic Correlations and Operatinal Definitions" in *The Logic of the Sciences and the Humanities*, pp. 129-132.
④ Cf. Ernst Cassirer, *Substance and Function and Einstein's Theory of Relativity*, English trans. by W. C. and M. C. Swabey (Chicago and London: The Open Court Publishing Company, 1923).

分别出甲原子与乙原子的不同反应,因为我们只有抛开性质与价值考虑,纯粹着眼于量化齐一的反应,才能建立科学的定律,超越时空的限制,而有普遍的实效。诚然我们可以辩称,科学也不能完全撇开主观的因素,像爱因斯坦讲四度空间,修正了传统的时空观念,而重视到观察者的地位。但这样的观察者仍然是一个不动感情、不作性质、价值分辨的公平观察者,照顾的层面、角度比较周到,但没有破坏计量的统一性。同样,海森堡的不确定原理并没有真的推翻因果律,它只是指出因果模式应用的限制。统计律的效能虽然较差,不能建立事象间的因果内部关连,但一定的统计数字有规律地出现,仍然可以使我们由统计的立场预测事象出现的一定比例,依然有它相当程度的实效性。而这一类的运作所以有其实效性,其关键端在物理研究方法的取同略异,个别的情形被当做普遍规律的例证看待,彼此之间可以互相替代,并不构成任何问题。然而这毕竟是一个抽象形成的世界。真实的世界人生,却是一个包含性质、价值丰富内容的世界,决不只限于物理学家所面对的物质、数量的浮洁空阔的世界。把这一个世界与真实世界之间划等号,就会犯上怀德海所谓:"错置具体性的谬误"(Fallacy of Misplaced Concreteness)[①],也即把抽象误当做具体的谬误。

当然,也有人可以反击,所谓真实世界中的性质、价值的内容其实不外乎只是外在的假象而已!然而这乃是一种化约主义的看法。事实是,有机的反应超越了无机的反应,而人的方式又超越了一般其他生物的方式,终不能只把人当做单纯的数目字或原子电子的机械集合看待,那样将产生一种"非人性化"的不良后果。我们只能说,人有他物理的一面,不能不遵守物理的律则,但物理的描写决不能穷尽人性的内容。削足以就履,我们自也可以建构一个局部有效的系统,但这样的系统以偏概全,丧失了哲学的全观,而反对于哲学系统追求的精神。

社会科学研究的对象是人的行为,而且有人致力做科际整合的工作,与系统哲学的探究有一定的关连。但是两方面的性质旨趣毕竟不同,必须加以分疏。

社会科学既是一种科学,虽然没法做到数理的精确性,若要具备预测、说明的功能,就也必须采用抽象量化统计一类的方法,而与自然科学一样表现了相同的限制。一般说来,科学的工作是客观的研究,企图找出事象之间确定的关连,不能涉及终极的世界人生观的抉择或者价值根源的问题,而这是哲学的工作。社会科学家往往要在一些大家默许的价值规范的系统以内从事经验推概或统计调查的工作。但哲学家却可以突破现有的规范,去向往追求理想。在一个时代之中,他往往代表极少数的声音,讲一些与时代潮流相反的东西。他所需要的不一定是大量事实的资料,而是一种深切的体验与睿慧,直指时代问题在思想上的根源或症结,为未来探索一个可能的方向。当然科学家也可以作这样的构思与想象,但他这样做的时候,已经暂时脱离了专业科学家的身份,扮演了哲学家的角色。

---

① Alfred North Whitehead, *Science and the Modern World* (New York: The Free Press, 1967. First published by Macmillan in 1925), p.51.

事实上，哲学性的探索决不只是专业哲学者的特权，而是任何对世界人类的前途有深切关怀的知识分子所必须努力，共同去参与的一项重要的工作。

有些社会科学的分支与自然科学的探究表现了不同的特性，譬如像人类学对于各种不同文化的资料搜集与研究。无疑这样的研究会帮助我们对于人类有更深一层的了解。但是由各支人类文化表现的事实差异，能不能够推出相对主义的结论呢？这却已经进入到哲学探索的范围了。由此可见，哲学与科学，有着一种互相衔接而又互相分别的关系。

总结来说，系统哲学所追求的超越了科学所容许的领域，它所要建构的系统也决不具备科学范围以内的同样的精确性。哲学的反省是无封限的。有科学，就可以针对它反省而成立科学哲学；同理，针对艺术与宗教现象的反省，也可以成立艺术哲学与宗教哲学。而艺术与宗教和科学的性质虽然完全不同，却不能够摒弃在系统哲学探索的范围以外，而一样要承认它们是整体的人生重要的内容，要为它们觅取适当的定位。

由此可见，系统哲学的探索包含着一种广阔的视野。它可以向各方面吸取灵泉，却又不能局限在一个特定的角度以下。它所关怀的基本问题有两个：

（一）我们有没有可能为这么丰富杂多的世界人生的内容寻觅到一个共同的根源或基础，然后才逐渐分化成为不同的存有与价值的领域？

（二）我们有没有可能建构一个系统来涵盖世界人生如此丰富杂多，乃至表现了深刻的、矛盾冲突的内容，把它们熔为一炉，结合成为一个整体，却又井然有序，分别在这个系统之内得到它们适当的定位？

有人认为，现代之所以被称为一个危机时代，就是因为现代人在思想上所表现的分崩离析的局面，我们有没有可能从一个全新的视野重新探索一个全观，把我们带向一个前所未有的新境界？这就是我们企图走向的新方向。

三　存有与价值的共同基础的探索

哲学反省的题材包罗万有，似乎难以理出一条一贯的线索。所幸卡西尔提出了"功能统一"的观念，使问题的解决透露了一线曙光①。卡西尔指出，如果我们要在实质方面寻求统一，那就不免削足就履，以偏概全，犯上化约主义的错误。但若我们改由功能观点着眼，则人类文化各方面的表现，如神话与宗教、语言、艺术、历史与科学，实质的题材尽管不同，却都牵涉到符号的应用。而符号使用的特点在它能够超越当下感觉经验的限制，把我们带进可能性的领域。这种符号形式的开创可以采取不同的途径，没有理由将之化约成为一元，彼此之间虽对立却统一，构成人类文化丰富多样的内容。

卡西尔的探索乃是一个良好的起点，但是他只指陈了人类文化不同符号形式之间的

---

① Cf. Ernst Cassirer, *An Essay On Man* (New Haven ard London: Yale University Press, 1944), p.222.

功能统一性,还没有更进一步去探索存有与价值的共同根源。同时他的文化哲学系统虽则肯认了不同符号形式的意义和价值,但并没有把它们系统地综合起来,形成一个有机的全体。我们还必须作更进一步的探索。

我们由卡西尔的哲学得到一项启示,哲学的探索不必始自一个神秘幽渺的起点。我们尽可以由一些大家不难共许的现象出发,剥茧抽丝,绅绎出内部含藏的理论效果,由此而在我们面前,展现出一个全新的视野。

卡西尔利用生物科学家的观察,指出一般生物只有"刺激(摄受)——反应(行动)"两个环节,只有人具备抽象符号媒介使用的第三环节,而厘定了人类文化的特殊性格[①]。符号行为是否专属于人?如今学界还在聚讼不已,迄无定论[②]。但卡西尔对符号行为特性的描写则是可以成立的,不必引起太大的困难。

卡西尔所遗留下来没有解决的问题是,他只指出人的行为与其他动物的行为性质不同;这些生物生活在它们不同的封闭的系统之中,各适其适,具备它自有的一种完美性;但他没有照顾到彼此之间互动以及人与环境之间的互相影响的角度,我们可以进一步运用现象学描写的方法来画出一幅更全面性的图画。

自从康德以后,我们了解到,客观世界的内容乃相应于我们的心灵的架构而呈现。但康德谓心灵为自然立法,却不免是一种过分夸大的说法而语有未莹[③]。事实上康德本人已了解得很清楚,呈现于我们心灵面前的,是一个不由我们心灵的意愿来改变的客观世界架构,只不过它要通过心灵的觉识而展现出来罢了!

对我们心灵展现出来的世界乃是一个不断流变的过程,在变化之中却又显现出一些确定的形式,可供我们辨识。由此我们可以看到,有机物与无机物不同,动物与植物不同,人又与其他动物不同,心灵的活动与物质的活动不同,目的的行为与机械的运作不同;而且世间的种种事象可以有彼此互动的关系,这些似乎都不应该引起任何的争议。只有当我们把心物当做实体,这才有唯心、唯物之争,而心物的交感也变成了一个严重的问题;同样,也只有当我们把整个世界当做机械的或有目的的,我们才会引起机械论与目的论之间的论辩。如果我们只满足于现象学的描绘,这些似乎都不成问题。心物的表现各自不同,却又可以互相交感;机械的运作与目的的行为自有差别,而为了某种目的,我们可以运用某种机械的力量去完成一定的计划。问题出在我们一定坚持要在现象后面去求实体,这才产生了种种的难题,如康德在《纯理批判》中所指出的二律背反的情形。如果实体既不可知,我们也无凭借去判断实体的性质是什么,那么我们只有放弃这种建构实有的形上学的努力,以免无谓浪费我们的精力。事实上,我们所能掌握的只是可以开启给我们的现象

---

① Cf. Ernst Cassirer, *An Essay On Man* (New Haven ard London: Yale University Press, 1944), p. 24.
② 卡西尔《论人》出版以后,动物心理学家教会黑猩猩看图识字,最有名的两个例是禾休(Washoe)和莎拉(Sarah)。但有些学者认为这些只是模仿的结果,黑猩猩不真懂得语法。乔姆斯基(Norm Chomsky)学派根本否认动物有运用人的语言的能力。无论争论的结果如何,卡西尔由型态上划分情感语言与命题语言,指出动物的符号反应既幼稚而稀少,这是颠扑不破之论。
③ 牟宗三:《智的直觉与中国哲学》(台北:台湾商务印书馆,1971),第 14—15 页。

的真实的种种奥秘,而且这一开启的过程不断在增益之中,我们所能掌握的现象的真实也就在不断地增益之中,新境界的不断开拓乃是我们人所面对的一项不容否认的真实。

如果我们不从现象后面去另觅实体,如果我们肯认现象的真实是开启给我们的唯一真实,而且真实不断在增益之中(Reality is reality in the making),那么我们对许多哲学问题的视域就会完全不同了。只有在绝对相同的前提下,差异才成为不可能,又只有在绝对相异的情形下,交感始成为不可能。但由现象所呈现的真实看来,宇宙乃是一气流通的;在一气流通之中,却又表现成为各种不同形式的差异相,但并不妨害这些不同形式之间的互相交感,也不妨害这些不同形式一根而发的事实。由于各种形式的差别相,我们不能不在概念上作明白的区分,就其大者而言,乃有所谓形式科学与经验科学的分别,又有实然与应然的分别。但把这一类概念上的分别固着化成为了实体上的分别,就会使我们陷入理论上的泥淖,看不到形式逻辑推理、经验事实推概,与价值应然判断彼此之间固有的紧密关连性。而既已切断了三者之间的关连性,再要重新来把它们勉强牵合在一起,那就不免徒劳无功,难以讲出什么中肯的议论了。

譬如说,就形式科学与经验科学来说,当然是有明显的分别。如前所述,数学逻辑的推论是有绝对的真确性,而经验科学所建立的物理化学的定律却只能有高度的概然性,不能有绝对的真确性。也就是说,这种分别是有必要的,而且是可以成立的。但由这样的分别却看不出两者之间的关连性。事实上,当经验科学家提出假设后,第一步要做的是,把这一假设内含的理论效果,用演绎的方式推论出来,然后才设计实验,如果这一假设成立,那么某种事象必然应该出现,如果实验成功,事象果如预期出现,证实了这一假设,这样的假设就被接受为真理,一直到有新的更好的假设被提出来证实以后为止。我们在这里所遭遇到的问题是,如果纯形式的演绎推论,与经验科学探究的内容真是毫无关连的话,那么现代的数学物理的成就乃变成一个不可解释的奇迹。在这样的情形下,我们无法不假定,逻辑推理的因故关系,与经验科学的因果关系之间不能不有某种确定的关连。事实上,人心所能把握的逻辑推理规则,与事象的关连,都不是人心可以随意发明的。一个数学系统经过解释之后就可应用于物理,这证明数理之间至少有某种同构(Isomorphic)关系,不可能是全然的巧合。杜威想由实用的观点把演绎、归纳熔为一炉①,他的尝试是否成功是一个问题,但他至少看到了困难的症结,不容许我们停留在形式与事实科学的二分法,否则就会产生种种难题。

又譬如,实然(Is)与应然(Ought)也自应该有一种分际。我们显然不能由现有的社会习俗推出道德应然的规范,否则把现实的当做理想的,便会犯了范畴错置的谬误。但在另一面,价值的抉择又不可能与存有的性质完全切断关系。我们要买熟的甜的苹果,不要买生的涩的苹果,这是我们基于事实的考虑所作出的价值判断。人的口味、价值标准固然可以不同,但要把价值与存有完全切断,却是一件做不到的事情。如果我们建构一个价值系

---

① John Dewey, *Logic: The Theory of Inquiry*.

统,却完全不能落实,那么这样的系统还有什么用处呢?

王阳明有一段话说得很有意思:

> 盖天地万物,与人原是一体,其发窍之最精处,是人心一点灵明。风雨露雷,日月星辰,禽兽草木,山川木石,与人原只一体。故五谷禽兽之类皆可以养人,药石之类皆可以疗疾。只为同此一气,故能相通耳。(《传习录》下)

阳明这一段话,通过不同的解释可以得到完全不同的理论效果。首先我们要问,"万物一体"究竟是一种境界,还是一种事实的情况?阳明似乎两种意思都有。"大学问"中所说天地一体是一种崇高的境界,而它的存有基础则是宇宙万物原只一体,本来就是一气流通的。我们不能由宇宙万物在现实上的一体直接推论到境界上的万物一体的证会,否则就会犯了范畴错置的谬误。理由在于如果宇宙万物在现实上本来就是一体,那么我们不去觉识证会它的一体,它仍然是一体,又何需我们的努力去证会这样一体的境界呢?由此可见,人的境界体会、文化造就乃是一种主客和会产生的结果,它是建筑在存有基础上所创发的精神的造境。打个比方来说,宇宙间那些物质本来在那里,但只有人了解物情,才能制作器用以利用厚生。同样人对万物一体有所了解,这才知道把自己限隔于天地是限隔了自己的生命。人生一个最大的吊诡是,人必把自己通于天地才能真正体现自己的生命。这里所讲的不只是一种客观的真理,而且是一种实存的真理。建立天地万物一体的境界是自己受用之学。这里是有一种普遍的应然规范的建立,但它是基于事实的了解与考虑。由此可见,实然与应然,存有与价值,既分而合,虽合而分,当分处分,当合处合,这里同时需要和会与分疏的智慧,才能不落一边。不然的话,不是陷于脑筋简单(simple-minded)的错误,只了解分析的技巧,但知其一,不知其二;就是流于思想湖涂(muddle-headed)的毛病,漫无分际,易犯范畴错置的谬误①。

准上所述,就低限度来说,我们必须肯认宇宙是一气流通的,否则就无法解释内容与形式,心与物,存有与价值之间交感与互动的事实。但宇宙万物这一体却又不能了解为巴门尼德的块然独存之"一"体。道周流六虚,变化不居,一本而万殊。宇宙万物呈现为无穷的差别相。如此,万物虽属于同一宇宙,各种不同的生物却又生活在完全不同的"世界"之中,恰如生物学家迂克斯寇尔(Uexiüll)所指出的,苍蝇有苍蝇的世界,海星有海星的世界,每一种世界有它特殊的完整性。而这些世界又互相交叉互动,构成了宇宙间丰富繁复的内容②。"世界"在这样的意义之下,乃是一种主客相应的架构。而人与其他动物尤其不同,他可以超越当下,相应于不同的世界架构。阳明另有一段话饶有趣味:

> 人一日间,古今世界都经过一番,只是人不见耳。夜气清明时,无视无听,无思无作,

---

① 罗素年轻时曾师事怀德海,二人合著《数学原理》,为现代符号逻辑经典之作。二人以后均转入哲学界而思想互相刺谬,缺乏感通。据云罗素曾讥评怀德海为思想糊涂,怀德海乃以罗素为脑筋简单的考语回报,一时传为士林佳话。

② Cf. Cassirer, *An Essay On Man*, pp.23-24.

淡然平怀,就是羲皇世界。平旦时,神清气朗,雍雍穆穆,就是尧舜世界。日中以前,礼仪交会,气象秩然,就是三代世界。日中以后,神气渐昏,往来杂扰,就是春秋战国世界。渐渐昏夜,万物寝息,景象寂寥,就是人消物尽世界。学者信得良知过,不为气所乱,便常做个羲皇以上人。(《传习录》下:三一一)

用现在的术语来说,阳明用了一种现象学描绘的方法,指明人一日间所经历过的不同世界。但最后一句话却道出了一个全新的问题,阳明是断定,通过我们自觉的选择和努力,在境界上我们可以永远保存一个夜气清明的羲皇世界。在这里,我们可以看到人和禽兽之间一个巨大的分野。禽兽的世界是为本能反应所决定的,它自成一个完整的机括,根本没有自由选择的余地。但人的情形完全不同。事实上,人不只开拓了不同的境界,而且人的文化越高,就越有自觉越有自由来选择自己的境界。人的生命乃是所与,不由人自己选择,但人既有生命,就有选择的自由,也就是存在主义者所谓的"人命定要自由"的情况[1]。同时人的选择虽则有相当大幅度的自由,但选择的对错并不由人主观的愿望所决定,而有一定的主客相应的架构来分判效果。对人所开启的境界与真理既非全主观,也非全客观,而且相对于开启,就有障蔽,这是一个永远不断的奋斗过程,需要我们作进一步的省察。

四 人类文化发展与构造的现象学的描述

展现在人的心灵面前的并不是一个无光无色的事实世界,人不断追求理想,向往真实,不断在打破超越现存的限界。在更广大更深刻的真实的体证下,现有的真实慢慢褪色,变成了次级的真实,乃至不真实、反真实。人建筑在传统的基础上,不断开创新的境界。当人善用自己的传统的资源,就能够百尺竿头,更进一步,往前创发,但如不善用自己的传统,则传统也可成为负担,变成了阻碍前进的绊脚石。同时正由于人所开创的是意义系统的真实,这样的真实也可以失坠,令人陷入虚无主义的深渊。对文化的创造与受虚无的侵袭,是一个钱币的两面,乃是专属于人的问题。人的思想观念发展史乃是不断的创造与危机时代的世代交替。

在这里,我们看看卡西尔对人类文化发展的现象学的描绘是有益的[2]。依卡西尔之见,人类文化最早开展出来的两项符号形式乃是神话与语言。我们一般的意见认为神话是迷信,内容混沌一片,无可理解。但卡西尔驳斥这种流俗之见,如果神话内部不蕴涵一

---

[1] Jean-Paul Sartre, *Being and Nothingness*, English trans. by Hazel E. Barness (New York: Philosophical Library, 1956), p. 439.

[2] Cf. Ernst Cassirer, *The Philosophy of Symbolic Forms*, English trans. bt Ralph Manheim (New Haven and London: Yale University Press, three volumes, 1952, 1955, 1957). *Language and Myth*, English trans. by Svsanne K. Langer (New York: Harper & Brothers, 1946).

些光明的话,后世的理性文明的成就不可能由之滋生出来。我们所要把握的,是神话本身自有的逻辑以及发展的律则,才能对人类文化开展的真相有相应的了解。支配神话心灵的是一种"对全体的同情"的感受,整个的自然一体流浃,这样才能解释图腾一类的事实。但神话内部就孕育了超越神话的种子。卡西尔利用乌赛纳对"神名"的研究,发现语言与神话乃是一对双生儿,有着一种相应的发展。最早的神并不是希腊多神教所崇拜的人格神(Personal gods)。在此前,还得经历"功能神"(Functional gods)与"瞬间神"(Momentary gods)的阶段。一个人格神,有着个体的性格,能够扮演各种不同的功能,已经是相当后起而进步的观念。在功能神的阶段,还不凸显个体的观念,只表现一项特定的功能。推回到瞬间神,乃至更推回到"玛纳"(mana)的出现,一种神奇的力量突然降临,可以寄托在任何木石,来去不留任何征兆,也未分化成为任何特定的功能。这才是最原始的神观。由此可见,对于太阳神的崇拜,已经是一种后起的发展。前此还有一个更混沦未分化的阶段;但原始的混沦必慢慢走向逐渐分化的过程。再往前看,多神教又不是神话宗教发展的终结,神话的朦胧终于被超越,而有了高度的自觉、自由以及伦理道德的要求,有了所谓力动的宗教(Dynamic Religion)的开拓,表现成为一神、泛神等不同的型态。

然而,从另一个角度观察,神话虽则可以被超越,但不能被消灭。就负面来看,号称进步的今天,还到处看见政治神话的横肆,不愿正视它将造成文化毁灭的根由①。就正面来看,对全体的同情原是人所需要的神话,虽则它不能为科学所证明或否证,而科学并不是广大的人生所取的独一无二的标准。神话宗教是另一个层面的问题,不必与科学相冲突,而泛科学主义本身却是一个带有强烈破坏性的要不得的神话。

在人类文化发展萌芽的阶段,语言和神话齐头并进,一同发展,但到了一个阶段之后却分道扬镳,走上了不同的途径。语言慢慢脱离了神话的貌相的世界,而捕捉到一个实体属性分明的形相世界。由此可见,我们一般知觉所对,也是一个经过提炼以后的世界。但是语言还有进一步的发展,超越日常语言,它又开启了一个高度抽象的符号语言世界,而与现代科学的发展同流合辙,由实体的概念走向功能的概念。科学的理论所对应的决非我们日常经验中所呈现的知觉对象,而要在整个数学物理的系统中找到定位。由此可见,人类文化的开展,由具体走向抽象,由限制走向自由。真实不是对于事实的模仿,事实上人对事实的把握就要依靠心灵的开创,而并非完全被动的摄受。

卡西尔诚心诚意地接受了康德的哥白尼式的革命。但他比康德更有弹性,知道心灵的开创并不限于康德所描写的那些范畴。而且除了科学之外,人还开创了历史、艺术的符号形式,遵守着不同的逻辑规律而发展。卡西尔本人在《论人》一书中虽只列举了神话、宗教、语言、艺术、历史、科学六项符号形式,在《符号形式哲学》的大著中更只讨论语言、神话、科学三个项目而已!但这些不必穷尽所有符号形式的内容,汉德尔(Charles W.

---

① Ernst Cassirer, "The Technique of the Modern Political Myths" in *The Myth of the State* (New Haven and London: Yale University Press, 1946), p.277-296.

Hendel)就曾指出,卡西尔很可以写一部专著讨论艺术①。质言之,卡西尔的系统乃是一个开放性的系统,不是一个关闭性的系统。他所建立的不是一个最后的成品,而是指点了一个方向。

顺着卡西尔指点的方向往前探索,我们发现,理一而分殊。不仅各符号形式之间可以有一种和而不同的关系,我们也可以把同样的方法论应用到东西文化的比较哲学之上。每一个文化都是由具体走向抽象,但各个采取自己的特殊的形式:有的偏重科学,有的偏重艺术,有的偏重道德,有的偏向宗教。而所建立的宗教又可以有形态的不同。各文化形态之间可以有一种紧张对立的关系,但也可以在更高的功能观点之下,把它们作一种和谐的综合。

诚然,卡西尔并没有在实际上做出这样的综合。但在理念上我们可以了解,整全的人生可以包含科学、艺术、道德、宗教等不同的方面,也可以包含东西文化所开创出来的不同成就,决不必仅执其一端而排弃其余,造成生命偏枯的局面。每一个个人有他一定的限制,不可能涵盖万有,在各方面都有同样的成就。但这些努力尽可以和而不同,既多元而和谐,创造一个丰富多彩的局面。每一个时代每一个文化都可以选择究竟要走上分崩离析抑或综合和谐的局面。

有关这些问题精微处的探察,我们到将来还可以作进一步的考虑。眼前我们所要做的,是有没有可能建立一个普遍的架构,把分殊的文化成就熔为一炉,纳入一个开放的系统,作统一的考虑,而让各分殊的文化成就在这个系统之中得到适当的定位。

这项工作的艰巨是不待言的,我们在这里只能指点一个方向,指陈往这一方面建构一个系统观点的可能性。现代西方由于科技方面的进步,在文化发展上似乎站立在一种先进的地位。但把科技的方法无限制的应用却在文化上造成一种危机,而在西方内部产生了反抗的潮流。譬如存在主义者认为人不可以化约为数量,而在自然人文之间划分了一条清楚的界限。但是这样的做法只能在两者之间造成一种对立,而看不到在一个更高的观点之下统一二者的可能性②。

但存在主义哲学家指出,科学的成立乃是基于抽象的结果,这却为我们指出了一个走出目前困境的方向。人,诚如存在主义者所指出的,乃是一个走向死亡的存有。人的本质乃是关怀,决不是无关心,这是可以断言的。而且正是基于人的关怀,人才发展了科学以利用厚生。在一个意义下,把人提升到一个超越时间之流的层面,而忘怀了时间以及死亡的威胁。但这样解决的办法决非终极解决问题的办法,因为人终究不免于死亡的命运,终不能化约成为一个数目字,超脱了一切实存的苦恼的侵袭。但科学的成立却指陈了,人可

---

① Charles W. Hendel, "Introductory Note to The Philosophy of Symbolic Forms, Vol. II: *Mythical Thought*" in Cassirer, *PSF*, II, p. viii.
② 很多人认为海德格尔与萨特的思想是反科学的。很明显的,所谓存在主义哲学家思想的重点的确不在科学方面,他们强调科学的限制及其可能的负作用。但我们可以通过一种新的解释,由存在主义的思想转出一条思路来销融人的科学的成就。这给我们指点了一个将来努力的方向。

以有一种超越的架构,但超越的可能并不限于一途,也可以有艺术的超脱,宗教的超脱,以及其他可能的方式①。我们不妨探讨它们共同的基础,并探测走向未来的可能性。

正如存在主义者所指出的,人的生命乃是投掷在那里的此有(Dasein);而人是一个"在世界内的存有"。正因为人是人,人生的意义才对人构成一个问题。而人有自由去建构不同的境界来对付向人生簇拥而来的种种问题。故此,人的架构本是一个主客相应的整全体。而人的学习经验也指陈了,人是作为一个整体对他的处境与世界有所反应。在一个逐渐的过程中,人才学会了分化,压制了其他的面相,而只发展出一部分的潜能,来对付局部性的问题。正由于人在处理这些问题获得了成功,习惯性地作同样的反应,于是把抽象的东西当做了具体的东西,而犯了前面所提到的怀德海所谓"错置具体性的谬误"。

存在主义者与怀德海由完全不同的背景出发,却达致类似的结论。世界本来是一个情理交融的全体,经过后来的分化,才变成了性质数量分明的世界。这样的看法与刚才所介绍过的卡西尔的看法也若合符节。卡西尔描写人的意识的发展也是先有浑全,后有分殊。但分殊到了一种极端的型态却可以对人生构成严重的问题,故此我们终必要回复一种全观。但与神话的未分化的全观不同,哲学家所向往的乃是一种通过分化以后的全观,才能往未来为我们指向一条健全的出路。

再由人的传达方式来着眼。人最基本的传达模式乃是一种整体的传达模式。每一次的传达都是一次观念的冒险,突破了现有的窠臼②。但人们把惯常出现的传达固着化成为一定的模式,于是失去了观念的新奇性与冒险性,而看不到传达最基本的模式的真象。

准上所述,由全而分,由具体而抽象,由力动而静止,这是一个非常自然的过程。但是我们把分殊、抽象、静止当做本来面目,那么整全、具体、力动就失去了存有论的基础,而沦为不可以还原的次级现象,乃至被当做错误的假象。这在存有论上走上了一条歧途,产生了严重的负面效果。

当然,我们也可以为了避免化约主义的效果,而主张"层创进化论"(Theory of Emergent Evolution)。但层创进化之所以可能,必有其存有论的基础。这样我们还是不能不回到我们原先的一气流通的基设与断定。

这样,我们找到了存有与价值的共同基础。这不是说,我们在存有论与价值论的主张就会完全一致,不再有矛盾冲突。我们所要指出的只是,有这样的矛盾冲突的可能,也必须预设了同样的存有与价值的基础。但这样的觉识却可以为我们未来的综合作一个良好的起点。恰正是因为人存在的架构与其他动物不同,存有与价值才能够对人成为问题。人能使用符号,创造文化,把握意义,体证境界。他的世界是富多面性的,他永远可以超越

---

① 叔本华就有这样的论调,当代讲超越义最精的当推耶斯柏斯。Cf. Karl Jaspers, *Philosophy*, English trans. by E. B. Ashton(Chicago and London:The University of Chicago Press, three volumes 1969,1970,1971).

② 今日的解释学(Hermeneutics)由本体论的角度来了解传达问题的确可以给我们一些慧识。Cf. Hans Georg Gadamer, *Truth and Method*(London:Sheed & Ward,1975),特别是第三部分:"在语言的引导下解释学的本体论的转向",解释学所引起的问题至为复杂,非在本文的篇幅内可以详析或处理的。

他现有的成就。在不断超越的过程中,他可以创发新的境界,体证和谐,但也可以走上分崩离析、堕落倒退,乃至倒行逆施的道路。人的禀赋虽是整全,但人却可以偏,不平衡的、片面的发展的结果乃至可以切断了存在与价值的关连。但人永远可以校正这种偏失,重新恢复二者之间的关连,获致一种新的平衡。只不过这种平衡永远是一种"动态的平衡"(dynamic equilibrium),要靠不断的创造来维持,所以不断有升降、上下的契机,要靠我们仔细来认取。人一方面永远不断在开辟新境界,冲破旧藩篱,故此我们无法完全预见未来的发展,但在另一方面,这中间又有一脉相承的线索,乃可说是万变不离其宗。在这样的情形下,人的终极关怀无法安顿在任何已有的成就上,而只能交托给人的无穷尽的创造力,生生不已,不断发扬人性的深刻体验与智慧。

五 未来哲学改造的方向

如果我们以上所说的不无理由的话,那么哲学的改造是无可避免的了。

传统哲学习惯采用一种三分法,把哲学的内容划分为以下三个部门:

(一) 知识论(Epistemology)

(二) 形上学(Metaphysios)

(三) 价值论(Axiology)

我们似乎可以保留这种三分法,而实之以不同的内容。

就知识论来说,似可以涵盖方法论与真理论。我们要划分不同种类的知识,个别使用不同的方法,而找到它们的定位。怀疑也是一种必要的方法,是怀疑使我们不得不放弃了独断的态度,逼使我们不得不努力澄清知识、真理的性质。语意的澄清固然有其必要,实质内容的了解更是当务之急。知识与臆见、真理与虚假显然不可混为一谈,的确有本质上的差别。但传统的对应说不能帮助我们解决问题。当我们说数学的真理、自然科学的真理、社会科学的真理、历史的真理、哲学的真理、艺术的真理,所用"真理"一词的意义在每一个场合都不相同,却又有一脉相承的线索,等待我们加以澄清。而有关取得知识、真理的方法的反省终必要逼使我们建立一套普遍的传达(communication)与学习的理论。符号形式的研究与解释学应可给予我们许多有价值的启示。

传统的形上学涵盖本体论(Ontology)与宇宙论(Cosmology)的范围。我们也仍然可以保留这样的分类,而在内容上给予全新的了解。本体论不再去追寻"物自体"(Thing-in-it-self)或隐藏在现象之后并超越在现象之外的形上实体,实有的形上学是无可奈何地完全过时了。形上学的探究是要去追寻人的"终极关怀"(Ultimate Concern)[①],对于"绝对基

---

① Cf. Paul Tillich, *Systematic Theology* (Chicago: University of Chicago Press, three volumes, 1951, 1957, 1963).

设"(Absolute Presupposition)的审查①。人终不能不有某种终极的托付(Ultimate Commitment),既没有科学方法帮助我们作合理的选取,于此我们只有第一步对人类已经提出的终极关怀或绝对基设加以同情的了解,给予现象学的描绘,第二步运用哲学的智慧比较其得失,第三步发挥创造力寻求一种新的综合,为自己找到安心立命的所在②。宇宙论则寻求对于宇宙人生作一种合理的解释,而碰到所谓"世界假设"(World Hypothesis)的问题③。人的玄想虽不必一定能够得到证实,但却是我们每一个世代突破当前共许的典范(Paradigrn)④的唯一凭借。本体论的托付是绝对的,宇宙论的玄想却富于启示性,可能把我们带进过去没法预见的新境界。

传统的价值论讨论价值的性质、基础与分类。真、善、美、用各有其一定的定位。我提议加入践履论的反省,考虑如何把抽象的价值思考转为人生的真实⑤。同时,价值论也可以兼赅文化哲学,包括艺术哲学、宗教哲学、政治经济哲学各方面的反省,并探讨它们之间的互相关连、定位,而提出一套整全的人生哲学⑥。

很明显的,以上提出的这些工作,决不是一个个人可以完成的计划。同时,不同的个人会有不同的意见,未必可以得到共同一致的见解。但和而不同,只要大家都保持一种广大的胸襟,各有专长,互相补足,不断地综合、再综合,那么哲学的改造,人生境界的开创,成为一个永无止境的开创历程,就在这样不断的努力之中体证人生的充实的意义。如此乃在一方面充分了解到人生的意义随时可以失坠,而取一种"如临深渊,如履薄冰"的态度,另一方面乃有所担承,"为天地立心,为生民立命,为往圣继绝学,为万世开太平",永远不断发扬生命的一种积健为雄的精神⑦。

---

① Cf. R. G. Collingwood, *An Essay On Metaphysics*(Oxford:Oxford University Press,1940).
② 西方思想家如索罗金(P. A. Sorokin, *Social Philosophies of an Age of Crisis*)、诺斯陆普(F. S. C. Northrop, *The Meeting of East and West*,1946)的反省都值得我们参考。美国在60年代尾筹办成立的比较哲学会(Society for Asian and Comparative Philosophy)现在有二百多的会员,可见愈来愈多人关心这一类问题。我自己对于这些问题曾提出一些初步的看法,请参看《新时代哲学的信念与方法》(台北:商务,1966)《文化哲学的试探》(台北:志文,1970,新版、学生,1985)《生命情调的抉择》(台北:志文,1974,新版、学生,1985)《中国哲学与现代化》(台北:时报出版公司,1980)。《文化与哲学的探索》(台北:学生,1986)。
③ Cf. S. C. Pepper, *World Hypotheses*(Berkeley and Los Angeles,University of California Press,1942).
④ Cf. Thomas S. Kuhn, *The Structure of Scientific Revolutions*(Chicago & London:the University of Chicago Press. 1962).
⑤ 中国哲学在这方面应有特殊的贡献,温故以知新,应可给我们许多有价值的启示,譬如审查朱子参悟中和问题所经历的曲折,参拙著《朱子哲学思想的发展与完成》(台北:学生书局,1982),第7—38页。
⑥ 当代中国学者如梁漱溟、熊十力、方东美、唐君毅、牟宗三都不断在努力往这个方向探索,薪火相传,再接上现在和将来的学者,新儒家的思想始终活跃着,希望在未来有更进一层的突破。
⑦ 参看方东美:《生生之德》(台北:黎明,1979)。

从当代新儒家观点看世界伦理

刘述先

一 前 言

  1993年,由孔汉思起草的《世界伦理宣言》在芝加哥举行的世界宗教会得到多个宗教团体与领袖的支持与签署,这是一个重大的突破①。1997年,联合国教科文组织成立"普遍伦理计划",由韩国学者金丽寿主持。1997年3月尾,该计划邀请了世界各地12位学者,在巴黎联合国教科文组织的总部开第一次会议,商讨起草《世界伦理宣言》的问题:大家达成了一些低限度的共识,初步议决在意大利拿波里续会②。1997年12月初在拿波里开第二次会议,参加的哲学家人数增加到30人左右。孔汉思带来了由他起草的《人的责任之世界宣言》这份文件已经由互动会的首脑德国的舒密特、澳洲的弗莱塞与日本的宫泽喜一签署,在9月间提交联合国,希望这次会议能以之为底本,起草一份《世界伦理宣言》③。但这样的目的并没有达到,主流意见认为无须急切从事,不如由联合国支持在世界各地先举行区域性的会议,1999年由联合国作一总结报告,这就是我们当前的情况④。1998年6月在北京中国社科院举行的会议正是以中华文化圈为主的区域性会议。

  近年来由于受到孔汉思的感召,我积极支持起草《世界伦理宣言》的运动。我也认为《世界人权宣言》是不够的,人权只提供外在的约束,伦理进一步要求内在态度的改变。毫无问题,中国文化,特别是儒家传统,能够提供丰富的资源。但我自己从来没有作过起草宣言的努力,因为哲学家的训练在某方面乃与宣言条文一类的东西是矛盾冲突的,所以我只从旁襄赞孔汉思,坦诚地提出批评与修订的意见;彼此的背景虽然有异,却建立了难得的友谊与合作的关系,努力为一个共同的理想目标而奋斗。

  毫无疑问,在今天通行的国际语文是西方语文,特别是英文。如果要起草一份《世界伦理宣言》的话,就不能不用英文为底本,那也就无可避免地要用西方的宗教、伦理

---

① Hans Küng and Karl-Josef Kuschel eds., *A Global Ethic*, *The Declaration of the Parliament of the World Religions*.
② 参刘述先:《法德学术文化之旅》,《信报财经月刊》(香港),总244期(1997年7月),第57—59页,对于巴黎的会议有一简略的报导。
③ 有关互动会所通过的宣言所牵涉的问题与内容的介绍,参刘述先:《世界伦理与文化差异》,此文现收入本书第二篇。
④ 有关拿波里会议的情况,参刘述先:《起草"世界伦理宣言"的波折》,此文现收入本书第三篇。

的概念与术语。但西方发展到今天已经不断在超越西方传统的故域。而孔汉思那样的努力绝不是一孤立的现象。最近在中文大学举行一次文化会议,哲学家查尔斯·泰勒(Charles Taylor)发表论文《论人权的非强制性共识条件》(Conditions of an Unforced Consensus on Human Rights)①,我注意到他引用了马利坦(Jacques Maritain)在1949年的话:

> 我相当确定,我对于人权、自由、平等、博爱理想之证立的信念乃是真理上唯一坚实基础的方式。而这并不阻止我在这些实际的确信上与一些人士同意,他们也确定,他们证立的方式,尽管与我的方式完全不同或者正相反对,(……)同样是唯一建筑在真理基础上的方式②。

泰勒说由于他的天性乐观,所以他认为达致共识是有可能的。他费了很大劲试图与部分西方传统解纽,譬如有些西方法律观念是无法普遍化的,但也有一些规范可以与不同的精神传统会通。而这种对于自己传统的批判与超越并不意味对于它的否定,反而是对于它的理解的进一步深化。他也期盼其他传统做出类似的努力以谋求跨文化的共识。我觉得泰勒的努力在当前西方的前哨知识分子之间很具备代表性。诚然西方在今天仍有许多死硬派一贯歧视异文化,但前哨知识分子的主流则多半愿意对自己的传统做出一步反省,并对异文化寻求较深刻的了解而做出会通的努力。

二 新儒学观点与资源运用

正是在这样一种精神气候之下,中国知识分子也应该做出类似的努力,以迎接与面对当前的新处境。在这篇文章之中,我想对下列两个问题做出回应:

(一)站在中国人的立场,我们为什么也要讲世界伦理? 在我们的传统之中,究竟有哪些资源可以应用,哪些障碍必须克服,才能与世界其他传统对话?

(二)我们要以怎样的方式讲世界伦理,才能一方面与其他文化、特别是西方文化会通,却又在另一方面保持我们自己文化的特色,而不致沦于附庸的地位?

无可讳言,今日西方在世界上是居于领导的地位,无论对于自己的传统与文化的批评,以及新观念的开创,均远胜其他传统。尽管西方有帝国主义的不良记录,在学术研究上也有萨依德(Edward Said)所谓"东方主义"带着浓厚的西方成见的偏向③,然如果我们因此拒绝向西方学习,那就不免因噎废食,彼此间的差异也越来越大,在理想与实际两方

---

① 第四届文化批评国际会议,1998年1月5—9日。
② 由泰勒文转引,中文由我译出。
③ Cf. Edward Said, *Orientalism* (New York: Pantheon, 1978)。有关这一问题的讨论,参余英时:《历史人物与文化危机》(台北:东大图书公司,1995年),第11—13页。

面都会越来越落后于西方。但在另一方面,我们也没有充分的理由完全否定自己的传统,主张全盘西化。事实上,我们根本不可能百分之百摆脱传统的拘限,它的资源与负担乃是一根而发,有待我们仔细去认取与抉择。在这种情况之下,我认为当代新儒学的态度是值得重新加以考虑的。在 1958 年元旦发表的《中国文化与世界宣言》之中①,就曾明白指出,我们不能赞许西方仅由传教、考据、现实功利的态度来看中国文化,而吁其必须出诸于同情与敬意来理解其精神之根源;同时我们也必须以自己为主体,保留传统的优点,吸收西方的成就,始能不断作自我的扩大与增富。过去大陆对于传统一向提倡"取其精华、弃其糟粕",抽象来说,也不失为一合理的态度。问题出在如何做出正确的选择,才不致陷入"文革"那样的灾难。此所以我们要格外重视当前的契机,展开与世界的对话②。

　　毫无疑问,中国的传统有丰富的资源。特别在伦理方面,尤其是儒家传统,是有十分丰富的资源的。下文就从这一角度略陈个人的意见。儒家伦理绝不可以化约成为封建时代某种阶级的伦理,孔子最大的开创在于体证到"仁"在自己生命内在的根源,故他说:"为仁由己,而由人乎哉?"(《论语·颜渊》),这是对于他所继承的传统的深化。孟子又更进一步继承孔子的思想,与告子力辨"仁义内在"的问题。如今连西方学者如狄百瑞(Wn. Theodore de Bary)也十分明白儒家精神传统的精粹在于"为己之学",每一个人都可以在自己的生命内部找到价值的泉源③。但儒家讲为己,却不会造成个体与群体的分离。孔子讲一贯之道(《论语·里仁第四》),肯定"己欲立而立人,己欲达而达人"(《论语·雍也第六》)。孟子由四端开始,扩而充之,建立了"仁"、"义"、"礼"、"智"的德性;他一方面排拒杨朱的极端个人(特殊)主义,另一方面又排拒墨翟的极端群体(普遍)主义。用今天的术语来说,孟子是要去"私"(ego),而不是要灭"己"(self)。宋儒所谓"存天理,去人欲"也并不是要灭绝所有的欲望,仅只是要破除不正当的"私欲",因为只有这才是"天理"的对立面。同时伊川秉承孟子的遗意,斥墨者夷之"爱无差等,施由亲始"的错误为"二本而无分",而赞扬张载《西铭》之民胞物与,体现了"理一而分殊"的精神。这为后世订立了一个良好的义理规模,到今天如能给予创造性的阐释,仍可以有极丰富的现代意义④。

　　孟子在当时的处境与今日颇有相似之处:价值失坠,处士横议。他要回归古圣王之道,所向往的是:"定于一。"但我们在今日并不能单纯地走回孟子所提示的道路。由中国历史的发展可以看,汉代所谓"罢黜百家,独崇儒术",仅只能部分实现了儒家的一些核心

---

① 此宣言先在《民主评论》与《再生》同时发表,以后刊于唐君毅:《中华人文与当今世界》(台北:台湾学生书局,1975 年),下册,第 865—929 页。
② 有关毛泽东思想的了解与批评,参拙作:《毛泽东对中国传统文化继承之分析》,见拙著:《当代中国哲学论:人物篇》(美国:八方文化企业公司,1996 年),第 45—100 页。
③ Wm. Theodore de Bary, *Learning for One's Self: Essays on the Individual in Neo-Confucian Thought* (New York: Columbia University Press, 1991)。
④ 我曾经对此做出初步的尝试,参拙作:《"理一分殊"的现代阐释》,《理想与现实的纠结》(台北:台湾学生书局,1993 年),第 157—188 页。

的价值,却也得付出沉重的代价。孔孟的正名,所谓"君君、臣臣、父父、子子"本来是一种双边的关系,到了汉代的纲常,所谓"君为臣纲、父为子纲、夫为妻纲",却变质成为了一种单向的关系。在政治化的儒家所建立的权威主义的笼罩之下,已经完全看不到孟子所表现的那种批判精神。而两千年来责任意识的过分侧重,使得人权观念不彰[1]。吊诡的是,西方在现实上不断有剧烈的宗教战争,而个人的私利扩张,彼此间的矛盾冲突加剧,却反而发展了保障自由人权、限制权力无限膨胀的民主法治制度。事实上中国的仁政理想从未在实际历史中出现,故当代新儒学提倡"三统"之说。牟宗三先生指出,注重"内圣"方面的"道统"必须继承,却又要开"新外王",作自我的扩大与拓展,建立"学统"与"政统",以吸收西方的科学与民主[2]。无论我们是否能够同意牟先生这样的说法,至少它提供了一个方向,主张我们必须在本位的基础上吸收外来的成就,乃是透过中国伦理自己本身内在的要求,以通往世界伦理,而对我们在前面提出的第一个问题做出了解答,现在再让我们进一步对第二个问题也提出自己的反省。

三　建立既融合又独立的文化特色

在今日我们可以肯认,人权之正视确能校正中国传统之失,但光注重外在的人权却又构成了另一偏向,故今日要谈世界伦理,我们的传统的确可以提供丰富的资源。当然,单纯的复古是绝对行不通的。我们今日绝不可能再像乾隆皇帝那样以文明的中心自居,把我们的道德伦理输送给四夷。今日流行多文化主义的观点,视世界诸文化各自为一中心,互相尊重,却又要努力加强彼此间的交流互济,谋求共识。不过这又恰好合乎宋儒所提倡的"理一分殊"之旨。由宋儒的这一睿识出发,所谓"平等互待",绝不是要一体拉平,抹杀彼此之间的差别相,谋求一极小公约数,那样的方式是绝不可行的。宋儒曾举出"月印万川"的妙喻:最后的光源虽不殊,表现出来的光影却千变万化,无可归一。这样的睿识给予了我们十分重大的启示。

现代西方人批判精神特盛,像罗蒂那样,坚决反对任何形式的基础主义(foundationlam),除了实用达成的协议以外,绝没有任何普遍永恒真理可言[3]。哈贝玛斯与阿培尔则仍负隅顽抗,仍在坚持有所谓"沟通理性"与"程序理性",然在实质内容方面也难有任何

---

[1] 中国古代并非完全缺乏与西方人权类似的观念,只是表述的方式不同而已,但毕竟未能获得充分的发挥,参黄俊杰:《儒学与人权——古典孟子学的观点》,见刘述先主编:《儒家思想与现代世界》(台北:"中央研究院"中国文哲研究所筹备处,1997年),第33—55页。
[2] 牟宗三:《道德的理想主义》(台北:台湾学生书局,1982年修订第五版),第6、260—262页。
[3] 罗蒂与利奥塔(Jean-Francois Lyotard)、福柯(Michel Foucault)与德里达(Jacques Derrida)等被视为"哲学终结"的代表人物,参 Kenneth Baynes, James Bohman and Thomas McCarthy eds., *After Philosophy: End or Transformation?* (Cambridge, Mass: The MIT Press, 1987)。

断定①。平心而论，现代西方对于传统"真理"、"道德"观念的怀疑与挑战是有理由的。传统标准之过分单一与僵固造成了巨大负面性的效果，必须加以摧廓。然而今日我们需要面对一组完全不同的问题：大家既然要在地球村内和平共处，就不能不考虑要如何来建立一套世界伦理的问题，故此，连有强烈相对主义倾向的罗蒂，都应邀去参加了互动会于1997年4月在维也纳举行起草《人的责任之世界宣言》的会议。由此可见，追求某种共识已成为当前对于世界前途有深切关怀的知识分子的一个不可忽视的问题了。然而，实用主义与程序理性终不能为这样的共识提供任何强大的理论资源或推动的力量，拿波里的会议就充分宣泄了这样的困境。据我的观察，一些浮游在外面的知识分子是成不了任何气候的。我并不是要弃绝知识分子的批判精神，而是说光只是有这一个层面是不够的。一方面我们要保持头脑清醒，另一方面又必须回归我们各自的传统，在实质内容上有所断言，在宗教道德伦理上有足够的担当与热情，才能开创出一个新的局面。正是在这一意义之下，我才不回避地把孔汉思当做友军：并不是因为我接受他的任何天主教的观点，而是因为我由他的努力中，看到我们有必要分别从各自不同的古老传统中深入到自己的泉源去吸取营养，更新自己的生命，面对现代的问题，以求会通于未来②。

和孔汉思一样，我在自己的传统之中固然看到许多负面的因素必须加以不容情地批判，但在另一方面也看到许多丰富的资源可以供我们吸取而展露了活生生的现代意义。在本文之中，我只能略论所谓"五常"（仁、义、礼、智、信）的现代意义来初步阐发我的意旨。

五常之有普遍意义的想法绝不由今日始。如《魏书·释老志》云："故其始修心，则依佛法僧，谓之三归，若君子之三畏也。又有五戒，去杀盗淫妄言饮酒，大意与仁义礼智信同，名为异耳。"北魏颜之推《家训·归心篇》亦云："内外两教本为一体，渐极为异，深浅不同。内典初门，设五种禁，外典仁义礼智信，皆与之符。"这当是在家奉佛、儒释兼治之士一般的论调③。源出印度的佛教经过长时期为中国所吸纳，晚明流行三教（儒、释、道）和会之说，儒家伦理成为佛徒俗世行为之准绳，已不在话下了。由孔汉思起草的《世界伦理宣言》则脱胎于源出亚伯拉罕传统的十诫中有关伦理的四诫，加以重新阐释、改造，赋予现代意义而成，我提议由一个比较的视域做出观察与讨论，当可把握此间透露的消息。我曾经把《宣言》的基本原理，与四条指令加以迻译与综述如下：

宣言指出，在每一个宗教传统都可以找到同一个原理的不同表达。

经历数千年，在人类许多宗教与伦理传统之中都可以找到下列原理，并不断维持下去，即"己所不欲，勿施于人"。或者有积极方式来表达："己之所欲，施之于人。"

这应该是通于生活的所有领域——家庭与社区、种族、国家与宗教的不可取消的、无

---

① 他们两人被视为"哲学转型"的代表，参阅前注。
② 参刘述先：《由当代西方宗教思想如何面对现代化问题的角度论儒家传统的宗教意涵》，《当代中国哲学论：问题篇》（美国：八方文化企业公司，1996年），第81—112页。
③ 以上两条转引自周晋：《二程与佛教》，《中国哲学》第十九辑（1998年9月），第214页。

条件的规范。

而这个原理又可以引申出支配我们行为的具体标准,通贯古今中外我们可以找到四个宽广的指令:

(1) 对于非暴力的文化与尊敬生命的承诺;

(2) 对于团结的文化与公正经济秩序的承诺;

(3) 对于宽容的文化与真实的生活的承诺;

(4) 对于平等权利文化与男女之间的伙伴关系的承诺①。

《宣言》还有进一步对于四条指令的阐释,现也多中迻译与综述如下:

在伟大的古老人类宗教与伦理传统中,我们找到如下指令:

(1) 你不可杀戮! 或者以积极方式来表达:对生命要尊敬!

(2) 你不可偷盗! 或者以积极方式来表达:诚实而公平地交易!

(3) 你不可说谎! 或者以积极方式来表达:要作真实的言行!

(4) 你不可淫乱! 或者以积极方式来表达:要互相尊敬和爱②!

很明显,当孔汉思起草《宣言》时,他是要找贯通古今中外、共同于世界所有伟大精神传统的基本原理。他找到了一个根本的诉求(fundamental demand),即:"人必须被当做人来对待"(Every human being must be treated humanely.)③。而这与所谓的"金律"的精神是完全一致的④。据说在芝加哥开会时,与会者对此几全无异议,但这未必是所有哲学家的共识,在拿波里开会时,就有人提出不同的意义,故仍需略加解析予以澄清。

首先,依孔汉思的解释,金律并不是今日的新"发明"(invention),而只是新"发现"(discovery)。相似的表达见之于孔子、希律尔(Rabbi Hillel)、耶稣,与伊斯兰、耆那教、佛教以及印度教的经典⑤。有趣的是,儒家非组织宗教,故没有代表参加世界宗教会。但在孔汉思的心目中,孔子却具领衔的地位,每次征引,都把他放在最前面。

其次,孔汉思并未在"金律"与"银律"之间做出区别。有人以孔子的否定式表述只是"银律",所谓"己所不欲,勿施于人",积极正面的表达乃所谓"己之所欲,施之于人",才是金律。这自不足以为患,因为孔子也有"己欲立而立人,己欲达而达人"那样积极正面的表述。然而,也有人认为只有否定式的表达才可以成立,因为积极正面的表达要把自己之所好强加之于人是不能成立的。其实这样的说法都没有把握到"金律"真正的含义。我们试把具体的事物代进公式,无论是否定或肯定的表达:譬如我不要吃鱼,那就也不要

---

① 参拙作:《世界伦理与文化差异》,有关互动会所通过的宣言所牵涉的问题与内容的介绍,参拙作:《世界伦理与文化差异》,此文现收入该书第二篇。

② *A Global Ethic*, pp.25-32。Hans Küng and Karl-Josef Kuschel eds., *A Global Ethic, The Declaration of the Parliament of the World Religions*.

③ 同上书,第21—23页。

④ 同上书,第23—24页。

⑤ 同上书,第71—72页。

让人吃鱼,或者我要吃鱼,也要人吃鱼,都会引申出不合理的效果。故金律只是在原则上断定,在价值上自己所排拒或珍爱的,都要与人共同分享。这样在精神上自然得到感通,不必绕出去作无谓的辩论。

再说,这背后实有一超越的根源。虽然世界伦理的文本也可以由不信任何教的人所签署,但对于有信仰的人来看,这一宣言是有宗教基础的,虽然不必是哪一特定的宗教。故此像"上帝"(God)一类的名必须避免,佛教徒就不能接受这样的表述。但佛教徒自有其解脱道,并未坠入虚无主义。同样,儒家一般以之为一俗世伦理,但当代新儒学即抉发其深刻的宗教意涵①。我近著文,由《论语》本身的材料建构出一条思路,指出孔子的一贯之道,绝不止于"推己及人",而隐涵着"天人合一"的理念,这才真正可以收到"下学而上达"的效果②。由此可见,把儒家包括在人类伟大的精神传统之内是有一定根据的③。

最后,或谓所谓金律过分宽泛,对于我们具体行为的指引并没有什么帮助,同时不同的传统各说各话,彼此之间根本缺乏真正的贯通。对于这样的批评,我的回应是,我可以承认一个两千年前就提出的金律自不可能给予我们今日的具体行为以完全的指引,但也绝非不能给予我们任何指引。由古圣哲的言行,我们常常可以得到重大启发,由触类旁通而得到相当指引。这样的指引即使不完全,却正因如此,我们才能够发挥自己的创造力与判断力,找到自己的答案,以面对我们自己的情况。我也可以承认,各个传统的重点确有不同,但一定要说完全缺乏感通,却不免过分夸张,不符事实。《世界伦理宣言》之所以能够通过,证明了低限度的同意并不是不可能,而且已经成为事实。而《宣言》透过解释,引申出四条指令,它们有古旧的根源,但也有现代的含义。这些是属于我们时代的表述。我在下文之中,即拟由儒家的"五常"与"理一分殊"来做出更进一步的回应。

四 "五常"的现代意义与阐扬

第一条指令针对现代世界之充斥种种暴行,而呼吁不可杀戮,尊重生命。没有人有权去伤害另一生命,无论种族、国家、宗教都不容许去仇恨、歧视异族或少数团体。人间的冲突应以非暴力的方式去解决,必须实施裁军。年轻人从小要学习非暴力的文化,同时也要尊重其他生命的形式,包括植物与动物,爱惜自然资源,而有一种天人合一的情怀。

中国的五常首"仁",宋儒以《易传》的"生生"释仁,所谓"天地之大德曰生",到了现代,阐发其义蕴,适与第一条指令若合符节。事实上中国哲学的理念在此著了先鞭。传统

---

① 参《中国文化与世界宣言》,此宣言在《民主评论》与《再生》同时发表,以后刊于唐君毅:《中华人文与当今世界》(台北:台湾学生书局,1975年),下册,第865—929页。
② 参刘述先:《论孔子思想中隐涵的"天人合一"一贯之道》,"中央研究院"《中国文哲研究集刊》第十期(1997年3月),第1—23页。此文收入拙著:《儒家思想意涵之现代阐释论集》(台北:"中央研究院"中国文哲研究所筹备处,2000年)第一部第一篇。
③ 参休斯顿·史密斯著,刘安云译:《人的宗教——人类伟大的智慧传统》(台北:立绪文化出版社,1998年)。

中国哲学虽未发展出西方近代式的人权观念,却一向肯认人的尊严。而中国历史向来缺少大规模的宗教战争。"武"字的形成,义在"止戈","和"从来就是中国文化的一项核心价值。而中国传统也从来没有在自然与非自然之间划分鸿沟。所谓"亲亲而仁民,仁民而爱物",以至宋明儒讲"天地万物一体之仁",自来都是中国哲学一向发扬的精义。这样的哲学甚至有环保的含义。然而我们也不能不注意到,在实际层面上却不是这么回事。据新出的《时代》杂志(March 1,1999)报导,当今世界上污染最高的城市中国竟然十占其九,令人震惊。由此可见,我们不能把传统隐涵的价值加以现代化,后果是严重的,使我们不单成为传统的罪人,也在现代走向后现代的过程中大大地落后。此处不能不心生警惕,转向西方知识分子学习,唤醒我们自我批判的意识。

第二条指令针对现代世界之不义剥削行为,而呼吁不可偷盗,公正待人。事实上不仅极权国家欺压人民,肆无忌惮的资本主义也一样造成巨大的破坏:一方面是无止境的贪欲,另一方面则是贫穷无助。贫富之间的差距越来越大,仇恨越来越深。年轻人从小就要学习为公益服务。我们向往建立一个公平的经济秩序。已发展国家固然不可浪费资源,即发展中国家也要诉诸于良心,以互助代替宰制,恪守中庸之道。

在中国传统之中,"仁"是统合原则,"义"是分殊原则。孔子早就说过,"不义而富且贵,于我如浮云。"(《论语·述而》)孟子更严分义利之别。无可讳言,中国传统是有社会主义的倾向。到了今日,柏林围墙倒塌,苏联解体,市场经济的力量不可抵挡。但这并不是说就可以完全不管社会福利方面,美国自罗斯福实行新政以来,早就把这一方面吸纳入其系统内,此所以资本主义才没有像马克思预言那样倒台。近时日本学者沟口雄三指出,日本传统由于其结构性的因素有利于现代化,故走在中国的前面①。但到今日,这种一味进取、纯粹诉之于竞争的模式的毛病已是暴露无遗。由于世界资源有限,未来大家要和平相处,不得不重新考虑中国传统的"调和共存"原理②。沟口的说法自大有可以商榷的余地,然而中国传统有一些资源,经过重新阐释与改造之后有其现代乃至后现代的意义,是可以断言的③。

第三条指令针对现代世界之尔虞我诈,缺乏诚信,而呼吁不可说谎,言行要真实与宽容。今天的政客、商人固然是谎话连篇,唯利是图,连科学家都未能遵守道德原则而做一些有问题的研究。年轻人必须学习诚信,忠于自己,宽恕待人。

在中国传统中,"信"是一个非常重要的德性。孔子认为信比兵、食更重要,所谓"自古皆有死,民无信不立。"(《论语·颜渊》)其实这不外即是曾子所理解孔子的"一贯之

---

① 参沟口雄三:《日本的近代化及其传统因素:与中国比较》,李明辉主编:《儒家思想在现代东亚:总论篇》(台北:"中央研究院"中国文哲研究所筹备处,1998年),第195—216页。
② 参李长莉:《中国的"调和共存"原理将带领二十一世纪——沟口雄三教授访谈录》,《明报月刊》,总第379期(1997年6月),第34—42页。
③ 现代化并不一定要走西方的道路,学者现在正集中讨论这方面的问题。参《儒家思想在现代东亚:总论篇》,见注1。又参 Tu Wei-ming, ed., *Confucian Traditions in East Asian Modernity: Moral Education and Economic Culturein Japan and the Four Mini-Dragons* (Cambridge, Mass.: Harvard University Press, 1996).

道"的另一面相的表现,所谓"夫子之道,忠恕而已矣!"(《论语·里仁》)朱注:"尽己之谓忠,推己之谓恕",大体得之。无论对自己,对他人,都必须紧守诚信的原则。人必忠于自己,才能把自己最好的可能性充分发展出来。而己立立人,己达达人,以赤心对人,才会得到相应的回报。特别在今日,世风日偷,传媒最喜欢加油添醋、哗众取宠,以谋取广告或利益。故我们必须要求传媒、作家、艺术家、科学家自律,希望民意能够加强监管。自由的强调必须配合责任的强调才能获致平衡。过去中国传统过分侧重责任意识,而现代西方则过分偏向自由放任,两方面都得调整以获致一种新的平衡。

第四条指令针对自古到现代以来的性别歧视,包括对儿童的性剥削与误用,而呼吁不可作不道德的性行为,两性之间必须互敬互爱。这是由古代不可奸淫的指令加以彻底改造并给予全新的现代阐释的成果,它甚至反对那些借宗教之名宣扬一个性别宰制另一性别的歪风。年轻人必须学习了解,性不是一种负面、有破坏性或剥削的力量。社会的健康有赖于人与人,特别是两性之间的伙伴关系,彼此互相关怀、扶持,而不能只讲性爱的乐趣。平等互爱是更基本的关系。婚姻的制度到今天虽然受到冲击,还是要建筑在爱的基础上,忠于自己的伙伴,乃是一种持久的关系。同时老吾老以及人之老,幼吾幼以及人之幼,人性才能充分发扬,由个体推广到家、国以至天下。

在中国传统中,"礼"有着古老的渊源,关联于祭祀的仪式,到孔子才强调它在吾人内在的根苗。诚于中,形于外,外在的礼仪,如丧葬,所表达的是吾人内在的悲戚。孟子主张"仁义内在,性由心显",宋明儒乃尊之为道统。然而汉代政治化的儒家提倡三纲,君臣、父子、夫妇,成为了一种单向的关系,多少已丧失了先秦儒"正名"所谓"君君、臣臣、父父、子子"(《论语·颜渊》)所蕴涵的双边关系,后儒更片面地强调礼法之防,日益僵化,以至五四时代竟然喊出了"打倒吃人的礼教"的口号。我们看人类文化的发展,莫不经过君权、父权、夫权宰制的阶段。但到了现代,西方处于先导的地位,实施民主,妇女争得投票权,提倡男女平权。然而一直到今天,性剥削与性歧视还是一个普遍的现象,此所以《世界伦理宣言》才会针对这一类不合理的现象,提出指令加以对治。

就这一方面来说,无可讳言,在圣经或古典之中,是可以找到一些为种族歧视、性别歧视张目的文本或言论。故此我们绝不可以盲目地跟随着传统的习俗走,而必须分别出传统中万古常新的成分以及与时推移的成分。我们所忠于传统的乃是其仁爱宽恕的精神,凡不合于今日时势者,必须毫不犹豫地加以扬弃、解构。这在表面上构成了一个吊诡,好像我们一方面在反传统,另一方面却又自称为传统的守护者与继承人。

其实我们只需分别传统的理想与实际,就可以解消这一外表的吊诡。我们不能只引孔子一句:"民可使由之,不可使知之。"(《论语·泰伯》)就说孔子反民主,也不能因为孔子说过一句:"唯女子与小人为难养也,近之则不逊,远之则怨。"(《论语·阳货》)就说孔子歧视女性。其实孔子所作的只是合乎当时事实情况的观察而已。孔子仁恕的精神并无分上下男女。中文"人"之一字不分性别,不似英文 man 一字之专指男性。而整个《易》的思想系统强调阴阳互补,虽则汉儒强调"男尊女卑",王船山已强调"乾坤并建",可见中国传统中有许多资源有利于当代有关两性之间伙伴关系的新解释①。事实上没有一个社会可以容许人为所欲为,而必须以礼节之,才能收到如魔术般的效用,当代西方哲学家芬格雷(H. Fingarette)恰正是在这一方面看到了孔子的重要性②。我们在今日的一项重要任务正是要为日益狭小的地球村建立新的礼仪,让不同的种族、性别得以和平相处,与大自然也维持一种和谐的关系。毫无疑问,注重"调和共存"的中国传统有许多有价值的资源可以提供。

由以上有关四条指令的讨论可以看到,它们对于个人、团体都有约束力。我觉得最有意思的是,这一份文件重视年轻人的教育,并不限制在课堂里的学习,而希望能够培育出一种新的以仁恕为基础的文化。这种构想与《大学》修、齐、治、平的理想在精神上没有差别。最后期盼人能够变化气质(意识)(transformations of consciousness),始能达致世界大同的理想。四条指令适与我们传统的"仁"、"义"、"信"、"礼"相当。但五常还有"智"的德性,是否也应得到适当的重视而给予新的阐释呢?

中国传统向来重视智,所谓智、仁、勇三达德,孟子则指出,是非之心,智之端也。世界伦理必讲是非,这自不在话下,与前面所说的诚信,无疑是一脉相通的。而现代讲多元,却不可以堕入相对主义的陷阱,更不可以放弃对于真理的追求。即使我们无法建立价值科学,像自然科学那样,但是也不能够像逻辑实证论者那样,把伦理价值纯粹当做个人主观情绪的选择看待③。价值还是有某种客观性与普遍性,只是不能用经验科学的方式证立而已!

回顾历史,我们看到"知识"(knowledge)的含义在过去并不像今日那样狭窄④。在西方,古代与中世纪,也有类似中国传统纲常一类的观念。由苏格拉底到柏拉图,质疑辩士"权力即正义"(might is right)的立场,而要为道德寻觅形而上的基础。"智慧"的追求是哲人的特征,而有其超越的根源。中世纪有源远流长的"圣智"传统,到了近代,才与这一传统断裂。特别是休谟(Hume)划分"实然"与"应然"的领域,后来道德价值才被驱入主观情绪的领域。我们在今日自不提倡复古,我们可以把知识限制在经验知识的层次,但却否认这是"智"的唯一含义。智慧的领域可以与知识分开,它不能通过感官知觉与仪器测

---

① 举例说,据我所知,女哲学家如 Sandra Wawrytko(美国)、Ingrid Shafer(德裔)均由孔子那里找到资源支持当代对于女性的新理解。她们撰文论儒家与女性主义(Confucianism and feminism),将收入由华裔学者李晨阳(Li Chenyang)编辑的论文集之中。《时代》杂志(March 8,1999)封面故事讨论女性问题。根据报导,激进的女性主义者(feminist)彻底否定性别差异的神话论调已不合时尚,新的女性主义者(femaleist)不否定性别的差异,但否定二者之间绝对的差异,并由人类学家有关事实的搜集与解释,证明女性对于养育家庭的贡献远大于过去所想象,并强调整个家庭参与的狩猎与种植活动,提供了一些新的思想线索供我们参考。
② Cf. Herbert Fingarette, *Confucius: The Secular as Sacred*(New York: Harper & Row,1972).
③ Cf. A. J, Ayer, ed. , *Logical Positivism*(Glencoe,Il. : Fee Press,1959).
④ 新伊斯兰哲学家纳塞(Seyyed Hossein Nasr)特别强调这一点。参所著,*Knowledge and the Sacred*(Albany:State University of New York,1989)。相关问题的讨论,参拙著:《新儒家与新回教》,《当代中国哲学论:问题篇》,第113—137页。

量而得到验证,但可以通过个人的修养得到人格的提升而有所感通,也可以有其普遍的意义[1]。这是属于"体知"(personal knowledge)的领域,此处自难以深论,但必须坚持,道德伦理价值绝非个人随意取舍的结果,不仅各精神传统的说法大同小异,而且的确可以会通,而这就把我们带到了有关"理一分殊"的现代意义的讨论。

事实上,即使经验主义者休谟也以为有一些共同的价值,他讲"同情"(sympathy)[2]。到了今天,西西拉·波克著之《共同价值》,搜集了人类学与文化研究的丰富资料,指出人类有一些共同的价值,像家庭结构、仁爱之类[3]。她所取的是一种经验归纳的进路,观察与推论平情合理,可以给我们相当启发。然而与自然科学不同,盖物理学建立的律则,如自由落体,是不容许有任何例外的。社会科学则常用统计,并不能据以推论个人的行为;而道德的决定更必须依靠个人的自觉与判断,通过经验观察的推概对之并无拘束力。也就是说,归纳并不能充分证立任何道德的律则,只是显示出,文化、习俗并非如想象的那样可以随意取舍,而展现出一些有相当普遍性的模式,不容我们加以忽视而已!

五 以"存异求同"与世界伦理对话

在巴黎开会,我们大家都同意,世界伦理的建构只能取一"极小式"(minimalist)的进路,因为没有两个哲学家会同意接受一个完成的理论,"极大式"(maximalist)的进路是行不通的。但怎样才是极小的进路呢?这仍然是一个十分棘手的问题。

我在拿波里开会提出论文[4],指出所谓极小式的进路,不能只是用"取同略异"的归纳方式。这样或者得不到结果,或者得到的结果"薄"到没有多大意义的地步。事实上,我们无须抹煞各个不同传统之间的差别,却又不必一定会阻碍彼此之间精神上的感通。以金律为例,每一个传统有不同的表述,所强调的方面也有所不同,但并不使得它变成一个没有意义的普遍道德原则。它指点了一个确定的方向,虽然不能给予我们完全的指引,却可以促成一种精神的感通,凝聚某种共识,如芝加哥的世界宗教会议所显示的那样。故我提议用"理一分殊"的方式来面对这一问题[5]。朱熹曾用"月印万川"的比喻来阐明此中

---

[1] 有关圣智的外部描述,参 Frederick Copleston, *Religion and the One: Philosophies East and West* (New York: The Crossroad Pub. Co., 1982)。主观的体验则世界各精神传统均有详细记录,参休斯顿·史密斯的《人的宗教》一书,见注25。

[2] Cf. T. V. Smith and Marjorie Grene, eds., *Philosophers Speak for Themselves: Berkeley, Hume, and Kant* (Chicago: The University of Chicago Press, 1957), pp. 100-101, 236-252.

[3] Sissela Bok, *Common Values* (Columbia: University of Missouri Press, 1995).

[4] Shu-hsien Lin, "Reflections on Approaches to Universal Ethics from a Contemporary Neo-Confucian Perspective," published in Leonard Swidler, ed., *For All Life: Toward a Universal Declaration of a Global Ethic: An Interreligious Dialogue*.

[5] 我曾经对此做出初步的尝试,参拙作:《"理一分殊"的现代阐释》,《理想与现实的纠结》(台北:台湾学生书局,1993年),第157—188页。

的意义,月亮投影在水中,显现了不同的风貌,却并不妨碍我们体认到,毕竟只有同一个月亮。但我们今日的问题却与往昔倒转了过来。那个时代困扰人心的是,"理不患其不一,所难者分殊耳",今日困扰人心的却是,"分不患其不殊,所难者理一耳"。请容许我们在下面略微申述这一方面的道理。

现代拒绝单一义理的宰制,流行多文化主义,这自有其一定的理由。然而过分强调这一方面的倾向,却不免误入歧途。"民族自决"其实是一个可以造成误导乃至引致灾难效果的原则①。如果无条件地支持一切分崩离析的运动,却又无法寻求不同立场的沟通,建立合理仲裁的机制,那就会发生严重的问题②。在今天日益缩小的地球村,"存异求同"变成我们首要的责任。

对于"理一分殊"做出现代解释,我们认为,任何对于道德原则的成文表达已经属于"分殊"的领域,不能不受到特定时空以及文化传统的限制,而不可加以绝对化。这可以由纵向和横向两方面来加以考察。纵向讲的是古今的差异,我们不可能把孔孟在两千年前订下的律则照搬,以为可以解决今日的问题。汉代的所谓三纲到今日已完全过时,就是一个最好的例证。僵固的旧习对于后世发生负面的效应绝不能不加以改革,五四时代争取婚姻自由、男女平权,是一个不可阻挡的趋势。没有一个文化没有经过君权、父权、夫权宰制的阶段,此所以我们的问题不是去否定过去,而是要与时推移,注目现在,展望未来。孔子被尊为圣之"时"者也,他讲的仁恕精神并没有过时,但有赖于我们在今日给予全新的解释,才能找到适合于我们这个时代的表述。"理一"是属于"超越"的层次,正是因此,生活在两千年前的孔子才能给我们重大的启发,所谓"天不生仲尼,万古如长夜",他虽只给予我们不完全的指引,此不足为患,因为这样才留下空间供我们作创造性的阐释,以找到适合于我们这个时代的表达。

横向讲的是东西,乃至南北的差异。文化的差异是不可以抹杀的。我们不可以把自己的标准强加之于别人身上。在这个层次,我们不可以强求统一,而必须强调"宽容"(tolerance),而这正是仁恕精神的表现。在不同文化传统之间,我们要寻求沟通。一方面我们固然看到,彼此之间有一些无可解消的冲突与矛盾,但在另一方面,我们也乐于看到,彼此之间还是可以找到许多共同的价值。因此,在今日,共同价值不是通过外在强权强加于我们身上的价值,而是由每一个传统通过自动自发、自我批判然后才体现的会通。故此,我们虽植根于自己的传统之中,却指出"超越"的"理一"。现代的神学家如田立克就明白,我们终极托付的对象不是"上帝"(God),而是"超越上帝的上帝"(God above God)③。这样的"理一"是无法找到终极的成文的表述的,却不是我们完全不可以理解

---

① 参《时代》杂志(March 8,1999),有文章讨论"谁有权独立"的问题,科索沃(Kosovo),库尔德斯坦(Kurdistan),巴勒斯坦(Palestine),到处都是难以解决的问题。波士尼亚(Bosnia)的惨剧记忆犹新,如今的分隔(semi-partition),要依靠长时间维持和平部队驻扎,这才可以暂时相安无事。

② 参刘述先:《多元主义的隐忧》,《理想与现实的纠结》,第 10—15 页;参注 11。

③ Cf. Paul Tillich, *The Courage To Be* (New Haven: Yale University Press,1952), pp. 186-190.

的。其实老子所谓:"道可道,非常道"讲的正是同样的道理。而我们今日过分偏重"分殊",忘记了"理一"。由现代到后现代,是应当转向的时候了。由以上所论,可见由中国传统出发,不只要支持建构世界伦理的努力,还可以通过自己的资源做出有意义的贡献。

中国哲学的重建

成中英

中国哲学的重建,当然要基于对中国哲学本身有一个完整的认识。从诠释的观点来看,愈能够掌握中国哲学基本发展的全貌,就愈能够掌握中国哲学的各部分义理。无论是哲学学派、哲学运动,还是个人哲学的表述,都为中国哲学全貌所涵摄。在论及中国哲学基本发展之前,首先要弄清重建的含义。

一 重建中国哲学的含义

重建的第一层含义,是系统和结构的再造。重建这个词,为分析哲学家使用得最多。但它不是分析哲学家的发明,而是首先由杜威在 50 年代发表的《哲学的重建》(Reconstruction of Philosophy) 一书中提出的。杜威从方法论、知识论、价值哲学以及教育哲学这几个方面,来评估和批判传统哲学,从而提出一个新的哲学系统和架构。在方法论和逻辑方面,他认为,传统逻辑太形式主义化了,已经与经验脱节;真正的逻辑应该与经验结合在一起。他把逻辑看做是一种实验式的、实用性的探讨方法,是一种对经验世界的理性的探索和对理性世界的经验的探索。逻辑不一定具有先验的形式,所有的先验命题都只是假设命题而已。这种基于实验主义与实用主义的需要而发展出来的对逻辑的新看法,就是逻辑的"重建"。

重建就是重新建构的意思。不仅重新建构,还要把不合乎"重建"标准(这个"重建"的标准是:达到一个经验知识的实用运作目标,并促进更广泛更实用的经验模式和知识的建立)的传统哲学命题予以扬弃;对合乎重建目标的传统哲学命题,则予以实用主义的解释。基于"重建"的标准,我们也可以更进一步发展出新的理论概念,把理论思考看成一种思想方法,包含科学知识的经验方法和实验方法。杜威运用这种方法,批判和扬弃了传统哲学中的形上学、心物二元论和理性伦理学。

中国哲学的重建,除了有实用性的含义外,还包含了分析哲学和诠释学的要求。中国哲学的重建不只是相对于某一个固定标准而作的重建。因为,"重建"的标准不止一个,而是有多层次、多项目的性质,共有八个标准:现象性的、结构性的、过程性的、逻辑分析的、诠释理解的、理论系统的、辩证思考的,以及实际效用的。这些都是基于整体哲学可以要求的意义标准。这些标准既然是多方面的,那么,我们就不能把它看得太死板。我们应该基于不同的需要,在多元的标准之下,尽可能去实现这些标准的要求。假如相应于现代哲学的要求,我们必须把这些标准减至最少,那么,就必须选择分析的标准和诠释的标准。作为最重要的两项标准,分析标准基本上是对应于形式和内容的,而诠释标准基本是对应于方法和本体的。所以,哲学的重建是从内容的更新到形式的更新,从方法的更新到本体的更新。这两个过程中的两项都相互影响,相互决定,即使在两项之间,也相互影响、相互决定。没有一个形式完全脱离内容,也没有一个内容完全脱离形式,形式和内容是出于本体的一种需要而发展出来的。同样,在诠释一个原本(text)的意义时,自然也引发出一个方法的问题和一个本体的问题。方法和本体相互为用,这也是在整个的重建中必须掌握的方面。

分析,指的是语言分析和理论逻辑的分析。这种分析是为了要达到一个新的哲学语言,用新的语言来彰明哲学的内涵,实现哲学语言的重建。诠释的目的是要实现一个本体系统的重建。整个哲学的重建就是在寻求系统重建和语言重建的一贯和一致。所以,重建主要是指一种程序和方法。这种程序和方法是基于我们对现代哲学的了解而发展起来的。

重建的第二层含义是,要把以往的哲学投射到现在的和未来的平面,使之具有现代性和未来性。中国哲学的重建,是针对现代哲学及由现代哲学所启发的方法和本体哲学所作的一种重建。所有的重建都是相对于一个时代的趋势、一个哲学发展的潜力。重建的目标是把一个哲学传统体现为一种现代生活中的、具有时代意义的哲学思考。因此,现代哲学所启发的一种分析的语言和一种诠释的语言,对哲学重建具有很大的意义,因为两者都是西方现代哲学所发展的方法工具。西方现代哲学可看成是方法和工具,所有的西方哲学都可以被工具化、方法化。借助于这些工具和方法,来重建一个具有根源性和历史性的中国哲学,来把它转化成一个具有高度内涵和高度智慧的思想体系,这就是研究现代西方哲学,以重建中国哲学所具有的意义。哲学重建应从现代哲学对分析诠释的关注,经过分析诠释相互决定的过程,走向一个新的语言、新的结构,建成一个整体化而又具有开放性的体系。

我们可以抽象出一个简单方式,来表达这个重建的程序,就是从语言形式来洞悉意义内容,从意义内容开拓方法学和本体学,最后提出一种新的哲学语言、一个新的哲学系统。这就是中国哲学思想的重建的本质要求。

这个重建的工作并不意味着把中国哲学完全改头换面。所谓不是改头换面,是指:一个哲学的思想在历史发展过程中有其发展条件,但发展的条件不完全等于它所成就的系统。它所成就的系统愈大、愈完整,就愈不等于它的发展条件;反之,它所成就的系统愈松散、愈无联系、愈粗糙,就愈能为其发展条件所限制、所解释。条件是澄清系统的一个工具、一个基础;但条件不等于意义解释,也不等于理解。所以,基于解释、理解的需要,系统本身可作为一个重建的对象。但这并不是把一个系统改头换面,而是在其所成立、所发展的条件之上,成就新的系统。因之,对这个系统的语言可以作一个新的"后设语言的分析",并对其内容作一个新的"后设语言的诠释"。这也就是给它一个新的形式和新的系统内容。简言之,重建并不是要否定原来的系统,而是将它投射到现代哲学开拓的观念水平之上,也就是把历史性投射到现在性和未来性之上。投射不是一个简单的过程,而是把一个博物馆的陈列品即意义原本,通过一个解释过程而投射到一个灵活的生活世界之中,使它具有现在性和未来性。这就是在时间中的重建。

随着时间的推移,哲学思想会有不同的投射。因此,也需要不同的重建工作。所以,哲学应不断地重写。在任何时代段落里,哲学史都需要重新评估,把时间赋予它的新含义与整体化的新的体系体现出来。所以,过去也可以因为现在而改观。海德格尔的诠释学已经简述了这种基本意义。他把时间看成过去、现在、未来的整体运动,并表示为一种曲线运动,可图示如下:

从这图示中可以看出,过去、现在和未来不可割裂分开。过去是现在和未来的一部分,正如现在和未来要嵌入到过去而成为过去的一部分一样。由于这个时间的整体运动,因此,重建就是一个连续的延伸的投射过程。重建是以过去性、现代性和本体性融为一体的时间性作为标准。

基于上述,中国哲学的重建,也就是把中国哲学体现在现代世界里面。当然,要重建,就必须运用现代分析哲学和现代解释哲学所启发出来的生活语言、分析方法和诠释理念。这样的认知和重建是符合现代人的需要的。有人认为,重建不是把一个历史中的一个哲学传统投射于现在,而是把它投射于过去的一个时间水平上。譬如,把孔子的哲学投射到周初的时间段落中,这是一个反逆时间程序的投射。只要条件允许,在理论上并无不可。但这不是我们所要求的中国哲学的重建。我们所要求的中国哲学的重建,应具有现代性和未来性,它是以现代哲学的时间水平作为标准。掌握整个现代哲学的水平,这是重建中国哲学的一个重要的条件。惟有这样,才能掌握重建中国哲学的本质意义。

重建的第三层含义,是创造一个条件,使过去的哲学家回答现代的问题,并作批评,因而能在现代的背景下进行对话。任何一个哲学体系,都有其当代意义和延伸意义。所谓"当代意义",是由当时的哲学水平、存在条件,以及哲学家之间相互的对话所决定的。但它的"当代意义"并不是唯一的意义,从语言的特性来看,任何意义都可被延伸。它在与其他哲学家的交互影响对话中,会产生出一种延伸意义。因此,假如孔子今天还活着,那么,他也可以回答德里达、海德格尔或分析哲学家所提出的问题,也可以与现代哲学家作一种对话。我们可以想象,很多哲学家以其思考活力,必能在其基本意义上,延伸其哲学体系,来说明立场,以适应时代的新的需要。

就以我们讨论的各项专题来说,我们的话都具有基本意义。当读者向我们提问时,我们却仍可延伸发挥新的意蕴。但这个新的意蕴也是从基本意义上引伸出来的。如果没有与人对话的机会,我们也就没有机会去想象这个延伸意义是什么。因为延伸意义是适应了需要、认识了新目标而发展出来的。我们也可以说,延伸意义是把一个"隐"的意义变成一个"显"的意义。哲学系统的基本意义是显的意义,而哲学的延伸意义则是它的隐的意义。这是哲学发展的自然道路。哲学永远具有它的根源性和整体性。因此,所谓基本性或根源性,就是它的"当代意义";所谓整体性,也就是它的"延伸意义"。

我们在批评一个哲学家的时候,应该给予他一个答复批评和为自己辩护的机会,而不要去追究他本身的立场包含了多少值得批评的地方。只有在批评和对话过程中,才能产生新的哲学的诠释。一个新的哲学的诠释就是这个哲学在现代和未来的时间水平上的一个重建。给予一个哲学家以一个答辩的机会,这并非假设他的哲学可能完美化。恰恰相反,对话使他的哲学内涵的矛盾更容易显露出来,显露出他的问题,显露出他回答问题时的局限性,当然,也显露出他在解决问题时所体会到的理想的完美可能性所在。通过批评的对话,也显露出一个哲学体系在理论上能够发挥出什么,为什么没有实际发挥,它具有哪些局限、缺点、自我限定和不能超越的障碍等等。在重建过程中,批评一个哲学家或哲学体系,既反映了被批评者的问题,也反映了重建者本人在方法论和本体论上的特点,因而获得了改善的机会。

从本体诠释学的立场来讲,我们应尽可能地把本体论与方法论的关系提出来,作为批评和评估一个哲学家或一个哲学体系的重点。这是重建中国哲学的一个重要的层面。

二 重建中国哲学的途径

有关中国哲学的重建问题,是以下列认识为基础,中国哲学必须把传统的形式与内涵转化为现代的中国思维方式,亦即转化为适合现代生活的思维方式,并且能够充实及指导现代人生活的思维方式。重建的要求,当然是因现代生活的调整而引起的。正如我们对中国语言的把握,也不得不因时代的需要而脱离传统的格局。在中国哲学的重建过程中,我们的思维方法及形式、思维的范畴及对象、思维的准则及目标,自然也需要适合时代的要求、生活的要求、文化发展的要求、社会进化的要求,并加以创新。

所谓适应、发展、进化和创新,并非指中国哲学将改头换面。既然肯定中国哲学为哲学,就自然有其寻求真理的本质,有其永恒的理想境界。所以,当我们说,重建中国哲学需要适应现代人的生活要求及现代人的思维方式时,是指要把中国哲学所包含的原理和本质加以义理的诠释和概念的批评,使中国哲学的价值能在现代人的思想意识中清楚地呈现,同时也能对现代人行为发生实际的影响。

今天,我们如欲重建中国哲学,就必须采取理性批评的思想观点,以此为权衡。我们要用理性的思维和分析的方法来重建中国哲学,这至少表示,我们要对中国哲学有一个现代化的了解和现代化的表达方式。当然,我们应采取的理性批评的观点有其相当的复杂性,即是指理性的批评和分析应该是多重的、多面的、多向的。换言之,我们对理性须有多重、多面、多向的认识。人类的文化生命或哲学生命固然为一元的整体,但却要靠多重和多面的理性动力来实践,来表现。

所以,我们对中国哲学进行探讨,并非仅仅站在外在的立场予以单纯的、理性的和逻辑的分析,而是要从内在于其生命的理性的开拓来体会,中国哲学的重建,一方面要对中国哲学内涵的本体的发展性有所了解,另一方面也要对其外显的历史渊源有所认识。当然,我们不能只把我们的分析认知约化成为历史事件的生灭关系;相反,我们必须进而作跳出历史性、时间性的探讨,不受史料囿限,而是基于理性对人类经验的反省和人性的体悟,来扩及社会发展的内在理性的了解。

不论就历史方面、观念方面,还是就社会实用方面而言,理性的了解需要范畴化,以此成为思想中的论证和理由。所以,我们需要培育足以支配理性的能力,而此能力的培育,又需要借重西方哲学、科学以及逻辑思想方面的训练。换言之,我们对于理性的训练和认识,应该具有独立于时间和历史之外的视野。作为对理性自我了解的逻辑思想、数理科学、思辨哲学,以及理论科学,莫不是代表了方法的批评、概念的建构、结构的分析,以及意义的开拓。

总言之,我们必须用理性来建立思维的普遍论证形式和批判法则。然后,在思考经验和具体的文化问题时,综合成一套范畴系统以及意义架构,使其足以用来解析和整合所有的历史经验和思想历程。

我们对理性的了解,直接言之,应当分成三部分来说明:

第一部分可名为"本体性的理解"(onto-logical understanding),亦即通过中国哲学中最基本、最原始的价值本体的思想、形上原理,来产生对价值的体会和认识。这种体会和认识,又可分为意义和价值两方面。一方面,我们要深入了解其意义,另一方面,我们要体会其价值,进而在意志上对其作肯定和承诺。这种本性的理解又可称为"本体诠释学的理解"(onto-hermeneutical understanding),亦即基于本体思考来诠释和了解哲学的思想。

第二部分乃是对思想工具的重视,如孔子所说:"工欲善其事,必先利其器。"这是"方法性的理解"(methodological understanding)。这种理解需要通过对理性的知识训练来形成。不论我们所探究的知识系统是哲学、科学,还是逻辑,我们的探索均可视为理性方法的训练。这种探索所成就的理解方式,因而可名为"知识诠释学"(epistemological hermeneutics)。

第三部分乃是"语言性的理解"(languistic understanding)。这种理解乃基于世界哲学发展的趋势,以及基于对语言在现代人类思维中占有重要地位的认识,此即:我们对表达哲学概念所使用的哲学语言不能忽视。哲学思维必须借助于深厚有力的语言来表达。语言不只是表达概念的工具,而且是延伸思维的媒体。所以,哲学语言的发展,一定是和哲学的本体和方法的发展互为因果的。基于此认识,对语言的探讨所成就的理解,可名为"语言诠释学"(linguistic hermeneutics)。

海德格尔当为"语言诠释学"之先导。他对现代西方哲学中基本用语,如 Being、substance、essense、existence,都能追溯语言发生的源头,以了解该用语代表的哲学观念。海德格尔这种深入语言原义的做法,值得我们参考,但我们切不可"画虎不成反类犬"。因为,我们不但要从中国语言的发生寻绎出中国哲学的根源,而且要从中国哲学的问题,通过现代人的体验和思考来进行推广。更何况,中国哲学有别于古希腊哲学,并较古希腊哲学有更高的层面和更丰富的内涵。

以上所述,是了解中国哲学的三大途径。三者应连锁运用,才能达到真实了解中国哲学的目的。换言之,我们要以知识的理解和语言的理解,来补足本体的理解,但我们也要以本体的理解和语言的理解,来补足知识的理解,而且要兼三者来建构哲学语言。如此,我们的哲学方才会有一番新貌。

我们对中国哲学的了解,还有一层更深的体验。此即:中国哲学可以接受西方哲学的批评和分析,以求现代化和普遍化。这是借助于西方哲学之力,以复兴中国哲学。接受西方哲学的批评和分析,并不是依持西方哲学来否定中国哲学,也不是利用西方哲学来肢解中国哲学,而是借助于西方哲学来锤炼和强化中国哲学,使之在现代世界中持续生长和发展,并使之有能力接受西方哲学已有的及未来的挑战。

中国哲学接受西方哲学的分析和其批评所进行的努力,也促使了中国哲学产生解析和批评西方哲学的能力。换言之,以西方哲学来分析和批评中国哲学的终极目的,是使中国哲学也能够去分析和批评西方哲学,使中国哲学能够接受西方哲学的挑战而做出反省和回应。这种转化不仅促进了中国哲学的再生和发展,也促进了人类的哲学理性的再生和发展,并使人类面临的各种现实的问题(不论是个人的、社会的、乃至全世界的;在文化上或科学上,价值上或知识上)都产生新的突破,同时,也使哲学在人类文化生活中扮演积极而重要的角色。

如上的观点,当可挽回当今哲学的颓势。一旦深入发掘西方哲学,即可见西方哲学问题的重要了。西方哲学的主流——理性主义思维,既有其内在的困难,又受到外在的限制。但是,理性本身的重要性,决定了理性不能因种种的困难和限制而遭摒弃。因此,寻绎出一个新的理性格局,不但能使理性得以拯救,而且也能使理性充实生活,并发挥生命的意义。这也就变成了重建中国哲学的真正使命。

总结以上所论,针对"如何重建中国哲学"这个问题,我们的回答是:吸收、理解西方哲学,借以解析、批评中国哲学,再以现代化的中国哲学对西方哲学进行批评和解释。

也许有人怀疑,以西方哲学批评、理解或分析中国哲学,姑且不论实效即在理论上是否有此可能?对于这个问题,有两点可加以说明:第一,在理论上,基于语言的运用,逻辑的思考,以及本体的了解,我们没有理由不能用西方哲学的概念或范畴来分析中国哲学。

我们并可假设自身站在西方哲学的立场，作为西方欲了解中国哲学者的现身说法，其实，这项工作已持续了二三十年。在欧美讲授中国哲学，自然必须利用西方语言，借重西方哲学的观念，以表达和说明中国哲学的观念。甚至翻译中国哲学的典籍，也需要开发一套西方哲学的语汇以配合之。

我们主张使用西方哲学的语言及观念来批评、解析中国哲学，并不表示任何西方的哲学观念及范畴都适用于对中国哲学的分析，其实不适用者甚多。用西方哲学的概念来解析和批评中国哲学，往往只能产生类比及近似的效果。因此，我们必须细加比较、分析、推论，才能综合出一个相近的概念。故用西方哲学的概念解释中国哲学，事实上，等于从事一项比较哲学的研究。此项研究要求并假设意义的确定，必须建立在整体系统于不同层次的比较分析上面，而不应只取法于辞的意含和所指的近似。在这一原则下，我们可指出，中国哲学中的基本观念不可轻易翻译，传统西方翻译家对中国哲学名词的翻译往往导向误解及误读，即因未作比较研究所致，故翻译可看成一时权宜之计。如天为"god"，性为"nature"，仁为"love"，理为"principle"，气为"material force"等等，均极待商榷和诠释，不可视为定论。若对西方哲学作一深入的比较分析，我们当可知天兼含主宰和本体，即兼含性和命两义，而性则兼含本质（essense）及存在（existence）两义，故天不可等同基督教神学之"god"一词，性亦不等同"nature"，心兼理（mind）与情（heart），仁则与基督教"agape"一词和佛学"karma"一词相较，方见其儒学之真精神。至于理、气尤非一二字翻译所能尽。理译为"principle"，气译为"material force"，只见对原义的弱化及贫化，后者尤为不当。故均亟待疏释。至今中国哲学诸家动辄引用唯心主义、唯物主义等绝对性判决字眼，不但无助于正确了解，反而造成无知的独断。

总言之，中国哲学的名词显然不能用西方哲学的语汇来翻译。世界上也许没有任何一套语言可以完全准确地翻译成另一套语言。所以，我们不可把道、理、气、德、性、仁这些名词定于一项翻译，而只能通过比较、分析、训诂、诠释、疏解，把这些名词所代表的概念引进西方哲学中，作为西方哲学新创的思想和概念。由于比较、分析、训诂、诠释以及疏解，可以是双向的语言活动，这样，我们不仅可以用柏拉图、康德、怀特海的思想来阐述儒家哲学的基本观念，也可以用儒家思想来说明柏拉图、康德及怀特海的哲学。这两个过程同等重要，代表了意义的交融和创新。

此外，通过前述本体的、知识的、语言的理解和诠释，利用西方哲学以解析和了解中国哲学，这并不表示用西方哲学取代中国哲学，而是用以达到中国哲学本体、观念、逻辑、知识结构和语言义理的澄清、彰显和创新。这个澄清、彰显和创新的过程，可名之为"中国哲学的现代化"。中国哲学经过这一现代化的过程，可以对西方哲学提出诠释，以求了解并认识西方哲学，从而对其进行普遍的说明和批评，甚至用中国哲学来解说西方哲学的种种问题，或提示其发展的方向，或与之再作深入的比较。这个过程可称为"中国哲学的世界化"。"中国哲学的现代化"显然是"中国哲学的世界化"的重要前提。"中国哲学的世界化"当然不是单纯的事，正如中国语言的世界化不是单纯的事一样。不过,"中国哲学的世界化"应该比中国语言的世界化更富潜力,因为中国哲学包含了人性的内容和生活的体验,显然在"人同此心,心同此理"的前提下,有利于其世界化的进行。

三 从《易经》看中国哲学的重建

目前,海外哲学家基本上是走重建的道路。这个重建,包括从描述到批判的工作,从解释到评估的工作,也包括从发挥到创造的工作。创造就是超越已掌握的限制,容纳新的观点,提出一种新的看法。一个好的例证乃是本体诠释学的提出。"本体诠释",是基于对西方方法论的批评和中国本体论的解释所作出的一个创造性的工作。我们只有对中国哲学有一个完整的了解,才能掌握中国哲学中的那些隐而不显或半隐半显的问题,并基于这种强调现存哲学架构和哲学语言,从事发展性和创造性的重建工作。

中国哲学是一个传统。这一传统基本上有一个发展的生命潜力,它表现在中国哲学内在的逻辑结构及内在的辩证过程里面。中国哲学是根据定居在中原的中国人的生活经验、文化经验和个人经验而综合出来的一个成果。今天的考古学和古代历史的研究,使我们对过去整个生活经验和文化经验有了更多的文物上的了解。生活经验和文化经验呈现出一个生活世界、一个文化世界和一个价值世界。生活世界是人们所直接经验到的,而文化世界是人们所创造出来的,价值世界则是人们所盼望、所理想的一个完美典型。一个民族的生活的经验世界既包含实际的愿望世界,也包括政治、经济、社会组织方面和艺术、哲学、文化方面的集体与个人的活动。其他关于社会伦理价值和个人理想价值的典型,也都是生活世界的一部分。这些,便形成了中国哲学的源头活水。

上述作为中国哲学的源头活水的生活经验世界,可追溯到夏商周三代之前的《易经》思想的萌芽原点时期。《易经》是古代中国人的生活经验、文化经验、价值经验的总结晶。它是早期中国人观察天文地理,并结合人情的需要而创造出来的一套融天地人为一体的整体宇宙观。这个宇宙观是一个在空间上能够展开,在时间上能够延伸的动态的宇宙图像。它包括一种空间展开序列和时间发生序列。所以,它既是一种宇宙发生论,也是一种宇宙本体论。中国哲学中的宇宙论和本体论是分不开的,而西方哲学自柏拉图及亚里士多德以来,一直就把本体论和宇宙论分开,以为宇宙论只讲现象,而本体论只讲本质。如何把现象世界和本体系统起来?这一直是西方哲学所探寻的重大问题。

中国哲学从《易经》哲学开始,就把宇宙与本体合为一体。宇宙即本体,本体即宇宙。宇宙的动,就是本体的动,而本体的动,也就是宇宙的动。这两者之间的相互阐明,是中国哲学的特点。宇宙不独立于本体,本体也不独立于宇宙。这个本体化的宇宙和宇宙化的本体还包括了人的生活世界。天、地、人是合一的,人永远贯穿在天地之间,成为参与天地的一个活动力量和创造力量。人是协助天地交互影响的媒介。这种天、地、人合一的本体宇宙图像,从一开始就表现在《易经》的卦象及其原初的卦辞里。质言之,《易经》是中国哲学的生活宇宙经验的缩影。

此外,《易经》又是涵摄宇宙发展过程的思维方式。就天、地、人的关系来说,此一关系即呈现了一个宇宙图像。就宇宙本体的发展通过人的心灵活动而表现这点来说,《易经》的卦象和卦辞就显示了一种思维方式。所以,人的思维形式也就是一种显露,是宇宙本体发生和展开的一个样式。这既可以通过《易经》的卦象、符号(象)、抽象义理(理),以及事物的内在关系(数)来说明,也可以通过主观的自我对外在世界的认识来分析。这就是:主观的象呈现在意上,主观的理呈现在义上,主观的数呈现在辞上,如下图所示:

变通⇌应变⇌整体创新⇌整体化⇌立常⇌定位

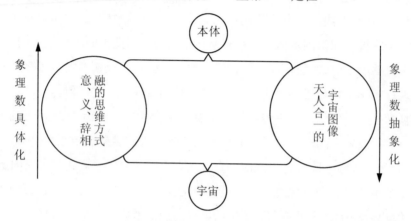

宇宙整体在创新中扩大,呈现出多样性,然后变通、定位、调整、平衡、互变、创新。定位是从相对定位到整体定位。所以,整个《易经》表现的是一体二元的动态和谐和价值实现。要发展这样一个一体二元的动态和谐,当然需要在整体中随时作内部调整和内在定位,以吸取外部信息和扩大创造范围。外部信息能导致内部的不平衡,因此调整内部、重新定位,是向前发展所需要的,也是调整和再发展所需要的。

《易经》的整个思维方式可简单地归结为:对立⇌变化⇌统一。从《易经》的宇宙图像来看,对立、变化、统一的思维方式,可以得出有五个基本步骤,即:

整体化→定位化→内部沟通化→应变化→创新化→再整体化……→

这个对立、变化、统一的过程是在一中显示出二,在二中显示出一。一是个动态和谐的整体,一不因为有二而丧失,二也并不因为有一而丧失;同一之后既不因为新的一而丧失本体的二,也不因为差异化而放弃原本的同一,更不因为新的整体而放弃原来的差异。差异不丧失同一,同一不丧失差异。这是一个一体二元的动态和谐化的过程:从一到二,从二到四到八……以至无穷。这是宇宙实现的明显过程。但是,不管本体如何分化,都相应着一个对立的隐同一,宇宙的整体秩序就是在隐与显的相互转化过程中建立和发展出来的;显隐二重性的相应和统一,就是宇宙分化与同化的统一。

这样一个宇宙创生的秩序,就是《易经》的本体宇宙论的思维方式所显示出来的。《易经》的思维方式显示出一个宇宙图像,《易经》的宇宙图像也包含了一套思维方式。用本体诠释学的话来讲,这个宇宙图像即本体,这个思维方式即方法。所以,宇宙图像与思维方式的合二为一,就是本体与方法合而为一。这一点,可以通过《易经》哲学中客观的象、理、数,以及主观的意、义、辞来把握。

以上是我们基于现代哲学和"本体诠释学"对《易经》哲学所作的了解。这里,我们并不否认用其他方法研究《易经》哲学所获得的重要成果。然而,这些方法本身是否有实用性,是否有完美性,还得经由"后设哲学"(meta-philosophy)来讨论。

易有三易。但这个说法,无法使我们知道,《周易》之外的《连山》、《归藏》具体是怎样的。我们只知道,一般说来,《归藏》由坤卦(☷)来表示,《连山》由艮卦(☶)来表示,艮表示夏朝,《归藏》代表商朝。《周易》以乾卦为代表,乾卦代表周朝。在宇宙本体的时间实现过程中,有许多层面。这些层面之间可以不断地进行内部调整。因此,究竟选择八卦中的哪一个卦作为代表,这既是由人的主体经验所决定的,也是由人的价值目标所决定的。在三代中最初的夏朝,艮卦被看成价值目标,艮卦也成为了解宇宙的中心。以艮为标准目标来衡量其他卦象显示的宇宙过程,同时,也因偶然的因素,把艮卦的安宁性作为人类生存的目标。艮卦所启示出的安定性、安止性(孔子所说的安和《大学》所说的止)非常重要。因为,古代中国由游牧民族走向农业社会,需要面山而止、畔山而居,从而能够产生一种安定性的生活需求。从夏到商,华夏民族的安定生活更充满对土地的自觉,因为由艮到坤,以坤为主要生活力量的来源象征,也就是殷商《归藏》易的自然表征。但到周代,人更能体会到必须要靠天吃饭,这样,天创造万物和生命的能力,也就成为新的认识对象,这就是《周易》以乾为首卦的来源。

从宇宙论方面看,三易之说又有另外的启发性。

假如我们把—这个符号当做显,把--这个符号当做隐,那么,这种符号就是宇宙符号,而不是像某些学者所认为的只是一种性的符号。中国人的宇宙经验十分深刻,以致中国人可以把性也看做一种宇宙经验。两性关系是一种宇宙关系,但宇宙关系不只是两性关系。把一切都看成性的深度心理学(如弗洛伊德),这是一种约化主义,是一种狭隘的主观心理。它没有看到人类心理在其开发过程中也有宇宙经验的一方面。我们认为,从《易经》本身的发展来看,它已包含了整个宇宙经验,而性的关系只是宇宙经验的一个部分而已。上下、左右、刚柔、动静,这些关系都是一个整体性的宇宙经验的归纳,不能不把它看做是一个动态的发展中的宇宙图像的象征。我们应该把性心理学所掩盖了的宇宙符号揭示出来,用基本的宇宙关系来说明一切其他的宇宙关系(包括性关系)。

所谓基本的宇宙关系,可以列为八种对偶性关系:动—静、刚—柔、实—虚、显(明)—隐(暗)、同—异、合—分、下—上、外—内。当然,我们还可以列出更多。但我们却是以宇宙普遍性和《易经》实际涉及的方面作为取舍标准的。通过这八种不同层面的宇宙经验,我们不但可以作一宇宙本体各层面的相对定位,也可以用来说明并归纳自然宇宙的现象为阴(静、柔、虚……)和阳(动、刚、实……)两端中,阴代表八种对偶关系中的静、柔、虚、隐、异、分、下、内，阳则代表动、刚、实、显、同、合、上、外。

基于此，我们既可以用阴阳来具体地呈现宇宙动态的现象，也可以用来说明哲学的思想范畴为有无、常变等。这是一个开放的宇宙经验，可以无穷地发挥。这种宇宙经验的开放性，表现在宇宙关系的相互转化上。这种转化关系既包含动和静、刚和柔、实和虚的转化关系等等，也包含动静和刚柔、实虚和显隐、同异和分合以及有无和常变的转化关系。一个具体事物既可能是动，又可能同时是刚、是实、是显。就具体事物来讲，可以用整体的宇宙经验、基本符号来综合成为宇宙的各种现象。在这个基础上再推演归纳，发展成五行哲学和万物哲学，这是完全可能的。五行即金、木、水、火、土。水是柔的，但又是动的；是虚的，又是变的。火也一样。但水却是外柔而内刚，火则是外刚而内柔。由此看来，五行哲学也是一种由《易经》哲学启示对宇宙经验的探讨与综合。阴阳思想传统中的河图、洛书系统及天干地支系统，也都是由基本的《易经》哲学所启示出来的，或者说，是《易经》哲学的基本符号的不同组合和应用。

无论八卦、五行，还是河图、洛书，或是天干地支这些系统，都是中国人潜意识中的宇宙经验，最后开发为文化经验。把这些系统完全摒除掉是不可能的。因为它们是根植于中国人原初的宇宙经验里的，而这个经验又导向中国人的生活文化和生活世界。这种宇宙经验是中国哲学发展的根源，也是中国哲学发展的起点。它是中国哲学永恒成长的土壤。

基于上述《易经》符号的显隐含义，现在我们再回到上述"三易"之说。以艮卦为基础的"连山"，易可说代表宇宙本体的部分显露和呈现。宇宙本体部分呈现亦即天地中人的宇宙意识的部分实现。"艮"意含了人可以伴山而居的安稳感。人们甚至以开山引水作为活动主体，借以实现自我。但关于天地和人在宇宙本体中的基本定位，还是隐藏着的，是摆在虚位上的。人们看重的只是对安定环境的适应。

当然，以哪一个卦为起点，这取决于人的需要和人的价值标准。此起点既可以是宇宙本体大部分呈现的巽卦，也可以是宇宙本体部分隐藏的震卦。显中有隐、隐而又显的坎卦和离卦，这些卦都具有宇宙存在的本体论意义。这里暂且存而不论。

《归藏》的代表坤卦，表示整体隐藏。整体隐藏就是人在自我的时间、空间、天地配合中采取一种自然的配合、不加主观参与的本体思想。这种思想把宇宙看成是回到一个不显的整体的目标。它有一种静止的、容忍的、无为的、不分的倾向。这种整体隐藏的思想，启示出以后的道家，这在理论上是可能的。

《周易》的首卦乾卦表示宇宙本体的整体呈现。整体呈现是把人所有的机能，把宇宙的机能，在一体二元的动态和谐中完全地呈现出来，即：人参与天地，天地参与人，从而达成一个新的整体。这正是一个"本体诠释学"所可解释的宇宙本体和宇宙架构。"本体诠释学"是对《周易》的一种重建，因而也是对中国哲学的一种重建。这样，《周易》所开启的《易经》哲学，在中国哲学发展中，既是整体实现，也是个体实现的一个完整的宇宙体系。当然，这个体系还是基于原来宇宙整体的重建。但是，它强调的是动、刚、实、虚、显、同、合、有、常等的充分呈现,并把这些经验作为正面的人所追求的理想。以乾卦为基点、为理想、为价值存在的一个标准,这即是《周易》。

四 儒家哲学传统的重建

中国儒家的创始人孔子,就是继承了《周易》的精神,开拓出一套人生哲学、伦理哲学和政治哲学。中国哲学经过一个长期的发展,最后走向一个宇宙本体整体呈现的哲学思考。通过这种思考,又创造出一套整体宇宙哲学和整体人生哲学。这就是对孔子和儒家重建的了解。

中国哲学好比一棵充满生命力的老树,它会生生不息、不断开花结果,为人类提供美好的精神食粮。

以下说明《易经》与《易传》、以及《易经》与孔子的关系。

首先是有关《易传》与《易经》的关系。

《易传》代表了孔孟儒家对《易经》潜在意义的阐明、彰显以及整体化的一个过程。我们可以说,《易传》从事的是第一个对《易经》卦、辞的本体诠释学的重建。这就是《易经》的重要性所在。从"本体诠释学"的眼光来看,《易经》包含着《易传》,《易传》也包含着《易经》。我们可以把经与传的关系看做是一个相互诠释的关系,这样就能获得一个新的对《易经》的了解。所以,要了解《易经》,可以通过《易传》;而要了解《易传》,也可以通过《易经》。

再论《易经》与孔子的关系。

《周易》以乾卦作为宇宙本体的整体呈现和个体人的整体实现。它作为一个价值目标,也作为一个定位的起点,所强调的德行是以高明刚克为主、沉潜柔克为辅。它要以一种高厚明朗的方式,凭借一种刚劲的生命创造力,来达到宇宙生命的整体实现,成就一种光辉普照的境界。乾卦代表刚健笃实,代表一个充满动、刚、实的显明的并走向存在实现的完美境地的那种力量。对《易经》的这种诠释,正是从儒家哲学开启出来的。与其他哲学流派相比较,儒家传承《易经》是比较明显的。

难处在于:从显的观点来看,孔子是否明显地接受《易经》和受《易经》影响?孔子哲学的根源是什么?它怎样体现对中国哲学思维包含的宇宙图像的传承?既然孔子自称述而不作,这就表明他对历史根源性具有相当的自觉。他的创造是继承传统的创造,代表了更上一层楼的价值诠释,因而也表现了更高层次的人性自觉。这也是他后来能够发生巨大影响的原因所在。

孔子说自己"五十而知天命",又说:"加我数年,五十以学《易》,可以无大过矣。"(《论语·述而》)显然,五十岁对孔子很重要。然而,我们也可以怀疑这两句话的意义的真实性或文字的正确性。如果天命与易有任何内在关系的话,那么孔子说:"五十而知天命"、"五十以学《易》",实在是对这种内在关连的两项合理的指示。在《易经》(《周易》)的发生年代里,天一方面被看成是外在的自然力量,另一方面也被看成是人的内在本质和本性。在孔子思想里,天一方面固然是人格化的创造权威,即所谓天命;另一方面也是一种非人格化的道,即所谓天道。而孔子所讲的天命,也已出现于《易经》的卦辞之中。再者,卦辞所呈现的吉凶,可能也为天所命,亦即为道家所说的是由自然宇宙的变化所决定的。可见,天命与易有着极密切的关系。

孔子所处的时代,面临着人文崩溃和社会秩序瓦解的危机。他通过现实问题而认识到了一个深层的具有历史性和时间性的宇宙整体,成就了一种普遍性的人性自觉。但这必须涵摄或假设一个外在的环境和力量。他企图通过这种人性的自觉来建立一个新的社会秩序和政治秩序。所以,五十岁标志着孔子从注意人的问题转向对天命的体验。这也说明,孔子的思想有一个发展过程。同时也表明,由于《论语》没有更深入地讨论天命问题,《论语》所记载的主要可能是孔子五十岁左右时的思想,也许五十岁以后的孔子更倾向于本体哲学,正如五十岁以前的孔子更重视道德哲学一样。这是《论语》所透露出来的信息,表明孔子没有完全与《易经》脱离显的关系。

如果说《论语》反映了孔子五十岁前后的道德哲学,那么,《易传》则表现了孔子五十岁以后的本体哲学和宇宙哲学。《易·系辞》对九个卦的说明,都表示孔子已注意到宇宙本体论。孔子并没有把他对《易经》的看法写出来,但他周游列国返回鲁国之后,却很可能专门讲述《易经》。他在晚年,将本体哲学、宇宙哲学和天命哲学传授给他的弟子,这在理论上是可能的。因此,《易传》,尤其是《系辞大传》,很可能是孔子哲学对《易经》传统所作的一个本体论的分析和重建。虽然,它不一定是最完美的重建,但却在历史文献上为《易经》哲学的发展提供了一个重要的线索和指标。以后,宋明理学家们的重建工作,也没有一个是离开《易经》传统的。因此,只有掌握《易传》,以诠释《易经》,我们才能建立一个新的中国哲学体系,来接纳、融合外来哲学所提供的观点和经验。

在《论语》中,我们不仅找不到与上述解释相反的例子,而且还能发现一些正面的显示。

孔子很注意"时中"。所谓"时中",即行为要合乎具体的情况。做一件事没有绝对可以,也没有绝对不可以,即无可无不可。在具体情况下,综合差异因素,从而作出一个判断来实现一个理想价值,这就是"时中"。孔子对"时中"的看法是与《易经》中整个卦辞的含义相互配合的。用"时中"的观点来说明《易经》中的卦象和卦辞,就是把隐藏在《易经》哲学中的观念,变成一个显明的宇宙哲学和人生哲学,这就是孔子开拓出来的原始儒家所做的工作。因而,十翼中的彖、象和系辞,都充满了中、中正、中行、中道、时中等思想。依照"时中"的观点看,所有的德性(仁、义、礼、智、信),都是一个二元一体的中道本体。仁者不知不行,仁智之用都必须合乎中道。以此比照,其他德行亦然。"时中"就是人性在具体情况下的理想的表现。德性的提出,是基于配合时间和空间来实现自己的价值的需要。借助于德性,人能呈现为一个整体,并实现自我。由此可见,孔子的儒家思想及其道德哲学,已经在整个"显"的意义上,包含了一个对《易经》哲学的应用。

孔子与《易经》的密切关系,更可以从他的思维方式来显现。孔子哲学的起点是对现存现象的认识,先肯定这个现象代表的意义和问题,然后再说明和解释这个现象。孔子看到了现存社会和政治秩序的崩溃,就想实现一个价值转化,建立一个更持久、更完整的社会秩序。而这就需要深入地了解:人之所以为人的本体精神是什么?人存在的基础是什么?

孔子引用一个传统的德性观念,来展现一个人格实现的理想,来显示一个社会价值的目标。这个观念就是仁。仁,人也;人,仁也。他把人、仁作为一体两面,即理想与现实、本体与方法的互用和整合。他用仁整合人,用人发挥仁。仁既是一整体本体,也可以是一方法;人既是一方法,也是一整体本体。人、仁互为体用,互为本体与方法。所以,人与仁有相互作用、相互限制、相互影响的关系。仁不只意含人,还有超出人的、显示整体秩序和谐的意义。人也不只能仁,还有追求理性和正义的能力。但人与仁互通,从而能相互充实、相互完成。仁,从字形上看,是二人在一起,表示一个整体内含的互通性。仁是人与世界、人与人之间的一种沟通。仁既可以用来扩大人的存在范围,也可以用来解决社会秩序问题,实现人的价值目标。这就是孔子的人生哲学,也是孔子的社会哲学,更是孔子的道德哲学对本体论的一个潜在认识。在孔子的道德哲学中,还有一个潜在的本体哲学,即人的本体哲学。《易经》哲学就显示了一宇宙本体学,但它包含了一种潜在的道德哲学。

仁,可以通过各种方式来了解。它有主观方面和客观方面。在主观面上,仁是一种爱、信、诚、恕、忠。孔子特别强调人的感情。他以为,爱和信都是人的感情的向外投射。投射的条件是"诚恳待人,容忍别人,忠于自己,己所不欲,勿施于人"。但是,仅仅从善良的愿望出发,未必真能实现自我,因为这还没有考虑到别人接受你的爱和关怀的条件,没有考虑到外在事物的差异性。因此,仁还必须有客观性的一面,即知、义、学、敬。要实现自我,首先得知人、知言、知书、知礼、知事、知物、知天命。重建中国哲学,必须对中国的历史文化和现实社会有所知。知来自学习,如不学习,思想就是空洞的、不落实的,就无法获得深刻确凿的知识。在仁的客观方面,孔子很强调意义上的分辨和知识上的认知。学知的目的在于实现仁爱,仁爱不是一种施舍。因此,爱人就必须要尊敬人,人的尊严也就是孔子仁学的人性的基础。

仁是在主体和客体之间、主体内部诸要素和客体内部诸要素之间的一体两元的相互整合、相互作用的实践关系和过程中实现的。仁就是要扬弃主客之间的对立关系,建立个体与个体之间的相互沟通,实现一个新的整体和谐秩序,此即谓礼。因此,不仅在诚与敬、仁与知之间,而且在仁与礼、知与礼之间,都是一体二元的关系。这也就是仁的实践关系和过程。孔子的整个道德哲学因而就显出了整体的一致、内部的一致和内外之间相互定位的和谐。

总而言之,孔子的道德哲学隐藏着一种本体哲学,一种思维方式。而这种思维方式是与《易经》哲学相互一致的。除了《易经》哲学的内在逻辑外,没有哪种逻辑能够说明这种部分与部分之间、整体与部分之间相互决定的整体思维方式。孔子哲学一方面是对《易经》哲学的继承，另一方面又是一个理想价值整体的阐扬和实现。它是把《易经》的思维方式用在孔子当时的问题上所开启出来的一套人生、社会和道德哲学。孔子哲学中还有许多方面都显示了《易经》哲学的思维方式。例如，他说"无可无不可"、"和而不同"等语，就包含了《易经》的思想义理。孔子所谓的"无可无不可"，就是因时、因地、因情况而作出最适当的判断和抉择。这并非放弃原则，而是灵活地应用原则。孔子所谓的"和而不同"，就是说，对差异性的事物不需要约化为一个纯粹的同一，而只需对差异作适度的调整，让差异不但能并行不悖，而且又能融化在一个整体之中，形成一个整体沟通的秩序。这种秩序就是一个礼乐世界，一个和而不同的世界。

孔子的政治哲学和社会哲学强调和的重要，但又把和建立在"均"（平均、均衡）、安（安宁、安定）的基础上，并要达到"均和、乐利"的目标。均与安都有整体性，它们必须与和乐相互决定，形成一个整体系统。均与安必须以物质需要（如衣足饭饱）的满足为前提，有了均、安方可以追求"和"、"乐"的社会目标。孔子认为，"同而不和"是目光短浅的表现，"和而不同"才是远大的目光。这自然具有《易经》哲学宇宙本体论上的意义，是《易经》哲学在政治哲学和社会哲学上的应用，这也在思维方式上表现了《易经》哲学的方法论和本体论。

在重建中国哲学的过程中，我们可以把西方哲学的重要意含吸收进来，借以彰显中国哲学中重要观念的本体论与方法论的内涵。我们曾经作过这样的重建，例如，把仁解释为"互为主体性"。这是基于现代存在主义哲学、诠释哲学中的"主体相互关系性"和"主体性"所作的重建。把主体性转化为"互为主体性"，这就是仁，这就显示出仁的观念的一个重要意含。仁既是整体关系，也是沟通关系。今天，我们对中国哲学的重建，在展现其重建的命题时，不但可以用西方哲学的概念来说明中国哲学，而且也可以用中国哲学的概念来说明西方哲学，然后再引西方哲学为中国哲学之用。因此，我们可以用仁来说明"相互主体性"，再用"主体相互性"来诠释仁。这也表示中西哲学可以互相阐明，在这种阐明之下，中国哲学变成了一套具有现代哲学的语言和思想，可以直接或间接地与当代西方哲学作一个平等的沟通，同时也将丰富现代人的哲学语汇。

在现代世界哲学讨论中，道这个概念已成为哲学语言的一部分。道固然无法通过翻译而得到正确表达。但它却与许多西方形上学概念相互诠释，从而确立了其独特的地位和意义。同样，仁也会成为像道那样的独特的概念。仁本身的意义必须通过对它的形象的多层面、多角度的诠释来表达。只有对它进行分析重建的诠释，它才能在整体哲学关系中占据一定的地位。若不重建它，便会使它被"翻译掉"。翻译是一种约化和取消，基于此，我们可说，中国哲学的重建，将对世界哲学理论的充实、方法的提升、语言的丰富、境界的开发，作出重大的贡献，并将因此而具有重大意义。当然，要重建中国哲学，首先必须接受和掌握整个现代哲学的网络，掌握现代西方哲学中活的智慧和活的语言。要跳出哲学史的思考，走向哲学的思考，走向整体化的本体思考和方法思考。

第五阶段儒学的发展与新新儒学的定位

成中英

从儒学内在的发展逻辑来看,儒学面临的问题是如何从个人的道德修持经社群的改造而达致人类社会的修齐治平。验之于中国政经的历史,儒学实际达到的成果与阶段性的成就大都停留在个人的道德修持与一般性的社会与政治的局部改造上面,更毋论长期持久的优良效果。相反的,历代累积的历史效应往往是负面的,沉陷的,封闭的。这可以用皇权专制的深化与恶化来说明。自汉之宰相至宋明之门下中书内阁的发展标志着皇权的集中内化,也标志着皇权的逐步腐化与走向败亡。儒学作为内圣外王之学,经汉儒的通经、宋儒的体道,拒绝成为皇权专制衰亡的陪葬品,是否能在新的现代的政经体制上实现其理想,又成为儒学的时代课题?更深入的问题是在政治与社会历史的发展中,儒学曾扮演了什么样的角色?它曾促进了什么样的改革?它又遭遇到什么样的失败?在21世纪的今天,儒学能否促进现代化与现代性的顺利产生?它能否把中国与东亚带向新时代的政经发展?它能否成为提升人类社会品质的文化力量?所谓新时代的政经发展指的是政治的民主化、经济的自由化。政治上的民主化的含义是全民在政治上的理性的意志参与,追求在政治组织与政治实行中合乎理性价值的人性潜能的实现。经济上的自由化则是指建立导向合理自由竞争的市场,运用科技知识来促进生产力与提升社会中全体与个人物质生活与精神生活的品质。两者涉及的问题固然很多,但其要点不外乎发展人性中的创造能力以谋取人类社群的整体与个别福利,并逐步走向人类的大同与世界的永远和平及可持续的向上发展。这是人类社会走向全球化的一个动因。

从这个人类发展的理念与远大目标来看,儒学不但早具此等发展的远景与精神,也可说为此一发展的目标提供了思想与理念的资源。故儒学本身的发展必须以此为标,也必须善用此一价值认知来进行理论的重建更新与具体的实际应用。传统的儒学提供了发展的方向与目标,但却未能在理论与方法上不断地进行严密的探讨。这固然有其客观环境的原因,我们也不能忽视儒学生命成长的内在的因素:它未能发挥其合内省(致诚与涵泳本体)与外观(致知与穷理达道)之学的潜能,在不断的平衡综合中,以求认清问题、面对问题与解决问题(所谓力求实践、通体致用,固时措之宜),并从问题中扩展知识的范围与主体决策的能力。此即表明儒学要成为中国文化的现代化实力以及世界经济全球化的动力必须先要自身的现代化,也就是必须自身具备发展知识、充实及开拓理性资源的能力,而不必局限在因循文化的积习成规之中。文化传统的重要不在文化的积习成规,而在文化所包含的价值眼光、价值理念与价值体验。

我们可以把儒学的历史发展看成三个层次与五个阶段。所谓三个层次是指道德、经济与政治三者形成的三项考虑，也就是义、利与仁的三项考虑。孔子重视道德层面，并以之为治国平天下的基础。但做到此，却必须要排除自私自利，以仁为己任。因之，仁义并举，以义抗利就成了传统儒家的思想标志，同时也就束缚了儒家的经济思想两千年。关于儒学的道德、经济与政治三层次的认识，我们可以做如下的观察：道德是约束个人私欲以寻求与达到社会的和谐安宁。进一步克己复礼，扩展个人的仁爱之心，以天下为己任，以德服人，必能由内圣而外王而王道天下。政治指的就是这种克己复礼、以德服人、正己正人的功夫。但为了使道德能够规范与成就政治，就不得不对能够诱人私欲、陷人于腐败的利加以限制，甚至对如何去实现众人之利的经济也就绝少发挥。就以《论语》一书而论，我们看到的是君子固穷，小人重利而为君子所不耻。至于国家的经济大局，孔子强调的是不患寡而患不均。相对于更早期的管子而言，孔子显然并不重视经济，这也许是周代齐鲁两国不同的政风所显示的文化差异吧。虽然，孟子站在人民基本生活需求的满足上，思考到如何建立一个可持续发展的福利国家，但这仍非西方18世纪以来借积极开发经济来建立知识社会、理性政治来实现人生的自由与平等的同调。《大学》中有一段反映了以德生财的精辟推论："是故君子先慎乎德。有德此有人，有人此有土，有土此有财。"此一推论却必须假设德的含义在现代化的需求中必须扩大，应该包含高瞻远瞩、知人善任的眼光与开物成务、节流开源的雄才。一个现代化的儒家就必须致力于经济的建设，并以经济的建设为达到政治建设与文明建设的一个必要途径与手段。

儒学发展五阶段论：①儒学的发展有其斑斑可寻之历史轨迹。首先必先溯之于儒学发展的原初阶段（前6世纪—前4世纪）。对此一阶段的理解至今仍未尽完全。但此处我们可以把理解的重点说出。第一必须要肯定儒学的历史文化基础，以之源于中华民族的生活智慧与宇宙认知。故不可把《论语》与《易传》裂为二本。在原始的宇宙认知上儒家与道家是共源。其次，孔子的"吾道一以贯之"的道是体用无间、持体达用之道，不可局限在伦理与政治层面，但却包含两者为内外之一体。其核心是生生不已之德，实现为义利兼具的一体之仁。孔子也重视智与礼，但却以之为体仁的条件与形式。因之孔子的哲学是包含极广的，涵摄了孟子与荀子的重悟（思）与重学（知）、重义与重礼、重气与重理、重力行与重清明的多重性格。在经典上我们可以看出"四书五经"的一体多元、多元一体的整体性与开放性。我们必须在此一理解的基础上去理解儒学发展的内核精神与精义，以及其扩展与自我超越返本创新的能力，也在此一基础上我们可以看到中华民族的文化与学术生命的发展及更新的潜力。

总而言之，古典儒家的精神在以全民个人道德的修持来促使个人自我实现、进行社会改造与达到民本政治的建立。儒家最后的目的在人性的完成与仁爱社群的实现。何谓个

---

① 牟宗三有所谓儒家三期发展说：先秦儒学为第一期，宋明儒学为第二期，当代新儒家为第三期，杜维明对此作了发挥。我此处提出的儒学发展五阶段论应更能表达儒学发展的丰富内涵与曲折过程，为儒学的当今与未来发展提供更深刻与广阔的远景。

人道德的修持？在掌握个人生命的潜力以自省的方式体察人性原初的同情共感、克己度人的内在能力与意志,并发挥为合理的个人行为与生活方式。我们对孔孟之道的理解当可从此数言所包含的数方面切入。孔子面对复杂的人际关系与社会结构,认识或觉悟到人的自我的对恶的克制与否、与善的扩展与否的主导能力,因而提出一个"仁"字来作为行为的起点与标准。仁既能克制自我以予己以成长的机遇、予人以活动的空间,又能扩展自我以包容他人,从而待人如己,己所不欲,勿施于人,己欲为善,与人为善。己欲为恶,因恶恶而弃恶从善。由此观之,仁之自觉既为自我的认同提供一个本体的层面,又为道德价值或行为规范提供了一个确认是非善恶的最根本的意念与信仰,是乃人性之为人性、人之为人的根基所在。

古典的儒家足以仁的发轫与仁的完成为个人及社会的生命的最终价值。在人的仁的转化与成就过程中,因种种处境与关系呈现了种种德性。儒家的所谓诸德就是人的实现为仁的呈现,必须从一个整体的仁的完整过程中去理解,又必须从人的最终信仰、最终价值、最终承担来理解。《论语》中曾子说"士不可以不弘毅,任重而道远。仁以为己任,不亦重乎？死而后已,不亦远乎？"(《论语·泰伯》)就是这个意思。孔子又说:"志士仁人,无求生以害仁,有杀身以成仁。"(《论语·卫灵公》)由此甚至可见孔子心目中的仁者的殉道性,可说富有强烈的宗教情操。但即使作为宗教的情操来看待,仁者之能舍生取义、杀身成仁,非必要以特定的宗教信仰为对象为目标,也非必假设有此一特定的宗教对象或此一特定的宗教目标,但却必须要以人自身的行为价值为目标,以人对生命的意义的最终觉悟为依归,故是完完全全以个人生命的超越与人性的实现为终极关怀的。仁界定了人,也成就了人,界定了道,也成就了道,并实现了人的内在的德的、道的或道德的宗教性。

以上所说的就是儒家有关人的生命哲学的内在的超越。这个内在的超越是在人的生命中实现生命本体及宇宙本体的深沉价值,体现了超越自我又完成自我的在有限性中实现无限性的精神。此一超越除了精神意义外也有其宇宙论的意义:此即自我创造性的超越或内在的超越而非外缘拯救性的超越或外在的超越。这点说明了儒家的人文、人本、人生的宗教性(自我终极完成)本质。同时也显示了儒家可以与时俱进、同时向外向内开拓的创造性的所在。儒家之能够不断发展不断革新正是体现了儒家内涵的自强不息、厚德载物、日新又新的创造精神。从这个意义上说古典儒学是原始的中国的生命本体宇宙哲学的具体实现,也就是《周易》的天地人哲学的天人合一、天人感应、体用相需、本末一贯的道德性的发挥。因之古典儒家在其发展中也逐渐形成了一个涵盖天地万物的本体宇宙哲学,与其道德的实践与社会政治的体现彼此呼应,并互为基础,表现为知行本质上的一贯性、持续性、发展性与开放性,这也是古典儒家自孔子以来到孟子重自反、荀子重劝学的一贯学习求知精神之所在。当然,这点也就保证了儒家的可持续成长的再生能力与能量,在今后历史与文化的发展中呈现多样的境界开拓与制度建立。

儒学发展的第二个阶段从古典儒家到汉代儒学（前2世纪—3世纪），走的是经典的整合与经义的系统化路线。面对秦火焚烧的灰烬如何在文献上求正确完整，在文字注疏上求原有义理，在义理上求贯通圆融，在应用与实践中求效果求权威，都可看成是汉代学者面对时代的当务之急。基于历史的此一要求来理解汉代儒家，汉代儒家可说在传授经学的同时力图建立一个比较完整可信的古典知识体系与语言解说系统。董仲舒不但可看成是此一方面的集大成者，且进一步把对天的信仰与社会伦理及政治措施密切地关联起来，形成一个天人与主客相互感应的阴阳五行符命系统。他与汉武帝"天人三策"的对话开启了独尊儒学罢黜百家的汉代儒学权威。此一措施不但引起了儒学的过度伦理化、政治化，也导向其谶纬化、政争化，使西汉儒学走向衰落之路。又因为政治的因素，两汉经学今古文之争未能得到很好的解决，使后人无法获得古典学术的全貌。但就中国诠释哲学的发展来看，诸多中国经典诠释的特色却可自此以一角度来理解：重建文本与原义或发掘微言大义。无论是《周易》的象数之学或《诗》《书》与《春秋》的注疏之学都体现了既广博而又驳杂的特征。一直要到东汉末的王充才对此一局面进行了强调实证的整饬与批判。到了王弼更尽扫象数，建立了与人生及宇宙直接体验关联的《周易》哲学。这其间道家哲学发挥的净化提升作用自然是不容忽视的。在此基础上，宋明理气心性之学才得以发挥。儒家与道家的互补与互动于此也可见一斑。

在魏晋玄学（新道家）的基础上中国佛学的发展是可以理解的。在玄学与中国佛学的基础上儒家的再发展更是可以预期与理解的。这就是儒学第三阶段的宋明新儒家（10世纪至17世纪）的兴起的动力与资源。至于宋明新儒家的特色何在，我们可以列述重点如下：

1. 对本体宇宙的体验涵泳以生命价值之源（周敦颐，张载，二程）
2. 对道的理化与气化以及本体哲学的整体系统化（邵雍，朱熹）
3. 对自我人性的深入感受形成性理化与心性化（二程与朱熹）
4. 对人天深层动态结构与发展过程的体会与理解（周敦颐，邵雍）
5. 建立道德伦理内在的规范于本体心性的体会与理解之上（陆象山，王阳明）
6. 面临心性哲学的思辨化的两极发展及其内在张力（朱熹，陆象山）
7. 面对天人（道德）本体致知达用有关治理及改革实务的考验（二程，王安石）
8. 面临改革中人性、社会、经济与政治结构的挑战与教训（王安石，二程）
9. 面对理性与人主体性（悟性）的根源与分化的整合挑战（朱熹，王阳明）

宋明新儒家面对问题的态度为何？解决的问题方式为何？带来的新问题的性质为何？保存及开拓古典儒学的方面为何？迎拒及融合道家与佛学的方面又为何？我们可以从北宋道学的发展、南宋理学的建立、宋明心学的兴起与此等诸学的实际运作与致用来考察。在此考察中吾人得到以上九点结论。更值得吾人反思的是道学、理学与心学的致用所标示的体用如何平衡激荡、如何相互批判与如何推陈出新的问题。我们当可从宋代神宗(1068—1086)、哲宗(1086—1101)两朝王安石变法的成败中领会到许多儒学作为体用之学的深刻教训。

自宋而元,自元而明,自明而清,宋明理学与心学递有消长,优劣互见。清代(1644—1911)可视为儒学发展的第四阶段,是一个恐惧戒慎的保全阶段。明末清初四大家(顾炎武、黄宗羲、王夫之、颜元)在失国之痛的反省中深入地批判了宋明理学与心学的流弊,力图建立一个开放的本体宇宙观与历史哲学及务实的实践哲学。但由于改朝换代,虽然开启了崇实绝虚、回归经典、直探义理的学风,却不能扭转清廷基于统治的要求实行的文化政策,遂转向考据与训诂,这也使儒学不能于痛定思痛之后有一番飞跃发展与更新。相反的,乾嘉汉学的流行使儒学陷于整理典籍编撰考证文献的窠臼之中,不再具有通经致用的气象。固然,吾人一方面必须肯定乾嘉汉学的科学考据的成就,对传统文化的知识体系进行了严密合理的整理,另方面也不能不惋惜错失了中国可能发展实学与科学的机会(明末朱之瑜远走日本,倡导经国济民的国家改革,影响了明治维新,使日本较快地走向现代化,即为一例)。

考据之学两派:吴派(成于惠栋)与皖派(成于戴震)。吴派固步汉儒,思想上缺少创见。皖派则能求真求实,抒发己见。最重要的实例是,戴震从训诂之学的实践中凝聚出新的思考方法与新的思考方向,并对宋明进行整体的批判。戴震举出"以理杀人"的批判指向后期理学与心学的闭塞与脱离人性与生活,是一针见血之论。但可惜的是他却未能掌握早中期宋明的理性主义与道德精神来进行社会与个人伦理的重建,开拓一个面对世界宇宙的知识视野,对时代的影响也因之极为弱小。以此,乾嘉之末,方东树、章学诚等人不得不重提宋学以批判汉学。基于对时弊与社会危机的自觉,道光期间,今文经学派(公羊学派)逐渐兴起,主张"通于天道人事,志于经世匡时",对清代后期的社会有振聋发聩的作用,并导向变法维新之议。其中,龚自珍(1792—1841)最能切中当时的全面危机(经济、政治、社会),具有强烈的时代使命感,并积极提出均田利民、生产富国、君臣共治的大型变革思想。可惜此一经世致用的公羊之学未能及时采用,列强侵略日急,乱世遂不可免矣。

总言之,有清一代儒学的处境可说是时时面对危机,不是陷溺被动,守成隐退,就是大声疾呼,无力获得社会与当局者的适当回应。毕竟社会与当政者的积习已深,面对时代之大变,终以欲振乏力,难以自拔。这正可说明鸦片战争之后,历经洋务自强变法维新的努力而仍归于失败的缘由。当然,从个别的经学家或学问家言,开始重视事功之学并要实践从事实业,也不少见。但举国却无儒学活泼生命力的鼓舞,因循守旧,心态固弊,只可谓守死善道而已。儒学的生机可说已到断篁绝港的地步了。

19世纪中国经历了亘古未有之大变。宋明理学本就不足以因应时变,但如能早谋改革并返本创新,开放吸收,刚健自强,也必能如日本之明治励精图治,而又不必走上军国主义的道路。由于错过了时机,儒学的再发展就必须经过一个迂回的过程了。这就是我说的儒学的第五阶段的发展。此一阶段的发展应该掌握中国历史发展的教训,扩大眼光,吸取新知,开拓资源,面对政经文三大领域进行持续的整合与创造。要达到此目的,必须面对中西方或东西方的两大文化体系进行理解与把握,以切入知识与行为双向的全面整合与逐步融合。

东西文化及哲学两大系统隔阂既大且深。此等隔阂不外出于西方现代文化突出的四方面发展:系统科学知识的发展(儒道重智慧不重知识;重自我学习不重集体探索),功利道德与权利伦理的发展(儒家迄未正视功利主义与个人权利主义;儒家重德性与责任不重形式上的权利),民主政治与民主社会的发展(儒家以民本为政治之本,未能相互主体化为形式上及实质上的民主),自由市场与市场经济的发展(儒家不看重商贾与贸易,因不重视个人及集体的自由谋利之故)。西方由此又产生了法理与法治的发展、国家权力的发展,经济知识化并与科技的结合,经济与社会文化的结合。总体来说,西方的文化积极扩展主义或曰权力意志外求主义的发展与儒家人本主义与人文主义内省主义形成尖锐的对比。我们可以列表对照之,并可将之归纳为现代知识论所论述的内在主义与外在主义的对立,亦即古典性与现代性的对比与对立。我们在下面可看到有关西方现代性与中国古典性的重大特质差异对比:

现代性(西方)	古典性(中国)
1. 知识抽象概念化、科学化与系统化	1. 知识的具体表象呈现与经验组合
2. 人主体性的意志化与物质化	2. 人反思本体的自然随机与气象表达
3. 人性的中立化与生理化	3. 人性的道德内涵的价值体验
4. 人天结构分离化与对立化	4. 天人合一的心性起点与修持成就
5. 道德伦理的权利化与立法	5. 道德伦理的德性化与自约要求
6. 心理科学的对象化与行为化	6. 掌握主体人性的内省与修持机制
7. 生命现象的观测化与实验化	7. 内在超越于自然生命的本体而归于道
8. 社会国家的民主化与法治化	8. 转化王圣为圣王的奉献与期盼
9. 人类经济的全球化与统合化	9. 无视于或无为于经济发展的主导性

在此等比照的理解下,如何以古典性之体发展与含容现代性之用是20世纪儒学发展面临的最大课题与挑战,此即为第五阶段儒学发展中的重大课题与挑战。当代新儒家(自20世纪30年代以迄于21世纪的今天)的兴起自有其时代性的眼光与迫切的使命感,但未能系统地掌握古典性与现代性的要点对照是一根本的缺失。往往以一概全,往往画地自限,故步自封,整合未成而先下结论,都是当代新儒家内在理性的或方法论上的缺点。至于径在道德理性一条鞭的基础上对治科学与民主两课题犹不能解决所有现代性的根本问题,其失在未能窥知本体理性的包容性与一体多元性而善加利用。总结当代新儒学的重大缺失为未能正确地掌握全局,未能深入西方传统,未能知此知彼,也因之未能自我全面反思,未能自我全面深度批判,未能把握历史发展的方向与经世致用的战略要点。对于早期新儒家熊十力与梁漱溟等的批判与对于后期新儒家唐君毅与牟宗三等的批判最好参考我最近用英文编写的著作《当代中国哲学》一书。

第五阶段中新新儒学的兴起在面对当代新儒家的盲点与弊执而进行再启蒙并回归原

点而再出发。① 此有两重点:重点之一在掌握自我以掌握宇宙本体,掌握宇宙本体以掌握自我。此点可以《周易》的本体宇宙论说明之。重点之二在掌握天人一体的整体以面对现实,以发现问题、分析问题、解决问题。认知问题与解决问题的核心在持全以用中。所谓用中是在全盘考虑下所获得的最佳评估与实行方案与策略。所谓中与用中是相对整体的体而言,是可以在整体的体中合理化与说明的,也可以在其中改进与改良的。甚至此用也可以导致对本体的再认识与再掌握。所谓体是开放宇宙中开放的自我,所谓用是变化中的宇宙对变化的管理。

新新儒学必须面对仍在科技发展变化中的西方全面的理解、全面的分析、全面的反思,并在体、用、学、思、知、行、法、策等方面都进行重整。事实上,此一重大工程在贯通东西、融合东西、贯通融合东西之道在寻找共同点以建立沟通,面对差异以创立包含体系,并转化差异使其具有阴阳互补互动的创造功能,同时也把重建儒家看成为重建人类文明发展的方向的工作。在21世纪的科学文明的良好物质基础上重建具有全球人类性的人文精神与人本主义,表现为解决问题的方法思考,也表现为深度的人天(自然)的伦理思考,用之于社会与经济,使其兼具知识性与智慧性,并同时兼具客体化与主体化的两面。唯有如此,方能发挥儒学的持体致用的本体理性的哲学,也唯有如此,方能回归古典儒家天人互动的创造精神。

此一新新儒学如何体现古典儒学与宋明儒学呢?又如何体现中国古典性与西方现代性呢?总的来说,它的活力在掌握了古典儒家的自强不息的创造精神,并承接宋明理学与心学的尽理尽气的拓展精神以开发个人与群体互动的整体伦理,兼具有全球性与人类性。它必须接受西学知识系统建立的启发,强调开放的学习组织与学习过程,主客互动,以知识推进价值,以价值整合知识,使其深化与广化。它必须结合东西方的文明精华,追求以知识为极限的价值,以价值为基础的知识,开展一个生生不息的本体宇宙观,一个自我实现自我完成的人生境界,一个整体的人的生命价值定位。最后,它必须结合古典性与现代性及后现代性,在肯定普遍主义的架构中对相对主义进行探讨,在接受真实与现实的基础上对虚无主义及虚拟主义进行理解,在发扬德性伦理的过程中对功利主义进行整合,重建融合异己与自我的生活世界,而不局限于自我创建的理性世界。

---

① 20世纪90年代初期我即产生"新新儒学"的概念。此一概念是基于我对当代新儒家的哲学探讨与建言的结果,主要的意思在促进当代儒学的自我超越与继续不断发展,同时也是为儒学面对康德后、马克思后、现代后,甚至后现代后的西方思想与人类社会的发展所作的创造综合的投射与远景。1997年应《文化中国》杂志的主编梁燕城博士的邀请赴温哥华演讲并接受访问,谈中国哲学的后现代建构问题。我即正式提出当代新儒家之后的新新儒学的发展。我在谈论中还把"新新儒学"一词与"后后现代"相对而用。同时我也提出了"前现代"、"现代"、"前后现代"、"后现代"与"后后现代"的世界文化五段发展论。那次访谈后,我则正式提出了儒学发展的五阶段论。1998年春季,我应香港中文大学哲学系之邀作了一次客座演讲,讲题即为"后后现代与新新儒学"。这段期间老友魏萼教授也开始用"新新儒家"一词,并与我进行了非常有益的探讨。魏萼教授是知名的经济学家,最近他又写了《清儒·吴儒·新新儒》一文,魏教授所谓"吴儒"属于后期清代儒学,看重实学与经济,可名之为"经济儒学"。

在最近的社会与政治科学对国家与社会与经济的发展策略的讨论中,英国社会学家Anthony Giddens(1938—)提出所谓第三路线的说法。何谓第三路线?第三路线是对第一路线与第二路线而说的。它与儒学里的中庸之道有何关联?在《论语》中学与思可看成两条治学的路线,但两者缺一不可,故最好的方式就是两者兼用,进行一个最佳或具有最佳效果的组合。第三路线是否有包含此一最好的组合的意思并不可知。显然,Giddens所重视的标准是实用主义,而非具有道德意义或本体意义的致中与用中之道。上述组合两端或两极或两面以求其中是致中的方法之一,但如果两物不可得兼,必须要有取舍,也必要有一个决定取舍的标准,此一标准也可视为第三条路,但由于它是独立于两者之上的一个尺度,一个眼光,最好称之为超越提升之道。故孟子说鱼与熊掌不可得兼,舍鱼而取熊掌,是基于熊掌更为难得。故第三路线的真正的含义在认知与批判已存有的第一、第二或其他选择以求最好的选择,也可说是超越第一与第二所做的最佳选择。孔子说的"君子之于天下也,无适也,无莫也,义之与比"(《论语·里仁》),或"无可无不可"(《论语·微子》)的适当选择就可以看做此一超越提升的态度或原则的说明。在一般的情况下,孔子所提出的"时中"概念,以切时为中,也可以作为对此一态度与原则的说明。如果第三路线能就孔子说的"执其两端,用其中于民"来寻求时中之道并切实用于革新与改良,则所谓的第三路线就有其道德的内涵了。《论语》里孔子常谈到中字,而其所谓中往往指的是中节、中的之中。如他说柳下惠、少连是"言中伦、行中虑",又说虞仲、夷逸是"身中清、废中权"(《论语·微子》)。他也表示"夫人不言,言必有中"(《论语·先进》)。这些中所显示的当然不是什么取悦民意、获得选票的中间路线,而有提升社会、归本民命的意思。

如上所说,所谓"用中"应该有两个意思:一是知其两端而取其中而用之;一是无论是否有两端,只要能够依照一个理想的标准或价值力求其中。第二个意思应该是更重要。因为即使有两端,用其中的中绝不是一个折其半的折中,盖如此则流于机械而无法真正解决问题。如此,"用中"之义也就不外乎中用。所谓"中用"就是能发挥解决问题的作用。甚至我们也可以解释中庸的哲学原理就是用中以中用,中用而用中。中庸即中于日常之道而用之,故中庸即中用。同样,时中即中时。《中庸》说的"致中和,天地位焉,万物育焉"的道理乃在执中而用中,使执中之中中于用。执中之中指的是本体,而"用中"也可指用人性本体的良知或人生整体的智慧以找到解决问题之道以解决问题,此即中用或致中而用。如此,我们也就回答了如何去致中、知中、执中与用中的问题。致中与知中就是要回归人性的本体以掌握人心与社会整体之需,有一个全宇的与全球的大局眼光与理解。执中就是无忘此一本体的眼光以求深刻持续,用中乃在从超越具体时空到深入具体时空来发掘问题、认知问题、分析问题与解决问题。执中而中用是一个制定政策或策略的方法论,此一方法论或可名之为"立足整体、针对具体以解决问题"的方法论。

当然，Giddens 的第三条路或中间路线的提出也不是偶然的。① 二战期间及其后东西两大阵营的对立是资本主义与社会主义的对立，从西方观点来看也可说是所谓"独裁政治"与自由经济的对立，一个重点在创造财富（市场）、分散权力（民主），另一个重点则在平均所得（福利分配机制）与集中权力（独裁）。但我认为两者的价值观各有所长，若有最佳的组合，既能创造财富，又能合理均分，既有民主的体制，又能建立有效管理，岂不更好？故在 1940 年代，源于奥地利学派的知名经济学家熊比德（Joseph Schumpter, 1883—1950）提出资本主义的最后消解与市场社会主义的经济政策立场就是一种指向未来的第三条路。Giddens 在社会与政治学上提出第三条路也可说是提出一个在政治与经济上思考问题、解决问题的方法。这个方法如从体用思考上说，儒家则早已提出，只是有待于我们更进一步的疏解与发挥而已。这一工作我们在上面已经提到了。这也就可以看做第五阶段儒学发展的重要工作：用现代的语言彰明儒学明体致用的毋忘本体的思考方法。

我们综合以上有关儒学第五阶段的发展为新新儒学的实质内涵与发展方向，此一实质内涵与发展方向可以简述为下列十大原则：

1. 在古典儒学与宋明儒学的基础上建立一个创造性的、含括天人互动的本体宇宙观与人类生命发展观。

2. 在古典儒学与现代理性哲学与科学基础上建立一个主客分合自如的知识论与动态的知识系统观，包含科学研究、工业技术开发、社会经济发展的网连与互动。

3. 在古典与宋明儒学及当代科学的基础上建立一个理性与人性互动、个人与群体互动的价值观点与价值体系。

4. 在古典儒学及东西方文化的比较基础上，发展及持续地开展一个体用相需、持体致用、利用明体的方法论，亦即上述的"立足整体、针对具体以解决问题"的思考方法论。

5. 综合宋明理学与心学，我们可以把理气心性的作用与关联形成一个知行合一的知识决策论：气感于心、验之于理、反归于性、受之若命、性之命之、以成其行。

6. 在古典儒学与现代伦理学的基础上建立一个整体性的人类伦理学，其重点在统合权利（含人权）与责任以统合德性与功利，也就是在人与人、社群与社群、族群与族群、国与国、文明与文明的和谐化的基础上同时寻求个人潜力的发展与全体社群利益的最大化。

7. 综合历史上四阶段的儒学发展经验及现代化的要求与西方现代化的得失，建立一个伦理与管理互动的管理机制与体系，同时用之于公共行政与经济企业管理。

8. 综合资本主义与社会主义的发展经验，在第四阶段儒学公羊学的精神与上述新新儒学的价值关于方法论的基础上建立开物成务、兼及创造财富与均平财富的经世利民经济架构并培护其发展。

9. 掌握理性的资源、历史的经验、文化的精神、社会的需要，在古典儒家的人文关怀的

---

① Giddens 所谓第三条路其实更是政治经济上的中间偏左路线，而不必等同我在此辩明的"整体针对具体"用中以中用的思考方法。他的第三路线的观点直接影响了德国总理 Schmidt 与英国首相 Blair 的施政政策。

基础上开展及优化现代民主与法治,创造社会进步与文化发展的大环境、大气候。

10. 面对人类未来与人类政经文发展的需要,基于儒学天下为公、世界大同的理想,积极推动理性与人文的教育,使儒学的价值观、伦理学与方法思考能够做出创造人类万世太平与可持续繁荣的贡献。

中国哲学的创新与和合学的使命

张立文

帕斯卡尔讲过:"人的全部的尊严就在于思想。"思想显示了人的尊严与伟大,创新促进了思想的繁荣与发展。中华民族是善于思考的民族,她为人类文化贡献了老子、孔子、朱子和阳明子等一系列伟大的思想名家;中国哲学是不断创新的哲学,它为世界哲学增添了《周易》、《论语》、《道德经》和《传习录》等一大批经典的创新力作。面对全球化的挑战,我们搞人文学科的有责任继承中华民族的善思传统,弘扬中国哲学的创新精神,为人类文化的繁荣,为世界哲学的发展,谱写更加灿烂的思想篇章。为此目的,需要明确中国哲学不断创新的内在根据和演替脉络。

一 中国哲学的创新标志

哲学既是时代精神的精华和凝聚,又是民族精神及其生命智慧的结晶和升华,同时也是思想家主体精神的超越和流行。因此,中国哲学不断创新的内在根据和演替脉络,就逻辑地蕴涵着三重分析维度:

1. 核心话题的转向

思想是精神的言说机制。作为时代精神的精华和凝聚,哲学思想总是以核心话题(nuclear topic)的方式体现特定时代的意义追寻和价值创造,并通过核心话题的反复论辩,梳理盘根错节的生命情结,建构安身立命的精神家园。核心话题的时代转向,是哲学创新的话语标志。

在西方哲学史上,核心话题有过三次大的转向。苏格拉底的伦理学转向,通过"认识你自己"的智慧训谕,打断了自然哲学有关"万物始基"的科学话题,开启了对"至善"理念的绝对追求。笛卡儿的认识论转向,借助"我思故我在"的第一原理,冻结了经院哲学有关"上帝本质"的神学话题,开创了对"理性"方法的逻辑批判。维特根斯坦的语言学转向,根据"家族相似性"的游戏规则,悬搁了实在哲学有关"逻辑体系"的先验话题,开拓了对"意义"活动的语用研究。

与西方哲学相比,中国哲学核心话题的时代转向更为频繁,生命智慧的创新脉动更加活跃。简略地说,从先秦到宋明,核心话题经历了五大转向,哲学话语实现了五次创新。

先秦是中国哲学的原创期。这时学术多元,百家争鸣,百花齐放,绚丽多姿。标志这一时代精神的核心话题是"道德之意",其基本范畴是"道"。诸子百家虽然"指意不同",但都在论道讲德,围绕"道德之意"展开思想言说和学术交流。先秦子学核心话题的这一时代转向,是对殷周以来"天命"话题的哲学超越。

道家是中国哲学的真正鼻祖。根据司马迁的追述:"老子乃著上下篇,言道德之意五千余言。"①尽管通行本上《道》下《德》,帛书本上《德》下《道》,篇次倒易,但《道德经》"尊道贵德"的言说意趣是千古不易的。"道冲而用之或不盈,渊兮似万物之宗。挫其锐,解其纷,和其光,同其尘,湛兮似或存。吾不知其谁之子,象帝之先。"②很显然,这个"道"是先于上帝、先于鬼神、先于万物的原始生存境域,是阴阳冲和、浑然未分的朴素意义空间,是"隐兮恍兮"、"窈兮冥兮"的无穷可能世界。概言之,老子的"道"是自然无为的原初和合境域。按照"反者道之动"的衍生法则,"失道而后德"。"恒道"失散后,原初和合境域差分为四:"道大,天大,地大,人亦大。域中有四大而人居其一焉。"③人依据自主德性挺立于天地之间,反自然无为之道而用之,以"柔弱胜刚强",运用"损不足以奉有余"的聚敛策略,确立了圣贤人格的意义标准和智能创造的价值尺度。庄子继续谈论老子的"道德之意","以卮言为曼衍,以重言为真,以寓言为广,独与天地精神往来,而不敖倪于万物,不谴是非,与世俗处"④。庄子认为,"道有情有信,无为无形",是一个"自本自根,未有天地,自古以固存"⑤的和合境域,是比"儵"、"忽"更长久、更真诚的超级"浑沌"。正是基于对自然无为之道的崇尚和对原初和合之境的眷恋,老庄明确反对"以人灭天"的文明实践和"以故灭命"的理智活动。

儒家与道家异趣。曾向老子问礼的孔子,罕言天命,立足礼乐文化谈论"道德之意"。按照"志于道,据于德,依于仁,游于艺"⑥的人生准则,孔子提倡"闻道":"朝闻道,夕死可矣。"⑦主张"修德":"德之不修,学之不讲,闻义不能徙,不善不能改,是吾忧也。"⑧尽管世风日下,天下无道,孔子"未见好德如好色者",但他仍以"知其不可而为之"的践履精神,"无终食之间违仁,造次必于是,颠沛必于是"⑨。鉴于"人能弘道,非道弘人"的远见卓识,儒家高扬了自强不息的人道精神。孟子进一步认为:"仁也者,人也;合而言之,道也。"⑩人道是参赞化育、辅相天地的和合构成境域。通过"心之官"及其伟大的思想职能,"天之道"与"人之道"在诚实无妄中达到义理和合:"诚者,天之道也;思诚者,人之

---

① 《老庄申韩列传》,《史记》卷六十三。
② 《道德经》四章。
③ 《道德经》二十五章。
④ 《庄子·天下》。
⑤ 《庄子·大宗师》。
⑥ 《论语·述而》。
⑦ 《论语·里仁》。
⑧ 《论语·述而》。
⑨ 《论语·里仁》。
⑩ 《孟子·尽心下》。

道也。"①

如果说道家老庄推崇天道自然无为是对上帝、鬼神的否定,是审美理性对现实生活的意义度越,那么,儒家孔孟关注人道自主有为是对人性、心智的肯定,是实践理性对道德行为的价值提升。两家"同归而殊途,一致而百虑",恰好组成阴阳互补的和合结构,从总体上规定了中国传统哲学历史发展的逻辑谱系。

除儒道之外,先秦其余各家也以"道德之意"作为言谈的核心话题。比如,管仲学派认为,治国必须道德并举,"畜之以道,养之以德。畜之以道,则民和;养之以德,则民合。和合故能习,习故能偕,偕习以悉,莫之能伤也。"②用道德畜养臣民所构成的和合境域,即人际和睦合作、社会和谐安定的生活情趣,显然不是自然无为的消极等待,而是"法自然"、"为无为"的目标追求。再如,韩非子集法家申不害、慎到、商鞅之大成,建构了"因道全法"的法制思想。他通过《解老》、《喻老》诸篇,一方面将"道"范畴概括为"万物之所然"和"万理之所稽",另一方面将"刑德二柄"视为"赏罚之道"的利器。诚如司马迁所言:"韩子引绳墨,切事情,明是非,其极惨礉少恩,皆原于道德之意。"③

秦汉之际,中国古代实现了一次巨大的社会转型,传统哲学也随之完成了核心话题的时代转向。两汉是中国哲学的感通期,学术思想探究的核心话题是"天人之际",即"天人相与之际",其代表学说是董仲舒的"天人感应"论。两汉经学核心话题的这一转向,是对先秦"道德之意"的神秘类推。

西汉初期,出于医治战争创伤的迫切需要,"黄老之术"得以奉行。经过休养生息,出现"文景之治"。武帝即位,为了使刘汉政权"传之无穷,而施之罔极","举贤良文学之士,前后百数",以对策方式"垂问天人之应":"三代受命,其符安在?灾异之变,何缘而起?性命之情,或夭或寿,或仁或鄙,习闻其号,未烛厥理。"④根据董仲舒的理解,汉武帝所追问的"大道之要,至论之极",实际上是"《春秋》大一统":"《春秋》大一统者,天地之常经,古今之通谊也。"⑤经过"三年不窥园"的精心致思,他以《天人三策》和《春秋繁露》等著述,在"天人之际"建构了"天人感应"的哲学理论形态,既论证了刘汉王权的合理性,又为其设置了"谴告"、"怪异"和"伤败"等一系列道德警戒线。

从理论形态上讲,董仲舒的"天人感应"思想有两个关键命题:一是"王道通三",二是"天人同类"。首先,董仲舒认为,"王"字的三横分别代表天、地、人三极之道。在先秦,《周易·说卦传》提出"立天之道曰阴与阳,立地之道曰柔与刚,立人之道曰仁与义",三极之道并行而不能贯通。秦汉参通天、地、人三道,确立了帝王之道的至尊地位。这种凭借"深察名号"发明出来的"微言大义",是两汉探究"天人之际"的符号学艺术。其次,董仲

---

① 《孟子·离娄上》。
② 《管子·幼官图》。
③ 《老庄申韩列传》,《史记》卷六十三。
④ 《董仲舒传》,《汉书》卷五十六。
⑤ 同上。

舒坚信,天人之间存在亲缘关系,天是人的曾祖父,因而"天人同类"。他运用类比推理,"水流湿,火就燥,云从龙,风从虎",论证了天人同类、感应相动的天人感应学说。尽管这一思想学说非常粗糙,但它确实在"天人之际"编织了一条神秘的连通纽带,保持着一种微妙的价值平衡,追求着理想化的中和之道。

以《白虎通德论》为代表的东汉谶纬经学,将董仲舒的"天人感应"思想推向极端烦琐境地。按照"天人同度"的符应原理,人的四肢五官效法天象,"仁义礼智信"外符天之五行,内应人之五脏。"三纲六纪",弥纶"天人之际"。以儒术为表征的名教罗网笼罩四野,学术思维在章句训诂中昏昏欲睡,处于半冬眠状态。然而,创新是难以泯灭的哲学天性,是野火烧不尽的理论基因。东汉思想家王充,出身"细门","不守章句","博通众流百家之言",敢于在谶纬经学盛行之时,重申"黄老之义":"天地合气,万物自生;犹夫妇合气,子自生矣。"①王充的天道自然论虽然仍旧是类比推理的思辨产物,而且在世道治乱、国家安危等问题上时常诉诸天时和命数,但其重效验、疾虚妄的创新作风,无疑是两汉时期"天人之际"的思想春雨:"随风潜入夜,润物细无声。"

东汉末年,经济、政治和意识形态同步走向危机深渊。黄巾举事,民不聊生,董卓之乱,朝纲败坏,社会结构土崩瓦解,名教罗网支离破碎。魏晋时期,名士的"清谈"有了玄远的哲学意味。《老》、《庄》、《周易》成了《世说新语》的玄妙谈资,成为哺育时代精神的玄学食粮。因此,魏晋是中国哲学的玄冥期,玄学的核心话题是"玄冥之理",其典型命题是郭象《齐物论注》里的"独化于玄冥之境"。

曹魏正始年间,何晏、王弼首倡"贵无"论,以为"天地万物皆以无为本"。何晏称王弼"后生可畏,若斯人者,可与言天人之际乎!"②但是,王弼在《老子注》和《周易注》里所谈论的核心话题,已是不可训诂的"玄理",早已越出了两汉"天人之际"的象数樊篱。按照"得意在忘象"和"得象在忘言"的玄学诠释方法,王弼所崇尚的"无",主要是体用关系上的"玄冥之理":"虽贵以无为用,不能舍无以为体也。"③在"天下之物皆以有为生"的生成论层面,裴頠的《崇有论》只是王弼"贵无"论的脚注;而在"理之所体"的本体论层面;"崇有"未必实有形体,"贵无"未必全无道理。根据郭象的注解,"玄冥之理"本来就是说不清、道不明的有无浑沌境域:"玄冥者,所以名无而非无也。"④郭象是玄学的逍遥派。在他看来,只要"物任其性,事称其能,各当其分"⑤,万物就可"掘然自得而独化",进入"天下莫不芒"的"玄冥之境"。

魏晋玄学犹如昙花一现,适时怒放,转瞬凋谢。何晏身首异处,王弼英年早逝,裴頠热衷儒术,郭象维护名教。由于语境险象环生,话题深奥幽冥,玄学思潮无法结出积极的理

---

① 《论衡·自然》。
② 《三国志·魏书·钟会传》注引。
③ 《老子三十八章》注。
④ 《庄子·大宗师注》。
⑤ 《庄子·逍遥游注》。

论硕果,只能充当佛学的思想导游,以"格义"的方式注释佛典,为大乘般若学的广泛传播铺平学术道路。东晋以降,玄佛合流,佛学渐盛,乃至喧宾夺主,南朝之时几乎成了"国教";相反,玄学渐衰,以至销声匿迹,僧肇之后完全变为"绝学"。

隋唐时期,特别是盛唐之际,经济繁荣,社会开放,三教兼容并蓄,冲突融合。儒教守成有余,开拓不足,仅在明经科举、朝纲吏治等方面维持伦理教化职能,中间虽有韩柳"古文运动"的文学复兴,但在哲学思想上陈陈相因,缺乏新意。道教因与李唐王朝的姓氏因缘,独得皇家青睐,《道德真经》几乎成了朝野必读的神圣经典。可是,王权的推崇并不是思想创新的充分条件。从哲学理论形态上讲,隋唐道教不仅无法与佛教分庭抗礼,而且总是暗度陈仓,在概念范畴和思维方法上侵犯佛家的"知识产权"。因此,隋唐时代精神的精华及其思想凝聚,最集中地体现为佛教的中国化创新。别具特色的"中国佛性论"是佛教般若智慧的民族化结晶。隋唐是中国哲学的融摄期,推本"性情之原",既是"中国佛性论"的深层结构,又是哲学思辨的核心话题。

《易大传》讲:"原始反终,故知死生之说。"毫无疑问,"死生之说"是一切宗教学说的究竟话题,是所有正统信仰的终极关怀。翻阅大唐文献,我们发现:反对佛教的韩愈著有《原人》、《原鬼》、《原性》和《原道》诸篇,而提倡佛教的宗密也著有《原人论》。由此可见,在推本"性情之原"、参悟人生"本来面目"上,儒佛两家有着共同的核心话题和相近的哲学话语。

佛家论性多指佛性,即众生成佛的前提和根据。隋唐天台、华严、禅宗三大宗派,都主张"一切众生悉有佛性"。仔细殊分,又有差别。天台宗提出"性具"说,认为一切诸法悉具佛性,本觉之性兼有善恶,贪欲即是道,即是涅槃。只有通过止观双修,才能觉知成佛。华严宗主张"性起"说,认为众生本来就是佛,佛性不离众生心。众生与佛,皆是假称的名号,真源本来不二。但在修习上仍须离妄还源,证真成佛。最有中国特色的禅宗倡导"即心即佛"。在惠能看来,佛性平等,不分南北;人性本净,无须坐禅。"自性若悟,众生是佛;自性若迷,佛是众生。"①然而,在功德修养上,仍要"众善奉行,诸恶莫作"。中唐以后,湛然为振兴天台宗,打出了"无情有性"的绝招:佛性周遍一切,犹如虚空,墙壁瓦石亦有佛性。援此为例,佛门敞开:不仅"青青翠竹,尽是法身;郁郁黄花,无非般若",而且残垣断壁,碎石瓦砾,甚至"干屎橛"、"拭疮纸"都是庄严净土。"逢佛杀佛,逢祖杀祖",名相迷信渐入黄昏,心性觉悟崭露晨曦。

与佛家用迷悟法门疏通性情源流不同,儒家以善恶品位统论性情体用。孔颖达奉诏编撰《五经正义》,以水体波用、金体印用等比喻手法,说明性体与情用的不二关系。韩愈以"仁义礼智信"等伦理规范为性,以"喜怒哀乐爱恶欲"等社会心理为情,根据上、中、下等级各分三品,上品为善,下品为恶,中品"可导而上下"。后经李翱的进一步综合,发展

---

① 《坛经·付嘱第十》。

成为"性善情恶"论:"人之所以为圣人者,性也;人之所以惑其性者,情也。"①要复原天赋善性,就必须"教人忘嗜欲而归性命之道"。韩李的性情学说,为宋明新儒学的"天理人欲之辨"埋下了思想伏笔。

唐末藩镇割据,五代十国混战,中国古代社会再次陷入大分裂、大动乱格局。针对纲常失序、道德沦丧、理想失落、精神迷茫的价值颠覆与意义危机,北宋以来,思想家们在政通人和、百废待兴的人文语境中,"先天下之忧而忧,后天下之乐而乐",着手重建伦理道德、价值理想和精神家园。出于对佛道二教的"道统"偏见,宋明新儒学采取了"攻乎异端"的不相容策略,在内在意蕴上完成了对儒释道三教的融突和合,对时代精神的发展做出了相当理智的哲学理论概括。宋明是中国哲学的造极期,理学的核心话题是理气心性之辨,这一话题的转向,既驱散了"天人之际"的感应气象,又继承了"道德之意"的源头活水,使"玄冥之理"成了"净洁空阔底世界",让"性情之原"变为相对相关的价值空间。

程氏兄弟通过"自家体贴"率先提出"天理"二字,作为儒教伦理哲学创新的概念标记。程朱的"天理"不仅具有心性特征:"人心私欲,故危殆;道心天理,故精微。灭私欲则天理明矣。"②而且杀机重重:"入之一心,天理存则人欲亡,人欲胜则天理灭。"③为了论证"天理"对"人欲"绝对权威,程朱道学借助"道心"与"人心"、"天命之性"与"气质之性"、"理"与"气"等一系列对偶范畴,通过逻辑推演建构了极为精致的理学范畴系统,充当元明清三朝的官方话语和意识形态。陆九渊最先发现"天理人欲之言"不是一个纯粹的学术话题,存在着明显的修辞语病:"若天是理,人是欲,则是天人不同矣。"④在义利关系上,陆九渊同样认为,私欲是人心病变,"须是剥落得净尽方是"。王阳明则从"作圣人之功"出发,主张"致良知","必欲此心纯乎天理而无人欲之杂"⑤。在"存理灭欲"的基本主张上,陆王心学与程朱道学别无二致。

尽管胡宏、陈亮、叶适、陈确和王夫之等人对"存理灭欲"主张不断提出异议,但就宋明新儒学的话语基调而言,就维护纲常伦理的主导地位立论,"理欲统一"观始终处于弱势,无法动摇"理欲对立"观的思想霸权。直到清初戴震著述《孟子字义疏证》,"人欲净尽,天理流行"的"语病"才昭然若揭,大白于天下:"古之言理也,就人之情欲求之,使之无疵之为理;今之言理也,离人之情欲求之,使之忍而不顾之为理。此理欲之辨,适以穷天下人尽转移为欺伪之人,为祸可胜言也哉!"⑥人们有了"理能杀人"的觉解。

哲人违背"爱智"诺言,扮演"道德法庭"的审判官,以偏见冒充"天理";思者亵渎"求真"天职,争当"纲常伦理"的卫道士,用意见充任"良知"。随着宋明理学"理欲之辨"变为残杀工具,中国哲学创新的精神源泉从此涸竭,变成了一桩桩"学案"。从这个意义上

---

① 《复性书》上。
② 《二程遗书》卷二十四。
③ 《朱子语类》卷十三。
④ 《语录上》,《陆九渊集》卷三十四。
⑤ 《答陆原静书》,《王阳明全集》卷二。
⑥ 《权》,《孟子字义疏证》下。

讲,《宋元学案》和《明儒学案》属于"儒林内史",倘与《儒林外史》参照解读,就不难发现中国传统哲学走向"亢龙有悔"的秘密。

2. 人文语境的转移

智慧是生命的觉解状态,热爱生命必然追求智慧。哲学是爱智的学问,中国哲学是中华民族热爱生命、追求智慧的心路历程。因此,中国哲学的创新在宏观演替上,就表现为人文语境(humanities context)随民族精神及其生命智慧的历史变迁而不断转移。"闲云潭影日悠悠,物换星移几度秋。"打个形象的比方,人文语境犹如历史星空,岁月悠悠,哲学创新恰似北斗七星,环绕生命智慧的北极之光,旋转不息,漫漫漂移。

按照罗素的界说,西方"哲学"(philosophy)一词,是"某种介乎神学(theology)与科学(science)之间的东西"①。一切确切(definite)的知识都属于科学,一切超越的教条(dogma)都属于神学,剩余的那一片"无人之域"(a no man's land),即"思辨的心灵所最感到兴趣的一切问题",统统属于哲学。当然,对于罗素的这一业务(business)划界并非没有异议,但从语用学角度为"哲学"这个充满歧义的词进行清晰的语义定位和语境分畛,确有其殊胜之处。

一般说来,西方哲学起源于古希腊。从泰勒斯开始,古希腊哲学就浸润在希腊文明的独特语境中,与神话和科学结下了不解之缘。如果说米利都学派对"万物始基"的猜测得益于古埃及和古巴比伦的天文观察,标志着希腊科学精神的诞生,那么,毕达哥拉斯学派对自然数的宗教式崇拜,则根源于奥尔弗斯教义中的神秘主义。在一定意义上讲,荷马史诗以及整个希腊神话是哺育西方哲学及其文化的不竭源泉。由于雅典文明的衰落以及罗马帝国的兴起,古希腊哲学经苏格拉底、柏拉图和亚里士多德三位思想大师接力式发展,达到繁荣鼎盛后很快逆转,进入颓废的希腊化时期。随后,由于基督教的传播和野蛮人的入侵,西欧文明进入"黑暗的时代",哲学成了神学的婢女。尽管中间出现过奥古斯丁的"忏悔"式反思和托马斯·阿奎那的"大全"式综合,但中世纪的经院哲学基本上是教廷文化的辩护律师,是《圣经》文本的逻辑注脚。文艺复兴、宗教改革、启蒙运动和浪漫思潮的相继涌现,使西方近现代哲学出现了前所未有的创新高潮。法国的笛卡儿既是伟大的数学家,又是杰出的唯理论哲学家。德国的莱布尼茨既是单子论的创立者,又是微积分的发明人。我们可以看出,在人文语境中,一旦话语霸权被打破,精神奴役被解放,无论是哲学思想、文学艺术,还是生产工艺、科学技术,都会涌现出源源不断的伟大创新。

从外延分类的角度看,中国古典文献确实没有标名"哲学"的学科。不论是最早的《汉书·艺文志》,还是晚近的《四库全书》,我们很难从中发现能与亚里士多德《形而上学》对等的"元物理学"(metaphysics)著述。因此,德国古典哲学家黑格尔、法国后现代哲学家德里达都认为,中国没有"哲学"。事实上,中国古代确实没有在罗素所说的"无人之域"形成一门介于神学与科学之间、名字又叫做"哲学"(philosophy)的东西。这不是什么

---

① 罗素:《西方哲学史》上,商务印书馆,1963,第11页。

民族精神的奇耻大辱,而是生命智慧的独特选择。道理十分简单,因为中国古代既没有古希腊"物理学"(physics)意义上的科学,也没有希伯来《圣经》(Holy Bible)文本中的神学,所以,自然也就没有介于二者之间的"哲学"问题了。

从内涵贯通的维度讲,中华民族确实有着自己的哲学思考,跟西方各民族一样地热爱生命,追求智慧,在漫漫的爱智途中探究宇宙的无穷奥秘,寻找自己的精神家园,落实超越的终极关怀。因此,中国也有哲学。同西方哲学相比,中国哲学是"某种介乎文学与史学之间的东西"。它既有同时性的仰观与俯察("究天人之际"),又有历时性的前瞻与后顾("穷古今之变"),还有超时性的道德与文章("成一家之言")。就立言所具有的不朽功德而论,文学、史学和哲学往往浑然一体,打成一片,构成顶天立地的"有人之域"(the Region of Man),娓娓动听地叙述着人文精神悲欢离合的思想故事和人格传说。由此可知,《老子》是道德散文诗,《论语》是仁智对话录,《庄子》是齐物狂想曲,《吕览》是诸子交响乐,《史记》是"无韵之离骚",是"史家之绝唱",是"哲人之哀思"。

先秦时期,"天道远,人道迩"。历经炎黄融合的华夏诸族,通过夏商周三代"制礼作乐",民族意识日益觉醒,道德精神不断独立,终于达到了"郁郁乎文哉"的文明境域。中国古代哲学正是在三代礼乐文化及其典章制度的人文语境中萌生并创发出来的。按照班固在《汉书·艺文志》里的追溯,先秦诸子百家都是从"学在官府"的西周礼乐文化中衍生出来的理论形态,其思想学说均属对"古之道术"的创新与发明。比如,以孔孟为代表的先秦儒家,"儒家者流,盖出于司徒之官,助人君顺阴阳、明教化者也。游文于六艺之中,留意于仁义之际,祖述尧舜,宪章文武,宗师仲尼以重其言,于道为最高。孔子曰:'如有所誉,其有所试。'唐虞之隆,殷周之盛,仲尼之业,已试之效者也。然惑者既失精微,而辟者又随时抑扬,违离道本,苟以哗众取宠,后进循之。是以《五经》乖析,儒学浸衰,此辟儒之患"。① 再如,以老庄为代表的先秦道家,"道家者流,盖出于史官,历记成败存亡祸福古今之道,然后知秉要执本,清虚以自守,卑弱以自持,此君人南面之术也。合于尧之克攘,《易》之谦谦,一谦而四益,此其所长也。及放者为之,则欲绝去礼学,兼弃仁义,曰独任清虚可以为治。"②

班固对儒道两家哲学思想创新、价值理念偏向以及意识形态流弊所作的历史概括,叙述中已融入了作者对汉初"黄老之术"和两汉经学"儒术"的褒贬与评析。如果进一步参考《庄子·天下篇》,那么,人文语境的转移就历历在目。"古之人其备乎!配神明,醇天地,育万物,和天下,泽及百姓,明于本数,系于末度,六通四辟,小大精粗,其运无乎不在。其明而在数度者,旧法传世之史,尚多有之。其在于《诗》、《书》、《礼》、《乐》者,邹鲁之士、搢绅先生多能明之。《诗》以道志,《书》以道事,《礼》以道行,《乐》以道和,《易》以道阴阳,《春秋》以道名分。其数散于天下而设于中国者,百家之学,时或称而道之。……判

---

① 《艺文志》,《汉二传》卷三十。
② 同上。

天地之美,析万物之理,察古人之全。寡能备乎天地之美,称神明之容。是故内圣外王之道,暗而不明,郁而不发,天下之人各为其所欲焉以自为方。悲夫!百家往而不反,必不合矣。后世之学者,不幸不见天地之纯,古人之大体,道术将为天下裂。"①通常认为,《天下篇》约成书于战国末期,标志着中国古代思想从先秦子学到两汉经学的重大转折。这段引文包含着三层语意:一是天地化醇、万物发育、神人相配、天下太平的上古和合生存境域及其制度典章遗迹,这是整个中国传统哲学和古代文化的原始语境;二是春秋诸子、战国百家、邹鲁之士、搢绅先生对《六经》宗旨的个人发明与自家称道,这是先秦哲学创发和学术繁荣的多元化语境;三是秦汉之际"大道既隐,天下为家"、"百家殊方,指意不同"的道术二元分裂趋势,是道家和儒家依次杂合化、权术化和意识形态化的"大一统"语境。

如果说先秦是中国哲学的原创期,生命智慧的觉解程度主要通过诸子散文来叙述,民族精神迎来了"道德之意"的黎明曙光,那么,两汉是中国哲学的感通期,文人学者以堆砌辞藻、繁衍象数的辞赋文体渲染于"天人之际",民族精神及其生命智慧显露出繁杂和神秘的感应气象。根据司马谈的《论六家要旨》,汉初的"黄老之术"是以先秦道家老子为依托,阴阳、儒、墨、名、法诸家思想的杂合品:"其为术也,因阴阳之大顺,采儒墨之善,撮名法之要。"②提倡"独尊儒术"的董仲舒,其《春秋繁露》更是先秦诸子学说的杂交产物。如《深察名号》是名家的手笔,《天地阴阳》是阴阳家的思路,《郊义》和《郊语》是儒家的章法。由于思想杂糅拼凑,创新力度不够,因此不得不借助华丽的辞赋、形象的比拟和神秘的类推等修辞格式来填充。两汉的道德文章虽然颇有气势,充分体现了大汉王朝繁荣稳定的奢华气象,但正像司马相如的《天子游猎赋》一样,多属为"汉家制度"歌舞升平、诠释论证和规劝讽谏的应制之作,推究其实,尽是"子虚"、"乌有"、"亡是公"之类的宏大叙事和浮夸滥调。只要耐心阅读《文选》里的"汉赋",就能感受到语辞的潮水般泛滥;研习焦赣的《易林》,就可体会出象数的循环式衍生。

"反者道之动。"既然儒术的名教化让人无所适从,经学的谶纬化使人讳莫如深,那么,"越名教而任自然"的行为放浪,"非汤武而薄周孔"的思想解放,就会有感而发,在所难免。两汉虽是富有创造性的时代,在天文、历算、医药、诗歌和史学等方面都取得了很高成就,但"自武帝立《五经》博士,开弟子员,设科射策,劝以官禄,讫于元始,百有余年,传业者浸盛,支叶蕃滋,一经说至百余万言,大师众至千余人,盖禄利之路然也"③。经学儒术一旦蜕变成"禄利之路",思想创新的灵感源泉很快就被穿凿附会的章句淹没。汉末魏初,经术衰败,儒学式微,以品评人物"才性"为话题的清谈玄风油然而起,学术思想又转出一线生机。

魏晋南北朝属于国家长期分裂、政权更迭频繁、征战时起时伏的动荡时期。政坛彼此倾轧,社会充满杀气,生命朝不保夕。正是在社会制度的结构危机之中,个体价值独立,主

---

① 《庄子·天下》。
② 《太史公自序》,《史记》卷一百三十。
③ 《儒林传》,《汉书》卷八十八。

体意识觉醒,学术思想活跃,哲学创新再度涌现。魏晋玄学是继先秦子学之后,中国哲学史上又一个思想解放、学术多元的创新时代。但与先秦的"道德之意"及其散文诗式的言说方式相比,魏晋所辨析的"玄冥之理"就显得十分抽象,言不及意。特别是竹林七贤的叛逆与任诞,虽对名教富有批判精神,但对生命智慧亦有消解作用。然而,名教束缚的一时解脱,毕竟给哲学思想带来了清新的自然气息。文学创作与哲理运思的巧妙结合,成为魏晋人文语境中最引人注目的故事情节。陶潜的田园诗篇和《桃花源记》,是极富哲理内涵的文学精品。郭象的《逍遥游注》和"玄冥之境",是最有文学韵味的哲学佳作。生命智慧的刻意消解给理论学说抹上了幽暗的哀伤色彩,孤独感与虚无感的并置是魏晋人文语境最令人感慨的叙述风格。曹操的《短歌行》,"对酒当歌,人生几何?"让人忧思难忘。阮籍的《咏怀诗》,"终身履薄冰,谁知我心焦!"叫人痛心疾首。干宝的《搜神记》和葛洪的《抱朴子》,"张皇鬼神,称道灵异",为新的神道设教积累着思想素材。总之,魏晋是中华民族精神四顾茫然的玄冥期。玄学所处的人文语境,一方面是生命智慧毅然回归田园,忘我地赏析自然山水,另一方面却是主体精神异常孤独,峻峭瘦弱,表现出既无可奈何、又放浪形骸的玄远风度。

隋唐是中国古代社会高度繁盛时期,特别是李唐王朝,具有包容一切的恢弘气度。地域大开发,民族大融合,文化大交流,给人文语境注入了新鲜的思想血液和精神营养。隋唐佛学及其对"性情之原"的穷究推本,从哲学理论层面准确映射出唐代文化信仰拓展、激荡融摄、心智精进、生机勃勃的人文精神风貌。

从文化的繁荣发展看,诗歌创作是隋唐人文语境的主题旋律,是民族精神的丰硕成果。"李杜文章在,光焰万丈长。"在古典诗歌的大丰收季节,学术思想领域最值得称道的有两件大事:一是"西天取经",佛教经典沿着蜿蜒曲折的陆上"丝绸之路"在东土大唐安家落户,成为民族文化大家庭的正式成员;二是"古文运动",儒教伦理从烦琐的章句训诂中复活,仁义道德在主体精神的"生情之原"扎下了新的根系。面对应接不暇的异域风情、博大精深的般若智慧和微妙难解的涅槃实相,中华民族的一流人才几乎都致力于佛学的中国化创新,在"玄冥独化"的心智荒原上树立起通向"极乐世界"的思想路标。人文语境的包容大度、冲和气象、诗意韵律和智慧觉解,共同塑造了隋唐哲学理论的融摄特征。

佛教从两汉之际传入中国,经过五百余年的冲荡回应,融会统摄,"出淤泥而不染",成了雅俗共赏的"妙法莲华"。道教从原始的神仙方术里逐步走出,经过葛洪、寇谦之、陶弘景等人的冶炼、修剪和培育,撒播在庙堂与山林之间,成为"长生久视、深根固柢"的金秋菊花。儒教经过"古文运动"的复兴与洗礼,刷去了"利禄之路"的尘埃与泥泞,成为雍荣华贵、不失气节的"洛阳牡丹"。唐代兼容并蓄的宗教政策,使儒释道三教在融突中创新,在创新中融突,争妍斗奇,相得益彰。

然而,五代十国的腥风血雨使百花凋敝,学术文化四处飘零。北宋伊始,朝野上下重文轻武,民族精神及其生命智慧在既豪放又婉约的人文语境中,结出了堪与唐诗媲美的宋词,凝聚出能与先秦子学遥相呼应的理学体系。广开书院讲授儒典,兴建学校培养士子。

两宋"以文德致治",一方面强化了学者对国家政权的自觉依赖,另一方面促进了文人对民众生活的亲身感受和对哲学思想的自由创造。深沉的忧患意识和崇高的历史使命,激发出"为天地立心,为生民立命,为往圣继绝学,为万世开太平"的豪迈气概;厚重的道德义务和郁结的政治责任,引诱出抑制个性、熄灭情欲、攻击异端、关闭门户的内敛心术。宋明理学理气心性的"理欲之辨",一方面扭曲地反映了商业经济发达、市民意识觉醒的生存境况以及情欲对社会发展的动力作用,另一方面集中体现了家天下的专制霸道、士大夫的因循保守以及道德理性对历史进步的钳制效应。因此,纲常伦理的重建进程与生命智慧的枯萎速度几乎同步进行。宋明理学的"理欲之辨",标志着中国哲学的创新精神出现了既造极而又"亢龙有悔"的景况。

明清之际,随着人文语境的进一步内向收敛,特别是程朱道学的八股教条化,专心训诂考据的乾嘉"汉学"取代了讲究性命义理的"宋学",中国古代哲学随之以《五经大全》、《四书大全》和《性理大全》等大全式的话语专制和文字恐怖,宣告了善思传统的中断和创新精神的枯萎。从清朝到民国初年,内忧外患接连不断,民族精神备受蹂躏,生命智慧昏睡不醒。这期间,人文语境虽有章回小说的写作与评说,但总体上是意义的困惑、道德的悲剧和理想的幻灭。"刘备"的仁政悖论,"宋江"的忠义悲歌,"悟空"的智勇诅咒,"宝玉"的爱情痴愚,这些虚构的文学意象一再诉说着同样的话题:价值准则生离死别,理想世界人去楼空。"孔家店"一经打倒,文言语境业已散失,白话语境尚未结成,中国哲学的创新既无得心的言说话语,又无应手的书写符号。一大批志士仁人,只好背井离乡,远渡重洋,寄人篱下,拾人牙慧,以"寻找救国救民的真理"聊以自慰。因而,近现代中国哲学奉行"拿来主义",虽标榜"新学",实无创新可言。

3. 诠释文本的转换

文本是思想言说的符号踪迹,是智慧觉解的文字报告,是主体精神超越自我的信息桥梁。"学而不思则罔,思而不学则殆。"哲学家必须凭借对一定文本的学习、思索和诠释,才能准确提炼时代精神的核心话题,全面融入民族精神及其生命智慧的人文语境,为哲学思想的不断创新打上属于自己的名字烙印。

从表现形式上看,哲学的创新总是由一系列伟大的思想家来完成的,创新的理论学说也总是以他们的姓氏命名的,诸如孔孟之道、老庄之道、程朱理学、陆王心学等等。但从生成结构上看,创新不是无中生有的面壁虚构和子虚乌有的凭空杜撰,而是依据生生之道"化腐朽为神奇",通过对历史文本的智慧解读,尤其是对元典文本的哲学诠释而不断推陈出新。诠释文本(hermeneutical text)的转换,是中国哲学创新的承继特征,是学术流派创立的文献标志。

怀德海讲过,西方哲学是柏拉图的注脚。这一说法未免笼统,却道出了人文学科历史发展的解释学机缘。其实,柏拉图的对话又是用苏格拉底的名义写成的,就此而言,柏拉图倒是苏格拉底的注脚。问题的关键在于注脚的水平是不是高于本文。如果远远高于本文,那么,以注脚的书写方式进行哲学思想的创新,何尝不可,何乐不为!诚如陆九渊所说:"学苟知本,六经皆我注脚。"①在"六经注我,我注六经"的解释学循环中,有时很难说清究竟谁是谁的注脚。"人说郭象注庄子,我说庄子注郭象。"只要有哲学思想的创新,眉批、脚注和插入语,仅是书写格式的延异,是无关宏旨的技术细节。

先秦是中国哲学的萌发和原创期,是元典文本的书写与集结过程。因此,先秦诸子的创新思想以散文诗的方式直接陈述,除个别段落引用上古文献作佐证外,一般没有后世的"章句"、"注疏"和"集解"。但是,根据《庄子·天下篇》、《史记·孔子世家》以及《汉书·艺文志》等史料,诸子百家也都有自己的诠释文本。老子是周王室的"守藏史",相当于现代国家博物馆或图书馆馆长,他对三代文献的阅读和诠释自不待言。《庄子》是《老子》的最好"注脚"。孔子从小习礼,"述而不作,信而好古",晚年整理"六艺","读《易》韦编三绝",主要是对以《周易》为代表的西周礼乐文化进行诠释。孟子则是孔子的私淑弟子,《孟子》是《论语》的最好"注脚"。不过与抱残守缺的后代"师法"和"家法"不同,先秦诸子能够"不耻下问","下学而上达"。为了说明"道德之意",他们并不死守一部典籍,而是广泛涉猎,标新立异,从而使先秦哲学呈现出百花齐放的黎明曙光。

秦始皇"焚书"以后,三代文献遗失殆尽,诸子学说口头相传,加上大汉王朝重术轻道,两汉哲学总体上以《五经》为诠释文本。董仲舒的《天人三策》和《春秋繁露》是两汉时期探究"天人之际"最有见识的思想著述,他所依据的诠释文本是《春秋公羊传》。《公羊传》属于今文经学,重视义理阐释,多说微言大义,较好地满足了刘汉统治集团的"大一统"要求。由于杂合了阴阳五行和刑名法术等思想方法,董仲舒的"天人感应"论最能体现汉代经学的感通气象。

正始年间,何晏注《论语》,援引老庄诠释孔孟,开启玄冥之风。王弼注解《老子》和《周易》,横扫两汉象数感应方法,主张"以无为本",回归自然。其后,向秀和郭象注解《庄子》,发挥"逍遥之义",虚构"玄冥之境",辨名析理达到了忘言扫象的抽象水平。《庄子》、《老子》和《周易》并称"三玄",成为玄学的诠释文本,曲折反映出儒道思想走向合流的融汇趋势。

从《四十二章经》的译出到六百卷《大般若波罗蜜多经》的刊行,印度佛教经典源源不断地经西域进入东土。隋唐时期,讲读、译注和诠释佛经成为学术风尚。中国各佛教宗派,在普遍尊奉经律论"三藏"典籍的前提下,简择其中几部经典作为自家的"宗经"。例如,天台宗以《妙法莲华经》(简称《法华经》)为诠释文本,华严宗以《大方广佛华严经》(简称《华严经》)为立论依据,禅宗先以《楞伽阿跋多罗宝经》(简称《楞伽经》)印心,后以《金刚般若波罗蜜经》(简称《金刚经》)传法,惠能南宗又独创《坛经》明心见性。概言之,佛教经典是隋唐哲学思想融摄和理论创新的诠释文本。

然而,佛教经典毕竟是在印度梵文语境中造作出来的异域文本。译成汉文后,虽转换了书写符号,但其"厌离人世"的涅槃精神并未改变。这势必与淑世的儒教伦理发生价值

---

① 《语录上》,《陆九渊集》卷三十四。

冲突。从韩愈冒死上奏《谏迎佛骨表》以来，本土知识精英出于维护民族精神的价值尊严，往往视佛教为"异端"。发展到两宋时期，这种民族主义情绪进一步演变成复兴"孔孟道统"的思想偏激，转换成"辟斥佛老"的学术审判。客观上讲，宋明理学是儒释道三教思想长期融摄的智慧结晶，佛教思想和道教学说有着功不可没的理论贡献。但受严明"理欲之辨"的话题左右和复兴"孔孟道统"的语境支配，佛教经典被从哲学解释学的前台赶出，以《大学》《中庸》《论语》和《孟子》为主的《四书》成了理学的诠释文本。朱熹的《四书章句集注》也因此成了元明清三朝的哲学教科书，个体学术创新的文字遗迹蜕变成为哲学理论进一步创新的话语桎梏。此时，诠释文本不再是思想创新的"依傍"，而是时代精神的"冷宫"，是民族精神及其生命智慧的"陵墓"，是文人学者苟且偷生、维持生计的"衣钵"。

　　回顾中国哲学漫长的发展道路，我们已经看到，在思想学说的创新时代，往往同时出现三种变易现象：一是核心话题随时代精神的进步而转向，不存在千年不变的哲学基本问题；二是人文语境随民族精神及其生命智慧的觉悟而转移，没有万古常住的哲学理论范畴；三是诠释文本随主体精神及其自由创造的选择而转换，没有放之四海而皆准的真理大全本文。以"爱智"为使命的中外哲学，好像赫拉克利特所说的"一团活火"，"按照一定的分寸燃烧，按照一定的分寸熄灭"①，恰似《周易·系辞传》所言的"生生之易"，"变动不居，周流六虚，上下无常，刚柔相易，不可为典要，唯变所适"。

二　和合学的创立使命

　　和合学的率先提出和系统创立，是中国传统哲学在全球化语境下转生的积极尝试，是中国哲学范畴及其逻辑结构在"生生之道"核心话题中不断创新的艰辛求索，是作者长期从事中国哲学和传统文化研究的自我超越。这就决定了和合学不是黑格尔式的思辨体系，而是"在途中"的创新努力。

　　"和合"二字，是通过对中国传统哲学"天道"与"人道"近百个范畴的系统梳理，从中体贴出来的中华人文精神。和合学从一开始就深深地滋润在民族精神及其生命智慧的"源头活水"里。

1.《国语》境域的和生意蕴

　　对于"和合"一词，通常有两种误解。一是语源上的，以为"和合"是佛教术语，最早出现在佛经的翻译中，即"因缘和合"。二是语义上的，认为讲"和合"就是搞调和，搞折中，和稀泥。其实，"和合"是中国文化土生土长的价值理念，在先秦元典中已成为重要的哲学语汇。在前文所引的《管子·幼官》里，"和合"已是言说"道德之意"的关键词语。从

---

① 苗力田：《古希腊哲学》，中国人民大学出版社，1989，第37页。

目前掌握的文献资料看,最早使用"和合"一词的先秦典籍是《国语·郑语》。

《国语》据传是春秋鲁国史官左丘明的著作,据《论语》记载,左丘明约与孔子同时。三国时期韦昭最先注解。在《叙解》里,韦昭对《国语》的成书缘由作了这样的推测:"……采录前世穆王以来,下讫鲁悼、智伯之诛,邦国成败,嘉言善语,阴阳律吕,天时人事,逆顺之数,以为《国语》。其文不主于经,故号曰'外传'。所以包罗天地,探测祸福,发起幽微,章表善恶者,昭然甚明,实与经艺并陈,非特诸子之伦也。"①两汉经学时代,《国语》在《五经》之外,与"禄利之路"无缘,这一际遇反倒有助于保持文本原貌,躲开被章句支离、为谶纬戕害的厄运,使我们仍能听到当时有识之士围绕"天时人事"的精彩对白,切身感受"礼坏乐崩"时期民族精神及其生命智慧的深沉忧患。下面,我们选录《国语·郑语》"史伯论兴衰"中的重点段落,借助特定的语用境域分析,仔细体味春秋时期"和合"话语的生生意蕴。

周幽王即位八年,郑桓公作王室司徒,与太史史伯谈论"兴衰之故"和"死生之道"。当论及远古帝王成就"天地之功"时,史伯说:"虞幕能听协风,以成乐万物生者也。夏禹能单平水土,以品处庶类者也。商契能和合五教,以保于百姓者也。周弃能播殖百谷蔬,以衣食民者也。"②虞夏商周之所以能够成就与天地一样长久的赫赫功业,根本原因在于他们能够在天地和人事之间创造和合生意:虞幕能够"听知和风,因时顺气,以成育万物,使之乐生";夏禹能够熟悉水性,因地疏导,"使人物高下,各得其所";商契能够了解民情,因伦施教,使百姓和睦,皆得保养;周弃能够播种百谷,繁育蔬菜,让人民丰衣足食,安居乐业。

根据上古帝王的和合生意,史伯断定周幽王必将衰败。当桓公问道:"周其弊乎?"史伯肯定地说:"殆乎必弊者也!"接着进一步指出幽王"必弊"的原因是"去和取同"。"夫和实生物,同则不继。以他平他谓之和,故能丰长而物归之。若以同裨同,尽乃弃矣。故先王以土与金木水火杂(韦注:杂,合也。)以成百物。"③韦昭认为,"和实生物"是指"阴阳和而万物生","以他平他谓之和"是说"阴阳和生,异味相和"。这显然是用战国后期、特别是西汉以来的阴阳二气思想作注解,未免"一分为二"的思维定势。从史伯所举的例证可以看出,"和生"至少是"五行"在天地与人事之间的杂合。"土与金木水火"是《尚书·洪范》所讲的"五行",是先王平治天下的首要功德。金木水火土是人生天地之间日用常行的五种差异性质能元素。善于和合这五种元素,就能风调雨顺,五谷丰登,就可生机勃勃,王道荡荡。相反,如果片面追求类同,强调一统,那么,毁弃多样,毒害生灵,势必危亡。"声一无听,物一无文,味一无果,物一不讲,王将弃是类也而与剗同。天夺之明,欲无弊,得乎?"④

---

① 《国语叙解》,上海古籍出版社,1978,第 661 页。
② 《郑语》,《国语》卷十六,第 513 页。
③ 同上书,第 515 页。
④ 同上书,第 516 页。

"和实生物,同则不继"的和合生意,最初萌发于先民的婚育经验。在《国语·晋语》里,晋国大夫司空季子与晋文公的一席谈话,讲明了这一道理:"异姓则异德,异德则异类,异类虽近,男女相及,以生民也。同姓则同德,同德则同心,同心则同志,同志虽远,男女不相及,畏黩敬也。黩则生怨,怨乱毓灾,灾毓灭姓,是故娶妻避其同姓,畏其乱灾也。故异德合姓,同德合义。义以导利,利以阜姓,姓利相更,成而不迁,乃能摄固,保其土房。"①这段论述说明了两种不同的道德原理:其一,种族繁衍或人口生育,依据"异德合姓"的自然婚配法则,同姓婚配,近亲繁殖,必有灭绝之灾;其二,群落扩张或组织壮大,依从"同德合义"的社会协同准则,异姓异德,师出有名,必有刀兵之乱。怎样才能使同异二德"并育而不相害","并行而不相悖",确实是天地自然现象与人事社会活动之间的元话题。

在越王勾践与吴王夫差所进行的争霸战中,范蠡以其独特的才智助越灭吴,出色地回应了这一元话题:"夫人事必将与天地相参,然后乃可以成功。"②这是一言九鼎的不刊之论,是整部《国语》的点睛之笔。韦昭的注解颇得其中三昧:"参,三也。天、地、人事三合,乃可以成大功。"从炎黄阪泉大战到吴越姑苏力争,在中华民族的早期形成过程中,由融突而和合,由和合而生生,是内在的脉动节律,是由"见龙在田"到"飞龙在天"的跃迁轨迹。

人生天地之间,这是生命智慧冬眠初醒、民族精神大梦方觉的原始视阈。迄今为止,尽管宇航员已涉足月球,哈勃望远镜遨游太空,但顶天立地的自然视野,仍是仰观俯察的参照系。人事活动必须与天、地参合,才能建功立业,成就最高道德。先秦诸子所言说的"道德之意",正是"人事必将与天地相参"的和生意蕴。道家的"人法地,地法天,天法道,道法自然",构成了人—地—天参合有序的自然和生之道。儒家的"裁成天地之道,辅相天地之宜,以左右民",构成了天—地—民参赞化育的人文和生之德。"道生之,德畜之","乾元资始,坤元资生",一言以蔽之,"道德之意"、"乾坤之蕴",均以"生生之谓易"。就此而言,《周易》是儒道两家的义理本原。秦汉之际,大地沦陷,"天、地、人三合"衰减成为"天人相与之际"。宋明时期,人事荒废,"天人之际"只许"天理流行"。经过三而二、二而一的减数分裂,原始的和生意蕴丧失殆尽,中国哲学也随之偏离了百姓日用的和合生存境域,创新源泉趋于枯竭。

2. 价值冲突的和爱化解

19 世纪末 20 世纪初,在中西哲学文化长廊里,相继涌现出两大疯狂意象:一是尼采《快乐的科学》中的疯子,白天打着灯笼,惊慌地发现"上帝死了",教堂成了掩埋神灵的坟墓;二是鲁迅《狂人日记》里的狂人,晚上挑灯夜读,朦胧地看出"仁义吃人",孔庙变为礼教罪恶的象征。"上帝死了",知识硕果的善恶属性就没有了"最后审判"的价值尺度,知识产权、科学

---

① 《晋语四》,《国语》卷十,第 356 页。
② 《越语上》,《国语》卷二十,第 650 页。

技术都可以在集中营里广泛应用,实证其工具效率。"仁义吃人",道德修养的是非特征就不存在"止于至善"的意义标准,绿林好汉、草莽英豪都能够到金銮殿上发号施令,坐享其江山收益。西欧社会的两次大战,涂炭生灵;民国时期几度混乱,草菅人命。透视这些文化意象和历史表象,我们看到的幕后真相,其实是文明的悲剧和价值冲突。

文明自古多悲剧。玛雅文明、古埃及文明、古巴比伦文明和古希腊文明,早已烟消云散,存留下来的遗迹只是让人凭吊的"文明的碎片"。"旧时王谢堂前燕,飞入寻常百姓家。"价值新近方冲突。新教伦理、儒教伦理、佛教伦理和伊斯兰教伦理,都自称"普世伦理",激烈竞争的场面不过令人困惑的"人权的争吵"。亨廷顿先生因撰写《文明的冲突与世界秩序的重建》而为人诟病,不得不多次为自己辩护:正言若反,用意良苦。其实是出于维护西方伦理价值的需要,有意笔误。真正冲突的是你死我活的价值理念,而不是兼容互补的文明形态。

按照和合学的理解,20世纪是价值冲突的世纪。两次世界大战、半个世纪冷战、无数的局部战争和地区冲突是其显著特征。现在的巴以冲突和印巴冲突,是其综合后遗症。从表面上看,价值冲突的起因是市场配额的不均等,利润瓜分的不公平,生息领地的有争议和宗教信仰的有分歧。但从实质上看,一切冲突都根源于非此即彼、主客二分、你死我活、势不两立的不相容价值抉择。借用孟子的话说,是鱼和熊掌不可兼得。

人类面临的这一价值冲突有五个方面的表现,构成困扰社会持续发展的五大冲突和五种危机。

第一,人与自然的价值冲突及生态危机。现代生态学原理告诉我们,人类是自然生态系统的顶级消费者,野菜草根、五谷杂粮、飞禽走兽、山珍海味,都能充当食物资源。一旦食欲恶性膨胀,杀戒大开,势必危及生物多样性存在,导致生态环境失衡和退化。工业革命以来,用科技知识武装到牙齿的现代人,排山倒海、战天斗地,开展了一场史无前例的人天大战,"以人灭天","以故灭命"。时至今日,物种正在灭绝,大气日益污染,生态环境不堪负重,大地母亲面目全非。这实际上是以人的尊严覆盖天的尊严,以人生的价值兼并众生的价值。人不仅为自然立法,而且还以工具理性的名义宣判天地万物的死刑。

第二,人与社会的价值冲突及人文危机。资本主义生产方式的确立,个人被从温情脉脉的血缘纽带上剥落下来,成为赤裸裸的赚钱工具。受物质利益的激励和驱动,整个社会成了实现物质财富增长的大机器。按照零和博弈的游戏规则,国与国之间展开了价格大战,贸易大战,军备竞赛,国力竞赛。为了"国家的利益",个人必须充当视死如归的角斗士。与此相反,文艺复兴以来的个人解放运动,也发展成为自由主义、利己主义和无政府主义,社会的整合功能受到前所未有的挑战。个人自由与社会整合之间的价值冲突,使古老的人文精神日趋失落,人文学科受到冷遇甚至嘲弄。哲学已被多次宣告"终结",史学成了任人打扮的摩登女郎,文学成了"小品"中的笑语,银幕上的"大话"和荧屏上的"戏说"。宗教更是成了"万恶的深渊"、"迷信的伴侣"和"偶像的黄昏"。书写人文故事的所有文本或被误读,或被涂改,或被解构。人文精神的现实关切和终极关怀竟然成了多管闲事的话语骚扰。

第三，人与人的价值冲突及道德危机。市场竞争机制的确立和泛化，使礼让和不争的古典美德全线崩溃。"忠恕之道"成了不思进取、不敢拼搏的保守主义。人们调动起生物本能里潜在的进攻性，按照《孙子兵法》、《三国演义》、《韩非子》和《鬼谷子》等厚黑谋略，在商海里玩起大鱼吃小鱼的攻略游戏。爱情、婚姻、家庭、道德良心、社会责任、民族尊严统统成了致胜的武器。人们仿佛回到了原始的丛林期，依据自然法则扮演狮子、狐狸和山羊等竞技角色，进行你死我活的最后斗争。假冒伪劣、坑蒙拐骗使诚信价值濒临毁灭，道德交往提心吊胆。

第四，人与心灵的价值冲突及信仰危机。近代实验心理学将人的心灵拿到实验室里做解剖分析，运用刺激—反应机械模式把心理活动分为认知、情感和意志三种现象，浑然一体的心灵被初步凿穿。弗洛伊德更进一步，根据歇斯底里病人的临床表现，运用催眠术引发联想，将意识世界肢解成"本我"、"自我"和"超我"，并使它们相互征战，颠倒梦幻，完整的道德人格被截成三段。在实证科学的旗帜下，人性无始以来丑恶的阴暗面暴露无遗。心理分析既发现了不少神经疾病，又制造了更多的精神病毒。从此以后，人刻意跟自己过不去，心灵世界成了自我征讨自我的战场。本来，信仰是以自尊、自爱和自强为宗旨的。精神一旦病变，自我发动内战，一切信仰都将化作泡影。

第五，人与文明的价值冲突及智能危机。文明是生命智慧的觉醒状态，是自然智能的创造成就。文明的程度标志着人道的开放程度，文明的水平标志着人性的解放水平。与以往的生存文明相比，工业文明是以科技发明和创造为第一推动力的产业文明。这一文明的最大特征是，创造财富的目的不是为了满足人们的基本生存需要，而是为了更加奢华的享受和炫耀。因此，资源消耗多，产品积压多，财富靡费多。特别是以信息技术产业和生物技术产业为代表的高科技产业的出现，工业文明开始了从道琼斯指数向纳斯达克指数的资本飞跃。与此相应，人工智能开始逐步取代自然智能在发明创造中的传统角色，数字化的虚拟时代即将到来。如果说哥白尼的日心说和达尔文的进化论剥去了笼罩在人头上的神学光环，使人放弃了他在宇宙时空的中心地位和在"上帝之城"的选民资格，那么，克隆技术的发展和人工智能的完善，将迫使人成为十足的工业制品，人的全部的思想尊严将受到无情的揶揄。一旦图灵机模式被创造性突破，神经元计算机彻底取代硅晶体计算机，包括思想、感情和意志以及创造性在内的人脑自然智能将被电脑虚拟放大，甚至功能超越。到那时，文明的价值高于人类的价值，电脑的智能胜过人脑的智能，人还有什么尊严可言呢？

价值冲突有可能将文明的悲剧反演成人类的悲剧。这决不是危言耸听，而是五大冲突和危机合乎逻辑的演绎结果。因此，要避免人类的悲剧，就必须中止反演律的逻辑效应，必须化解日益激化的价值冲突。

按照和合学的文化战略构想，要化解价值冲突，中止逻辑反演，就必须确立和爱准则，尊重生命智慧，保护自然生态，建筑生生大道，让人刚毅地植立在天空下，诗意地栖息在大地上,使工具理性、科学技术以及工业文明无条件地维护人生的价值和思想的尊严。为此目的,需要重新培养"乐山乐水"的仁智情趣,重新树立"仁民爱物"的伦理精神,悉心守护"乾称父,坤称母"的元始生存境域,有效防治"理性法庭"的权力滥用,彻底消除"技术阱架"的视阈屏蔽,全面医治"文明病毒"的智能污染。

3."和合起来"的爱智乐章

不管柏拉图的"理想国"多么正义,莫尔的"乌托邦"多么平均,不管孔子的"大同"何等公道,弥勒的"净土"何等长寿,在迢迢银河,在茫茫星海,我们只有一个地球。这一宇宙学生存境域要求我们必须"和合起来"。

罗马帝国、奥匈帝国、第三帝国,为了蛊惑人心的颠倒梦想,化玉帛为干戈,历史付出了过于沉重的生命代价。和合起来吧,不要再上演《战争与和平》的话剧了。我们最需要的是《维也纳的森林》,是《蓝色的多瑙河》,是《春节序曲》,是《丰收锣鼓》。

中国文化是崇尚和合的文化,华夏民族是喜爱音乐的民族。一曲《高山流水》,是我们祖先对元始和合境域的生命体验和艺术表达。伟大的思想家孔子在欣赏"尽善尽美"的《韶》乐时,竟能达到"三月不知肉味"的陶醉程度。可惜的是,秦火一烧,《乐经》失传。元始和合境域三籁俱寂,除了《离骚》、《国殇》和《兵车行》等文人吟唱外,只有《大风歌》的吵闹,《七步诗》的哀怨,以及《孔雀东南飞》的伤感。

今天,我们要弘扬文化传统,要振兴中华民族,就需要以音乐家对和声谐音的直觉和灵感,在全球化语境中谱写和演奏新的和合乐章,使中国哲学成为世界哲学新世纪创新的爱智序曲。

孔子讲过:"兴于诗,立于礼,成于乐。"①和合起来的和生意蕴好像诗情的基调,规定着创新的方向;和爱化解如同礼仪的旋律,调整着爱智的步伐。和处为美,和立为真,和达为善,相与组成从和生到和爱的三步曲,从三维立体关系上范导意义追寻的道德路径和价值创造的人文程序。从赋诗、制礼和作乐的生生角度讲,和合学与中国哲学的创新是一脉相承的。

---

① 《论语·泰伯》。

和合学论纲

张立文

从全球视野来审视20、21世纪交替之际的国际社会,人类需要转换视角,改变观念,站在一个新时代、新理论、新思维的起点上,反省、总结20世纪的两次世界大战、两次大革命,以及世纪末的冷战向后冷战转变等等的风云变幻,以寻求、规划21世纪人类的命运和走向。

世界和东亚的思想家、政治家、谋略家,自觉或不自觉地都在思考,下个世纪人类怎样才能生活得更美好。人与自然、社会、人际、心灵、文明间以及民族与民族、国与国、家与家之间的关系,应以什么新理念、新原则来建构世界新关系、新秩序、新规范,使人人都能安身立命。

一 21世纪人类所面临的冲突与危机

21世纪人类共同面临着严峻的冲突和危机,概而言之,有五个方面:即人与自然(生态危机),人与社会(社会危机),人与人(道德危机),人的心灵(精神危机),不同文明(价值危机)之间的冲突。它关系着人的生命存在和利益,以至人人均不可逃。为了求索化解此五大冲突危机之道。追究人类文化的出路和前景,东西方学者从各个层面提出了各种各样的理论、学说和构想,组织了各种机构,做了许多有益的工作,但效果与价值理想相距甚远。

一是人与自然的冲突。当前世界环境污染,资源匮乏,土地沙漠化,人口爆炸,臭氧空洞、酸雨面积扩大,温室效应加剧,疾病肆虐,就连饮用水也成为严重问题,等等。一切由人类自己所酿成的苦酒,都要由人类自己来喝掉。人类面临着生存与毁灭的冲突,生态危机时时刻刻威胁着每一个人。

二是人与社会的冲突。国际社会南北贫富不均,东西发达与不发达失衡,转而冲突加深。以逃离经济困难为主的新移民浪潮,既冲击各自国家的都市,造成大都市紧张、冲突和暴力;亦冲击各发达国家,而酿成种族主义、沙文主义,激发冲突和暴力。冷战时的二元对抗转变为后冷战的多元对抗,民族性、宗教性、区域性战争和冲突,此起彼伏。就战争的数量而言,不一定是减少,而可能是增加,直接危害人民的生命财产和安全,再加上各国的黑社会组织、恐怖组织、贩毒吸毒以及贿赂公行、政治腐败、金权交易等等。社会文明危机深重,人类社会的正常生存和发展受到威胁和冲击。

三是人与人的冲突。现代人与人之间,人情淡薄,漠不关心。"各人自扫门前雪,休管他人瓦上霜。"个人至上,有我无他,道德失落,行为失范。人人只求私利,不讲公利、他利。争夺权力,致人死地。尔虞我诈,坑蒙拐骗。公然抢劫,谋财害命。杀人放火,无法无天。人与人的关系空前紧张,道德危机越来越深重。

四是人的心灵的冲突。现代人际疏离,家庭解体,老小失养,孤寡无依;加之竞争激烈,生活紧迫,压力重重,人际紧张,使得人的精神世界极度空虚和孤独。心灵的苦闷、痛苦、烦恼、焦虑、悲哀、愤怒、冤屈、压抑等等无穷无尽,无处倾诉,找不到爱护。心灵无所寄托,精神危机加剧。造成精神失常,自我了结等。

五是文明之间的冲突。人类文明自古至今影响最大、最深远的是儒教文明、佛教文明、伊斯兰教文明和基督教文明等。由于各教的经典、教义、教规、仪式、教团的差异以及宗教信仰、风俗习惯、生活方式、价值观念、道德伦理、行为方式的不同,就会发生冲突,各教内部各派别之间也有冲突,以至战争。

除此之外,还存在诸多复杂的冲突,但可大体归类于此五大冲突和危机。化解人类五大冲突之道,和合学是最佳化的文化方式的选择和最优化的价值导向。

如何化解生态危机?——治理环境污染,防止土地沙化,计划人口生育,解决资源匮乏,预防疾病肆虐。如何协调社会危机?——解决国际社会南北贫富不均,东西发达与不发达失衡的冲突,以逃离经济困难为主的新移民浪潮带来的紧张、冲突和暴力,以及战争、黑社会组织、恐怖组织、政治腐败、金权勾结等。如何和谐人际冲突?——化解道德失落,行为失范,公然抢劫,谋财害命,杀人放火等危害人际关系。如何平衡心灵的精神危机?——消除心灵的苦闷、痛苦、烦恼、焦虑、悲哀、愤怒、压抑等等紧张。如何化解文明间的冲突?——使不同文明间相互对话、谅解和容纳。

面对人类所共同面临的这五大冲突与危机,这是建构人类共同价值理念的基础。虽不能建构全人类完全一致的价值理想、精神家园、伦理道德、终极关怀,但可以确立一些各民族、各国家最低限度认同的规则、原则、原理及价值观念。各民族、各国家应把注意力集中到能否化解现代人类所面临的冲突和危机的现实,这是时代的需要和时代精神的呼唤。若以此为价值标准和价值导向来审视一切文化,则无所谓西方文化与东方文化的绝对界限或优劣之分,也可以超越传统与现代两极二分的固定框架,人们可以转换视角,用一种新的冲突融合而和合的理念,来思考人类所面临的冲突和危机。

二 和合人文精神的意蕴

如何化解人类所面临的五大冲突和危机?便呼唤一种新的理论思维形态,做出回应。笔者经长期的研究,潜心竭思提出了和合学。和合学是时代精神的召唤,是中国文化人文精神的精髓和中国文化的生命智慧。也是回应此五大冲突和危机的最佳的文化选择。这是因为冲突融合而和合,对化解人类所共同面临的五大冲突和危机具有巨大的魅力。人类面临的五大冲突和危机,只有和合学才能合理地、道德地、审美地化解。

和合学理论的立言宗旨、创学标的,是为了化解21世纪人类文化系统内的价值冲突和危机,进而设计21世纪人类文化发展的战略之道。所谓和合的"和",是指和谐、和平、和睦、和乐、祥和;"合"是结合、联合、融合、合作。和合是指自然、社会、人际、心灵、文明中诸多形相和无形相相互冲突、融合,与在冲突、融合的动态过程中各形相和无形相和合为新结构方式、新事物、新生命的总和。和合是人世间现象,是和合学的研究对象。建立在和合文化基础上的和合学,是指研究在自然、社会、人际、人自身心灵及不同文明中存在的和合现象,与以和合的义理为依旧,以及既涵摄又超越冲突、融合的学问。

"融突"关系在变易、转换中展现:

一是和合生生。和合即为生生,可指称为和生、合生。其理论公设为:冲突(差分)——融合(氤氲)——和合(和合体)。和合概念见于《国语·郑语》:"商契能和合五教,以保于百姓者也"。先秦有和同之辩,《管子》、《墨子》书都讲和合,佛教讲"因缘和合",道教《太平经》亦讲和合,以至民间有和合二仙。天地间万事万物都依"和"和"合"而有和合者,外于和合而有的"在",为"非在";"非在"转换为"在",必待和合,经和合而拥有在的"质"或"式"。和合就是差分,只有差分、冲突,才能回应如何与怎样和合是可能的。所以说"夫和实生物",犹"土与金木水火杂(合也),以成百物",讲的只是自然生态系统质能中和反应的引申,即同性质能互斥,异性质能吸引。这是物理静力学上的经验定律。事实上,在整个物理世界,同异皆可和合,只是和合的方式不同。异性则亲和,同类则聚合。自然生态系统的和合,服从物理——化学规律;文化价值系统的和合,服从主体选择——实践创新原则。两者不杂有异,不离互补。和合学是"为文化立法","为人类立心"。和合学视野中的自然,是文化着的自然;天地,是人文化了的天地。

西方的神创思维,有一个被普遍认同和强化了的"创世"说。天地万物最初从哪里来的?为什么是这个样子?如何生?为何生?有犹太教、基督教神学的预设和解释。上帝从礼拜一至礼拜六,创造了昼夜、空气、水、地、青草、树木、果子、太阳、星星、月亮、动物、鸟兽、男人、女人等等万物,即设计一个唯一绝对的、全知全能的客体或精神来创造世界万物。中国没有一种像西方那样被普遍认可的上帝或天神创世纪说,然而,宇宙万物如何生?为何生?最初从哪里来?中国的思想家、哲学家又不能不做出回答。他们循着"仰则观象于天,俯则观法于地,观鸟兽之文与地之宜,近取诸身,远取诸物"的观法,"以类万物之情"(《系辞传下》,《周易本义》卷三)。

中国古代思想家近取自身而经验地发现,由于男女的交合而生出许多儿女来。新生儿女的本质,在和合中存在。离和合,即无在。然后,依此而推及天地万物的化生。"天地氤氲,万物化醇。男女构精,万物化生。"(《系辞传下》,《周易本义》卷三)这便是天地、阴阳、男女各种差分形相的媾合。有差分才会有变易,有变易才会有媾合,有媾合才会生育万物。这种诸多相互差异、对待的形相和合育物,与西方讲单一的、唯一的绝对存有的、无对待的上帝造物,大异其趣。

二是存相式能。人世间的存在都是相,事相、心相、法相、名相、存相,便是差异分殊,就会发生冲突,冲突就需要选择,相亦是选择;由选择才能转换为式能,式能是融合,式能是指存相形式及各种潜能、能力,亦指存相所蕴涵潜能形式或潜能结构。"式"是潜在的"能"的形式;能是存在形式的潜在能力。"式"作为潜在的能的形式,有多种多样的"性"(相的性)和走向;有真、善、美的形式潜能,有假、恶、丑的形式潜能;有阳、刚、健的形式潜能,有阴、柔、顺的形式潜能;有动、显、伸的形式潜能,有静、隐、屈的形式潜能。这种对称、对应式能的不同走向,殊途同归,相对相关:无真善美……能的式,亦无假恶丑……式的能。

存相的殊途同归,便是式能展现为自然的、社会的、人际的、心灵的、文明的和合。以和合为形式义的本质,和合即为形式,可指称为式能。其公设为:存相——选择——式能。存相为式能的存相,式能为存相的式能,任何存相都涵融能的式或式的能,无无式能的存相。作为存相方式潜能的"能",是无限的、活泼的、日新的,是天地万物存相的动力和生力。式能是即存有即活动,即形式即潜能。

三是融突和合。冲突是指诸存相的性质、特征、功能、力量、过程的差异和由差异而相互冲撞、伤害、抵牾状态。宇宙间没有无冲突的自然,没有无冲突的社会,没有无冲突的人生,也没有无冲突的心灵,以及没有无冲突的文明(文化)。冲突是对既有结构方式或方式结构的突破、破坏,又是对秩序结构、秩序方式的冲击、打散。冲突的过程实际上是负熵增加的过程,由无构、无序、无式而需重建结构、秩序、方式。

重建结构、秩序、方式的过程,便是融合的过程。"融"有明亮、溶化、流通、和谐的意思,"合"是融洽、聚会、符合、合和之义。融合是指任何可分的诸形相,在其差分或继存过程中,它们各自的生命潜能、力量、特质、价值均有赖于另一方的聚会、渗透、补充和支援。融合在冲突的过程中实现,是冲突的果或表现的结构方式。融合是既有结构方式打散以后的重新凝聚,标志着新结构方式或方式结构的化生;融合是既有结构方式否定后的肯定,此肯定是对新结构方式而言。冲突本身就意蕴着对既有结构方式的否定,因而,它不能直接化育新结构方式。冲突又意味着竞争,于是有催化新生命的作用。

冲突是融合的因,融合是冲突的果;冲突是融合的前提,融合是冲突的理势。在人类生存的各种不同方面、层次中,存在不同的冲突融合类型,还没有一个虚性观念概括所有类型的冲突融合。现代人类面临着五大冲突和危机,怎样化解此五大冲突和危机,便是人类文化生命之所在和时代人文精神之精髓,这便是冲突融合的更高层次,即和合。和合包容了冲突与融合,作为冲突融合的和合体,是一种提升,使原来的冲突融合进入一个新的领域或境界;冲突也只有在新的和合体中,才能继续发展和获得价值。冲突若不走向融合,冲突便毫无所成,只有负面的价值和意义,故冲突需要融合来肯定和认可;融合若无冲突,就无所谓融合,融合的正面价值和意义,亦无所肯定和定位。冲突就是生活,融合亦是生活,融突的和合体,便是生活体。和合即冲突即融合,即超越即内在。

四是自然选择。和合既是诸多差分形相的成分的和合,亦是异质成分的和合,选择说到底是主体人的选择,它是主体人在选择过程中的一种价值取向;选择是对差分中不符合于和合需要的元素的自然淘汰。不同时代、民族、国家及个体,由于价值观的差分,价值标准、价值取向亦异。价值可分为现实层面的公平、正义、合理和超越层面的真、善、美。和合是不断追求真、善、美的过程。

如果把现实层面的正义、公平、合理的伦理原则和超越层面的真、善、美的理想作为契合的背景,那么,在现实实际作用的具体层面上(亦即主体可操作层面上)是可以找到这样的契合的,即自由的人格,文化主体对自己的生活能做出独立的自觉选择;以幸福为生活目的的伦理取向,文化主体对创造性生活的个性体验的认同,并作为生活中最大的现实价值目的;理智的怀疑态度,文化主体思维中对生活本身的批判审视。

在现实层面上,自由、幸福、理智所构成的现实标准的规范,它与正义、公平、合理的伦理价值原则和真善美的理想价值原则是圆融会通的,并将其落实到社会现实的层面。

自由、幸福、理智所构成的现实价值标准规范,可以一种"不应该"如何的格式呈现于每个文化主体意识之中的觉解或体认,即文化主体在行为上不应该不独立自觉地选择,不应该不创造性地生活,不应该不批判性地怀疑,可成为三者共同遵循的价值标准——文化和合的"不应该"原则。它是切实趋向公平、正义、合理以及真善美的唯一可能的现实途径。

以和合为自然选择的真切义的过程,和合就是一个不断符合真切的过程。自然是冲突原则,选择是融合原则,由选择而构成新和合体或和合者。自然选择,和合创新,是人类特有的目的化行为。正是因为人类能在价值层面选择创新,文化的发展才与自然的演化分道而行。

五是烦恼和乐。人的生与死、贫与富、贵与贱、哀与乐、善与恶等的冲突,对人生生命构成一种精神上的压抑和紧逼,因而产生恐惧感、孤独感、疏离感。它是人的主观感受,使人的精神与心理失去平衡,而有烦恼,痛苦。因而,人便要求在精神生活结构方式上有所改善,以获得心情的宁静安详,心绪的和平恬淡,心灵的和乐愉悦。这便是知有所定,神有所依,心有所寄。达到这个精神境界,便是和合。

和合协调人的心灵平衡,使人和天和,进入天人和乐的和合心灵境界。以和合为美感义的艺术,和合即为一种艺术,可指称为和乐,即美感的艺术境界。构成冲突融合或差分的和合体。这个和合体犹如一曲美妙的交响乐,交响乐有各种不同的乐器,发出各种不同的声音,正因其不同,却以其内在的和谐、深刻的意蕴、高超的艺术,呈现人对于自然、社会、人生、心灵真谛的感受,给人以艺术的美感。即使是一种乐器的独奏,也以其乐器、乐谱与有一定素养的、能动的人相组合,以及这一乐器所奏出的高低、迟速、缓急等不同音律的融合,这就是"和六律以聪耳"(《郑语》,《国语》卷十六),才成为一曲美妙动听的乐曲。若一种乐器发出一种声音,只能是噪音,"声一无听"(同上)。不仅无听,而且使人心烦意乱,爆发粗鲁的、意外的行为。只有和声、合声或和乐、合乐,才能给人以美感的享受、心灵的愉悦和情操的陶冶;也使人心理平衡,思虑静定。

和合五义,都蕴涵着融突理论,即关于融合冲突关系的理论,简称融突论。差异——存相——冲突——自然——烦恼＝突;和生——式能——融合——选择——和乐＝融。融突的提升,即是和合。和合此五义,即是和合意蕴的内在的动态结构方式。和合第一义有自性,才能生生,差异和生,生命生生之所本;第二义,有本质,才有形式,存相式能,变化日新之所本;第三义,会变化,才会超越,冲突融合,大化流行之所本;第四义,有过程,才会真切,自然选择,对称整合之所本;第五义,有艺术,才有美感,烦恼和乐,中和审美之所本。

生命生生、变化日新、大化流行、对称整合,中和审美为和合人文精神的原则。差异和生的氤氲原理、存相式能的选择原理、冲突融合的变化原理、自然选择的互动原理、烦恼和乐的中和原理,是"和合论"的五原理。这便是融突"和合论"的基本内涵。原则和原理是事物变化、转换过程中必然性的东西,它规范事物在其演化过程中的理路和指向。

和合无所不在,无处不有,一切融突存在,都是和合存在。这就是和合学所要研究的。和合学蕴涵着:一是和合的主旨是生生。生生是不息的流程,是新生命的化生,是中国文化人文精神的呈现。哲人们在对于内在生命力量和外在环境变化相交织的深刻体验中,领悟到人生生命的尊严、价值和意义,爆发出生命生生的活力和对于真、善、美境界的快乐的深沉感受,因此,以生为乐。生之所以然,本身便是和合或合和。"天地合和,生之大经也"(《吕氏春秋·有始》)。和合学是对于如何生生的为什么的追究,即对合和生生的生命力源泉的寻求。所以,和合学亦即新生命哲学,即生生哲学。

冲突融合而生生不息,这是然,犹如"一阴一阳之谓道",是然。为什么"一阴一阳之谓道",犹为什么冲突融合而生生?便是所以然,"所以一阴而一阳者,是乃道体之所为也"(朱熹:《答陆子静》,《朱文公文集》卷三十六)。道就是阴阳的所以然,和合就是冲突融合生生的所以然。这个所以然,就是和合之真元。

二是变化形式。和合作为差分存相的式能,存相便是有待,有待就有变比。式能是存相之为存相,有此式能,便呈现存相的种种形式。存相是形式,式能亦是形式。式能是一动态结构,它变化日新,即是潜能发动不息。存相作为有冲突的存在,亦日新变化。变的初义是"更",即改常、易常的意思,生生之后一"生"字,便蕴涵着变易的意味。化,本意是教化,教行。人通过教化,便改过迁善。

和合的"融突论",在某个意义上说亦是变化论。"突"就是冲突、对待、变易,"融"是变化之化到了一定的限度,便进入变,是新生命、新事物的诞生,便是"融"。

和合学是对于存相式能是什么与为什么的追究。它是对诸多形相构成新事物、新生命的中介转换机制的探讨,是对于存相变化日新的元生力潜能的追究。和合学也是对存相式能的各种理解与解释的理论反思,包括这种理论前提能否成立、能否合理,以及这种理论形式的价值合理性和工具合理性的思考。和合学试图和合科技理性与人文理性、价值理性与工具理性、公共理性与分殊理性之间的对待,以"融突论"为指导,达到和合境界,即使之成为冲突融合的和合体,亦即元体。

三是流行超越。冲突涵摄世界,融合亦涵摄人间。人世间万事万物都是"融突"的大化流行中的存相与大化流行中的式能。冲突融合相对相关活动,恒常无限,它就是和合自身的运动,也就是和合体之所以"融突"的根据所在。大化流行是淘沙的过程,亦即筛选、选择的过程。人世间种种形相都要在大化流行中被冲洗而裸露出来,即剥光了层层服饰,而显其真元。因此,冲突融合的大化流行,本身便是自然选择的过程,这里毋需预设价值原则。宇宙之所以大化流行,乃和合体在差分元素相互冲突,也即和合中变化、交感、动静之潜能的展现。此潜能神妙莫测,名之曰神,或称之为"神化"。

和合学是对宇宙大化流行动因的追究,即为什么变动不居,周流六虚?为什么为道屡迁,妙用莫测?以及和合中涵变化、交感、动静之潜能,而有氤氲、摩荡之相的探讨。它既涵摄又超越冲突融合。和合不仅仅是融合,融合也不就是和合,和合包容了冲突融合。现实的冲突融合是人生存的种神情景。然主体人绝不满足于客体情景,而要求超越自然的元境,个人的己境,生存的尘境,科技工具的解境,物质生活方式的物境,精神心灵的心境,社会群体的群境,而达和合生生的和境。那么,如何、怎样以及为什么超越现实的冲突融合与八境,而导向和合?和合学只有超越冲突融合,才能涵摄冲突融合的;只有超越,才能成为自由和合与和合自由的根由。

四是对称整合。自然差分是对待、对称的价值判断,选择又是相对相关的主体态度和方法。中国的"太极图"体现了对称原则,对称也是事物整体统一性中系统与系统内部各要素、元素间的一种相应的等价性关系。这种关系提升为概念,如左右、上下、徐急、动静、聚散、始终、有无、形神等等。与对称相反,如果系统经过一定的中介选择后发生了变化,就是非对称,对称与非对称是系统转换发生前后的两种状态,非对称是系统内部的不同要素、元素与系统、环境之间差异所引起的冲突的表征。冲突就意味着要重新整合,其间经某种转换,出现新的对称。

如果说冲突包含对称,那么,融合则包含整合。因此,对称整合与融突相联结。对称的差异,意味着相对相成,而非独对独成;相对意蕴着此消彼长,还彼消此长,即意蕴着在对称、相对中的选择,选择即是对自然的否定。对称整合即是自然选择,而达整体的统一和谐。

和合学的本旨是和,它是对自然、社会、人际、心灵、文明的整体和谐、有序的探索;是对在这一不断破缺和完美过程的所以然的求索,是对什么是自然的为什么的追求,以及什么是选择的价值原则的为什么的追究。对称整合作为中国人文精神原则,在诸多形相和无形相和合为新事物、新生命中有着重要作用。

对称整合是和合学的内在的与外在的结构形式,自然选择是和合学的价值取向和价值公度。对称整合、自然选择之所以是和合学的结构形式和价值公度,亦是和合学所关心探索的课题,以求和合新生命的生生不息。

五是中和审美。有差异,才有中和。人世间一切事物(包括人的精神生活)中都存在差异中和。《左传》、《国语》讲和声、和味、和政等。中和之美感,与心灵密切契合。荀子认为,中和之声能激起主体内心情感的发动,以协调、和谐人心灵的各种冲突。中和之声的审美价值,就在于净化心灵,使人的心理失衡,情绪失序、精神失常等得以调理,达到血气和平,和美愉悦。

和合学是和乐、和美、和和。它是对人类精神生活中之所以烦恼、苦闷、孤独、空虚、痛苦的原因以及造成这种原因的自然、社会、人际、心灵、文明和政治、经济环境的关系的追究;是对于如何修养心性,如何治疗心理失衡、情绪失序、精神失常的所以然的探讨;是对于什么是审美价值的为什么的追求。和合学是对于中国传统文化中和之为美的审美价值的反思,以及对于审美方式、审美结构的思考。从某种意义上说,儒家文化精神的价值取向是中和,道家文化精神的价值取向亦是中和,墨家文化精神的价值取向也是中和。因此,和、中和是中国文化精神的精髓。所以,和合学亦是关于和合之所以是中国文化人文精神原因、根据的探索。中华文化人文精神的精髓和生命智慧呈现为和合,并构成中华文化和生命智慧的稳定结构。

和合五义与和合学五义相对应,蕴涵"融突"理论与对于"融突论"根据的追究。和合学义蕴与和合人文精神的原则相融合,并通过纵横互补律、整体贯通律、浑沌对应律,达到和合的艺术境界。

三　和合三个世界的建构

对于21世纪的人类文化发展的理性思考,那是立足于20世纪人类文化的现实状况。和合学之所以认定传统的和合思想与和合价值是可以转化为具有现代性的、能够化解人类文化问题的基本原则和价值原理,是基于对人类所面临的人与自然的生态危机、人与社会的社会危机、人与人的道德危机、人的心灵的精神危机和不同文明间的价值危机的思考。这种思考是对于现代时代精神的捕捉和把握。和合学作为化解人类五大冲突和危机的一种理论思维形态,是时代的需要和时代精神的体现,而这种思考的智慧之光和理论支撑,就是对于和合生存、意义、可能三个世界的设置。

透视那中外"变动不居"、"唯变所适"的"在场"哲学,无论是东方哲学,还是西方哲学,都呈现出一种不易的现象,这就是后者否定前者,犹如一颗灿耀的晨星,一闪即逝。这种不断的否定构成了哲学历史的长河。从这个意义上说,没有永恒的、放之四海皆准的真理,只有某个历史时空中时代精神的体现。这就是为什么哲学史是"停尸房"和坐在那里"吃冷猪头肉"的先贤的原因所在? 也是为什么当时辉煌一时而后变成停尸房中的僵尸的所以然之故? 那么这是为什么? 难道中西哲学家们的哲学思辨,理论结构没有佛、耶、道高明和完善? 我的回答是否定的。又为什么时过境迁,被时间浪潮淘尽,而成为历史遗迹、语境文本? 我的不确切的体认是:一是以往中西哲学都以不同形式为形而上学追问设立价值本体,或是承诺某种实体目标,设置唯一终极根底;二是他们不同程度地都没有把他们的哲学价值系统落实到一个最普遍性的基础上,给每个人(无论是贫富贵贱,还是东西南北不同地区、民族的人)提供安身立命的根基和终极关怀的价值目标。所以,中西哲学家一个接着一个排着队重复中西哲学历史复辙的陷阱。

和合学哲学只有多维构想、多重意境和多元思想,没有绝对的理论体系。和合学哲学本体是"变动不居,周流六虚,上下无常,刚柔相易,不可为典要,唯变所适"的生生道体。然而,一旦使用语言来思议意境,一旦使用文字来言说本体,其出入必有法度,井然有序,当自成体系。

和合学哲学体系如果作为形而上学体系的话,它是无所执著的,即无执,既无我执,亦无法执,而是空容乃大、虚灵不昧的。和合学价值系统、逻辑结构及其意象境界具有空灵虚拟特征,这是和合学哲学体系能容摄众多意义的前提。

和合逻辑结构的进路是天、地、人三界。人世间任何存在都在和合逻辑结构方式网络之中,其本身就是融突和合体。"地"作为生存世界,即是坤的世界。"至哉坤元,万物资生,乃顺承天",这里"生"可诠释为生存、生命、生长。地坤世界是存在的生存、生命的生长和基础,是人的生命存在所必须生活活动于其中而不可逃的世界。芸芸众生,皆因差分而有冲突,冲突而有融合,或物眼中的世界,或人眼中的世界,即物观世界,人观世界,于是有物化世界,人化世界。人观、人化世界亦有种种世界,已使人眼花缭乱。况且人类还根本没有进入物观、物化世界。无论是人观、人化世界,还是物观、物化世界,其实,物观、物化世界亦是人化了的物观、物化世界,都是一和合结构格局,即和合生存世界。

和合学的三个世界是对于现实世界所面临的五大冲突和危机的化解的一种设想。

一是和合生存世界。首先是人的生存,即人的生命的存在。和合生存世界由于选择人为其一切活动的主体,才使生存世界具有无限的生气和生命力,人以其能动的自我创造性的智能而参与生存世界的造化活动,即参地育物。这种主体人参与生存世界的造化活动,既是人化世界的活动,亦是主体自我变化生存方式的活动。

和合生存世界的和合,就是人对人所生存的对象世界的思考的自我观念、自我创造的活动。和合学从"根底"说起,或者从最根本、最原始的现象讲起,就是人生存这一实在,有人的生存这一存在及与人生存相联系的"境"和"理",才有其他一切。

人一来到这个世界上,不管人的自我主体意识愿意还是不愿意,便到了一个特定的时空之中,即宇宙自然之中,也就是和合生存世界所表述的"境"中。人与自然生态环境冲突的加剧,迫使人不得不去追究自然生态环境现象内在的、不在场的所以然,即要主体人去体认、把握异在于人的自然生态环境这个在者的所以在,这个在者的所以在的道理就是和合生存世界所表述的"理"。和合"境"、"理"由于"知行"转换,而"知理明境"和"行理易境"。"知理"而"行理","明境"而"易境"。不"行理易境","知理明境"便无落实处,其价值便无法得以体现;无"知理明境","行理易境"就会陷入罔殆。

和合生存世界差分为"境"、"理";"境"、"理"和合为生存世界,其机制为:"知理明境"为智,"行理易境"为能,知与行、智与能作为和合生存世界的"境"与"理"转换与中介机制,是基于对传统哲学的能动的转化,是指天地化生万物以其易简来展现它的智慧和才能,意蕴着人化了的乾坤天地在转换、化生万物中的作用。无论是"知理明境",还是"行理易境",其后面都蕴涵着一个隐蔽的和合之道。

二是和合意义世界。"人"作为意义世界的存在,"昔者圣人之作易也,将以顺性命之理"。"穷理尽性以至于命"。和合学哲学体系的主体和核心是人,即人是"三界"的主体。和合学的人学可称谓为新人学,从这个意义上说,这是人学形上学的预设。

人力图赋予进入人的视界的一切对象以意义和价值,使"地"(生存世界)和"天"(可能世界)不再是自在的存在对象,而是在人之光普照下的有意义、有价值的存在。西方把人与自然、万物的关系说成"人为自然立法","人是万物的尺度"等;中国哲学则主张"为天地立心",这里所谓"天地",是指自然和社会现象。"心"具有内在性、互通性,人之心与天地之心相会通圆融,而不像西方"立法"、"尺度"那样具有鲜明的外在性、制裁性,把人与自然万物二分而相对立,体现主客二分的思维模式。"为天地立心"具有自然而然性、内在性,因为在观念思维与造字中,人是头顶天,脚踩地,人在天地中间,"立心"的"立"字像人正面立在地上,可理解为人把自己的意识、观念给予天地,在人与天地合一,其心亦合一;也可诠释为天地因人的价值和意义而有价值和意义,人是天地间价值和意义的能动的、创造的主体,天地万物的意义和价值体现了人对事物的价值需要和价值态度。人在定位天地中定位自身,在为天地立心中立己之心,也在创造天地的价值意义中,获得自身的价值和意义,人的价值需要是多元的、多层的、统合的、序化的,因而它蕴涵意义世界的价值和合。

和合意义世界(人界)的价值和合规范,具有导向功能:可能世界(天界)的逻辑"名字"、范畴应向实现人类的价值方向运演;生存世界(地界)的"知行"实践应向人类实现其意义和价值方向发展;意义世界在导向生存世界和可能世界,实现其价值和意义中,自我导向完善主体自我的方向发展,其总导向是使人提升到真善美相和合的境界。

和合意义世界依据人规范社会价值的涵养、修治和合特征,差分为"性"与"命"。宇宙万物,各有其性,大体可分为人性与物性。人性是人作为意义和价值规范立法者的内在隐蔽规定性,是与动物相区别的、人所特有的一般的本性。"命"是人作为意义和价值规范的执法者的显现化(外化)使命,人不仅要为自己,也要为社会寻找安身立命之所,即人为自身、社会的生活和精神安顿一个家园。

和合意义世界,使作为展现人生生命意义和价值的"性"与"命"的冲突,通过主体"涵养修治"心性和"内在者"与"在外者"的转换,而至于"命","性命"整体贯通。操存闲邪,涵泳存养,便是涵养心性,即"养性"。它作为主体人的生命精神活动中道德价值的培养,是主体人道德理性的自觉。"养性"是为了"明命","养性明命",便可"修命易性"。"修命"是指修治命运或整治命运,蕴涵扫除旧命,创造新命之义。人的本性、心性随主体人对必然命运的体认和把握,主体对自身心性本质也有了更深的认知和掌握。主体人自觉的"养性",精神世界的价值理想、道德境界的提升,要求人性的改变,这便是"修命易性"。

"养性明命为规","修命易性为矩"。规矩作为法度、尺度标准,为人自我立法,亦为天地万物立法。"性"与"命"、"养"与"修"、"规"与"矩"差分,而有对待冲突,只有人的能动活动,才能将两者融合起来。"养性"推致为天地万物的价值规矩,为天地万物立规矩、立法;"修命"反演为人自身的价值规矩,为人类自身立规矩、立法。通过"修养"转换,"性命"中和为主体的意义活动状态,合化成为规矩中介。和合意义世界是以价值规矩为规范依据的修养和合世界。

三是和合可能世界。"天"作为可能世界,即是乾的世界。"大哉乾元,万物资始,乃统天"。始是万物之始,是对万物元始、根始的追问。人是追求价值意义的存在者,也是超越现实的生存世界和意义世界而追求价值理想的存在者。

可能世界的可能,是指人的自由创造、设计的可能性,说明既是人自身能动的存在,又是人自身生命智慧的展示。可能世界能否存在,就在于思维把外在实存看做是具有可变性、否定性的对象,而思维把自身所设计的可能性对象看做是具有自我肯定性、确定性对象。于是人的思维所创造的对象——可能世界替代现存的对象——生存世界和意义世界:可能世界是想象存在的世界,或观念存在的世界,而非现实存在的世界,即虚拟语境中的虚拟世界。虚拟的可能世界是思维的创造活动,是对现实生存世界的超越。超越现实生存世界,并不一定背离现实生存世界,而是对现实生存世界的综合事态的模拟,虚拟的可能世界是可获得的事态,是依据现实生存世界的模态构造去理解和构想的可能世界。

和合可能世界作为虚拟,它是一种超越现实生存世界的创造性的思维活动,即思维通过自身创造性活动,使现实的不可能转变为虚拟的可能。由现代电脑网络技术的数字化方式构成的虚拟,可以实现现实生存世界、意义世界中不可能的可能性,也可以通过虚拟状态使人获得真实活动中所获得的经验。

超越现实的理论思维的创造性活动,是哲学智慧的生命,是哲学日新日日新的原动力。假如窒息了理论思维的创造性活动,哲学智慧的生命也就停止了。从这个意义上说,中外哲学史上哲学家创造性理论思维活动所构造的可能世界,都是虚拟世界:毕达哥拉斯的数字和谐宇宙,柏拉图理念王国,奥古斯丁的上帝之城,莱布尼茨的单子世界,黑格尔的绝对观念世界,都是概念化、逻辑化的虚拟空间。中国《周易》的象数模型,庄子的"逍遥"之境,王弼"无"的世界,朱熹的"天理"境界,王阳明的"良知"世界,《红楼梦》的"太虚幻境",冯友兰的"天地境界",都是诗意化的虚拟世界。中外虚拟的可能世界,都以和合为终极的价值目标,并以融突和合为模型来建构虚拟的可能世界。这就是说,中外哲学所建构的虚拟可能世界,都是融突而和合的可能世界。

和合可能世界具有通过思维逻辑构造而创生的可能结构机制,体现了和合精神的优美性原理。可能世界依据人构造的逻辑结构的"健顺"和合特征,差分为"道"与"和"。两者都具有普遍意义。大千世界,万事万物,各有其道,这是"殊道";"殊道"而冲突融合,即殊道而同归,融合为"一道"(共道),构成了完善的、优美的和合体,便是和合可能世界的"和"。

"道"相对于思维主体而言,是标志人类思想思维自由创造潜能的无限性,以及人类思维自由创造活动的可能性;"和"相对于思维客体而言,它标志思维自由创造过程的和谐性,以及思维自由创造活动对价值理想的肯定性。前者是思维的自由创造的逻辑结构的道路、方法及原理、原则;后者是思维自由创造的人类理想精神,人的一切目标性或目的性活动的价值导向,都是"顺道求和"与"健道达和"的自由创造过程。

"顺道"是指顺从思维自由创造的逻辑道路,或顺应思维建构的价值理想的可能世界的观念模型、框架。"顺道"为基,基立则"和"可求。譬如人要超越生死哀乐对自我心情的影响以及外物的束缚,体认得生于适时、死亡顺应的变化,处顺忘时,萧然无系,以求精神世界的解脱。这种精神世界的"宁静",就表现为一种人与自然、社会、人际、心灵、文明的整体和谐,即是"顺道求和"。

"顺道求和"的实现,便是"健道达和"。"健道"是指刚健道的进取性力度,以进取的形式,达到和合理想境界的实现。"道"的刚健性与柔顺性互补、互济、互渗,才是健全的、和谐的、优美的,构成了融突的和合世界。"顺道",顺天育物,以不为而为而不烦,所以能善施万物,虽有困难危机,但有正常的法则;"健道"应时而变,以不求知而知而无体,所以感知迅速,虽有艰难险阻,但有道可寻。健顺两道的宗旨,都为"求和"、"达和"。和合是健顺之合,"健顺合而太和",以达到和美、和合的理想可能世界。

"顺道求和为名","健道达和为字"。"名者,实之宾",名是指模拟事物实相的主观称谓,是认知对于认知对象性质、内涵的主观判断词。"名"在中国古代指概念、范畴,"字"亦是指概念、范畴的意思。如《北溪字义》、《孟子字义疏证》,"字义"即概念、范畴的意义。"名"与"字"是思维自由创造的符号化模型。

和合可能世界差分为"道"、"和","道"、"和"和合为可能世界,"健"与"顺"、"名"与"字"作为和合可能世界的"道"与"和"的转换与中介机制,亦冲突融合。"道"从"顺"到"健",奠基立极,"洪范九畴",构成一系列符号化的范畴、概念形式;"和"从"健"到"顺",超然物外,"出神入化",构成一系列义理化范畴、概念的内涵;"道"、"和"互相冲突融合,成为活生生的、具有思维创生动态的范畴、概念。和合可能世界是超越的极至,已达纯粹虚拟状态,形成和合虚拟空间。譬如一健一顺,纯粹是和合本体的摄动节律,与二进制的1、0异曲同工。那么,和合哲学体系的拓展,则关注和启动流行程序,使和合虚拟道体"自上而下"赋义、发用、增效。

和合可能世界是一个"虚灵不昧"、"净洁空阔"的虚拟空间,具有和合的虚拟品格,其中荡漾着"健"——"顺"迭合而成的逻辑旋律,具有无穷的自由度和无限的可能性。和合可能世界通过赋义化的充实,进入和合意义世界,成为特化艺术空间、价值空间等,显现出与人类"性命"相关的意义。多维的和合意义世界具有无穷的生命智慧和"穷理尽性以至于命"的意义,通过"智能"、"修养"的创造性活动,转化为和合生存世界,成为艺术生活环境、人文生活环境等现实生存方式。和合世界"自上而下"的充实过程,足以充分展示"虚拟"在和合创造中的元始作用。在此三个世界的转变流动中,化解了现实世界所面临的五大冲突和危机。

四 化解人类冲突和危机的和合五大原理

人类所共同面临的五大冲突和危机,任何地区都不例外。如果这五大冲突和危机得不到有效的化解,等待人类的只能是共同走向毁灭。从这个意义上说,能否化解？如何化解？就是当今的需要和呼唤,也是对时代精神的把握。我们期待21世纪将是和平、发展、生态、信息的世纪,是文化冲突与文化融合的世纪,即文化融突的和合世纪,亦可谓是文明融突的和合世纪。

和合是当前人类社会发展的需要,是现代时代精神的体现。现代世界多元化和经济全球化,以及各族人民的和平与发展的要求,市场经济和民主政治的安置,宗教信仰和言论结社自由的现代人基本权利的诉求,归根到底都体现了一种和合精神和原则。因而和合原理作为一个总体性的原则是从人类现代社会发展和人的现实需要中引申出来的,在一定程度上讲,和合原理应当是当代人类社会的最低限度的共识。无这种最低限度的共识,人类总会有一天同归于尽。基于"融突论"的和合观念,以"观"21世纪人类所面临的五大冲突和危机,人类可以通过最低限度的共识,而获得五大中心价值或五大原理,即和生、和处、和立、和达、和爱原理,来融合种种冲突。这五大中心价值或五大原理,在现实中的具体化,就是和合发展的基本原则。

一是和生原理。它是以"地球村意识"和"太空船意识"为基础的。人类社会在世界多极化、经济全球化、因特网普及化情况下,相互依附性越来越强,国家成了地球上的单元家庭,人则是这个地球的公民。人相互依存,所以必须珍视生物共同体,必须尊重他文化的人的共同体。和生的原则就在意识到人类的相依性及互动性的基础上,而发展出和谐的生存方式。

人与自然、人与社会、人与人、不同文明之间需要和生,需要在共生的基础上发展出和生。各民族、种族、国家、社会、文化、他人以及贫富、集团之间,都须要在冲突融合的过程中达至和生。和生,才能共荣共富,否则只能共毁共灭。如果单向度地剥夺他者,无论这他者是自然,还是他人、他集团、他文化,最终都会导致自身的被剥夺。和生拒斥剥夺,但并不拒绝竞争。和生必须有竞争,没有竞争,就没有发展与变化,和生的状态就难以为续。但是,和生的竞争,并不是适者生存而不适者被剥夺生存的基础的竞争,非和生竞争的结果是多样性的丧失,和生的竞争,是以和谐、融合为导向的良性竞争。这种竞争的结果,是使适者更强,而不适者亦逐渐增强适应力和竞争力。因而,和生原则下的竞争意味着新的生命、新的境界的呈现,是通向共同发展和共同繁荣之路。

二是和处原理。和处与和生相联系,是达到和生的基础和必要条件。和处是对自然、社会、他人、他文明以及心灵,以宽容、温和、善良的态度对待它,使双方或多方能够和平共处。和生的发生及和生的实现需要和处。和处强调一种责任,这种责任意识意味着我们希望别人怎样对待我们,我们就有责任怎样对待别人,尊重他者的存在。他在坚持自己的信仰、规范与价值的同时,能够允许不同于自己的乃至于截然相反的他人的信仰、规范与价值的存在。和处原则强调的责任是双向的、互动的,强调和而不同的和处。

和处是基于人与自然、社会、人际、人的心灵、文明都处于相互依存的关系网络之中。割断了这种相互依存的关系网络,只会使得各种文化处在分离的、僵硬的、封闭的状态,只能促成文化的没落与衰朽;使人与人之间漠不关心,成为孤独的个体,最终导致人性的丧失与文化的解体和崩溃。和处原则重视交往与交流,但更强调交往中的"中和"。人对自然的取用,对社会、对他人、对他文明的态度都需要"中和",没有"中和",和处就将变得不可理喻。

三是和立原理。从消极的意义上说,就是"己所不欲,勿施于人";从积极的意义上说,是"己欲立而立人"。"己所不欲,勿施于人"是最低限度的原则,它强调不要把自己所不欲要的东西加于人,不要把自己所不希望的事加于他人,各种文化、各个民族以至于每个人都不希望自身消亡,也不要加诸他文化、他民族、他人,使之消亡。而要有"己欲立而立人"、"己所欲,施于人"的精神。是以开放的、宽容的胸怀接纳他者,保护、协助他者,而让他者依照自己的生存方式、发展模式发展。和立所强调的是"自做主宰"的精神,它所凸现的是主体精神,即自己决定自己命运和发展道路。

和立原则基于现实的多样性、多元性。世界上任何事物都有自身相对独立的、特殊的生存发展方式,自然也不例外。自然界的生物有自身的生存发展方式,人类可以利用自然为人类的发展服务,但不能毁灭性地开发利用自然资源。社会也是如此,世界上现存有上千个民族,200多个国家,都有自己的民族文化传统、价值观念、思维方式、风俗习惯,而且各民族、各国家、各地区的发展各不相同,应该给他们以选择适合自己的生存发展方式的自由和走适合自己的道路的权利。在现代社会,每一个个体应当说有自身的自由和权利,这种自由和权利是不应当被剥夺的。世界的多极性、多样性,才能发展为多样、多元的文化交流和互补,并发展出多样、多元的和生、和处、和立。

四是和达原理。和立基于和达。人与自然、社会、他人、他文明都需要也应当共同发达,这便是和达。和达在当前世界多极化、经济全球化、发展模式多元化的融突情境中,协调、平衡、和谐,以达到共同发达,这就是孔子"己欲达而达人"的达人意识在现时代的拓展。孔子所讲的"己欲达而达人",从原初的意义上讲,重在德性的、道德的共同成就与完满。现时代讲"己欲达而达人"则是它的一种拓展和延伸。

在和立原则差分性与多样性的意蕴中,各文明、各国、各族、各人都有自己的发达之道。在此发达之道中,以求共同发达。在世界上有各种各样的、规模各异的和合体,人类也应当被看做是一个和合体,正因如此,人、国家和社会,都在人类和合之中,也就是在和合关系中生活，离开关系就无法生活。因此，各国、各社会、各民族、各文明在走自身的发达之路时，也应当具备和达意识，在现实中遵行和达的原则。就国家的层面而言，发达国家与不发达国家、发展中国家，都应具有和达意识。发达国家之所以发达，过去曾靠侵略与殖民而走上发达之路，也不断地将自身的危机转嫁到发展中国家和不发达国家。假如发达国家仍然将自身的危机转嫁于不发达国家和发展中国家，导致发展中国家、不发达国家的经济凋敝、政治紊乱，而发达国家与发展中国家、不发达国家的冲突加剧、积怨加深、贫富差距进一步加大，整个世界就会发生动荡的局面，发达国家也不会从中获得利益，而只会由此受害。比如中国大陆的发展持续受到遏制，使中国政局动荡，民众的生存与发展受到严重影响，人口大量外流或形成难民潮，则整个世界都将因此而动荡不宁。中国的发展不只是为中国人自身，其实对世界的和平、稳定与发展也有极大的好处。之所以强调和达原则，原因就在于要避免国家的动荡、地区的动荡，乃至于整个人类和合体的土崩瓦解。

五是和爱原理。和生、和处、和立、和达的基础与核心是和爱。和爱，就是人对于他人、他家、他国都要像爱自己的人、自己的家、自己的国一样去爱，推而广之，对于自然、社会与文明也要像爱人一样去爱。这就是说人类要懂得爱、学会爱，而去爱和接受爱，这是人类生存的第一要义。这便是孔子所讲的"泛爱众"、墨子所讲的"兼相爱"等古老智慧的现代要义。

人与人、人与自然、人与社会、民族与民族、国家与国家、文明与文明之间无疑是存在着差分与冲突，而化解这些冲突的基本力量应当说是靠一种爱。没有爱，冲突就不可能化解。尽管在现实世界中，爱是不可避免地有差等的，人们会随其认同的和合体的不同而有所分别，但是和爱即相互性的爱还是需要积极倡导、努力弘扬的。没有和爱，人类社会将成为一片孤寂的荒漠，而种种非理性的行为、不公和不义的行为就会大行其道，结局只能是战争和人类的毁灭。以和爱为基础，人类就可能和生、和处、和立、和达，化解所面临的种种冲突、危机与风险，走上自由繁荣的康庄大道。

和生、和处、和立、和达、和爱，是人类世界和合发展所应遵行的基本原则，自然也是世界各地区和合发展所必须。在这一点上，没有特殊性，如果说有什么特殊性的话，那就是这些原则更加切实地根植于东亚的文化传统。东亚世界具备和合发展所必须的条件之一，即文化传统的支撑。从现实的发展来看，在21世纪能够迈入和合发展的新阶段。

五大原理的实现不是不切实际的理想，但需要时间去开出。许多迹象表明，世界和东亚正在走上和合发展的道路。东亚地区的许多对抗性因素还存在，而且在特定的情况下还有被激化的可能，但是人们毕竟慢慢地体认到世界和东亚是一个整体或者说是一个和合体，这一和合体还有其历史与现实的基础，这种认识正在成为共识。

儒家仁学的演变与重建

牟钟鉴

一

儒学是一种伦理型的人学,讲述如何做人和如何处理人际关系的学问。以人为本位,这是儒学区别于一切宗教的地方;以伦理为中心,又是儒学区别于西方人文主义和中国道家学说的地方。儒家人学有两大支柱:一曰仁学,二曰礼学。仁学是儒家人学的哲学,是它的内在精髓;礼学是儒家人学的管理学和行为学,是它的外在形态。仁学和礼学在历史上常常结合在一起,但两者起的作用不同,存留价值也不同,因而在近代就有了不同的命运。仁学在儒家所有学问中,代表着中华民族发展的精神方向,蕴涵着较多的人道主义和民本主义成分,它给中国知识分子提供了一种切实而又高远的人生信仰,一种独特的文化价值理想,培养了一大批道德君子、仁士志士,成为中国文化的精英。仁学由于具有较强的生命力和普遍性价值,所以在中国从中世纪向近代社会转型过程中,受到先进思想家的珍重,成为儒学中最值得继承和发扬的部分。礼学作为一种社会管理学和行为学,也曾为中华文明的发展做出过贡献,内涵亦相当丰富,不可简单否定,但它与中世纪宗法等级制度、君主专制制度结合较为紧密,贵族性和时代性都比较强烈,所以在帝制社会坍塌的时候它必然要受到革命派的强烈批判与冲击。特别是礼学在后来的发展中渐渐失去仁的内在精神,变成僵死的教条,甚至"吃人杀人",就更为觉醒的人们所憎恶。五四时期先进思想家攻击孔子和儒学,其锋芒所向,实际上不是全部儒学,主要是封建礼教和官学化了的理学,而这正是儒学应该抛弃的部分,没有这种否定,儒学便不能新生。正如贺麟先生所指出的:"新文化运动之最大贡献,在破坏扫除儒家的僵化部分的躯壳形式末节,和束缚个性的传统腐朽化部分。他们并没有打倒孔孟的真精神,真意思,真学术;反而因他们的洗刷扫除的工夫,使得孔孟程朱的真面目更是显露出来。"(《儒家思想之开展》)贺先生在同篇文章中特别提到"仁",认为"仁乃儒家思想之中心概念",可以从艺术化、宗教化、哲学化三方面加以发挥,而得新的开展。贺麟先生对儒家真精神的理解和对五四运动与儒学关系之说明,是近代中国思想家中最深刻、最透彻的一位。他是在近半个世纪前发表上述见解的,真令我们这些还纠缠在尊孔与反孔的对立思维中的晚生后辈惭愧莫名。仁学既然是儒学中精华较多的部分,今天从古为今用的角度研究儒学,就应该把关注的重点放在仁学上面,认真考察仁学生长发展的过程;认真研究人类文明的未来发展在多大程度上需要仁学,现在如何推进仁学,重建仁学,使它在新的时代放出光彩。自从孔子正式创立仁学以来,论仁的论著不可胜计,当代学界对仁的历史与理论考察亦有许多成果,仁学研究一直是儒学研究的热点之一。本文不打算对仁学作系统的历史考察,也不打算层层剥析仁的丰富内涵,而想抓住仁学发展史上最有关键意义的三次重大理论创造活动,揭示出"仁"学在其逻辑发展中的三大阶段性,而这第三阶段正同近现代中国的社会转型相衔接,它对于儒学的现代化更具借鉴意义。

二

早期儒家仁学以孔子、孟子为代表。孔子最重仁德,把仁看做是理想人格首要的和基本的要素,其论仁之言数量既多,提法又各有不同,揭示了仁的含义的丰富性。在众多言论中最重要的是回答樊迟问仁,曰:爱人。这句话集中说明了仁的人道主义性质,"仁"就是人类的同类之爱,一种普遍的同情心。这种爱心被社会阶级、阶层集团间的对立与斗争淹没了,孔子重新发现了它,加以提倡,形成仁学。墨子的"兼爱说"也是一种人道主义,但他未能找到切实的施行途径,所以仅停留在理想的层次。孔子主张爱有差等,施由亲始,在当时条件下这是合情合理的。爱心从家庭敬爱父母兄长做起,此即有子所说的"孝悌为仁之本",然后推己及人,由近及远,以至于达到"四海之内皆兄弟"的广大境地。爱人不是一句空话,从横向关系说,要表现为"己欲立而立人,己欲达而达人",此即是忠;"己所不欲勿施于人",此即是恕。从上对下的关系说,要"恭、宽、信、敏、惠",也就是开明政治。爱人不是形式上的,它发自本心,真实朴素,故"刚、毅、木、讷近仁";但要使爱心达到高度完美的程度,还必须刻苦地修德,并矢志不移,故说:"博学而笃志,切问而近思,仁在其中矣。"仁以为己任,直到死而后已,必要时"杀身以成仁",成仁即成全了自己的人格。

孟子正是沿着孔子仁者爱人和能近取譬的思路向前推进仁学的。他把仁定义为"恻隐之心",又称为"不忍人之心",都是指人类的同情心,以爱破忍,视民如伤,使人道主义和民本主义精神更加突出。孟子对仁学的新贡献有五:一是建立性善说,为仁学提供人性论的理论基础;二是提出"仁,人也"(《梁惠王》下)的命题,指明仁是成人之道,不仁无以为人;三是由仁心发为仁政,建立起仁学的政治论;四是把仁爱从人推及于万物,提出"亲亲而仁民,仁民而爱物"(《尽心》上),形成泛爱的思想;五是仁义连用,居仁由义,说明仁爱是有原则的。

仁以爱为主要内容,不仅是孔孟的看法,也是战国至汉唐儒者的共识,如《礼记·乐记》说:"仁以爱之。"《周礼·大司徒》说:"仁者仁爱之及物也。"扬雄《太玄·玄摛》说:"周爱天下之物,无有偏私,故谓之仁。"《白虎通·性情》说:"仁者不忍也,施生爱人也。"这一时期所有论仁之说,就其深刻性而言,均未超出仁者爱人的水平。唐中期儒者韩愈作

《原道》,提出"博爱之为仁",这一说法成为仁者爱人诸说的最高概括。虽然后来有人批评韩愈此说作为孔孟仁学的解说并不准确,但不可否认博爱说乃是孔孟泛爱说的发展,在精神上是一致的。

到此为止,早期儒学建立起仁的伦理哲学,它以"爱"为中心观念,把仁爱作为人伦的原则和人道的基石,虽然它不免带有家族社会的强烈色彩,但"爱"作为一种普遍性原则已经得到社会的公认。从个人成长而言,仁爱是君子的第一品性和人生的最高境界,仁爱把人同动物区别开来,也把有德之人和德性未显之人区别开来。仁与爱如此密不可分,我们可以把这一时期的仁学称为爱的哲学。

三

中期儒家仁学的代表人物是朱熹和王阳明。朱子上承大易之道,用生生之德充实仁学,把仁德推广到宇宙万化,建立起天人一体的仁学的宇宙观。朱子继承早期仁学的思想,对爱人的内涵有更深入的阐发,如强调仁包四德,仁是爱之理、心之德,仁为体、为性,而爱为用、为情。但朱子仁学的成就不在这里,他理论上的最大贡献是从"生"意上说仁,把"生"字引入仁学,使仁学成为一种生的哲学。他的思想受启于《周易》,如说:"天地之心别无可做,大德曰生,只是生物而已。"(《朱子语类》六九)又说:"发明心字,曰:一言以蔽之曰生而已。天地之大德曰生,人受天地之气而生,故此心必仁,仁则生矣。"(《语类》五)朱子认为《易》说生生之德即是仁,所以仁不仅是人生界之德,亦是自然界之德,而且人之仁德正来源于天地之仁德。他这方面的话很多,如:"仁者,天地生物之心。"(《语类》五三)"仁者人也,仁字有生意,是言人之生道也。"(《语类》六一)"仁本生意,乃恻隐之心也。苟伤着这生意,则恻隐之心便发"(《语类》六八)。一般人把自然界看做是无生命的,朱子则视自然界为一巨型的大生命体,充满着活力,不断育养出众多的生物,这是大自然爱心的体现。但是自然界既生物,亦死物,又作何种解释呢?朱子认为万物生长固然是生命的体现,万物枯槁亦是生命的收敛固藏,为的是更生和日新,所以仁之生物不是一次性的,乃是生生不息的。朱子每每好用树木为喻,说:"到冬时,疑若树无生意矣,不知却自收敛在下,每实各具生理,便见生生不穷之意。"(《语类》六九)"譬如谷种,生之性便是仁。"(《语类》九五)宋代学者喜欢用植物果实比喻仁,而且影响所及,植物果实的命名亦取仁字,如桃之种称桃仁,杏之种称杏仁,皆因其中包含着生命再造的能力。当时学者还喜欢用生命体气血流通比喻仁。如程颢说:"医书言手足痿痹为不仁,此言最善名状。仁者以天地万物为一体,莫非己也","如手足不仁,气已不贯,皆不属己"(《二程集》第十五页)。他教导学者须先识仁,仁者浑然与物同体,既已同体,则品物万形为四肢百体,彼此之间痛痒相关,由此可知仁就是生命体的活力与通畅。朱子肯定程颢的说法:"明道言学者须先识仁一段说话极好。"(《语类》九七)总之,以"生"意论仁,一指宇宙生生之德;二指人类怜生之心;三指天人一体之爱。

理学家天地生物之仁的宇宙观与老子不同。老子说:"天地不仁,以万物为刍狗",天地自然无为,对万物无所偏爱,顺任其自生自成而已。这种天地不仁之说固然消除了人类投射到自然界上的感情色彩,有助于消除神秘主义和鬼神之说,但这种"冷处理"的态度也容易使人对自然界的感情麻木起来,导致"无情"的哲学,其后果往往是很可怕的。朱子坚持天地有心说,反对有以无为本的玄学贵无论,他说:"或举王辅嗣说,寂然至无,乃见天地之心。曰:他说无,是胡说。"又说:"无便死了,无复生成之意,如何见其心?"(《语类》七一)朱子对道家不够了解,无并非死寂,按老子的说法,虚无包含着生机,"虚而不屈,动而愈出","天地万物生于有,有生于无"。无形之道生天地,天地生万物,只是不有意于生物,所以道家也是一种生命哲学。不过儒家是人伦型的生命哲学,以人道涵盖天道;道家是自然型的生命哲学,以天道涵盖人道,最后都要达到同天合道的目的。朱子称赞老子的柔弱胜刚强之说,因为柔弱是有生命力的表现,故说:"仁是个温和柔软底物事。老子说:柔弱者生之徒,坚强者死之徒。……看石头上如何种物事出!"(《语类》六),又说:"牝,是有所受而能生物者也。至妙之理,有生生之意焉,程子所取老氏之说也。"(《语类》一二五)

中期儒家仁学可称为生的哲学,它用"生"深化了爱的内涵,突出了生命的价值和意义,强调了对生命的热爱和保护。

它还使人道之仁扩展为天道之仁,突破了道德范围,使仁具有了超道德的生态哲学的普遍意义,把早期儒学的仁的伦理哲学大大提升了。朱子用生的仁学把人道与天道打成一片,这是他的特色,钱穆先生评论说:"朱子专就心之生处心之仁处着眼,至是而宇宙万物乃得通为一体。当知从来儒家发挥仁字到此境界者,正唯朱子一人。"(《朱子新学案》,第四十一页)但朱子更重理学,而且不在仁学的基础上讲"理",却分别什么"天命之性"与"气质之性",高性理而贬性情,埋下了后来远人情以言天理的种子。阳明说:"礼学即理学"(《传习录》上)。戴震亦说:"荀子之所谓礼义,即宋儒之所谓理。"(《孟子字义疏证·绪言》)表面上,程朱理学承接孟子谈心性;实际上,程朱理学是承接荀子,将礼义升华为天理,使理学主要成为礼学的哲学形态。一旦脱离爱和人情,"理"便会成为冷冰冰的东西,反不如阳明心学更接近仁学的真精神。阳明接着程颢的《识仁篇》,讲"天地万物一体之仁",这种仁也就是人心之良知,它是发自本性的、活泼自在的。阳明论仁不喜欢从冷静的理上说,而喜欢从热切的情上说,以自己的生命体验表述仁者与天地万物痛痒相关的真情实感。他说:"盖其天地万物一体之仁,疾痛迫切,虽欲已之而自有所不容已。"(《答聂文蔚书》)见到同类危难而有恻隐之心,见到鸟兽哀鸣而有不忍之心,见到草木摧折而有悯恤之心,见到瓦石毁坏而有顾惜之心,这都是由于人与天地万物原本一体,同此一气,故能相通(见《传习录》下),可知阳明的仁爱即是爱惜生命,突出生的主题。阳明的哲学其主旨是造就生命主体的超脱自得,性情真挚生动,生机盎然,故其用活泼的生物喻道:"潜鱼水底传心诀,栖鸟枝头说道真。"(《碧霞池夜坐》)可知阳明的心学即是一种重生的新仁学。

四

晚近儒家的仁学以谭嗣同为代表,康有为、梁启超、孙中山等人辅论之;他们吸收西学,综合诸家,别开生面,形成近代仁学的新特点。谭嗣同是推动维新变法、冲决旧传统的一员猛将,但他不是横扫一切的文化虚无主义者;他在激烈批判封建纲常礼教的同时,改造并创建儒家的新仁学,取仁学而弃礼学,态度十分鲜明。他著《仁学》一书,开宗明义:"仁以通为第一义。"这使传统仁学发生了质的飞跃,开出一个崭新的境界。从理论渊源上说,"通"的观念古已有之。谭氏引《周易》:"《易》首言元,即继言亨。元,仁也;亨,通也","仁者寂然不动,感而遂通天下之故"。他又引《庄子》"道通为一",认为以此语明通之义最为浑括。他亦引墨子的兼爱,佛家的无相与唯心,耶稣教的爱人如己,欲综合中外诸说而推出通的仁学。然而仅有上述诸说的思想资料,尚不足以建立新的体系;谭氏新仁学的创建,真正起推动作用的是近代西方文明的传入和西学的影响,其中特别是西方民主制度、发达的商品经济和近代的自然科学知识。谭氏眼界由此大开,观察问题的坐标发生根本变化,不再是忠孝之道、夷夏之防、以农为本等所谓传统常道,能够站在近代社会的高度去批判传统社会的专制主义、宗法制度、闭塞守旧等过时的事物,故突出仁学中"通"的内涵,以通破窒,正切中传统社会的要害,这大有益于观念的现代化变革。谭嗣同说:"通之象为平等。"这是"通"的根本义,纯粹属近代观念。分而言之,"通有四义":一曰"中外通",破"闭关绝市"、"重申海禁",通学、通政、通教、通商;二曰"上下通";三曰"男女通",破"三纲五伦之惨祸烈毒"、"死节之说";四曰"人我通",破"妄分彼此,妄见畛域,但求利己,不恤其他"。谭嗣同用"以太"、"电"、"脑气筋"等形容"仁",都是为了揭示仁的贯通四达、自由自流的性质。博爱固然为仁,不通则不能博爱,故"仁不仁之辨,于其通与塞"。有爱心而陋塞,则欲爱之反害之,如"墨子尚俭非乐,自足与其兼爱相消",道家绝对地"黜奢崇俭",则"凡开物成务,利用前民,励材奖能,通商惠工,一切制度文为,经营区划,皆当废绝",他认为"源日开而日亨,流日节而日困,始之以困人,终必困乎己","惟静故惰,惰则愚;惟俭故陋,陋又愚;兼此两愚,固将杀尽含生之类而无不足"。通商乃通人我之一端,"相仁之道也","为今之策,上焉者,奖工艺,惠商贾,速制造,蕃货物,而尤挓重于开矿。庶彼仁我而我亦有以仁彼,能仁人,斯财均而已亦不困矣"。谭氏把仁学同发展近代工商业和国际经贸事业联系起来,认为只有这样才能富国富民并有利于人类,以实现博爱济生的理想。谭氏的仁学以"通"为特色,具有了政治民主化、经济现代化、人格自由平等和社会开放、国际交流的新思想,使得仁学从一种伦理哲学和生命哲学跃进为一种概括了政治学、经济学和外交学的有直接现实意义的实学,同时又不丧失传统仁学爱人利生的真精神,更是这种真精神的发扬与落实。有鉴于上述特色,我把谭氏仁学称为仁的社会哲学,它是中西文化冲撞融合的产物。

　　康有为的哲学亦以仁学为核心,他解释孔子的思想时说:"'推己及人'乃孔子立教之本;'与民同之',自主平等,乃孔子立治之本。"又说:"仁者在天为生生之理,在人为博爱之德。"(《中庸》注),他理想中的大同世界是"至平、至公、至仁、治之至"的世界(《大同书》),没有臣妾奴隶和君主统领,没有欺夺和压制,没有私产,男女平等,至于众生平等。可知他的仁学既保留了传统仁学的爱人、崇生的精神,又注入了近代自由、平等、博爱乃至空想社会主义的思想。梁启超提出道德的新民说,主张自省、独立、利群爱国,他的重要贡献在于把爱他与利己统一起来,肯定合理的利己主义,说:"真能爱己者,不得不推此心以爱家爱国,不得不推此心以爱家人、爱国人,于是乎爱他之义生焉。"(《十种德性相反相成义》)这是从西方引进的伦理学思想。孙中山反对君主专制制度,但主张继承中国固有道德而加以改造,如变忠君为忠国,充仁爱为博爱,而博爱与民生主义相通,"为四万万人谋幸福就是博爱"(《三民主义·民权主义》)。他又提倡"仁、智、勇"的精神,激励革命者的士气。可以看出,康有为、梁启超、孙中山皆接纳仁学,并赋予时代新意,然而皆不如谭嗣同的通之仁学理论价值高、现实意义大。可惜后来世人没有在"通"字上做大文章,没有把谭氏"通"的精神从学理上加以弘扬,致使甚为符合时代需要的"通"的哲学得不到流传,这是令人遗憾的。

五

　　当今世界,西方文明领导着潮流,但已弊病丛生。东方文明在度过它艰困岁月之后,正处在将兴未兴的时刻。随着科技的进步、交往的加深和信息的发达,世界正在越变越小;在世界性生态危机、核战争危险、人口爆炸和国际间犯罪的威胁面前,全人类从未有如此强烈的同命运、共呼吸的感受。但人类并未因此而通为一体、亲如一家。有识之士已经认识到,单靠科技的进步和经济的增长,人类还不能摆脱危机,走向和平和幸福。这个世界还缺少许多东西,也许最缺少的是能为国际社会普遍接受的明智的信仰和人道主义哲学。世界迫切需要一种新的仁学。当此之时,儒家仁学的再生可以说是恰逢其时。儒家仁学所倡导的爱、生、通三大人道主义原则,对于医治当代社会的痼疾可以成为一剂良方佳药。当今世界彼此依赖已达到密不可分的程度,爱则共存,仇则两亡;通则两利,闭则两伤。凡是多少实行了爱的哲学、生的哲学和通的哲学的地方,那里就出现了生机、光明和希望;凡是实行斗争哲学、独断主义和关门主义的地方,那里就有较多的悲苦、穷困和破坏。以中国为例,十年"文革",用仇恨反对爱,用迫害反对生,用闭塞反对通,结果造成大混乱、大悲剧、大灾难。改革开放之后。重新有了爱,有了生机,有了交流,社会面貌便焕然一新。

　　我以为仁学的重建可以将爱、生、通三大原则综合起来,再加上诚的原则,并在内容上加以增补，可以形成新仁学的体系。这个新仁学以爱为基调，以生为目标，以通为方法，以诚为保证。在"仁者爱人"的原则下，要增加墨子"兼相爱交相利"的思想，把爱人与惠人结合起来，以免爱人成为空论；爱人不能停留在同情、恻隐的层次，还要表现为对他人人格与权利的尊重。在"仁者生物之心"的原则下，要提倡两点，一是解决争端不诉诸武力，最大限度地保护人民的生命财产；二是保护生态与环境，树立做自然界朋友的观念，提倡人与自然的协调发展。在"仁以通为第一义"的原则下，以"人我通"为总纲，实现人际间的广泛沟通。除了中外通、上下通、男女通，还要特别强调民族通、心灵通、信仰通。民族与种族的冲突是引起当今世界动荡与战祸的主要原因，民族不能和解，世界便无宁日。所以要提倡民族通。心灵的闭塞与孤寂是现代社会生活过度物质化和外向化的结果，金钱与权力冲淡了亲情、友情和爱情，彼此不能理解，所以要提倡心灵通。因宗教信仰不同而起纠纷，是常见的现象，解决它的唯一途径是彼此尊重，互容互谅，进而在不同信仰之间提倡平等对话，这样天下便会省却许多麻烦。新仁学还必须以诚作为保证，诚是仁学的生命。诚而后才有真仁真义，不诚只能是假仁假义；诚而后才能躬行实践，感人感物，不诚则遇难而退，有始无终。所以，诚存则仁存，诚亡则仁亡，新仁学应是诚仁之学，期待着众多的仁人志士信仰它，推行它。

重建诚的哲学

牟钟鉴

儒家哲学在当代之转换与新发展,应视为它的陈旧成分的剥离清理,和它的有生命力之内涵的重新发现、有效应用和创造性地开展,对于现代社会和人性的健康发育能够产生深刻的积极的影响。诚的哲学便是一种极有价值的儒学内涵,它既能体现儒学固有的学派历史特色,又能为现代社会补偏救弊,提供一种伟大的精神动力,故应加以发掘和阐扬。

一 诚学发展的历史回顾

儒家哲学是推崇阳刚之性的生命哲学,视宇宙为生生不息之大生命体,视社会为宇宙生命体之有机组成部分,阴阳相推,大化流行,天人一体,相感共生。人道来源于天道,又赞助天道之化育万物,促进宇宙与社会的和谐和蓬勃发展。诚学便是这种生命哲学的精华所在。

孔子未明言诚,但"诚"这一概念内含的忠信、笃敬、正直等品格,却常为孔子所称道。《论语》有云:"言忠信,行笃敬"、"主忠信"、"笃信好学,守死善道"、"人而无信,不知其可也"、"举直错诸枉"、"刚毅木讷近仁"等,都与诚有直接关联。孔子将它们作为优良道德品质予以褒扬,未曾上升到哲学本体的高度。

孟子始正式言"诚",并兼天人之道而言之。《离娄上》云:"诚者,天之道也;思诚者,人之道也。至诚而不动者,未之有也;不诚,未有能动者也。"孟子之前后,"诚"字较早见于《左传》文公十八年,"明允笃诚",疏:"诚者,实也。"又《易·文言》云:"修辞立其诚",疏云:"诚谓诚实。"又《礼记·乐记》云:"着诚去伪",疏云:"诚,谓诚信也。"以信释诚,以伪对诚。

《说文》云:"诚,信也,从言成声","信"字从人言,由此可知,"诚"的概念最早起于人际交往,特指人言之实在不欺。孟子的创新在于将"诚"扩大到天道,强调大自然的存在与变化是真实无妄的,没有作伪的地方,此即"诚者,天之道"的含义。由此形成儒学的一个传统,即肯定现存世界的客观实在性,从而肯定社会人生。儒学常常怀疑鬼神,但决不怀疑天道的真实性,在这个根本点上与佛家截然不同;佛家以山河大地为虚妄幻觉,故要破法执。但儒家又与西方唯物论不同,并不以天人相分的方式从认识论的角度强调客观世界与主观意识的区别,而是在天人一体思维模式支配下,从道德论的角度强调人道对天道的效法和复归,具有情感色彩,故孟子有人道思诚之说的提出。天道以其诚而能化生成物,人道必须思诚才能产生真正的道德行为,感动他人,成就事业,合于天道,与之一体。不仅如此,孟子对于人道之诚作出两条规定,一是要"反身而诚",二是要"明乎善"。"反身而诚"强调道德的主体性与内在性,道德行为依靠高度的自觉自愿,发自内心深处,反复省察,真挚无伪,从而打动别人。故云:"悦亲有道,反身不诚,不悦于亲矣!"(《孟子·离娄上》)"明乎善"则谓诚身要以知善求善为前提,只能诚于善,即诚于仁义礼智,不能诚于恶,故云:"诚身有道,不明乎善,不诚其身矣!"(同上)孟子有一句名言:"万物皆备于我。反身而诚,乐莫大焉。强恕而行,求仁莫近焉。"意谓:物我一体,物性通于我身,故应自觉培养仁民爱物之心,精神之乐莫过于是;将仁民爱物之心奋力向外扩展,变为仁民爱物之行,便可求仁而得仁。可知孔孟仁学,其理论和方法都离不开诚学,有诚才有真仁真义,无诚只是假仁假义。诚就是仁德的真情实感,故刚毅木讷近仁,巧言令色鲜矣仁。孔孟都极力指斥乡愿,厌恶之情甚于厌恶桀纣,就是因为乡愿是伪善的,其骨子里是大奸大滑,而表面上不然,"居之似忠信,行之似廉洁",外仁而内诈,容易使人上当受骗,故称之为"德之贼",乡愿是最不诚之人。可知孔孟诚学的提出,正是为了解决伪之乱德的问题。伪善是人类的一种劣根性,其害人害事不可胜言。不善者犹可导之使知善为善,伪善者知善而不为,假善而为恶,往往难以救药。

《中庸》之作,难遽断其作者年代,最像是孟子后学所为。其"天命之谓性,率性之谓道,修道之谓教",正是发挥孟子尽心知性知天之说。而其论诚,多有创新:第一,提出"不诚无物"、"至诚不息"。物自成,道自道,事物的产生存在发展无一时一处不实,否则便无其物,事物的变化运动从不停止,"不息则久",因此天道不仅真实无妄,而且恒常不灭。第二,指出人道之诚有两种情况:圣人之诚,天性圆满,"不勉而中,不思而得,从容中道",自然合于天道,自然明于人道,这就是"自诚明,谓之性";一般人虽有善性而不能尽,需修道以教之,明善以导之,这就是"自明诚,谓之教"。从学的角度说便是"择善而固执","博学之,审问之,慎思之,明辨之",皆择善的工夫。"笃行之"是固执的工夫,最后达到诚明合一的地步,就与圣人一致了。"择善固执"的提法扩展了诚的内涵,在其真善品格上加入了力行不懈的要求。如果说诚之纯真在于破伪,那么诚之实现在于破怠,皆为体仁达道所不可缺少。第三,指出诚的目标在于成己成物。"诚者,非自诚己而已矣,所以成物也。成己仁也,成物知也"。成己是尽性之善而为圣贤,故仁;成物必知周乎万物而道济天下,故知。其公式是:至诚→尽己之性→尽人之性→尽物之性→赞天地之化育。这是一个由内向外由近及远的开展过程,也是由人道复归于天道的过程。至诚者知善达于极致,求善达于极笃,故能充分了知和发展己身之仁智本性,进而了知和发挥他人的善性,又进而了知和发挥万物之本性,化物而无息,博厚以载之,高明以覆之,悠久以成之,顺助天地之生化养育,故能与天地相配,而成天地人三才之和谐。尽己之性是儒家的修身理想,尽人之性是儒家的社会理想,尽物之性乃是儒家的宇宙理想。"赞天地之化育"是一个伟大的口号,表现出儒家关心大自然,协调大自然与人的关系的博大胸怀,已经超出了社会道德,具有了生态道德的普遍性品格。在儒家的眼中,人的使命是极崇高的,不仅在于效法天道建设人道,还在于辅助天道,推动宇宙的健康发展。第四,指出至诚的地位和作用。"唯天下至诚,为能经纶天下之大经,立天下之大本,知天地之化育"。按朱子的说法,圣人之德极诚无妄,可以为天下后世法,天下之道皆由此出,而默契于天地之化育。这样,诚便被提到制约人道、通于天道的本根的位置。又有"至诚如神"的命题,认为至诚之道可以前知,虽含有神秘成分,但究其意在于强调诚信之人,不受私心杂念的干扰,能够察微知著,察始知终,观化知远,有比一般人更强的预见性。

《大学》有三纲领八条目,正式提出格物、致知、诚意、正心、修身、齐家、治国、平天下的儒家人学公式。八条目分为两部分,前五者总为修身,后三者总为济世,济世以修身为本,修身以诚意为要,故诚意是《大学》的枢要。王阳明云:"《大学》之要,诚意而已矣。"(《大学古本序》)这是不错的。格物致知是为了诚意,诚意之后,自然心正身修,所以朱子云:"诚其意者,自修之首也。"《大学》特重慎独,"慎独"者,不因监督,独处而能不逾善矩,不仅不欺于人,亦不欺于己,即不昧于本心。慎独必由意诚,意诚自可慎独,这就是道德的自律性。好善必如好色,嫌恶必如恶恶臭,非但理智能明辨善恶,还要感情能乐为善,厌为恶,如此方可谓意诚,方能慎独,无处而不为善。

荀子论诚,概括《孟子》、《大学》、《中庸》而为之总结,谓天地以诚化万物,圣人以诚化万民,父子君臣以诚成人伦,君子以诚养其心。诚的内容是诚心守仁、诚心行义,故"诚者,君子之所守也,而政事之本也。"(《不苟》)荀子论诚虽无全新内容,而能将诚学凝炼以言之,使人更知诚学实为儒家天人之学的根本,儒家种种主张和实践皆是诚的发用流行。

李翱以佛说诚,将圣人之性的至诚心态理解为"本无有思,动静皆离,寂然不动者",以为性善情恶,将欲复性必先息情。李翱推崇《中庸》,但《中庸》以情之未发谓之中,发而皆中节谓之和,主节情说,李翱受佛家影响以情为邪妄,这是不同的。

周敦颐以《易》说诚。其要有五:第一,诚之源。引《乾卦·彖辞》,谓:"大哉乾元,万物资始,诚之源也。"乾为天,万物本乎天,万物之真实无妄源于天之真实无妄。第二,诚之立。"乾道变化,各正性命,诚斯立焉。"天道生生不息,"分于道谓之命,形于一谓之性",万物因之而有各自确定的属性。第三,诚之质。"纯粹至善者也",万物各有其性命之正,是谓纯粹至善,人性能正而合于天命,亦是纯粹至善。第四,诚之用。"寂然不动者诚也,感而遂通者神也",引《系辞》说明诚体是静是明,诚用是动是行,能通感天下事物,具有神妙的作用。第五,诚之位。"诚者,圣人之本","诚,五常之本,百行之源也",成圣成贤以诚为基,道德行为因诚而立。周子以至诚为圣人之道,有体有用,初步建立起诚的形上学体系。

邵雍将诚与直联系起来。《观物外篇》说:"为学养心,患在不由直道。去利欲,由直道,任至诚,则无所不通。天地之道,直而已,当以直求之。"治学修身不计个人利害,唯以求真为善为准则,就是至诚直道。直就是无所顾忌,不绕弯子,它是诚的内涵之一。

宋明道学家认为最高的精神境界是物我一体,泯灭天人之间的隔阂,充分理解自己的思、言、行与社会、宇宙的发育流行息息相关,从而使人生具有一种圆满的无限的意义。欲到达此境界,进路不外尊德性与道问学,或谓诚意正心与格物致知,从道问学或格物致知入手而达于圣贤,便是自明诚;从尊德性诚意正心入手而达于圣贤,便是自诚明。由此而形成理学与心学之间的争执。程颐重诚敬,《识仁篇》认为识得仁者浑然与物同体,须以"诚敬存之"。程灏重致知,以诚为实理,谓"未致知,便欲诚意,是躐等也"。二程已开启心学与理学分途之端。朱子着重发挥小程之学,将诚分为实理之诚与诚殷之诚,并认为"知至而后意诚,须是真知了方能诚意",故其《大学补传》强调即物穷理,用力之久,达于豁然贯通,便会明于吾心之全体大用。阳明心学在大学工夫的次序上与朱子不同,主张以诚意为主,径从诚意入手,方能抓住根本免于支离。他说:"若诚意之说,自是圣门教人用功第一义"(《传习录》)。又说:"君子之学,以诚意为主"(《文录·答天宇书》),他把格物看成是诚意的工夫,道问学是尊德性的工夫,以诚统明,诚意就是致良知。

李贽以自然纯真论诚,别开一途,更具道家特色。他说:"故诚者,其道自然,足谓至善,是以谓之天地。诚之者,之其所自然,是谓择善,是以谓之人也。"(《李氏文集》卷十九)这近于庄子学说。李贽认为自然之性乃真道学,讲道学者皆假道学。继而提出绝假纯真之童心说,提倡有真心做真人,反对假人假事假言假文,而关键在人之真假,其人既假,满场皆假。李贽是历史上继老庄、嵇阮之后,对社会虚假现象的最尖锐之抨击者。道学本来在求真而变为假,正在于丢失了诚的精神,于是转为伪学。李贽重真伪之辨,乃是挽救诚学的功臣。但他所说的童心真心,虽标以自然之性,具体内容并不同于以往道家,主要在以私心为人心,说:"夫私者,人之心也。人必有私,而后其心乃见;若无私,则无心矣。"(《藏书》卷三十二)这是石破天惊之论,与以往传统儒学义利、公私之辨大相径庭。李贽所谓之"私"当然不是损人利己之私,而是指个体对自身利益的关心,就是人要生存发展和幸福的正当欲求,抹杀这种欲求必失本真而陷于伪善。以往道学家过于强调道德心而忽视贬低正当的感情欲望,远人情以论天理,很难保持诚的精神,反容易培养伪君子,这是值得反思的。

近代哲学家中,论诚最意味深长者当推贺麟先生。他在《儒家思想之开展》一文中指出,儒家思想里,"诚亦不仅是诚恳诚实诚信的道德意义",而且有哲学意义,"诚的主要意思,乃指真实无妄之理或道而言。所谓诚,即是指实理、实体、实在或本体而言,《中庸》所谓'不诚无物',孟子所谓'万物皆备我矣,反身而诚',皆寓极深的哲学义蕴。诚不仅是说话不欺,复包含有真实无妄、行健不息之意。"同时,"诚亦是儒家思想中最富于宗教意味的字眼,诚即宗教上的信仰。所谓至诚可以动天地,泣鬼神。精诚所至,金石亦开。至诚可以通神,至诚可以前知。"另外,"诚亦即是诚挚纯真的感情,艺术天才无他长,即能保持其诚,发挥其诚而已。艺术家之忠于艺术而不外骛,亦是诚。"经过贺麟先生的重新解释,诚学远远超出了一般道德学的范围,而具有了哲学、宗教和艺术的广泛意义。

经过一番简要回顾,我们可以将儒家诚学概括如下:诚是本体之学,诚是天道人道之本,天道真实无妄,物性人性得于天道而守其正,亦真实无妄;诚是德性之学,人性至善在于诚实无欺、纯真无伪,在于扩充仁德,成已成物;诚是践行之学,无论成仁行义,还是格致敬业,皆须精诚无懈,专注,笃行,坚忍不拔,百折不挠。德性之诚来源于本体之诚,并完成于践行之诚,人道之诚本于天道之诚,又通于天道,赞助生化,合内外,一物我。故诚是贯通天人、物我的链条,诚学最能体现儒家本体与工夫的合一,体现儒学赞美生命、肯定人生,提倡崇德广业,追求互爱不欺的传统思想。仁而无诚则伪,义而无诚则欺,礼而无诚则虚,智而无诚则殆。诚的精神实在是儒学的精髓和灵魂。诚的精神的高扬和丧失同儒学的兴旺和衰颓同步,我们可以用诚与伪来判断何为真儒何为俗儒,何为实学何为俗学,这是历史昭示给我们的真理。

二 新诚学的构想

今天我们应对儒家诚学加以分析整理,充实它的内容,扩大它的范围,加强它的价值,赋予它更多的新的时代精神,使它成为一种可以为人们普遍接受的哲学信念,为受诸多社会人生问题困扰的当代人类,提供一份有积极意义的精神食粮。

第一,"诚者天之道"这个命题可以继承下来,成为我们肯定大自然的客观实在性的中国化的表述方式。它的内涵至少有以下几点:

首先,大自然的存在是真实无疑的,它既非上帝所造,亦非由心所生,它的存在不以任何人的意志而改变;同时大自然是人类之母,人是大自然的派生物和一部分,没有大自然,就没有人的一切,由此我们可以排除宗教的创世说和主宰说。其次,大自然的生命是永无止息的,不舍昼夜,无有灭时,我们时刻感受到大自然的蓬勃生机,人类禀赋予它,才有了自身的生机。再者,大自然所发生的一切,都有它的由来和条件,世界上没有无缘无故的事情,自然从不会欺骗人,也不会偏私人,天道无亲,以万物为刍狗,它是"我行我素",有它自身的发展轨迹。人对许多现象感到出乎意料或惊奇、迷茫,不是自然界在开玩笑,而是人对此无知,不了解它的真象。人道之诚实本于天道之诚,不诚无物,不诚无人,不诚无事,人世间一切有价值的事物,都是实实在在的人利用实实在在的物,通过实实在在的努力创造出来的。虚假将一事无成。这就是人生诚学的本源和根据。

第二,"思诚者人之道"这个命题应超出儒学的一家之说,超出一般修身的规范,提升为普遍性的人生原则,我们可以称它为诚的哲学。

人的生命和生活本来是真实无妄的。但是人类社会长期以来存在着利益的激烈冲突,智能的超常增进与德性的不良发育又形成巨大反差,纯朴的人性早已离散,发生种种扭曲变异,由此出现了真善美与假恶丑的对立和斗争,出现了在自然界没有而只在人类社会中才存在的作伪和狡诈行为,故老子说:"智慧出有大伪。"尔虞我诈,虚情假意,伪善蒙骗等等丑恶现象充斥着社会生活,毒害着人的心灵,损害着人类的进步事业,痼疾难治,于今为烈。人类要想纯化人性,使社会臻于健康合理,必须下大功夫与伪善作斗争,这就需要提倡诚的哲学,培植诚的精神,把它向社会生活各个领域推广。虚伪欺骗是健康信仰的大敌，它不知损害了多少有价值的学说，破灭了多少美好的信念。但是诚毕竟是人性的内在要求，不诚是人性的变异，不诚的行为从来得不到多数人的真心认可，也起不到长久的欺骗作用，人们斥责它，厌弃它，渴望和追求着真诚的人生。一种进步学说，在它充满着诚的精神的时候，它是有生命力的，可以影响人号召人，一旦失去诚意，随即转假，丧失生命活力，而为人所厌弃。一种高尚的道德，当它的倡导者能够身体力行并培植出一批又一批仁人志士的时候，它是有力量的，可以感动人，可以成为风气；而当它变得伪善，迅即发生危机，为人们所鄙夷。这说明求诚厌伪是人性发展的内在需要，人同此心，心同此理，我们的信心也就建立在这上面。

作为一种人生哲学的基本概念，诚的内涵要加以科学的规定，使其层次分明，全面系统，可以分述如下。

1. 以真论诚，是谓真诚，主要破一个伪字。真诚是做人之本。一个人应当活得堂堂正正、坦诚真率，既不必隐瞒自己的观点，亦无须掩藏自己的感情，诚于中而形于外，表里如一，开诚布公，随时显示自己的本色，做一个性情中的真人，不必厚貌深情、矫揉造作，更不应虚假伪善，逢场作戏，带着各种面具生活。有一种角色论，认为人生是一个舞台，人要努力在不同场合扮演不同的角色，这是把真实的人生与艺术的再现混为一谈了。一个人在不同的人际关系中自然有不同的身份，如对父母是子女，对妻子是丈夫，对学生是老师，对上级是下级等，不同的身份当然会有不同的态度，但这是真情的自然流露与转换，不能靠装扮来应付。整天把工夫放在人生表演上，岂不是活得太累太没有意味了吗？就是在艺术舞台上，演员也要贴近人心，拿出一点真情来才能感动观众。在现实生活中没有真诚就不会有感情与心意的交流，不会建立起真正和谐的人际关系，心灵就会像一座孤岛，甚至像一座坟墓，活泼的人生就会埋葬。儿童保持着人类天真纯洁的性情，所以他们不会说谎，率性而行，纯任自然。人在由幼稚走向成熟，由无知走向多识的过程中，极容易丧失本真，变得圆滑世故。如何保持真纯之情，不失赤子之心，是人生要解决的根本性问题。当然，真诚的人生需要有良好的健康的社会环境。一个虚假的社会会造就一批虚假的小人，及至君子也不得不用某种假言假行作为防身之术，那就是很可悲了。

从历史上看，政治上的虚假表现是欺上瞒下，一手遮天，强奸民意，执法犯法，假人假事得宠受赏，真人真行遭斥挨罚，这是很可怕的。经济上的虚假表现是坑蒙拐骗，偷工减料，靠欺诈捞钱，不惜用伪劣商品害人。道德上的虚假表现是欺世盗名，言则圣贤，行则禽兽，满口仁义道德，一肚子男盗女娼，道德的提倡者正是道德的破坏者，道德脱离人情而甚于酷法，人被其吞噬而无怜之者。文化上的虚假表现便是假文浮词流行无阻，抄袭雷同泛滥成灾，文艺以趋时求利为标的，学术以迎合粉饰为准则。"修辞立其诚"，这是一切语言文字工作者的座右铭，就是说言词著文都要表达自己的真实见解，不能违心而为虚假之言。真实性、诚挚性一旦丧失，文化的内在生命便要枯萎。可见诚伪之辩在某种意义上要重于是非之辨，事情的好坏往往不在是否弄清了是非，而在是否处之以诚。无诚意者善变为恶，正价值变为负价值；有诚意者行善而真，不明可以求明，得一分真知便有一分实效，有一分真诚,便有一分感人的力量。

2. 以信论诚,是谓诚信,主要破一个欺字。一个国家一个团体一个企业乃自个人,都应当忠信不欺,使人可以信赖。民无信不立,人无信不行,这是颠扑不破的真理。不诚信在政治上的表现是朝令夕改,有言无行,有法不依,有始无终,漂亮话一大堆,实际事不去,于是上下脱节,离心离德,遂有信任危机发生。所以必须取信于民,得道多助,才有社会的稳定。在现代商品经济生活中,信誉也是第一位的,经济效益要靠产品的质量、功能和服务水平来取得,不能靠虚假的广告宣传和欺骗行为来达到。赢得信誉,事业才能成功,信用破产,必然导致失败,这是企业家都懂得的道理。人际交往,朋友相处,以信义为本。言而有信,行而可托,才算是站得住脚跟的人;轻诺寡信,自食其言,变化无常者,先自轻之,鲜能为人所重。诚信要求言行一致,从不说谎入手。古人说"一诺千金"、"君子一言既出,驷马难追"、"言之不出耻躬之不逮",都是要人慎言重行,讲究信守。当然,信要合于义、明于理,不能是狭隘的和盲目的。自己重信,对他人也不要无缘由地怀疑猜忌,人与人之间应当有起码的信任感,办交涉双方要抱有诚意,不然什么协商也不能成功,什么集体也不能维持。宁可失之轻信,也不可失之猜忌,君子可欺以其方,不可罔以非其道。在信仰上,诚信的要求就是敬笃不二,忠诚于自己的理想,不以信仰为名行谋私之实。

3. 以直论诚,是谓诚直,主要破一个枉字。做事情要禀公方正,以义为依,不能掺杂私心邪念,更不能拿原则作交易,否则利害的考虑将压倒是非的判断,导致枉断曲行,掩盖事实的真相,损害善良,助长邪恶。

人类在长期的共同社会生活中,逐渐形成带有共性的心理结构和认识能力,对于社会行为的一般性是非,有着天机自发的判断力,照直去做,便可为善去恶。但问题往往出在个人利害的计较上,一有此念发生,便会改变初衷,由直道转入枉道,或则明哲保身,或则昧心就恶,此即古哲所说的"初念为圣贤,转念是禽兽",直与枉的分途,只在公私一念之间,是非压倒利害,便可直道而行。这并不是说只要合乎义便可蛮干妄为,灵活性要有,策略方法要讲,必不得已还要委曲求全,但这样做归根结底是为了公正地解决问题,不是要投机取巧,捞取个人的好处。我赞成《淮南子》的话:"心欲小而志欲大;智欲圆而行欲方",方就是诚直,内有操守,外能屈伸。诚直待人,作风正派,办事公道,一向是中国人交友、论文、举人的重要标准,这个传统要发扬。

4. 以专精论诚,是谓精诚,主要破一个懈字。《中庸》讲诚之者"择善而固执",择善是诚的方向,固执是诚的工夫,不仅要执诚,还要固而执之,这样才能达到至诚,成己成物,感通天下。所以诚是尽力的事,是一生的事。我们常见到一种坏习性,就是"五分钟的热情","靡不有初,鲜克有终",做事敷衍马虎,点卯充数,应付差事,得过且过,好走捷径,这都是不诚的表现。世界上的事情,不论是从政行商,还是科研教学,抑或是作诗绘画,没有认真的态度、执著的精神是一件也办不好的。佛教宣扬破执,但实际上是破小执而兴大执,执于破执,执于成佛。看那高僧大德,为了解脱和救世,离家弃亲,绝于物欲,以苦为乐,孜孜于研经、传法、弘道,无懈无倦,死而后已,岂非择善而固执者乎?冯友兰先生在

《三松堂自序》中说:"凡是有传世著作的,都是呕出心肝,用他们的生命来写作的。照我的经验,作一点带有创造性的东西,最容易觉得累,无论是写一篇文章或者写一幅字,都要集中全部精神才能做得出来。"这是深刻的经验之谈。李商隐的"春蚕到死丝方尽,蜡炬成灰泪始干",韩愈的"焚膏油以继晷,恒兀兀以穷年",王国维所引"衣带渐宽终不悔,为伊消得人憔悴",都是说的精诚。精诚是全部身心的投入,是生命之火的充分燃烧,专注不怠,如痴似醉,百折不回,愈挫愈奋,只有这样才能成就大事业。"诚则灵"、"至诚如神"如果不是用于祭拜鬼神,而作理性的解说,应指至诚可以充分开发智力,心灵眼明,产生超常的见识与行为。"精诚所至,金石为开",忍人所不堪,行人所不能,可以创造出人间奇迹。即令失败,也是伟大的失败者,执著的追求本身就具有崇高的价值。

第三,诚的哲学以挚爱为基础,以包容为品格,以创造为动力,完全符合现代社会健康化的要求,具有强大的生命力。现代社会弊端之一是看重金钱和技术,忽视情爱和心灵,人情薄如纸,人心难以沟通。许多人处在信息社会里反倒产生强烈的孤独感,这只有用爱来消除。有爱心而后有诚心,有诚心而爱心得以发扬光大,推己及人,由人及物,达于宇宙。人是群体动物,以地球为家,有共同的利益和共生的情感,人心应当是热的,不是冷的,热爱亲人,热爱朋友,热爱人民,热爱祖国,热爱人类,热爱大自然,用爱去温暖人间,用爱去保护自然。虚伪与冷酷共生,欺诈与仇恨相连,冰冷与权谋之心只能泯灭一己之天性,害人之性,损物之性,破坏世界的和谐。所以要有挚爱和真情,然后才能立诚推诚。

包容性是诚学的普遍性品格,它没有门户成见,绝不排斥他学而自我封闭,这与现代社会文化的多元化趋势相一致。在有利于人性完美和社会进步的大前提下,诚学赞同一切诚挚的品格和行为。以信仰而论,不论是宗教还是非宗教的学说,不论是儒道还是其他百家,只要真信笃行,都应受到尊重。忠实于自己的信仰,亦尊重别人的信仰,以诚通其情,以诚成其和。交友之道,不在观点和喜好的一致,而在真诚相待,相互理解和信任,只要有诚意,便可求同存异,友好相处。个人之间的关系是如此,团体之间、国家之间的关系何尝不是如此。

创造是诚学的动力和生命。诚创造着活泼向上的人生,创造着和谐挚爱的群体,创造着各种文明事业。政治的改良,科学的发明,艺术的创作,都需要以诚为动力,激发出献身的精神,奋斗的勇气,坚忍的毅力,无穷的智慧。现代社会不是一个因循的时代,而是一个连续创新的时代,似乎一切文化领域都需要重新加以审视和整理,有多得不可胜数的领域需要探索和开拓,更需人们以诚的精神回应时代挑战,造就一大批有着强烈使命感和求实勤行的仁人志士,担当起总结过去开创未来的历史重任。抱残守缺,按老章程打发日子的时代一去不复返了。走出一个虚假的世界,还回一个真实的世界;超越一个虚伪的人生,成就一个真诚的人生,使人间变得更美好,这就是诚的哲学的终极目标。

儒家式的民主主义

安乐哲

一些西方人对自己的民主制度颇为骄傲,他们将中国视为一种集权国家的直接的典型。一种稍具同情性的(如果不是同样贬低性的)看法是:中国人是"长期习惯于拥抱枷锁而培养成的"①。在接触中国的那些抱有推动民主这种观念的人中,大部分人通常怀有无可怀疑的真诚,但他们的弱点也是显而易见。他们往往以修辞性的语言开始批判中国政府的制度和实践,要么从明显的经济利益而非民主利益考虑,要么从当代以权利为基础的自由主义那些含糊理想化且颇不相干的意识形态出发。

考虑到如今资本主义是阻碍而非促进了可行的民主,我们应当稍稍转换我们的视角了。我们应当认为,19世纪的个人主义不利于任何真正民主的人类社群的建立,恰恰相反,个人主义是任何民主社群的大敌;我们应当承认,人权不必非要先写在遥不可及的天际,然后才宣称在地上有实现的可能;我们应当承认,民主作为一种人类社群的生活理想,可以在不同的文化环境下按不同的节奏与时间表运行;诸如此类的崭新视角都要求西方人不应该再要求中国人既接受民主婴儿,同时也接受肮脏的洗澡水。换言之,如果我们以杜威心目中的民主来看待中国,我们的看法便会有所转换。

当代著名学者切斯特顿(G. K. Chesterton)曾经说过:"传统意味着投票给所有阶层中最朦胧不清者,即我们的祖先,传统是一种逝者的民主。"②今天,我们将做这样一种尝试,也就是,我们打算通过美国实用主义大师约翰·杜威的眼光,结合他关于人类社群的思想,对中国"逝者的民主"(democracy of the dead)进行考察。我们的结论是令人惊奇的,因为我们将会看到,在许多方面,较之杜威自己的国家,中国更接近杜威的社群主义民主理想。并且,在未来东西文化的交往过程中,很有可能是中国的影响使得美国与其他北大西洋民主国家益发接近杜威的民主观。

一 民主化的动力

在我们有关一种儒家式民主的典范的考察中,我们并非只是关注政治或政府本身,而

---

① 杜威:《自由与文化》(*Freedom and Culture*),New York:Caprixon Books,1963. 此处他不是指中国。
② 切斯特顿:《仙境的伦理学》(*The Ethics of Elfland*),W. H. Auden 编《切斯特顿散文选集》(G. K. Chesterdon:*A selection from His Nonfictional Prose*),London:Faber and Faber,1970.

是一种民主社群的理念。正如杜威所做的那样,我们认为实现民主的主要障碍在于,将民主理想与某些虚伪地声称体现了民主理想的政治制度混为一谈。虽然各种政府始终和民主化的进程有所关涉,但这些政府很少能够担当民主的领头人。并且,每当政府试图充当迈向民主的领头人时,在这种特定情况下所理解的民主大都迅速流产。

我们或许应当提出一些理由,使人相信有关"儒家民主"的讨论不是一种乌托邦思想的发挥。我们深信,当今的国际环境足以迅速易变,允许在中国出现趋向民主的运动。这使得中国的民主化至少是可能的。在对允许这种可能性的一些条件进行简要的考察之后,我们会提出一些理由,来说明为什么这种趋向民主的运动是一种可行的希望。

翁格(Robert Unger)曾经界定了世界政治变化的三种主要根源:(1)大众政治的兴起;(2)"世界历史"的出现;(3)扩大了的经济合理性。① 大众政治的现象蕴涵着这样一种假定:某些不同形式的"流行的意愿",不论是通过选举的代表还是通过寡头政治的政党系统,赋予国家权力以权威。在这种情况下的权利转换可能既威胁着当前的代表,也威胁着他们的政策。至于世界历史的动力,翁格似乎合理地指出"在外国威胁的阴影下,或者通过大众的改变信仰、外国典范的触动,每一种习俗和教条都会经由蓄意性的政策而被更改"②。当然,由"外国典范的触动"所激发的那种假定的中国的马克思主义社会结构是这种动力的恰当的说明。不过,这种变化有多深,则是一个有争议的问题。以权利为基础的自由主义、自由企业的资本主义以及全球科技,在这些处在现代化进程之中的脉动的形式里面,中国目前所面对的东西要远比"威胁"和"典范"重要的多。第三种动力,即扩大了的经济合理性,有赖于一个社会"根据生产机会或经济报酬来重新安置各种关系、科技和组织"③的能力。这种合理性会排除这样一种可能性:社会分工的报酬或者资本控制的报酬成为一种既定的权利。尤其是发生在整个中国的伴随着经济特区和作为民工的流动人口大众的重组,比那些更为稳定的资本主义国家促进了更大的经济合理性。在当今世界上,许多人期望中国国内出现重大的社会、经济和政治变革。在西方,大多数持这种观点的人是具有使命感的资本家,还有主张进行自由民主改革的人。在他们看来,民主制度的变革理应沿着以权利为基础的自由主义继续向前发展。但是,我们要说,其实并不存在为什么一定要如此的固有理由。

在儒家思想中,存在着发展具有亚洲特色民主形式的思想资源。在发展这一理念时,我们不应当仅仅吹捧所谓"亚洲特色"的民主。我们认为,发展一种儒家式的民主典范不仅会有益于亚洲的民主化倡导者,而且还会有益于西方社群主义民主的倡导者。正是由于这种彼此受益的可能性,提升着中国的民主的希望,使之从一种可能性变成一种有理由的预期。

---

① 翁格:《政治:建构性社会理论中的一项工作》(Social Theory: Its Situation and Its Task),New York: Cambridge University Press,1970。
② 同上。
③ 同上。

二 民主在中国的古典根源

现在,我们打算探讨一下古典儒学有关一种在政治上可行的社群的设定,并且,我们还打算指出,在儒学传统中,有许多思想与美国民主包含的社群主义原则是一致的。

本着杜威的思想精神,社群主义者桑德尔(Michael Sandel)认真考察了本世纪后半叶美国民主的重建①。在界定何谓"公善"(common good)时,桑德尔提出以小"r"打头的共和主义(small "r" republicanism),认为这个自由有助于界定什么是公善,因为共和主义自由的前提正是一个成形的公民社会。在这一公民社会中,公民都努力培养为达到自治所必需的个性和品质,在此过程中,个人对社群的归属感不断加强。由此可见,在共享的自治社自由(liberty)是通过个人对社群的完全参与表现出来的。在共享的社群中,这种自由感远远不仅仅停留在"不受拘束"(the absence of constraints)的意义上。在一种社群主义的民主"个人的自由意味着在社群中成长,并在社群需要时随时修正的行为"②。当社群需要时个人作出修正,这样一种应变的能力恰恰是自治的精髓所在。

如今,这样一种社群主义的自由概念已经不再驱动着民主。由于企业文化与国家政府的双重扩张,曾经缓冲于个人与政府之间的组织机制受到了侵蚀。曾几何时,像家庭、社区、学校、工会、社区俱乐部和教区都曾经在教育公民遵守社会文明道德方面起过较大的作用。可是今天,就公民自由而言,个人自由身份已经成为公民选择自己目标时的单一能力。

美国民主已经变得越来越程序化和中立化:其目的仅仅在于确保一种权利框架,在这一权利框架中,人们有选择他们价值观与目标的自由。原则上说,政府既不鼓励也不阻止人民对任何美好生活的憧憬。这种自由的概念给社会留下一个真空,使得形形色色的带有偏狭性质的学说都迅速乘虚而入,比如自卫组织、基督教原教旨主义、激进的反堕胎主义、新纳粹主人优越主义、有组织的恋童癖等等。

桑德尔界定了两种论证,这两种论证常常被认为与公民对自由的理解背道而驰。第一种观点认为,世界已经变得如此,以至于地方自治的理念已经不合时宜;第二种观点认为,教育公民遵守社会公德就必然要牺牲个人自由,而这种个人自由的牺牲常常是强制性的。

针对第一种认为生活正在日益变得复杂的观点,桑德尔提出,我们仍然应当坚持地方自治的理念。他的回应如下:

居民社区的政治在整个政治生活中的重要性应当越来越大,而不是越来越小。不管

---

① 桑德尔:《民主的不满:寻求公共哲学的美国人》(*Democracy's Discontent American in Search of Public Philosophy*),Cambridge Mass:Harvard University Press,1966.
② 杜威:《哲学的重建》(*Reconstruction in Philosophy*),Boston:Beacon Press,1957.

遥远的政治体制有多么重要,人民不会真正对这些庞大而又遥远的政治体制宣誓效忠,除非那些体制以某种方式与那些反映参与者身份认同的政治安置相关①。

桑德尔假定,长远来看,目前在美国占支配地位的自由主义的民主观念是没有可行性的。他所开出的药方使我们想起杜威所坚持的一个观点,即民主与其说是表现在体制上,不如说是表现在态度上,并且,民主的态度不仅逐渐由教育而形成,而且通过教育得到加强。桑德尔赞同个人自我认同的促进,那种个人的自我认同是地区性教育的结果。这些认同能够在一个非强制性的、自主的社群中形成,然后扩展到其他更为复杂的生活领域之中。

桑德尔看到"独立自由的自我是一种个人解放、个人洒脱的理想,他们不受外在道德或社群关系的约束。"②但是,仅仅追求独立自由的自我事实上已经抑制并且如今正在阻碍着美国社会的进步。一些人开始认识到,那些我们常常与儒家哲学联系在一起的表面上看似非民主的概念,比如礼仪化的角色和关系、等级制度、服从、互相依赖等等,或许并不是完全有害的。在当今世界各种文化日益相互依赖的情形之下,借鉴儒家思想资源对于民主来说,是暗示着一个新的和更有活力的方向。最起码,那些倾向于抛弃儒学遗产,而不去探究它对于一种亚洲式的可能贡献的亚洲文化来说,当代美国的问题可以起到警示的作用。

目前,在加速发展的经济活动的影响下,中国正在发生着各种转变。考虑到这些因素,我们就能够理解,对于以权利为基础的自由主义在经济和政治方面所产生的一系列后果,美国实用主义如何起到平衡的作用。如今为中西方对话设定语汇的正是那种以权利为基础的自由主义。正如我们目前正在尝试进行论证的,由于中国那些将会支持民主化的文化资源与民主的种种个人主义形式不相吻合,那么,实用主义可以在中西方的对话中发挥作用,就是一种十分有前途的可能性。

为儒家思想与民主的相容性寻找例证的一个典型的策略,就是从古代典籍中去寻找与当代民主能够发生共鸣的思想材料。当然,这种取径也会出现问题,因为解释以往的事件,几乎都可以跟当今的事物有所共鸣。然而,还有无数偶然的因素,特别是那些不易觉察的因素,都可能影响到当今这种或那种生活形式的制度化。正如政治学家爱德华·弗里德曼(Edward Friedman)所说:"所有文化都包含着矛盾性的政治潜能,如果中国领先于欧洲实现了民主化,那么历史学家可能宣称,整个中国文化都是民主的,而且这种民主是独一无二的。"③赞成这种说法的最重要的理由是,在中国的传统里,确实存在支持民主化的传统资源。理由在于:最起码,这些资源在帮助中国人消化外来民主思想的同时,可以

---

① 桑德尔:《民主的不满:寻求公共哲学的美国人》(Democracy's Discontent American in Search of Public Philosophy),Cambridge Mass:Harvard University Press,1966.
② 同上。
③ 弗里德曼:《民主化的政治:亚洲经验的泛化》(The Politics of Democratization:Ceneralizing Asian Expenenxe),Boulder:Westview Press,1994.

将民主的概念转变为与中国传统更加吻合的思考方式。同样重要的是,这些思想方式为提倡民主的人们提供了重要的理论支持,帮助他们与自己社会中试图阻碍民主化进程的更保守、甚至更顽固的敌人进行论战。

在西周时代的《尚书》中,我们读到这样的话:"民可近,不可下。民为邦本,本固邦宁。"而在《孟子》那里,我们发现一句更加广为人熟知的话"天视自我民视,天听自我民听。"①

另外一种能够促进大众政府的资源,是一种常常不被理解为与精英主义有关的东西。官僚考试制度这种儒家传统中的支柱,培养了一批受过教育的政治行政人员。此外,孔子很清楚平等地受教育的需要,他说过"有教无类。"②

当然,平等地接受教育并不保证同样的成功。许多读书人没能够通过考试制度,结果丧失了他们服务于政府机构的机会。此外,作为儒家理解教育回馈构成部分的知识精英观,与那种至少是较为简单的民主平等观念存在着紧张。不过,只有当它与相关的投票民众的意愿相违背,或者危及所有公民的合法利益时,知识精英的原则才会与一种可行的民主不相一致。

无论在家庭中还是在政治方面,长期以来,劝谏都是儒家传统的一个组成部分,都一直发挥着批评政府无度的功能。孟子坚决认为,统治者的合法性取决于百姓的支持,百姓有责任不仅要反对任何非正义的统治者,还要废黜任何非正义的统治者。

儒家强调道德相对于刑罚的优先性,这正是任何社群主义民主价值观的基石。儒家思想在传统社会中之所以长期有效,正是因为儒家思想强调道德对于法律的优先性,并将道德作为确保社会和谐的主要手段。孔子说"听讼吾犹人也,必也使无讼乎!"③

这种观点与法律原则并不矛盾,尽管儒家的确在诉讼和道德规劝之间保持平衡。儒家解决争讼的方式是:先尽可能使非正规的和解办法或进行道德规劝,实在不得已才使用法律手段。一个社会,如果诉讼很多维持秩序又不靠社会公德,而主要靠法律和制裁手段,那么,要想建立社会和谐几乎是不可能的。问题在于:在何种程度上法律援助对于保护社会成员的福祉是必要的。近代以来,资本主义社会在解决法律与道德之间的紧张时,更多地偏重于法律,而中国社会则一直更加依赖道德。

显然,孔子既是精简政府职能的倡导者,又是建立自治的人类社群的积极支持者。在他看来,成功的君主既能将社会治理得井然有序,又同时能够保持"无为"的状态。比如,《论语》中说"为政以德,譬如北辰,居其所而众星共之。"④正如在其他亚洲社会一样,在传统中国,有一种促进儒学、佛教和道家思想彼此融合的动力,这种动力使得不同的思想传统(儒释道)成为一种丰富的传统,同时各家又不丧失彼此基本的立场。除了对于发展

---

① 《孟子·万章》。编译者按:这句话最早出自《尚书·泰誓》,为孟子所引用。
② 安乐哲、罗思文译:《论语》(*The Analects of Confucius: A Philosophical Translation*), New York: Ballantine, 1998.
③ 同上。
④ 同上。

宽容和尊重的模式(这种模式不要求政治文化与精神文化的彻底分离)提供某种根据之外,这种"价值综合"(value synthesis)允许诉诸道家和佛教的因素而同时不削弱占主导性的儒家感受性(Confucian Sensibility)。直至今天,中国人还常常将自己描述为儒释道三教的混合。"道冠儒履释袈裟。在公共生活中我是儒家,退休回到家中我是佛家,在徜徉于大自然之中时我是道家。"

道家向我们提供了一种对于自由和自然的庆祝,以及对主流文化的批判视角。对于那些满足了儒家等级观念和以家庭为中心的关系观念的混合物来说,佛教则提供了一种平等主义的动力。

除了儒释道三家综合之后所形成的占主流地位的儒家传统之外,还有其他一些哲学运动,在他们与提供支持民主理念的儒家主流之间,或多或少存在着紧张。例如,法家提倡法律面前人人平等的观念;并且,墨家学说的后果必然是平等主义的,这一点甚至超过佛教。

在儒家思想里,甚至在更为广泛意义上的古代中国思想之中,就关于一种杜威意义上的儒家民主的可能性而言,有充足的命题与那些满足任何怀疑主义质疑的民主制度相吻合。如果我们设想一种社群主义的模式,这一点尤其如此。不过,如果我们打算要说明儒家民主不仅是可能的(possible),而且是可行的(plausible),我们就一定要更加细致地辨别其中的某些暗示。我们可以从《论语》中有代表性的一段文字开始:

> 道之以政,齐之以刑,民免而无耻;道之以德,齐之以礼,有耻且格。①

就像任何好的实用主义者一样,孔子认同那种紧密的、自我投入的人际关系的重要性。孔子强调协调个人与家庭、进而协调个人与社群之间的关系,力图建立一个繁荣昌盛、自治的人类社群,并将其视为保障个人自由的最重要条件,也就是说,只有这样的人类社群才能确保个人与社群的理念共享以至完全融合。儒家的模式有赖于两种强大的却又是非形式化的压力作为其内在的驱动力,一个是"耻",一个是"礼"。虽然,强迫作为维系秩序的一种手段是有效的,但孔子拒绝采用这种手段。在孔子看来,自治(self-ordering)是明确的追求。儒家哲学是一种在扩展了的家庭的脉络之中得以详细阐释的关于个人修养的学说和表达。或许,对于个人、家庭、社群的、政治的以及宇宙的实现是相互关联和彼此蕴涵的这样一种假定来说,核心的经典是《大学》这部简要然而却经常被引用的儒家典籍,从中古到现代,它界定了儒家传统中的正统:

> 古之欲明明德于天下者,先治其国,欲治其国者,先齐其家;欲齐其家者,先修其身;欲修其身者,先正其心;欲正其心者,先诚其意;欲诚其意者,先致其知,致知在格物。

就传统而言,家庭是社会组织的典范。个人的身份(personal identity)首先并且最终

---

① 安乐哲、罗思文译:《论语》(*The Analects of Confucius: A Philosophical Translation*),New York:Ballantine,1998.

是通过那些关系和角色的培养来实现的,并且,那些关系和角色处在一个广泛的家庭和社群网络之中。正如《大学》所说"自天子以至于庶人,壹是皆以修身为本"。进而,国家被理解为一种扩展了的家庭,这个扩展了的家庭来自于修身的过程,在这一过程之中,"修身"中的"自我"彻底体现在各种公共的角色和关系之中。这种家庭典范的核心性对于儒家民主的塑造具有显著的后果,因为它决定着关于"公民"和"公共个人"的诠释,那种诠释与自由主义的民主传统很容易形成对照。自从亚里士多德对于该问题的反省以来,民主的公民经常被理解为不过是这样一种人,即在家庭中被培养至成人,然后离开家庭,投身公众生活。家庭生活和公共社会生活之间的对照是一种根本的方式,正是在这种方式中,西方社会私人领域与公共领域的界限得以确定。

而在传统的儒家社会中,一个人终其一生都没有真正离开过家庭。如果一个人离开家庭,实际上就等于他抛弃自己的身份,因此公共个人(public person)的概念,或者说公众领域和私人领域的区分,在儒家的观念脉络中是跟西方大不相同的。而在这一点上,我们可以看到,对于以一种符合社群主义民主制度的方式来理解公共生活,杜威提供了若干提示。

三 杜威与孔子论社群——儒家式的民主主义

在以权利为基础的自由主义中,社会和政治理论在很大程度上是围绕以下问题展开的:个人与社会,私人领域与公共活动,自然法与成文法,权利与义务,国家的强制力(合法性的权威),正义观念,等等。与此相对,中国社会和政治思想的讨论所关注的则包括:个人修养与公共生活,在产生社会政治和谐方面以传统为基础的礼仪活动的功能,通过"正名"(the proper ordering names)而来的各种社会和政治角色的界定与成就,文化典范塑造(cultural modeling)的效果,以及合理的劝谏模式等等。有关杜威意义上的民主的探讨,为我们提供了一种理解"儒家式的民主主义"这一术语的方式。对杜威而言,民主是一种沟通性的社群。如果说社群性的关怀在一个社会中是核心性的,那么,对于单纯为了自己的追求信仰和意见的标新立异,整个社会就会有一种重要的制约。这种情况是肯定的,因为中心性的欲求在于促进一种充分的共同性,以便确保有意义的沟通。正常情况下,这种制约不会来自于外部,既不会来自立法,也不会来自压制性的"公共意见"。如果沟通的欲求真正是有效的,就会有不断增长的对于差异的容忍,同时,他们为了能够继续沟通,也会有尽量避免空泛的标新立异的关注。

这就提出了树立儒家式的民主主义的最为困难的问题之一,也就是多元主义(pluralism)的问题。在一个如此明显的以文化传统的连续性为荣的社会里,观念和信仰的多元主义究竟扮演什么样的角色?首先要说的是,在中国社会中,当然存在着相当程度的多元主义。怀疑这一事实会将亚洲文化单一性的陈腐观念推至极端可笑的境地。但另一方面,在中国,种族和语言方面的同质性又确实比美国和许多欧洲社会要多一些。并且,如果全面考虑的话,在中国也要比在许多西方社会更容易获得某种诸如"共识"(consensus)的东西。

在理解儒学如何能够容纳一种健康的多元主义时,部分的困难在于将诸如"共识"、"多元主义"这样的术语从西方转移到中国社会时,无法认识到其间的意义转换。譬如,一个传统中国知识分子很可能既是儒家,同时又是道家和佛家,这样的说法会令大多数西方人迷惑不解。因为,在西方人看来,个人必然忠诚于自己的哲学立场或宗教立场,就像对自己乐于接受的宗教信仰忠贞不二那样。

儒家、道家和佛家思想在中国文化里能够和谐共处,不但体现在单一文化中,而且更重要的是,三教合一能够在某一个特定的人格上体现出来。这样一来,对于西方人来说,就有必要弄清,在中国文化中,什么是西方多元主义的对应术语。我们知道,在儒家社会里,文化的共识性往往更多的在美学和实践的层面上获得,而不是关联于理性的主张,这一点跟杜威式的民主思想非常接近。儒学的审美取向和杜威式的实用主义都反对那样一种假定:"正确的思想"(right thinking)就是要对正式的并且通常是排他性的学说或信仰忠贞不二。

在中国历史上,不论文化形态多么多元化,传统都力图使不同的文化形态达到和谐统一,并且将此视为社会公善;相比之下,西方自由主义提倡包含各种不同声音。皮伦布姆(Randy Peerenboom)在比较这相关的两点时说:"思想自由是当代西方自由民主思想的核心。能够进行独立思考的权利是我们最为珍视的权利,思想自由是其他一切权利的基石。"① 服膺思想自由必然追求合理的信仰多元主义,也必然因此反抗一切教条的保守主义和正统观点。正如它在儒家传统中一贯被理解的那样,"和"这个术语意味着不同成分必须和谐相处,这层含义可以说是非常强烈而且明显的,意识到这一点很重要,所谓"礼之用,和为贵。先王之道,斯为美;小大由之。有所不行,知和而和,不以礼节之,亦不可行也。"②

因此,儒家对于社会和谐的追求蕴涵了一种不言而喻的肯定,即多种因素在需要的情况与和谐相处。尽管在理性共识的模式中,提示着信仰的同一性,但在美学的模式中,则预先设定了强度和对比的标准。

在任何有关"思考的权利"(right to think)和"正确的思想"(right thinking)之间区别的思考中,我们需要记住中西问题意识的一个根本的重要不同。中国人不认为思想与行动既可以合为一体,又能够彼此分离。在中国传统中,思想、性情与行动是相互关联的,这与西方传统的主导意识形态截然相反。西方人认为,思维、行动与情感都是各自独立的。

在我和郝大维合著的《由汉而思:中西文化中的自我、真理与超越性》的第 2 章里,我

---

① 皮伦布姆:《儒家和谐与思想自由:思考的权利与正确的思想》,狄百瑞、杜维明编:《儒学与人权》(*Confucianism and Human Rights*),New York:Columbia University,1998.
② 安乐哲、罗思文译:《论语》(*The Analects of Confucius:A Philosophical Translation*),New York:Ballantine,1998.

们比较了古代中国知识分子与传统西方哲学家在哲学关怀上的不同。其中,我们引用了葛瑞汉(Angus Graham)的评论。他说,中国知识分子关心的是"'道'在哪里?"西方哲学家则更关心"什么是真理?"①葛瑞汉揭示了中西文化问题意识的明显区别,那就是,面对在自然和人类社会中人应该怎样来确定自己的地位和方向这个问题时,中西文化各自所提供的答案完全不同。

　　古希腊哲学家思考的基本问题是事物是什么? 世界是怎样构成的? 简而言之就是"这是(is)什么?"这就是后来一直为西方哲学家所重视的本体论问题。由此出发,西方哲学家对事实和原则作了区分,并发明了一套范畴来认识世界。古代中国知识分子对"如何得道"的追问,导致他们不断追求合理的生活模式,这种生活模式也是一种文化方向,这种文化方向使他们能够在"道"的基础上发展自己,并使他们在所生活的世界中施展才华。

　　有不少人这样认为,每当中国全社会开始反思的时候,道德和政治秩序便容易被破坏,很自然的,中国人就会特别关心社会和谐。这些人还认为,中国人特别关心社会道德秩序,因为他们认为社会秩序是社会稳定的保障。可见,中国知识分子主要追求的是"道"。而与此相反,古希腊哲学家好像总是在自由而冷静地寻求真理。这无疑是一种简单化的比较,单纯地比较"求真者"(truth-seekers)和"求道者"(way-seekers),有时还容易让人产生误解。最明显的一点是,这种观点暗示说,中国文化似乎比西方文化更加重视社会与政治和谐。不过,中国与西方社会都非常关心如何维持社会稳定。在语言多种多样的多民族社会中,比如古希腊社会,要在不同的语言、神话、风俗与礼仪之间找到一种具体而有效的方式可不是一件容易的事。能够保障社会和谐的原则和标准一开始就是抽象出来的,而后又能普遍适用。无论从积极还是消极的方面来说,在西方,对大写"T"打头的真理(Truth)的追求是社会与政治稳定的目的。从积极方面来说,它说明在历史进程中存在某种标准,这种标准为共同的价值观与实践奠定了基础。从消极方面来说,它意味着我们应当容忍那些不同意现有真理的人②。可见,这两种含义都是发展民主制度的应有之意。

　　"求真者"和"求道者"之间这种对照的含义就是:在一个区别观念与道德行为的社会中,更容易促进认知意义上的多元主义。如果一个人不能够根据其所思而行,他所希望的思想的自由就是一种不完整的自由。在像中国这样一个不割裂知行的传统中,观念已经是行为的倾向。正是我们那种理论和实践的区分使得我们有权思我们所乐思。如果我们将观念视为已经是行为的倾向,那么,我们就不应当随心所欲。

　　可以这样说,儒家民主主义将来的发展要借助于实用主义多元主义那样的形式,这就

---

① 葛瑞汉:《辨道者:古代中国的哲学论辩》(*Disputers of The Tao:Philosophical Argument in Ancient China*),北京:中国社会科学出版社,2003。
② 对于"求真者"和"求道者"之间对比的更为充分的讨论,参见郝大维、安乐哲:《由汉而思:中西文化中的自我、真理与超越性》,第 2 章。

必须以中国人接受信仰与行动多元主义的能力为前提。这种信仰与行动的多元主义总是和民主相伴的,尤其在它采纳了社群主义形式时更是这样。

幸运的是,从整体上说,儒家思想并不缺乏实现儒家民主主义的资源。为了促进真正的社会和谐,儒家思想强调一种不言而喻的、情感性的共识,这种共识通过合乎礼仪的社会角色和行为来表达,这种礼仪在意识层面上缓释了人与人之间的分歧,促进了真实的社会和谐。在使用礼仪进行交流的过程中,人们更加重视的是具有很强道德实践意味的"道",而不是去发现某种客观的"真理",在这样一种道德实践中,人们不再简单地流露自己的情,那种过分随便流露感情的方式一般不为人所接受。而共识则基本上是不言自明的。礼仪实践的审美向度促进了人们之间的沟通,所以,人们在礼仪活动的层面上排除了争议的必要。

毫无疑问,一种正在出现的思想与信仰的多元主义将会给中国儒家传统的持久性带来严重的挑战。儒家思想也有可能无法适应这种挑战。在美国,人们每天都在质问,我们的公民文化明天是否还能存在。对中国也一样,今后,无论中国遇到多少困难,都别无选择,惟有以自身丰富的传统资源来迎接现代化的种种挑战。

如果儒学可以作为反思民主的一种资源,我们就必须避免一种广为流传且持续甚久的对于儒家传统的误解。这种我们再熟悉不过的误解假定:儒家的个人利益必须为了社群的利益而作出牺牲。孟旦曾经这样说道:

> 在中国,"无我"是最为古老的价值之一,尽管也以各种形式出现在道家和佛教中,但它在儒学中表现得尤为明显。一个无我的人总是在准备着将他自己或者他所在的某个小群体(比如一个村)的利益从属于一个更大的社会群体的益。①

爱德华斯(R. Randle Edwards)加强了孟旦的这种诠释,他说:

> 大部分中国人将社会看成是一个有机的整体或天衣无缝的网。这个网中的每一根绳子都必须具有一定的长度、直径和牢固性。并且,每一根绳子都必须一道符合一种预定的式。……期望每个人像齿轮一样在一架效率更高的社会里正常地运转。②

不论是孟旦还是爱德华斯,双方都把儒家社会理解为一种集体主义,在这种集体主义之中,个人利益显然被排除在外,并且在相当程度上,个人利益服务于个人所在的团体。

肯特(Ann Kent)继续了这种观点,他将个人和社会脉络之间的关系理解为手段和目的之间的关系。他说:

> 社会作为一个有机的整体,其集体权益优先于个体权益;个人为了国家存在,而

---

① 孟旦:《一个美国哲学家眼中的中国价值的形态》(The Shape of Values in the Eyes of an American Philosopher), Ross Terrill 编:《中国与众不同》(The China Difference), New York: Harper and Row, 1979.
② 爱德华斯:《公民与社会权利:当今中国法律的理论和实践》(Civil and Social Rights: Theory and Practice in Chinese Law Today),《当代中国的人权》(Human Rights in Contenporary China), New York: Columbia University Press, 1986.

不是国家为了个人存在；个人权利来自于国家，其本身并没有绝对的价值。诸如此类，这些观点无论在旧中国还是新中国都一直是流行的。①

中国传统促进了一种关系性的人的定义，这当然是正确的。似乎并没有足够的哲学基础去证明我作为利益中心独立于并优先于社会，这也必须是要进一步考虑的。在这种关于人的关系性理解之下，古代中国模式中个人的、家庭的、社会的以及政治的实现所需要的那种相互性和彼此依赖性是必须被承认的。但是，并没有理由认为有关个体的关系性理解蕴涵着自我否定的必然性。

主张无我是中国社会的理想，其后果是将不论是公与私、还是个人与社会这样的区分从后门偷偷又运了进来。要"无我"，就要求个体自身首先存在，然后这些个体才能够为了更高的公共利益而牺牲自己；并且，在个人或社会之上有"更高的利益"这样一种暗示，显然在他们之间建立了边界，这种边界证明了个体和社会之间的对立关系。这样一种有关中国式的个人的诠释无法支持那种个人不可化约为社会的主张，反讽的是，这种诠释反而损害了那种主张。

"无我的"理想最终提示的是群体利益高于个人利益的提倡者们之间的文化特殊性的斗争，而群体利益高于个人利益的看法将西方的集体主义和以权利为基础的自由主义区分开来。不过，这种冲突与中国传统并无多大关系。虽然中国人的自我实现并不需要很高程度的个人自足(individual autonomy)，但足以置换个人自足的东西却很难说是一种一般的意志。和成为一位杜威式的个人非常相似，成为一位儒家式的个人涉及到不同个体之间的互惠互利，这种互惠互利是通过群体之中的彼此忠诚和责任来的，而群体之中的彼此忠诚和责任激励着每一个人，并且有助于确定个人自身的价值。

在个人与社群之间的关系方面，中国儒家社群模式与西方自由主义大相径庭。西方人关心如何限制国家权力，并尽可能保留个人自主性。从许多方面来说，中国传统中对个人和社群关系的学说接近杜威的观点，比如说，在杜威看来，人类社群的凝聚力有助于确立个人的自我认同。

无论是孔子还是杜威都认为，人是"具体环境下的人"(person-in-concrete-context)。自由主义的"个人"概念不但与中国文化无关，而且在美国实用主义那里也无迹可寻。儒家思想既不像自由主义民主模式那样，把"手段与目的"作严格区分，将社会作为实现个人目的的一种手段；也不像集体主义模式那样，将个人作为社会的一种手段。儒家思想与杜威都认为，社会群体的广泛目的产生于个人的并且是社群的目标。在这一点上，双方几乎完全一致。在儒家思想中，蕴含在家庭生活中的特权和义务是不可分割的，并且，二者扩展到了家庭以外的范围，构成合理的政府统治的基础。《论语》里说：

其为人也孝弟，而好犯上者，鲜矣；不好犯上，而好作乱者，未之有也。君子务本，

---

① 肯特：《自由与生存之间：中国与人权》(*Between Freedom and Subsostence：China and Human Rights*)，Hong Kong：Oxford University Press，1993.

本立而道生。孝弟也者,其为人(仁)之本与!①

以礼仪为构成要素的社群这样一种儒家观念并没有假定一种全然世俗的社会。礼仪具有一种持久的以人为中心的精神意义。因此,在分析中国的宗教经验时,我们必须将以礼仪为构成要素的社群视为精神性自我实现的基本中心。

儒家礼仪化的各种社会角色和关系没有一种超越的指涉。毋宁说,那些角色和关系指向的是被投入到这些公共生活形式之中的文化遗产,这些文化遗产是精神发展和宗教经验生生不息的源泉。要想了解中国的精神性,仅仅了解"天"(一般翻译成 Heaven)与"道"(the Way)这样的范畴是不够的,我们应当了解各种礼仪化的角色和关系,正是这些角色和关系在追求一种公善的过程中将社群统一起来。事实上,当"天"和"道"这样的观念关联于人类社群时,礼仪恰恰是"天"和"道"的特定内容。如此理解"礼"、"天"和"道"这些观念充分表达了源远流长的历史延续下来的儒家精神。

杜威也曾经表述过类似的观点。他说:

> 原因和结果构成的社群,是我们以及我们的后人生存其中的无限之网,它是那么广阔无边,深不可测,充满着各神秘的存在,这个社群是我们被编织为一体的象征,我们的想象只好将其称为宇宙。这个社群是我们感觉和思想的体现,浩渺无边,广泛到知性无法把握……这个社群正是这样一个源头,在它经过伦理道德的塑造之后,成为了一整套指导个体行为标准以及个人修养目标的聚合体。②

对实用主义者和儒家来说,文化价值是一个社群在漫长的日月中所获得的一种累积性的成就。假定某种超自然的领域预先容纳了这些价值,这是没有道理的。在那些拥有理想因素的宗教中获得荣耀的价值,不过是那些具有自然联想特征的事物的理想化,而具有自然联想特征的事物是为了安全起见而被投射到超自然领域之中的。③

中国人尊崇自己的传统文化,而基督徒对上帝很依附,这显得有些旗鼓相当。但是,尊崇祖先与文化英雄的儒家民主主义真正是一种"逝者的民主"。虽然他们已经不在人世,但是"他们的民主"仍然很有生气。正是由于这个道理,当孔子的得意弟子子贡被问及谁是孔子的老师时,子贡回答说:

> 文武之道,未坠于地,在人。贤者识其大者,不贤者识其小者。莫不有文武之道焉。夫子焉不学? 而亦何常师之有?④

只要一个人及其所命名的价值留在人们的记忆之中,这个人就获得了其地位和生命。中国人重视葬礼,重视家族的延续,重视孝道,重视落叶归根,敬祖作为首要的宗教行为,

---

① 安乐哲、罗思文译:《论语》(*The Analects of Confucius: A Philosophical Translation*), New York: Ballantine, 1998.
② 杜威:《一种通常的信仰》(*A Common Faith*), New Haven. Conn.: Yale University Press, 1934.
③ 同上。
④ 安乐哲、罗思文译:《论语》(*The Analects of Confucius: A Philosophical Translation*), New York: Ballantine, 1998.

所有这些都表达着这种活生生的社会记忆。

总之,在传统儒家思想中,对待公共生活的资源是非常丰富的,它们促进了一种有力、持久甚至是宗教性很强的民主观念。在最近的作品中,李承焕(Lee Seung-hwan)论证说,我们无需在自由主义和"儒家式的"这两种感受性之间作出非此即彼的选择,而是应当寻求将两者结合起来①。当然,李承焕的观点可以说是一语中的。如果中西文化之间的交往对双方都是更富有成果的,彼此之间的相互影响就是可以预料的。但是,我们已经论证,儒家式的民主以及西方社群主义的民主这两者和以权利为基础的自由主义民主是不相容的,尤其在个人与社会的关系方面。因此,我们的希望就是:来自将来对话的中西价值和信仰的结合,将成为中国的儒学以及西方的实用主义这两者的组成部分。

---

① 李承焕:《自由权利和儒家德性之间》(*Liberal Rights or/and Confucian Virtures*),东西方哲学,1996(3):pp.367-379.

儒学与杜威的实用主义:一种对话

安乐哲

作为对话的一个很有前景的开始,我们或许受到这样一个事实的鼓舞:怀特海(A. N. Whitehead)这位自称是"美国"哲学家的人物,向他同父异母的兄弟说起过杜威(John Dewey),他说"如果你想了解孔子,去读杜威;如果你想了解杜威,去读孔子"①。在《过程与实践》中,怀特海进一步指出,他的"有机主义哲学看起来更接近中国思想的某些流派"。可是,同样是这个怀特海,在其他地方也曾经宣称:在哲学活动中,有趣比真实更好。总结这两点来看,通过假定怀特海这种地位的哲学家会推荐我们将杜威和孔子加以串读(tandem reading),即便不是作为真理的资源,而是作为一种令人感兴趣的练习,我们或许都会受到鼓舞。然而,任何东西都不会比真理更为遥远。对于他与杜威和孔子所共享的那种过程性的感受(process sensibilities),怀特海似乎多有忽略,并且,怀特海在事实上也显然没有考虑作为"实用主义者"的杜威和孔子。在怀特海看来,杜威和孔子都服膺于那种他所认为的天真的经验主义(naive empiricism),而除了最枯燥乏味的哲学探险之外,那种经验主义什么也没有排除。诚然,如果我们试图诉诸于怀特海的权威,将他作为我们在此所进行的孔子与杜威之间对话的基础的话,我们便立足于最不可靠的根基之上。

事实上,在怀特海自身所处的时代,对怀特海的哲学同行以及对怀特海本人来说,在杜威与孔子之间进行比较的任何提示都似乎令人感到迷惑。但是,从我们目前的高度而言,我将论证:我们能够界定一套看起来毫无关系但实际上彼此相关的历史境况,多年之后,这种境况或许会得到权衡与考虑,并且,作为事后之见,或许还会被诠释为那样一种情况,即我们所期待的正是这样一种对话。在我们目前的世界中,是否正在发生显著的改变,这个世界能够将杜威的实用主义和儒家哲学富有成果地联系到一起呢?协力促成杜威的第二次中国之旅需要什么样的条件?在这一次,正如杜维明的"三期儒学"最终抵达了我们美国的海岸一样,杜威是否会赶上落潮,而不是遭遇到五四中国破坏性的漩涡呢?

当今之世,在宏观的国际层面,美中两国具有可以争辩的最为重要的政治、经济关系。尽管为明显的互利关系所驱动,由于缺乏深入的文化理解,这种日益复杂的关系仍然不仅是脆弱、不稳定的,而且在很大程度上是发展不够的。

---

① 参见 Lucien Price 所编的《怀特海对话录》(*Dialogues of Alfred North Whitehead*, New York: Mentor Books, 1954),第145页。

如今,在我们高等学术的坐席中,西方哲学——几乎全部是欧洲哲学——构成世界范围内课程的主流。正如在波士顿、牛津、法兰克福和巴黎那样,这种情形在北京、东京、汉城和德里同样真实。如果土生土长的亚洲哲学和美国哲学在海外受到忽略,那么,在它们自己国家的文化中,它们也显然被边缘化了。① 詹姆斯(William James)在他吉福德讲座(Gifford lectures)的前言中曾经承认:"对我们美国人来说,聆听欧洲人谈话的哨音,似乎是正常的事情。"② 当他这样说时,他几乎是正确的,除非他可以邀请亚洲人士成为阿伯丁的听众。

从太平洋的美国一边开始,在诠释学、后现代主义、新实用主义、新马克思主义、解构主义、女性主义哲学等等旗帜下,专业西方哲学内部的一场内在批判正在进行。这场批判有一个共同的目标,用所罗门(Robert Solomon)的话来说就是"超越的伪装(the transcendental pretense)",包括观念论、客观主义、总体叙事(the master narrative)和"所给予的神秘"(the myth of the given)。当然,在杜威本人最终称之为"哲学的谬误"(the philosophical fallacy)这一幌子下,批判的正是同一个目标。"哲学的谬误"促成了杜威对观念论和实在论两方面的批判,杜威批评的是这样一种假定:一个过程的结果就是这一过程的开端。③

以往10到15年来,尤其在美国国内(不仅仅在美国),我们见证了对古典实用主义兴趣的复活,这是以对美国哲学演变的深入复杂的各种研究的激增为标志的。在对这段历史的讲述中,一个重要的主题就是试图阐发杜威作为一个哲学家的维特根斯坦式的转向。这些数量众多的哲学传记的一个共同特征,似乎是努力把杜威的特点归为这样一种情形:将常见的语汇以一种极不寻常的方式加以运用。在一定程度上,这些当代的学者们正在讲述一个重要的新的故事,如今常见的这样一种宣称,即杜威的中国学生没有真正地

---

① 诚如 Raymond Boisvert 在其《杜威:重新思考我们的时代》(*John Dewey: Rethinking Our Time*, Albany: SUNY Press, 1998)一书中所论:在20世纪初,美国哲学家不论在欧洲还是亚洲都享有荣誉,但不论是何种影响,都显然在二战之前烟消云散了。在美国本土,Harvey Townsend 在其《美国的哲学观念》(*Philosophical Ideas in the United States*, New York: The American Book Company, 1934)一书的第1页中指出了在他那一个时代美国哲学的状况:
　　美国哲学在美洲是一个受到忽略的研究领域。之所以如此,至少在部分上归于对欧洲各种事物的歉意的敬重。艾默生(Emerson)和惠特曼(Whitman)呼吁美国人思考他们自己的思想,歌唱自己的歌曲,他们的呼吁仍然常常受到忽视。无法完全说服美国人,让他们知道他们有自己的灵魂。
　　在随后超过两代人中,这种偏见仍旧是显而易见的。在《剑桥西方哲学史》(1994)的前言中,当提到该书不同部分的作者时,主编 Anthony Kenny 指出:"所有作者都在受到英美传统的训练或从教于英美传统,在这个意义上,所有作者都属于英美的哲学风格。"但是,在该书的主体中却并没有提到美洲的思想,没有爱德华兹(Edwards)、艾默生、皮尔斯(Peirce)、詹姆斯(James),也没有杜威。有关美洲所提到的东西,只有在索引中出现的"美国革命与柏克"、"托马斯·潘恩"、"杰弗逊",并且,杰弗逊在正文中是作为"潘恩的朋友"出现的。明显的结论是:美国哲学,即使是接近英美传统的思想家们,在塑造西方思想特征的过程中并无实际的影响。委实,在美国,很少有本科生和研究生的研究项目能够使学生直接受到有关美国哲学的认真而持久的训练。就像日俄战争是在日俄两国之外的中国的领土上进行的一样,美国的大学当前也基本上是各种外国势力角逐的领地。
② 詹姆斯:《宗教经验种种》(*The Varieties of Religious Experience*, Cambridge, Mass: Harvard University Press, 1985),第1页。
③ 杜威早就看到,作为"哲学思维最为流行的谬误",就是忽略经验的历史的、发展的和情境化的方面。正如他所见到的,其中方法论的问题在于:"从赋予个别因素以意义的有机整体中抽象出某一个因素,并将这一因素设定为绝对",然后将这一个因素奉为"所有实在和知识的原因和根据"(John Dewey, *Early Works* 1: 162)。有关历史、发展以及"哲学谬误"的脉络,参见 J. E. Tiles:《杜威:哲学家系列的论证》(*Dewey: The Arguments of the Philosophers series*, London: Routledge, 1988),第19—24页。

理解他,或许可以扩展到将他如今的美国学生也包括在内。

直至晚近,专业的西方哲学仍然忽略亚洲哲学而怡然自若(更不用说非洲和伊斯兰传统了),对于这些传统是怎么回事,这些哲学依旧只不过有一些匆匆而过的印象,并不为其所动。这些哲学乞灵于这样的理由:那些思想流派并非真正的"哲学"。如此一来,职业产生了"比较哲学"这样一个术语。这是一个奇怪的范畴,它与其说是在哲学上得到论证,不如说在地域上得到说明。

但是,在"经典与多元文化主义争论"的脉络中,由一种在美国大学教育中推行"国际化"的明智需要所驱动,非西方的各种哲学传统已经不以人的意志为转移地对哲学系的课程构成一种显而易见的入侵。从来去匆匆的世界大会到檀香山比较哲学的小圈子再到波士顿儒家,比较哲学运动已经肩负重荷,并且在目前似乎是巨大的西西弗斯式的劳作(Sisyphean labor)中也已经取得了某些契机。对比较哲学运动来说,胜利仍旧是一个遥远的希望,但是,假如并且当胜利到来时,那将会是一场仁慈宽大的凯旋之舞,也就是说,在这场斗争中,成功也就是将"比较哲学"这一极不自然的范畴从哲学词典中废除。

在中国一方,如今的中国不再满足于做世界的唐人街,而是正在经历着一场在其漫长历史上最大和最彻底的变革。一亿到两亿的流动人口——约占整个人口的20%——离开了乡村,正居住在城市中心,在新的中国寻求改善他们的生活。这种人口的不断迁移带来了离心的紧张以及社会失序的真实潜态。在这种条件下,中央政府的基本指令是维持社会秩序。这是一条常常阻碍(如果不是反对的话)朝向自由改革运动的原则。就像中国的所有事物一样,这种国家结构与社会问题的巨大是一个庞然大物。诚然,正是这些顽固问题的幅度,为我们西方的大众传媒提供了现成的胚芽,看起来,西方的大众传媒几乎总是在病理学的意义上致力于妖魔化中国以及中国所做的一切。

我们需要超越这种有关中国的负面宣传,要实地考察中国的家庭、工厂、街道和教室。当我们这样做时,我们发现,这只步履蹒跚的中国囊虫正在稳固地纺织着它的丝茧,尽管在民主化痛苦的过程中存在着盲目性,在纺织者中,却也存在着对最终会出现何种类型的民主这一问题的大量反思。至少,中国正在梦想着她是一只蝴蝶。

回到中国学术界,我们可以公平地说,虽然当代西方哲学忽略了中国,但自从严复将西方自由主义引至晚清以来,在将所有能够增强其竞争力的东西吸收到自身之中这个意义上来说,中国哲学一方面忠于自己的传统并具有活力,一方面又是具有吸收力并绝对是"比较性的"。那种情况就是:在20世纪,对于几代人来说,马列主义的不断汉化,窒息了刚刚开始的杜威实用主义,淹没了儒学的残余,成为一种新的文化正统。同时,现代新儒学运动中许多杰出人物像张君劢、方东美、唐君毅、牟宗三等,则从欧洲哲学主要是德国哲学中寻找标准,将中国第二序的思考(Chinese second order thinking)论证为一种值得尊重的哲学传统。对于我们所期待的对话来说,重要的在于:在五四时代儒学与杜威最初的相遇中,儒学被新文化运动的知识分子们斥为阻塞中国动脉的血栓(plaque clotting the arteries of China),妨碍了对中国进入现代世界构成必要条件的那些新观念的鲜活的流通,而杜威则被当成了一副解毒药。①

在当代中国哲学中,虽然马克思主义、毛泽东思想仍然具有广大的基础,但从早先的康德、黑格尔到当今的现象学、维特根斯坦尤其是海德格尔,西方哲学的成分具有显著的增长。在重要的程度上,从康德到海德格尔的兴趣转向,是由于被理解为与本土的思维方式有关而激发的,这表明儒学与杜威之间一种可能的对话是恰当的。事实上,20 世纪中叶中国主权的重建,以及过去 10 到 15 年来中国作为一只世界力量的稳步增长,正在给中国注入一种新生然而却十分重要的自觉,那就是:自身的文化传统是自我理解的一种重要资源,也是参与迟缓但如今却不可避免的全球化过程的一个平台。

虽然欧洲哲学对于哲学的活力来说一直是一种标准,但直至晚近,西方对中国哲学和文化的学术研究一直在很大程度上受到中国学者的忽略,中国学者觉得从外国学者对中国自己传统的反思中所获甚少。然而,以往 10 至 15 年来,负责传播和诠释中国传统的科班学者已经将他们最初的关注,从流落海外的中国学者对于文化讨论所必须做出的贡献,扩展到对于中国文化的西方诠释兴趣日增。在当今中国,翻译和探讨西方汉学具有繁荣的市场。

这一组互补和互渗的条件,为重新修正了的杜威实用主义与随着对传统的自尊自信而回复其卓越性的儒学之间的对话设定了场所。既然杜威的"实用主义"和"儒学"这两个术语都极富争议,因为其内涵具有丰富和多样的资源,而这些资源在相当程度上又界定了其本土主导和持久的文化感受力②,那么,在尝试于二者之间进行比较之前,我们首先应当考虑如何理解它们。

什么是儒学? 在其他一些地方,我曾经论证说,对于儒学应持一种叙事性(narrative)而非分析性(analytical)的理解。③ 简言之,以分析性的术语将问题构架为"儒学是什么",易于将儒学本质化为一种特殊的意识形态,一种技术哲学,这种意识形态或技术哲学可以在细节和准确性的各种程度上被制定。"是什么"的问题可能更成功地导向一种系统哲学的尝试,在这种哲学中,我们可以追求在各种原则、理论和观念的语言中抽象出形式化与认知性的结构。但是,在评价一种根本就是审美性传统的内容与价值时,"什么"的问题顶多是第一步。那种审美性的传统将每一种境遇的独特性作为前提,并且,在那种传统

---

① 1919 年,杜威曾在其哥伦比亚大学的学生胡适和蒋梦麟处作客,胡适和蒋梦麟回国后都成为学界和新文化运动中的著名人物。大约有超过两年的时间,杜威在中国各地讲演,并受到当地出版界的格外报道。但是,在 John Dewey: *Lectures in China 1919-1920* (Honolulu: University Press of Hawaii, 1973) 一书第 13 页中,Robert Clopton 和 Tsuin-chen Ou 指出:"在中国大学教师队伍的专业哲学家中,杜威并没有得到追随者,大多数中国哲学家们仍旧继续追随着他们从中得到训练的那些德国和法国的哲学流派。"鉴于艰难时世,杜威的观念显然被积极的听众更多地以对当前社会与政治的需要而非专业哲学的方式"误读"了。这样一种"误读",人们只能假定杜威可以原谅,如果不是鼓励的话。参见顾红亮:《实用主义的误读:杜威哲学对中国现代哲学的影响》(上海:华东师范大学出版社,2000)。也参见张宝贵的《杜威与中国》(石家庄:河北人民出版社,2001)。

② 这一论断在文字上多有取于 Paul Thompson 和 Thomas Hilde 在他们所编《实用主义的乡土根源》(*The Agrarian Roots of Pragmatism*, Nashville: Vanderbilt University Press, 2000) 以及费孝通《乡土中国》(Gary G. Hamiliton and Wang Zheng 英译, Berkeley: University of California Press, 1992)中的论证。

③ 《现代新儒学:对西方哲学的本土回应》(*New Confucianism: A Native Response to Western Philosophy*),载华诗平(音译)所编的《中国政治文化》(*Chinese Political Culture*, Armok, New York: M. E. Sharpe, 2001)。

中,礼仪化生活的目标是将注意力重新导向具体情感的层面。除了"什么"的问题之外,我们需要在方法之后追问更为重要的问题,那就是:在不断演化的中国文化的各种特定条件下,儒学如何历史性地发挥作用,以力图最大限度地利用既有的外部环境。

尽管我们可以选择去刻画"儒学"的特征,儒学却不只是任何一套特定的戒律或者在中国文化叙事不同历史阶段内部分别界定的罐装意识形态。儒学是一个社群的连续的叙事,是一种进行着的思想与生活之道的中心,不是一套可以抽离的学说或者对于一种特定信仰结构的信守。切近作为一种连续文化叙事的儒学,呈现给我们的是一种周而复始、连续不断并且始终随机应变的传统,从这一传统中,形成了它自身的价值和理路。对于我们来说,通过在特定的人物和事件之中引出相干的关联,使对于儒学的叙事性理解成为可能。儒学在相当程度上是传记性(biographical)和谱系性(genealogical)的,它是对一种构成性典范(formative models)的叙述。并且,在对中国哲学生命的反思中,我们直接意识到:对于这一传统存在性、实践性以及绝对是历史性的任何说明,都使它非常不同于当代西方脉络中"哲学家"研究"哲学"的那种形态。——那些作为"士"这一传统继承人的常常热情并且有时是勇敢的知识分子,提出他们自己有关人类价值和社会秩序的计划,对这种情形的概观,就是中国哲学。

如果我们以其自己的用语来看待杜威,叙事和分析——方法与意识形态——之间同样的区分可能会被引向这样一个问题,即"什么是杜威的实用主义?"Robert Westbrook 详细叙述了实用主义的早期批判是如何居高临下地将其攻击为一种明显带有美国特色的"将成未成的哲学系统"(would-be philosophical system),以及杜威是如何通过轻而易举地允许哲学观念与其所在的文化感受之间的关系来加以回应的。① 在对于诸如"根本原则"、"价值系统"、"支配理论"或"核心信仰"这些观念的评估中,是无法找到美国人的感受的。"感受"这个用语最好在性情气质上被理解为参与、回应并塑造一个世界的微妙细腻的方式。感受是各种积习(habits)的复合体,这一复合体既产生积习又是积习的产物,也促进了寓居于世界之中的那些特定的、个人的方式。文化的感受不易通过对各种社会、经济或政治体制的分析来表达。这种感受蕴藏在界定文化的那些杰出的情感、理念和信念之中。② 当然,罗蒂(Richard Rorty)提醒我们,尽管我们美国的感受或许部分是以对理

---

① Robert Westbrook:《杜威与美国的民主》(John Dewey and American Democracy, Ithaca: Cornell University Press, 1991),第147—49页。
② 在生前撰写的一部有关美国哲学史的手稿中,郝大维(David Hall)有意识地将爱德华斯(Jonathan Edwards)诠释为美国感受的主要建筑师之一。在列举爱德华斯哲学反省的各个方面时,郝大维是这样开始的:他认为爱德华斯通过提出一种个性的模式,这种个性模式不依赖于以主体为中心的认知、行为,从而囊括了有关主体性和自我意识的现代问题性(modern problematic)的各种形式。事实上,作为实体性思维模式的替代物,在爱德华斯有关世界的过程性的视野中,主体的消解是一种发展的作用。此外,这种过程哲学是由一种倾向性的本体论(dispositional ontology)造就的,那种倾向性的本体论根据反应的倾向或积习来理解自然与超自然的过程,而反应的倾向或积习则在规范的意义上被认为是对于美的亲近或者回应。在爱德华斯看来,不论是神圣的领域还是人类的领域,美的沟通都是它们定义性的特征(defining feature)。对郝大维来说,由边缘到中心,通过诉诸于一种过程性、倾向性的本体论以及美的活动和审美感受,对于个体的去主体化(de-subjectification),使得爱德华斯有资格作为一位原创性的美国思想家。

念的描述和分析为特征的,但它也许是最容易通过与诗学和文学相关的迂回(indirection)与兴发(evocation)的方式而达成的。

在个人的层面上,哲学家杜威一生提倡民主。在对民主的提倡中,杜威有关民主的理解以及他在促进社会理智(social intelligence)中所扮演的角色,恰恰是提倡那种他力图身体力行的圆满的、精神性的生活方式。当民主通过其特定成员的"平等性"与"个体性"具体而逐渐地形成时,民主就是繁荣社群(flourishing community)。这样来理解的话,哲学的恰当工作必须"放弃特别与终极实在相关的、或与作为整全的实在相关的所有意图"。①在这一方面,从芝加哥的脆弱地区到中国处于酝酿之中的革命,再到土耳其的教育改革,作为一个社会活动家的杜威,其漫长的生涯正是对他一生信守的完整阐释。杜威的信守,就是他事实上称为"哲学的再发现"的那种东西。

当哲学不再是处理哲学家们的问题的工具时,哲学就发现了自身,并且成为哲学家所培养的一种方法,为的是处理人的问题。

同样,在儒学传统中,哲学的"知"远不是对于处在日常世界之后的实在的某种优先接近,而是在调节现存条件以便"使一个可欲的世界变得真实"这种意义上试图"实现"一个世界。用更广义的用语来说,儒学是一种向善的唯美主义(meliorative aestheticism),通过培养一种富有意义、互相沟通的人类社群,儒学关注对世界的鉴赏,换言之,儒学赋予世界以价值。并且,作为这一过程中彼此沟通的基本层面,礼仪的卓越性向我们提示:实现这个世界的场所就是礼仪化的、具体的情感。通常而言,我们可以看到,许多中国哲学家的自我理解接近杜威这样的一种看法,即作为审慎与明智的承担者,哲学家致力于调整各种局面并改善人类的经验。

杜威有关圆满经验(consummatory experience)有一些特定的语汇,诸如"个性"、"平等"、"积习"、"人性"、"宗教性"等等,在以下我们对这些观念的探讨中,我们会发现,直到我们恢复那给个人成长和表达提供具体例证的显著的历史特性之前,杜威就仍然和儒家学者一样是含糊不清的。以孔子为例,他当然是圣人。但是,孔子最为历史所记住的,不仅是通过《论语》中所描绘的他的生活片段,而且还是由于同样在《论语》中所描述的他在性情气质上一些特定的积习。对杜威来说也是同样,他自己的人生经验和心灵积习的修养,或许是其哲学深度的最佳尺度。②

在杜威的实用主义和儒学之间进行一场有利的对话所产生的共鸣是什么?在我早先与郝大维所合作的著作中,当然也包括这篇文章,最佳的尝试是进入某些有发展前途的领地去勘察并发动具有启发性的攻击,而不是力图"掩护阵地"。这就是说,我们会从儒家

---

① John Dewey, *Middle Works* 10:46。
② 代表性的人物"关注同样的问题",对于基于这样一种未经批判的假定之上的"个体的理论和概念"所进行的"零零碎碎的"跨文化比较,G. E. R. Lloyd 的担忧是很恰当的。当我们往来于各种科学传统之间时,这种担忧是十分重要的,并且,当我们处理文化性的叙事和传记时,这种担忧依然是一种警觉性的考虑。参见 Lloyd:《对手与权威》(*Adversaries and Authorities*, Cambridge: Cambridge University Press, 1996),第 3—6 页。

关系性和彻底脉络化的人的观念开始,那种关系性和彻底的脉络化,就是我们用"焦点和场域"(focus and field)这种语言所试图表达的一种被镶嵌性(embeddedness)。在《先贤的民主》第8—10章——"儒家民主:用语的矛盾"、"中国式的个体"和"沟通社群中礼仪的角色"——之中,我们将我们所要提示的东西总结为某种不可化约的社会性的儒家个人的感受。尽管一些高水平的学者未必同意,但关于我们对如下这些观念的理解,却极少争议。这些观念包括:"在个人、社群、政治和宇宙的修养的放射状范围内所获得的共生关系","通过礼仪化生活的修身过程","语言沟通与协调的中心性","经验的认知向度与情感向度的不可分割性","将心理解为一种行为意向而非理念与信仰的架构","作为一种关注信任而非真理的认识论","关联互渗(而非二元)的思维方式的普遍流行","对于实践中真实化的自我实现的追求","所有关系的亲和属性","家庭与孝顺的中心性","无所不包的和谐的高度价值","礼仪相对于法则的优先性","典范的作用","圣人作为高超沟通者的教导作用","注重人伦日用所表现的明智","肯定人性与神圣性之间的连续性",等等。

在这种将人的"生成"(becoming)作为一种公共"行为和事业"的模式之中,有许多东西听起来像是杜威。在杜威和儒学之间寻求比较的一个长处,就是可以尽量减少用西方哲学来格义儒学所产生的问题。直到现在,有关中国哲学的许多讨论都倾向于在西方哲学传统的框架和范畴之中来进行。而杜威重建哲学的尝试,则在很大程度上抛弃了专业哲学的技术性语汇,而偏爱使用日常语言,尽管有时是以非常特别的方式来使用的。

有一个例子是杜威"个性"的观念。"个性"不是现成给定的,而是在性质上来自于日常的人类经验。当杜威使用"经验"这一用语时,它不会被卷入到像"主观"、"客观"这一类我们所熟悉的二元对立的范畴。诚然,主客的不可分割性是杜威所理解为个体关系内在与构成性属性的一种功能。对杜威来说,情境化的经验优先于任何有关作用的抽象观念。像"生活"、"历史"和"文化"这些用语一样,经验既是人类机能与社会、自然以及文化环境之间互动的过程,也是那种互动的产物。

经验包括人们所做和所承受的东西,人们追求、热爱、相信和忍受的东西;也包括人们如何行为并承受他人的行为,以及人们行为、承受、愿望、享受、看到、相信、想象的方式。总之,包括所有那些处在经验之中的过程。①

对杜威来说,"个性"不是量的意义:它既不是一种先于社会的潜质(pre-social potential),也不是一种彼此孤立的离散性(isolating discreteness)。毋宁说,它是一个质的概念,来自于一个人对其所属社群的与众不同的贡献。个性是"我们在特殊性上有别于他人的那种东西的现实化",②是那种只能发生于一个繁荣的公共生活脉络之中的东西的现实化。杜威指出:"个性不能反对交往(association)","正是通过交往,人们获得其个性;也

---

① John Dewey, *Later Works* 1:18.
② John Dewey, *Outlines of a Critical Theory of Ethics*(1891), *Early Works* 3:304.

正是通过交往,人们锻炼了其个性。"①如此解释的个体不是一个"东西"(thing),而是一个"事件"(event),在有关特性、统一性、社会活动、关联性以及质的成就(qualitative achievement)的语言中,它是可以描述的。

在有关个人的这种社会性建构(social construction)中,杜威是如何的彻底呢?当然,杜威拒绝这样一种理念:即人完全外在于与他人的交往。但是,在这样一种主张上,即"除了那种维系一个人与他人关系的纽带之外,一个人是否就一无所有?"②杜威是否走得太远了呢?正如James Campbell所观察到的,这一段话很容易并常常被误解为一种对个性的否定。③ 不过,正如我们通过杜威自发的个性(emergent individuality)这一观念所看到的,对杜威而言,说人具有不可化约的社会性,并不是要否定人的统一性、独特性和多样性。正相反,而恰恰是要肯定这些因素。

在对杜威以及人得以创造的社会过程这两者的解释中,Campbell坚持了亚里士多德潜能与现实的语汇。他说:

> 杜威的论点并不仅仅是这样:当适当的条件具备时,作为潜能的东西就变成了现实,就像理解一粒种子长成一株植物那样。毋宁说,杜威的观点是这样的:缺乏社会的成分,一个人是不完整的,只有处在社会环境内部不断进行的生活历程之中,人才能够发展成为其所是的那种人,即群体中的个体成员、具有社会基础的自我。④

社群是如何使其中的人们获得成长的呢?杜威将关注的中心极大地放在了语言和其他一些沟通话语的模式上(包括符号、象征、姿势和一些社会建制)。他说:

> 通过语言,一个人以潜在的行为界定了他自身。他扮演了许多角色,不是在生活连续不同的阶段,而是在同时代所制定的剧目之中。心灵正是这样形成的。⑤

对杜威来说,"心灵是一种为情感生命所接受的附加资产,是语言和沟通使其达到与其他生命存在有组织的互动"⑥。在对杜威自发心灵(emergent mind)观念所进行的反省之中,Westbrook发现,"对生命存在来说,不是由于拥有心灵才拥有了语言,而是因为拥有语言才拥有了心灵。"⑦

这样看来,对杜威来说,心(heart-and-mind)是在世界的实现过程中被创造的。就像世界一样,心是动态的"生成"(becoming)而非静态的"存有"(being),并且,问题是我们如何使这一创造过程富有成果并充满乐趣。心和世界得以改变的方式不只是根据人的态度,而是在于真实的成长和生产及其所达至的高效和幸福。

---

① "Lecture Notes:Political Philosophy,1892,"p. 38,*Dewey Papers*.
② John Dewey,*Later Works* 7:323.
③ James Campbell:《理解杜威》(*Understanding John Dewey*,La Salle,IL:Open Court,1995),第53—55 页。
④ 同上书,第40 页。
⑤ John Dewey,*Later Works* 1:135.
⑥ John Dewey,*Experience and Nature* p. 133.
⑦ Robert Westbrook:《杜威与美国的民主》,第336 页。

杜威"平等"的观念同样是发人深省的。如我们所料,鉴于其质的"个性"观念,平等就是积极地参与各种形式的公共生活,这些公共生活容许人的所有独特能力都能有所贡献。Westbrook 评论说这有违于这一用语的通常意义,他认为杜威所提倡的平等"既非一种结果的平等,在那种结果中,每个人都可以和其他人一样,也不是社会资源的绝对平等的分配。"①而杜威则坚持认为:

> 由于现实有效的权利和要求是互动的产物,无法在人性最初和孤立的形成中找到,无论人性是道义意义还是心理学意义的,那么,仅仅消除障碍并不足够。②

如此理解的平等不是一种原初的所有,并且,杜威将一种非同寻常的诠释赋予了平等这个耳熟能详的用语。他坚持说:

> 平等并不意味着某种数学或物理学意义上的相等,根据那种相等,每一个因素都可以为其他另一种因素所替代。它意味着有效地注重每一个体的独特性,而不考虑物理和心理上的不平等。它不是一种自然的拥有,而是社群的结果,是当社群的行为受到其作为一个社群的特征而指导时所产生的结果。③

在诠释这一段时,Raymond Boisvert 强调了这样一个事实:对杜威来说,"平等是一种结果、一种成果,而不是一种原先就拥有的东西。"它是在奉献中成长起来的东西。此外,和自由一样,如果指的是离散而不相依赖的个人,平等就是没有意义的。并且,只有当"适当的社会互动发生时",才能设想平等的重要性。的确,平等是对等(parity)而非同一性(identity)。用杜威自己的话来说,只有"建立一些基本的条件,通过并由于这些条件,每一个人能够成为他所能成为者",④平等才能够产生。

此外,对于目的论的经典形式,杜威还提出了一种新颖的替代物。那种目的论需要一种手段—目的的不得已的专门语言。杜威关于理型(ideals)的观念取代了某些预定的设置,那些观念是一些抱负远大的理念,这些理念体现了为了社会行为的向善目标。当这些目标在重新形成各种条件的过程中发生作用时,它们便塑造并获得了自身的内容。⑤ 正如 Campbell 所见:

> 对杜威来说,像正义、美或平等这样的理型,拥有人类生活中这些理型在"抽象"、"确定"、或"间接"等意义上所要求的全部力量。通过诠释,杜威看到的问题是:提出某种有关完成、不变的存在的理型,这些理型不是处在有关饥饿与死亡的自然世界,避免了日常存在的问题和混乱。……我们的理型与生活不断进行的过程相关,它们植根于各种特定

---

① Robert Westbrook:《杜威与美国的民主》,第 165 页。
② John Dewey, *Later Works* 3:99.
③ John Dewey, *Middle Works* 12:329-330.
④ John Dewey, *Later Works* 11:168. For Boisvert's discussion, see (1998):68-69.
⑤ John Dewey, *The Political Writings* (Indianapolis:Hackett,1993):87.

的难题,并带来预期的解决。①

没有确定的理型,在杜威的世界中,意向如何引出行为呢?对杜威来说,不是理型本身作为目的来指导行为,而毋宁说是方向来自于圆满经验(consummatory experiences),在圆满经验之中,理型方才获得展示。并且,圆满经验自身是一种社会才智的共享表达(shared expression),这种社会才智应对着那些来自于沟通社群内部的各种独特境遇。

在过程哲学中,变化是不会被否定的。无情的暂时性(temporality)使任何完美或完成的观念失去了效力。经验的世界需要种种真实的偶然(contingency)和自发的可能(possibilities),这些偶然性和可能性始终使环境发生着改变。正是只有对于可能性的追求,使得目的内在于那获得目的的手段之中。

即使人性也不能脱离过程。在表达对于人性的理解时,杜威使用了穆勒(John Stuart Mill)的个人主义(individualism)作为陪衬。杜威大段地引用穆勒的话,而穆勒主张"社会的全部现象都是人性的现象",那也就是说,"除了来自于并可能溶解于个体人性法则的那些东西之外,社会中的人并没有其他的特征"。尽管杜威对于穆勒将常人从权力专制中解放出来的动机表示欣赏,但杜威不愿意全然接受穆勒关于人的观念。对杜威来说,穆勒人的观念是所谓"哲学的谬误"的又一个例子。② 事实上,杜威希望扭转穆勒有关人与社会关系的假设。对杜威而言,讨论独立于特定社会条件的人性的固定结构不应当是一个开端,因为那种人性的固定结构"至少无法解释不同部落、家庭、人群之间的差别,换言之,它无法解释任何社会的状态"③。于是,杜威认为:

> 那种所断言的人性的不变性是不能够被承认的。因为尽管人性中某些特定的需求是经常的,但它们所产生的结果(由于文化包括科学、道德、宗教、艺术、工业、法律准则等等的现存状态)却反馈到人性最初的组成部分之中,将其塑造成了新的形式。这样一来,人性全部的模式就要得到修正。仅仅诉诸于心理学的因素,以便既解释发生了什么,又制定有关应当发生什么的政策,这种做法的无效,对每一个人来说都是显而易见的。④

对杜威来说,人性是一种社会的成果,是一种运用社会性才智所可能取得的适应性的成功(adaptive success)。鉴于变化的现实,这种成功始终是暂时的,使我们作为一种不完全的生命存在,要始终面临着充满偶然性环境的全新挑战。并且,那种成功也是过程性和实用性的,"我们运用过去的经验去建构将来崭新与更好的自我"⑤。

---

① James Campbell:《理解杜威》,第152—153页。
② 引自杜威如下的论述:"人格、自我和主体性是与各种复杂组织化的互动相共生的最终功能,那些复杂的互动是机体性和社会性的。个人的个性则在更为简单的事件中具有其基础和条件。"(*Later Works* 1:162)并且,我们从中可以推知:作为一种有意识的理性存在优先或独立于进入各种社会关系,个体的人是这样构成的。对于那些持这种观点的人,杜威是将要指控他们犯有"哲学的谬误"的。
③ John Dewey(1993):p.223.
④ John Dewey(1993):pp.223-224.
⑤ John Dewey, *Middle Works* 12:134.

在对专制与民主的区分中,关于诸如"个性"和"平等"观念所表达的个人的向度(personal dimension)对于界定一种繁荣的民主的那种和谐是如何重要,以及关于社会的各种生活形式(life-forms)如何是一种刺激和媒介,通过这种刺激和媒介,人格方才得以成就,杜威同样有着明确的认识。杜威指出:

> 一句话,民主意味着人格是最初与最终的实在。民主承认,只有当个体的人格在社会的客观形式中得以表现时,个体才能够通过学习而获得人格的完整意义。民主也承认,实现人格的主要动因和鼓励来自于社会。但同时,民主还或多或少坚持这样一种事实:无论如何的退化和脆弱,人格不能为了其他任何人而获得;无论如何的明智与有力,人格也不能通过其他任何人而获得。①

正如 Westbrook 所见,"对杜威来说,关键的一点在于:个人能力与环境之间的关系是某种双向的调节,而不是个人需要与力量对于固定环境的单方面适应"②。

为了在杜威有关人的观念和孔子之间寻求一种对比,我们需要一些儒家的语汇。并且,如果我们考虑到维特根斯坦所谓"我们语言的界限就是我们世界的界限",我们就需要更多的语言。③ 我们可以从"仁"开始,我们选择将"仁"翻译为"authoritative conduct"、"to act authoritatively"、"authoritative person"。"仁"是孔子所从事的最重要的工程,"仁"字在《论语》中出现了一百多次。"仁"字的写法很简单,根据《说文》,"仁"从"人"从"二"。这种语源学的分析强调了儒家这样的预设:一个人单单自己无法成就一个人。换言之,从我们初生开始,我们就具有不可化约的社会性。对此,芬格莱特(Herbert Fingarette)简明扼要地指出:"对孔子来说,除非至少有两个人,否则就没有人。"④

我们可以从甲骨文上获得的另一种对"仁"的解释是:"仁"字右边看起来似乎是"二"的偏旁,在早先其实是"上",而"上"也写作"二"。⑤ 这样一种解读将会表明一个人在成长为"仁者"的过程中不断增长的与众不同,因此,也就为一个人所在的社群与所要到来的世界之间设定了关联,所谓"仁者乐山"、"仁者寿"。

"仁"字最常见的翻译是"benevolence"、"goodness"和"humanity",有时译作"human-heartedness",个别情况下也会被笨拙的性别主义者译成"manhood-at-its-best",对于将"仁"译成英文来说,虽然"benevolence"和"humanity"是更令人感到舒服的选择,但我们决定选择不那么优雅的"authoritative person",却是经过审慎考虑的一种。首先,"仁"是一

---

① John Dewey, *Early Works* 1:244.
② Robert Westbrook:《杜威与美国的民主》,第 43 页。
③ 这种儒家词汇的解释,是对安乐哲和罗思文(Henry Rosemont, Jr.)《论语:一种哲学性的诠释》(*The Analects of Confucius: A Philosophical Translation*, New York: Ballantine, 1998)以及安乐哲和郝大维《切中伦常:〈中庸〉的翻译与哲学诠释》(*Focusing the Familiar: A Translation and Philosophical Interpretation of the Zhongyong*, Honolulu: University of Hawai'i Press, 2001)二书词汇表中相关词汇的修订。
④ 芬格莱特:《〈论语〉中人性的音乐》(The Music of Humanity in the Conversations of Confucius),载《中国哲学杂志》(*Journal of Chinese Philosophy*)第 10 期,第 217 页。
⑤ Bernhard Karlgren, *Grammata Serica Recensa* (Stockholm: Museum of Far Eastern Antiquities, 1950):191.

个人完整的人格体现,当一个人经过修养的、认知的、审美的、道德的以及宗教的感受在其礼仪化的角色和各种关系中得以表达时,这个人便达到了"仁"的境界。"仁"是一个人"多种自我的场域"(field of selves),是那些将一个人构成为一个坚决的社会人格各种有意义的关系的总和。"仁"不仅仅表现在"心"上,也表现在"身"上,即表现在一个人的姿态、行为举止和肢体语言上。因此,将"仁"翻译为"benevolence",是在一种不依赖于以"心理"(psyche)观念来界定人类经验的传统中将其心理学化(psychologize)。以成人过程的复杂精微为代价,将一种道德的性情气质从许多种道德的性情气质中孤立出来,那将使"仁"陷入枯竭的境地。

此外,"humanity"一词暗示着所有人都具备的一种共享的、本质的状态。然而,"仁"却来之不易。它是一项审美的工程,一种成就,某种完成的东西。(《论语·颜渊》)人的存有(being)不是某种我们如今所是的东西;它是某种我们正在从事和成为的东西。对于把握成为一个人所意味的过程性和自发性,或许"人成"的观念是一个更为恰当的用语。它不是一种本质性的天赋潜能,而是一个人鉴于其原初条件与其自然、社会以及文化环境的相交而能够了解自身的产物。当然,作为各种构成性关系的中心,人具有最初的性情气质。(《论语·阳货》)但是,"仁"最重要的是使这些关系"生成"(growing)为对人类社群的活泼、强壮和健康的参与。

当孔子提到"仁"时,他常常被追问"仁"的含义为何,这一事实表明:孔子是为了自己的目的而重新创造了这一用语,并且,在孔子的对话中出现的那些"仁"字,其理解都不是那么的轻松自在。可以证实,孔子所赋予"仁"的创造性的意义,在更早的古代文献中是不太常用和不太重要的用法。由于"仁"包含了一个特定的人的质的变化的含义,并且,只有关联于这个人生活的特殊、具体的状态,其含义才能够得以理解,因而"仁"字就变得更加意义不清。对"仁"来说,没有固定的程式、理型。"仁"是一种艺术的工作,是一个揭示的过程,而不是封闭、凝固的定义和复制。

因此,我们用"authoritative person"来翻译"仁",就是某种新的表达,并且,还可能激发以澄清为目标的类似的意愿。"Authoritative"意味着一个人通过在社群中成为仁者所表现的"权威",这种"权威"是通过践行礼仪而在其身上体现出他自己的传统的价值与习俗。"authoritative person"的卓越性与可见性,在孔子有关山的比喻中可以得到理解。(《论语·雍也》)山的沉静、庄严、灵性和连绵不断,使它成为地方文化与社群的象征,对于那些迷失了道路的人来说,山是一种意义的象征。

同时,成人之道也不是一种既成给定的东西(a given)。仁者(authoritative person)必须是"筑路者"(road-builder),是使自己所处时空条件下的文化"权威化"的参与者。(《论语·卫灵公》)就定义而言,遵守礼仪是一个内化的过程,即使传统真正成为他自己的东西,这一过程需要那使一个人在社群中得以定位的各种角色和关系的人格化。正是"仁"的这种创造性的方面,蕴涵在使其自己的社群变得具有权威的过程之中。另外,在自上而下组织严密和控制性的权威秩序以及自下而上的(bottom-up)和尊敬意义上权威秩序之间进行对照也是有益的。对那些在其自己的人格建构中遵从并追求仁道的人来说,仁者是其仿效的典范,那些人很高兴承认仁者的成就,没有任何强迫。

在同杜威的比较中,第二个相关的儒家术语是"心",它被翻译为"heart-and-mind"。汉字的"心"字是主动脉(心脏)被模仿的象形文字,与英文中的"heart"及其所具有的情感含义直接相关。我们翻译成"emotions"或"feelings"的汉字"情"是"心"的字形与"青"的发音的复合这一事实,证实了这种理解。事实上,有许多汉字(如果不是大部分的话)要求"情"以"心"为其构成要素。

但是,鉴于"心"常常被理解为"mind",我们也应当警觉到仅仅将"心"翻译为"heart"的不充分性。有许多(如果不是大部分的话)指称不同思考模式的汉字在其字形构成上也有"心"。的确,在古代中国的文献中有很多段落在英文中是没有意义的,除非在"心"既有思考又有感受的意义上来理解。当然,关键在于:在古代中国人的世界观中,认知意义的"心"(mind)和情感意义的"心"(heart)是不可分离的。为了避免这种两分(dichotomy),我们宁可不太优雅地将"心"译作"heart-and-mind",意在提醒我们自己:没有脱离情感的理性思考,任何粗糙的情感也都不乏认知的内容。

在古代中国人的世界观中,相对于实体和永恒,过程和变化具有优先性。因而,与人的身体有关,我们经常可以看到,生理学优先于解剖学,功能优先于处所。就此而言,我们或许有理由说:心意味着思维与情感,并且,在引申和比喻的意义上,心是将这些思维与情感的种种经验联系在一起的器官。

由于"情"规定着人们互动的质量,在早期儒家有关人的观念中,这种情感的恰当表达就有独一无二的重要价值。相对未经调节的经验本身居于情感事物之中,而那种情感事物当被化约为语言的认知结构时变得具有选择性和抽象性,在这个意义上,"情"就是"情实"之情,即"事物本身所是的那个样子"。正是对于情感经验的具体性(concreteness),当怀特海发现"母亲能够在她们的心中斟酌许多语言无法表达的事情"时,他表示赞同。"情"之所以在《中庸》中呈现出特别的重要性,是由于其引人注目的角色,即适当的凝定的(focused)人的情感被认为包含有宇宙的秩序。正如《中庸》第一章在讨论人的情绪状态最后所作的结论:"致中和,天地位焉,万物育焉。"

此外,对于理解人的共同创造性(co-creativity)本身那种非常情境化和远景化的属性,"情"是很重要的。因为人们是由他们的种种关系所构成的,并且,由于在经验由场域化的状态转变成聚焦化的状态的过程中,这些关系是被价值化的(valurized),这些人们彼此之间创造性的互动便将他们的情感互相敞开。"情"的情感色彩和主体形式始终需要创造过程的那种独特的远景化轨迹。

最后一个我们打算简要探讨的儒家用语是"和",习惯上常常翻译为"harmony"。就词源学来说,这个用语的意义与烹饪有关。"和"是将两种或更多的事物整合或掺和在一起的烹饪艺术,以至于这些不同的东西可以互相支持,同时又不丧失它们各自独特的风味。通观早期的文献,食物的准备就是在这个意义上诉诸于优雅的"和"的光彩。如此理解的"和"既需要特定组成部分各自的统一性,也需要将这些组成部分有机地整合为一个更大的整体,在这个整体之中,统一性应当被理解为"在关系中动态地生成为(becoming)整体",而不是静态地"作为(being)整体"。这种"和"的缔结(Signatory)是以特定成分的持久以及"和"的审美属性为标志的。"和"是一种优雅的秩序,它来自于各个内在相关的细目之间的互相协作,这种相互协作细化了每一细目对于整体统一性的贡献。

在《论语》中,"和"的这种意义被赞美为一种最高的文化成就。在此,根据每一个体对于所在的整个脉络的恰当的贡献来界定"和"的意义,就将"和"与单纯的一致(agreement)区别开来。家庭的比喻渗透了这一论题。有这样一种直觉:家庭是这样一种建制,其中,家庭成员在由"礼"和"义"所主导的互动中通常充分而毫无保留地对家庭这一团体有所奉献。家庭的比喻也受到了这种直觉的鼓舞。对家庭的这种信守要求人格完整的充分表达,既而成为最为有效地追求个人实现的存在脉络。《论语》中如下的两章文字最佳地表达了在各种礼仪化的生活形式以及公共和谐的个人贡献之间的不可分割:

礼之用,和为贵。先王之道,斯为美;小大由之。有所不行,知和而和,不以礼节之,亦不可行也。(《论语·学而》)

颜渊问仁。子曰:"克己复礼为仁。一日克己复礼,天下归仁焉。为仁由己,而由人乎哉?"颜渊曰:"请问其目。"子曰:"非礼勿视,非礼勿听,非礼勿言,非礼勿动。"(《论语·颜渊》)

在《中庸》中,"和"的这种儒家意义在有关"中"的介绍中得到了进一步的说明。而"中"即是"聚焦于('中')日常生活中切近与熟悉的事物('庸')"。

我想要简要探讨的最后论题,是杜威有关宗教性的不乏争论的意义。在其生涯中很早的阶段,在有关"真理"的主张中,杜威拒绝作为建制化教条的传统"宗教",那种宗教观是与同样使人误入歧途的现代科学观相并行的。然而,杜威坚持既保留"宗教"也保留"上帝"的名称,以便意味着:"人以既依赖又支持的方式与想象力感知的世界所形成的关联,其意义便是宇宙。"①

在最近有关杜威的学术研究中,根据 Michael Eldridge《转化之中的经验》一书所作的总结和诠释,关于杜威的宗教感受,我们有着一系列互相分离甚至彼此冲突的解读。在整个解读范围的一端,有像 Jerome Soneson 和 Richard Bernstein 这样的学者,前者视杜威"在根本上是一个宗教思想家",后者认为杜威有关"宗教态度和质量的论述"是其"整个哲学的顶点"。有这样一种立场,即试图解释并称赞杜威的独特之处却常常是误解了杜威"精神性的民主形式",这种立场最为微妙的展示,大概要算是 Steven Rockefeller 从哲学性和

---

① John Dewey, *Later Works* 9:36.

宗教性角度所写的有关杜威的传记了。①

在整个解读范围的另一端,是令人感到失望的 Michael Eldridge 和 Alan Ryan,他们希望证明的是:杜威根本取消了宗教的意义。用 Ryan 的话来说:"事实上,我们可以怀疑,在缺乏杜威所希望抛弃的超自然信仰的情况下,是否可能具有宗教语汇的使用(use)"。② 在乞灵于"世俗性"(secularity)和"人文主义"(humanism)的语言以挑战使用"宗教的"这一用语来描绘杜威思想的正当性时,Eldridge 坚持认为:"对杜威来说,'理想目标与现实条件相统一这种明晰与热切的观念'所唤起的'坚韧不拔的激情'(steady emotion)不必非要跨越一个很高的门槛而被算做宗教性。"③

就像对"个性"、"平等"的使用那样,鉴于杜威对于"宗教性"(religious)的使用再次扭转了流行的智慧,这场争论并不令人感到惊奇。不是从那种给社会形式注入了宗教意义的神的观念开始,那种神性是作为真、善、美的终极仲裁者和保证者而存在的,杜威是从日常的社会实践开始的。当在意义上取得了一定程度的深度和广度,那些日常的社会实践便展示出一种宗教的感受。这种宗教感受来自于一个人对其所在的文明化了的人类社群的全副贡献,来自于一个人对自然界的敬畏。在晚年,对于作为经验的艺术,杜威会做出同样的论断,那就是:作为适当充满并提升所有人类活动的一种抱负,艺术远不止是人类经验排他性、专业化和建制化的部分。

看起来,使杜威远离世俗人文主义(secular humanism)的是这样两种东西:一是杜威不愿意将人性本身的一种不合格和通泛的观念作为崇拜的对象;再者就是杜威情境主义(contextualism)的彻底性(radicalness)。宗教性是圆满经验的一种质的可能性,在那种圆满经验中,"所运用的手段与所追求的目标同时内在于经验之中"。④ 虽然杜威特别地拒绝"无神论"(atheism),因为无神论在人类的知性方面过于自命不凡,但是杜威的宗教感或许可以公平地被称之为"非神论的"(a-theistic)。之所以如此,在于无须设定一种超自

---

① 使 Rockefeller 的描述如此引人注目的东西,正是他自己对于过程性与创造性的宗教感受的保留,这种宗教感受显然是提出而非取消了有关终极意义的问题,该问题是一种宗教性的断言,对至少某些人(我们立刻会想到托思托耶夫斯基)来说,在应对个人存在的挑战以及我们作为现代人类所见证的失去心灵的恐惧(the mindless horrors)时,这种断言是必要的。参见 Steven Rockefeller:《杜威:宗教信仰与民主的人文主义》(*Religious Faith and Democratic Humanism*, New York:Columbia University Press,1991)。
② 见 Alan Ryan 的《杜威与美国自由主义的高潮》(*John Dewey and the High Tide of American Liberalism*, New York:Norton,1995),第 274 页。除了自己强烈的确信之外,Eldridge 也非常擅于复述所有的证据。例如,在 Sidney Hook 有关杜威使用"上帝"这一用语的理由的诸多回忆中,他征引了一种杜威式的反驳:"有关神圣、深刻和终极的情感联系,并没有理由应当向超自然主义者投降。"见 Michael Eldridge:《转化中的经验:杜威的文化工具主义》(*Transforming Experience:John Dewey's Cultural Instrumentalism*, Nashville:Vanderbilt University Press,1998),第 155—156 页。
③ 同上书,第 162 页。如果以其通常的方式来理解,用"世俗"(secular)来描述杜威是对杜威的一种指控,我们可以设想杜威本人会拒绝这种指控。在其最弱的形式中,"世俗"一词也暗示着对于现世和人类自足性的一种强调,以及对于精神性和宗教性的一种漠视。作为神圣的对立面,在其较强的意义上,"世俗"甚至可能包含着一种宗教怀疑主义,这种怀疑主义试图将宗教性从市民与公共事物中排除出去。但是,Eldridge 所用的"世俗"一词,却意味着与"超自然主义"或"外自然主义"相对的"一种彻底的自然主义",它是用来诠释杜威的思想包含着这样一种看法:人类经验及其整个历史都是内在于自然之中的,杜威显然会同意这样一种特征的刻画。
④ Michael Eldridge:《转化中的经验:杜威的文化工具主义》,第 170 页。

然的最高存有(supernatural supreme being)的存在。杜威指出：

> 作为知识的对象,自然可以作为永恒之善和生活准则的根源,因此,自然拥有犹太——基督教传统归之于上帝的所有特性和功能。①

事实上,尽管杜威很少在连续性的意义上指称上帝,但任何有关一种在时间上先在的、超越的根源的观念以及人类经验缔造者的观念,对于杜威式的实用主义来说都是一种诅咒。对于传统的宗教性,杜威的确想保留的是那种自然的虔敬(natural piety),即那种敬畏、惊叹和谦逊之感。这种虔敬感排除了任何追求控制的企图,而是鼓励一种与环绕在我们周围的自然的复杂性相合作的态度。杜威对于"宗教性"观念的调整,在于他以创造性的角色(creative role)取代了建制化的崇拜(institutionalized worship)。那种创造性的角色是深思熟虑的人类活动在对繁荣社群的欣赏和喜悦的经验中所具有的。在Rockefeller对杜威"宗教人文主义"(religious humanism)的描述中,他从杜威《个人主义,新与旧》一书中征引了如下一段话,来证明世俗与神圣、个体与社群、社会之根与宗教之花之间的不可分割性:

> 宗教不是统一性的根源,其自身就是统一性的开花和结果。……只有通过成为那种达到统一性一定程度的社会的成员,那种被认为是宗教之本质的整全感(sense of wholeness)才能够建立和保持。②

无论我们申斥论辩的哪一方,换言之,尽管杜威拒绝了许多那些在传统的意义上被认为是宗教的东西,我们可以说杜威仍然具有深刻的宗教感;或者,我们也可以坚持认为杜威的确将孩子和洗澡水一起泼掉了。我要提出的却是这样一个问题,即一种儒家的视角在此是否能够有所贡献？有趣的是,在上一代人中,芬格莱特选择了"孔子:即凡俗而神圣"作为他那本小书的题目,那本书在儒学研究方面产生了重大的影响。芬格莱特非常深入地论证说:正是人类经验的礼仪化,成为儒家世界中那种神圣的东西的源泉。③

此外,我们需要理解的是,在儒家哲学中作为一种艺术术语的"礼"要求哪些东西。"礼"在习惯上被翻译为"ritual"、"rites"、"customs"、"etiquette"、"propriety"、"morals"、"rules of proper behavior"以及"worship"。如果赋予恰当的脉络的话,这里的每一种翻译都可以间或表达"礼"的含义。但是,在古代的中文里,"礼"这个字带有以上这些翻译每一种用法的所有含义。这个复合字是一个表意文字,其含义是在祭坛上向先祖的神灵献上祭祀。这就向我们提示了这个用语所承担的深远的宗教意义。在《说文》中,"礼"被定义为"履",意思是"踏于道上",因而也意味着"品行"、"行为"。换言之,就其最狭窄的意义而言,"礼"就是"如何服侍神灵以带来好运"。对于"礼"的这种理解,是古代儒家感受的一个标志。

---

① John Dewey, *Later Works* 4:45.
② Steven Rockefeller:《杜威:宗教信仰与民主的人文主义》,第449页。
③ 芬格莱特:《孔子:即凡俗而神圣》(*Confucius: The Secular as Sacred*, New York: Harper and Row, 1972)。

我们选择将"礼"采取较为广义的理解,因而把"礼"翻译为"ritual propriety"。另外,这种翻译是一种审慎的选择。在形式的方面,"礼"是那些被注入了意义的角色、关系以及那些促进沟通并培养社群感的建制。所有形式上的行为构成了"礼"——包括饮食方式、祝贺和取予的方式、毕业典礼、婚丧嫁娶、恭敬的举止、祖先祭祀等等。"礼"是一种社会的语法,这种语法给每一个成员在家庭、社群、和政治内部提供一个确定的定位。作为意义的存储,"礼"是代代相传的各种生活形式,这些生活形式使得个体能够分享恒久的价值,并使这些价值成为他们自己处境的财富。没有"礼",一个人可能会忽略一位失去了亲人的朋友,有了"礼",一个人便会受到敦促而走到那位朋友身边去安慰他。

在非形式尤其是个人的方面,充分参与一个由"礼"所组成的社群,需要通行的各种习俗、建制和价值的个人化,使得"礼"深深地不同于法律或规矩的东西,就是使传统成为自己所有之物的这样一种过程。拉丁文 proprius,意即"使某物成为自己所有的东西",给了我们一系列认知的表达,在翻译一些关键的哲学用语以掌握这种参与感时,这一系列认知的表达就很有帮助。"义"不是"righteousness"而是"appropriateness"、"a sense of what is fitting";"正"不是"rectification"或"correct conduct",而是"proper conduct";"政"不是"government"而是"governing properly";"礼"也不止是"what is appropriate",而是"doing what is appropriate"。

像其他大多数儒家的观念一样,"礼"是从家庭开始的。在《中庸》第 20 章中,清楚地说明了"礼"的家庭根源:

> 亲亲之杀,尊贤之等,礼所生也。

如此所理解的"礼"是在人类社群内部聚集而成的,它规定着现在的人及其祖先之间恰当的关系(《中庸》第 19 章),规定着社会、政治权威以及主导社会政权威和被社会政治权威所主导的人们之间的恰当关系(《中庸》第 20 章)。

或许,在孔子的世界中,理解"礼"的含义的最大障碍是我们自己的世界的一个熟悉的向度,以及我们充分意识到它所要求的东西。在英文中,"Ritual"这个词常常是贬义的,暗示着屈从空洞而无意义的社会习俗。但是,对儒家文献的细致解读,却揭示了一种调节面部表情和体态的生活方式,揭示了一个世界,在这个世界中,生活是一种需要冷酷无情地关注细节的表演。尤为重要的是,这种由"礼"所构成的表演是从这样一种洞见开始的,即只有通过形式化的角色和行为所提供的规范,个人的净化(refinement)才是可能的。缺乏创造性的个人化("仁")的形式("礼")是强制性和非人化的;缺乏形式的个人表达则是随意甚至放肆的。只有通过形式("礼")与个人化("仁")的恰当结合,家庭与社群才能够得到自我调节和净化。

在阅读《论语》的过程中,我们往往易于忽略其中第 9—11 篇的内容。在这几篇中,基本上都是描写作为历史人物的孔子的生活事件的写真。然而,恰恰是这几篇文字,通过最细微的体态、衣着的式样、步履的节拍、面部的表情、说话的声调甚至是呼吸的节奏,最

大程度的展示了孔子这位士大夫是如何以其恰如其分的行为来参与朝廷的日常生活的:

> 入公门,鞠躬如也,如不容。
> 立不中门,行不履阈。
> 过位色勃如也,足躩如也,其言似不足者。
> 摄齐升堂,鞠躬如也,屏气似不息者。
> 出,降一等,逞颜色,怡怡如也。
> 没阶,趋进,翼如也。
> 复其位,踧踖如也。(《论语·乡党》)

《论语》中的这段文字没有给我们提供那种规定的正式行为的教学问答,而是向我们展示了孔子这位具体历史人物奋力展现他对于礼仪生活的敏感这样一种形象,正是通过这样一种努力,孔子最终使自己成为整个文明的导师。

我们可以得出总结性的一点,这一点将"礼"与杜威"功能"和"调节"的观念更为直接地联系起来。那就是一个人自身的各种能力与其环境的各种条件之间相互适应的积极的关系。首先,就其定义而言,礼是被个人化并且情境化的。进而言之,作为既是施行(performance)同时又是言出即行的(performative)那样一种东西,"礼"在其自身的脉络中是具有完整意义并且拒绝被理性化或被解释的,在这种意义上,"礼"既是手段也是目的。"礼"的施行就是"礼"的含义所在。

最近,我为《儒家精神性》一书撰写了一篇论文,题目是"礼与古代儒家非神论的宗教性"。其中,我论证说:古代儒家一方面是非神论的(a-theistic),一方面又具有深刻的宗教性。它是一种没有上帝(God)的宗教传统,是一种肯定精神性的宗教感受,那种精神性来自具有灵性的人类经验本身。没有教会(家庭除外),没有祭坛(家里的祭坛除外),也没有教士。儒家称道这样一种方式,在这种方式中,人类成长和绵延的过程既为总体的意义(the meaning of the totality)所塑造,同时也参与总体意义的形成。这种总体的意义,就是我们在翻译《中庸》一书时所谓的"创造性"(creativity),这种创造性与基督教"无中生有"(creatio ex nihilo)的传统形成鲜明的对照。①

在这种类型的宗教性与大体上由西方文化叙事中宗教所界定的亚伯拉罕传统之间,有几项深刻的差异。并且,对我来说,这些差异与杜威"宗教的"用法至少在表面上具有一种共鸣。我在论文中论证说,和那种诉诸于先验与外在的某种力量的终极意义的"崇拜"型的模式不同,施莱尔马赫(Schleiermacher)将那种外在崇拜称为"绝对的依赖"(absolute dependence),儒家的宗教经验本身就是繁荣社群的一种产物(product),在繁荣社群中,宗教生活的质量是公共生活质量的直接结果。正是这种以人为中心而不是以上帝为

---

① 杜维明发展了"无中生有"(creatio ex nihilo)与"天人合一观"(anthropocosmic vision)所主导的儒家世界连续性的创造之间的对照。这在《儒家思想:创造性转化的自我》(*Confucian Thought:Self as Creative Transformation*,Albany:SUNY Press,1985)一书中随处可见。

中心的宗教性,通过由真诚关注到礼仪这种过程而得以产生。并且,儒家的宗教性不是繁荣社群的根本与基础,而毋宁说是繁荣社群的内在属性和开花结果。

儒家宗教性明显不同于亚伯拉罕传统的第二个方面在于:儒家的宗教性既不是救赎性的(salvific),也不是末世论的(eschatological)。尽管儒家的宗教性也需要某种转化,但儒家宗教性所涉及的转化,首先或者说尤其是人伦日用之中的人类生活质量的转化,这种转化不仅升华了我们的日用伦常,而且进一步扩展到使整个世界富有魅力。当人类的情感被升华到高超的境界,当用枝条记事变成优美的书法和令人惊叹的青铜器图案,当粗野的体态(coarse gestures)净化成为礼仪的庄重节拍和舞蹈的振奋,当咕哝的干涉声转变为壮丽而绕梁不绝的美妙乐曲,当随意的结合转变成家庭长久而安心的温暖,宇宙就会益发的深广。正是这样一种转化形式——使日常的人伦日用变得优雅,似乎至少部分地提供了在某些超越的、超自然的诉求中所能够发现的神秘宗教性的另一种表达。

现在,至少对我来说,在杜威的语汇中,存在着丰富的内容,这些内容与我所理解的那些定义古代儒家感受的术语相互共鸣。这些彼此共鸣的词汇包括"experience"和"道","consummatory experience"、"democracy"和"和","personality,individuality,and equality"和"仁","religiousness"和"礼","processual human nature"和"人性"。并且,在更广的意义上来看,双方似乎还有许多会通之处:像人类经验不可化约的社会性、情境对于作用的优先性、有效沟通的核心重要性、替代了目的论的向善的连续性。当然,双方也有许多更为有趣的差异,这些差异既有内容上的不同,也有侧重点的不同。

那么,我们应当到哪里去寻找那些意味深长和富有成果的差别呢?

二十世纪初,杜威聚焦儒学传统的方式之一是指出其缺乏"赛先生"(Science)。Robert Westbrook 声称:"杜威重建哲学家角色的努力的核心,是其对于哲学与科学关系的看法。"[①]在这一点上,Robert Westbrook 不乏同调。对于儒学传统,中国学者自己认为是弱点之一而杜威却认为可以成为西方传统一种补充的东西,是儒家某种"意志主义"(voluntarism)的倾向。这种"意志主义"夸大了人类意在转化世界的能力。李泽厚这位康德式的学者,是中国非常著名的社会批判理论家之一。当代有几位学者研究和诠释过李泽厚的著作,特别是莱顿的庄为莲(Woei Lien Chong)和顾昕以及宾夕法尼亚大学的刘康,他们都指出李泽厚拒绝毛泽东的"意志主义"——一种人的意志能够成就一切的思想。[②] 毛泽东的"意志主义"并不新鲜,它来自于传统儒家的某种立场并与这种立场保持一致,这种立场就是:人类的实现靠的是未经调节的道德意志的转化性力量。李泽厚认为,对于道德意志的放纵的自信,要对当代中国从全盘西化到大跃进再到"文化大革命"这几次危机

---

① Robert Westbrook:《杜威与美国的民主》,第 138 页。
② 在此,我得益于庄为莲的论文《中国思想中的人与人性:李泽厚论毛泽东意志主义的传统根源》,载 *China Information* Vol XI Nos 2/3(Autumn/Winter 1996),并且,也是针对李泽厚和 Jane Cauvel 对张灏的回应。李泽厚和 Jane Cauvel 的论文见于 Tim Cheek 所编的《东西方哲学》有关该问题的专号。关于最近李泽厚研究的书目,参见庄为莲(1996):142-143n12。

负责,那种放纵的自信是一种信仰,这种信仰很容易被理解成一种在意识形态的意义上驱动民众动乱的形象。①

简言之,这种论证就是:古代以来的儒家哲人承认在人类及其自然与超自然的环境之间存在着连续性,所谓"天人合一"。然而,这种连续性的性质却常常被误解为对于自然科学的损害。这种连续性不是主体与客体之间的连续性,而是既尊重集体的人类社群有效地转化其周遭环境的能力,同时也尊重自然界对于人化的抗拒,它为这样一种信念所支配,即道德主体相对于无限绵延的自然界拥有几乎绝对的转化力量。如此一来,这种态度就成为一种粗糙的主观主义。对于需要以科学技术中所包含的集体的人类努力来"人化"自然这种需要,对于在主体和客体之间建立一种富有成果的关系,李泽厚认为这种关系是人的自由的先决条件,而这种主观主义对此则抱持怀疑的态度。

对于我们所理解的儒家传统的弱点来说,杜威式的探索所要求的科学性与经验性是一种纠正。儒学能够偿还这一帮助吗?另一方面,儒家坚持,作为达到醉人的人类经验的一种手段,礼仪化的生活能否为杜威宗教性的观念所借用,成为其充分的常规性补充,以便减轻 Ryan 和 Eldridge 的这样一种感觉,即杜威是否在使用着一种非常贫乏的宗教性的意义呢?儒家哲学宗教方面的核心及其对于礼仪化生活的注重,是否会构成杜威有关宗教性的质的理解的充分扩展,以便说服 Ryan 和 Eldridge,告诉他们存在一种可见的非神论的宗教性,这种宗教性确保了一种宗教的词汇,虽然这种词汇非常地不同于有神论的话语呢?对于这样一种"非神论"的宗教感受,儒学能否提供一个足够强有力的例证,以便能够说服我们:虽然我们委实需要一种完全不同的语汇来表达这种经验,但我们通常认为具有宗教性的东西并没有穷尽那被合法地贴上"宗教的"标签的东西的各种可能的例证?

杜威指出,对于人类经验的沉浮兴衰,一种超越的诉求(transcendental appeal)并不能够提供太多的缓解和真正的宽慰:

> 即使有一千次的辨证阐释向我们说明:作为一个整体,生活是受到一种超越原则的规约,以便达到一种最终的无所不包的目标,然而,在具体情况下的正确和错误、健康与疾病、善与恶、希望与恐惧,将仍然不过是它们如今的所是和所在。②

可是,对于超越性来说,是否事实上需要付出代价呢?当自然的家庭和公共关系不被理解为与某种更高的超自然关系相竞争,与那种超自然的关系相分离、并依赖于那种超自然关系时,作为人类成长根本中心的家庭力量的作用,就可能会得到非常大的增强。换言之,当人们之间的关系从属于一种个人与崇拜的超越对象之间的关系时,无论这种从属关系会有怎样的利益,都是以家庭和社群的组织结构为代价的。在礼仪化的生活中,正是从家庭的向外扩展中,每一个人自身才成为深刻的公共敬重、文化敬重并最终是宗教敬重的

---

① 在对狄百瑞《儒学的困境》一书的回应中,张灏得出了类似的结论。参见张灏在 China Review International, Vol 1 No 1(Spring 1994)中的论文。

② John Dewey, Middle Works 4:12.

对象。除了在他们的日常生活经验中感受到强烈宗教性质所获得的成就,这些典范性的人格就成为其家庭和社群的祖先以及作为"天"的他们祖先遗产的捐赠者,"天"在非常广泛的意义上规定着中国文化。正是祖先和文化英雄们长久以来不断累积的精神方向,使得"天"的价值得以明确并富有意义。

我们可以界定某些具体的方式,在这些方式中,儒学与杜威实用主义之间的对话能够彼此丰富、相互取益。在一个更为一般的层面上,我敢说,大部分从事比较哲学的西方学者会认同这样一种看法:从事中国哲学的研究能够增强西方哲学的生命力。对于中国传统的理解和扩充,具有西方哲学训练的学生也常常会带来新颖的分析工具和崭新的视角。但是,好处是相互的。我们在《先贤的民主》中指出,"东方化"虽然迄今为止还是一个未经明言和未经承认的过程,但它已经是并且将继续是中美关系的一项题中之义。

如果我们相信存在着对话的基础,并且这种对话是互利的,那么,受到杜威和孔子双方所提供的社会行动主义(social activism)的各种模式的启发,我们又如何从一种学院的对话转向深厚的社会实践呢?

随着中国不可避免地走向民主的某种中国版本,本文讨论的真正价值也许在于其直接的当代相关性。无论在儒学还是在杜威的思想中,都缺乏对于自由民主的许多先决条件。当然,像自律的个性(autonomous individuality)、为在个体意义上理解的政治权利提供基础的数量的平等(quantitative equality)等等这些观念,对于有关繁荣社群的儒家和杜威两方面的眼光来说,都是一种诅咒。另一方面,在儒学和植根于杜威过程哲学中更为社群主义式的民主模式之间,却存在着共鸣。在那里有人类自由的最大保障,不是由谈论权利所保障的权利,而是一种繁荣社群,在那里自由就不是一种漫无限制的东西,而是自治(self-governance)的充分参与。在《先贤的民主》一书中,我们试图提出的问题是:中国的民主能否通过鼓励诉诸于在古典儒学中无处不在的某种特定的"社群主义"而承担最佳的责任,或者还是要中国抛弃其文化的中心,而输入自由民主的西方观念呢?

后新儒家哲学之拟构:"道"的彰显、遮蔽、错置与治疗之可能

林安梧

一 "道显为象":存有根源的显现

1. "道"乃根源性之总体、总体之根源,前者偏就其存有义而说,后者偏就其活动义说,实者存有不外活动,活动不外存有,于道而言,两者通括。

《诠释》如上所述,可知笔者所主张的是"存有的连续观",强调天人、物我、人己通而为一,此与"存有的断裂观"颇为不同。

在存有的连续观下,"道"不是夐然绝待的形上之物,道是充周于天地、人我之际的。

2. "道"今常以西文之"Being"译之,于汉译则又以"存有"一词名之。实者,"道"与"Being"颇不相同。就"Being"而言,此是以"是"(be)而说其"有"(being);就"道"而言,此是以"生"而说其"存"。一者重在经由言说之论定,而说此存有之为存有,一者重在经由生命气息之交感,而说道乃是一生命的实存之道。

《诠释》如此可见,经由言说之论定,这是指向一对象,并且以此对象为一实在之物,此即是我所说"以言代知、以知代思、以思代在"之传统;此不同于"言外有知,知外有思,思外有在"之传统。

3. 以"道"之为一生命的实存之道而言,此道之不离场域,不离生活世界,且一论场域、生活世界,皆不离人,故道之做为一根源性的总体,或总体的根源,此当解释为一天地人交与参赞而成之总体,即此总体之为根源,亦即此根源而为总体也。正因如此,道之如其为道,非夐然绝待,非共相之绝对,乃境识俱泯,浑同为一之为道也。

《诠释》拈出"天地人交与参赞而成之总体"为"道",亦为如此,才能讲"道生之、德蓄之、物形之、势成之",才能讲"存有的开显"(道之彰显)。这样的提法,是有意的要从"主体性的哲学"往"处所性的哲学"过渡。

"主体性"可以是在"主客对立"两橛观下而说的主体性,亦可以是超乎主客对立之上而说的主体性,牟先生所诠释的儒、道、佛多能及于此,劳先生则常限于主客对立下,此所以牟先生能从康德学调适而上遂于儒、道、佛,并提出批评,而劳先生则未及于此。

"处所性"亦可以是在"主客对立"两橛观下而说的处所性,亦可以是超乎主客对立之上而说的处所性,我这里所说之处所性属后者。

4. 以其天地人交与参赞,以其境识俱泯、浑同为一,故而可言其"彰显"也。"彰显"是回溯到根源性之总体、总体之根源而说,若落在"境"与"识"而说,则此彰显之为彰显,实乃由"境识俱泯"而当下"境识俱显","俱泯"与"俱显"可如《易经传》所说之"寂"与"感",即寂即感,当下感通,一时"明白"。彰显是从道体说,而明白则就"心、物"("境、识")之交感说。

《诠释》"明白"一语取自王阳明《传习录》,原文记载为"先生游南镇,一友指岩中花树问曰'天下无心外之物,如此花树,在深山中,自开自落,于我心亦何相关?'先生曰:'你未看此花时,此花与汝心同归于寂。你来看此花时,则此花颜色一时明白起来,便知此花不在你的心外"(《传习录》,卷下,第234页,台北:商务印书馆,1973年8月台四版。)汉文之"清楚"、"明白"二语,前者重在"主客对立"之分辨说,而后者则重在"主客不二"之交融说。

5. 道之所显,其为象焉! 此如《易经传》所言"见乃谓之象","见"(即"现")者,"明白""彰显"之也。道之所"现"而为"象",即此而为"现象"焉!此"现象"义是如其道体之彰显而为说,非"表象"义,现象与表象,不可淆混而为说也。盖"现象"之"见"是"道"之"见",而"表象"之"表"是"言"之"表",不可不知也。

《诠释》"见乃谓之象"语出《易系辞传》(上),按原文前后为"……是故阖户谓之坤,辟户谓之乾,一阖一辟谓之变,往来不穷谓之通,见乃谓之象,形乃谓之器,制而用之谓之法,利用出入,民咸用之谓之神",其实这段话很能表现出中国哲学之终极智慧。熊先生常谓其学是大易之学亦可由此见其一斑,笔者以为若要说一所谓的"现象学式的本体学",当以《易经》所谓"见乃谓之象"的现象,即本体之所显现这样的现象作为现象学诠释的起点,熊氏本体、现象不二之说亦溯源此。此与牟先生"现象"与"物自身"之区别迥然有异。牟先生顺康德之义,以"表象"为"现象",而熊先生则直追《易经传》之传统。

笔者以为"现象"与"表象",不可淆混而说也。盖"现象"之"见"是"道"之"见",而"表象"之"表"是"言"之"表",不可不知。这样的强调,是清楚的拣别有对象义者皆属"言"之"表",与"道"之"见"颇为不同。前者是在"言说的论定"下作成,而后者则在"存有之本源"显现,在"生命交与参赞为一总体"下所显现者。"道之显为象"是就此而说的"现象",此是存有三态观:存有的本源、存有的开显、存有的执定,这三者的最原出状态之所开显也,是即寂即感者。

显然地,笔者以为由《易经传》传统所长成的"存有的三态论"比起"现象与物自身"这样的"两层存有论"作为诠释中国哲学的架构更为适当。牟先生所构作的两层存有论重在"一心开二门"重在"一心之过转",并以"良知之自我坎陷"做为良知学转出之核心关键。依熊十力体用哲学所开启之"存有三态论",则重在承体达用、即用显体,体用一如。前者重在"自觉性"、"主体性",后者则可开发出其"场域性"、"处所性"。

二 "象以为形":迈向"存有的执定"

1. 象以为形,象在形先也,非形在象先也。"象"是就道体之彰显说,"形"是就如其"彰显"之象,而"形着"之也。

《诠释》"象在形先"与"形在象先"是中西主流形而上学的一个重要的分野。凡主存有的连续观者,必乃"象在形先",若为存有的断裂观者,必乃"形在象先"。前者重在天地人交与参赞而成之总体之本源,而后者重在人我所对之客观法则性之所论列的对象物。

2. 《易经传》云"形而上者之谓道,形而下者之谓器",此"形"即当解作"形着义",不宜解作"形器义"。就其"形着"之活动,上溯其本源,是此形着之所以可能之根源,此之谓"道";就其"形着"之活动,下委而具体化,是此形着之落实具体,此之谓"器"。盖道之所显,其为象也,"象"经由"形着"而成其为"形器"也。

《诠释》将"形"释成"形着义",并强调其"形着而上溯于道"、"形着而下委于器",可见其关键处在"形"(形着义),如此可见"道器不二"之论。"器"乃"道"之"形着"而"器"之,故亦可以化此"器"而归于"形着",上溯于"道"也。盖"道"之显而着,着而形,形而器,由道之开显而明白,而形成,而为器物。这是由"存有之本源"而"存有之开显",而"存有的执定"也。

3. 象如其本源而为道象,即此道象,而为气象,而为心象,而为意象,而为形象,而为器象,而为物象也。形象、器象、物象等之"象"为"形、器、物"所拘,此是在形、器、物后之象;心象、意象等之"象"自不为形、器、物所拘,然又常附丽于形、器、物之上而为象。心象、意象因而通之,则达于气象、道象,盖心、意与道、气不二也,其为不二,实以其象而通之,此通之之为可能,乃基于心、意之动,始为可能。

《诠释》此处作者将"气、心、意"之与"形、器、物"为对比,并强调"心意之动",由斯可见宋明理学何如斯由心性学必上透于形而上之理境,必隐含一宇宙论之总体思考。此亦可见"心性论"与"宇宙论"在中国哲学是浑然为一体的,吾人实不能就此"心性论"孤离而论之,亦不可等同于西哲之伦理学,强分其为自律、他律,皆为不宜。天命性道相贯通,此自他不二,非此自律、他律所可勉强分别也。

4. 象在形先,故象不为形、器、物所拘,故虽依形、器、物而为象,此象亦经由人之心、意,而上遂于道、气,与道、气合而为一也。如此,则物象、器象、形象、意象、心象、气象、道象,以其为"象",因而通之,皆通统而为一也。

《诠释》象在形先,故象不为形、器、物所拘,这明白的表现在东西方的"透视法"。西方多半采取的是"定点透视",而中国则强调"散点透视"。西方多半拘于"形、器、物",而中国则多半强调不为所拘,因而通之,如其道之显现也。中国画作重在"写意",即如工笔亦为写意也。西方画作多在"写实",即如抽象画亦为"写实"也。写意是就通极于象,通极于道之本源而说;写实则是入里于器,入里于物之本质而说。

5. 象以为形,非形器物以为象,故象是"现象",而非"表象"。至若取形器物以为象,即此而表达意义,亦不限于形器物,更而上达于更高之意义本源也。吾华夏所用象形字,其表达意义,亦当溯源于此而论之,盖"象形字"之不同于"形象字"也。

"象形字",其就发生而言,乃因"形、器、物"以为"象";至若论其形而上之本源,则"象以为形"也。"形象字",就其发生言,或乃以形而上之本源言,皆不离其"形、器、物"也,盖"形以为象也"。

"形象字"为形、器、物所拘,故无得表达高度抽象之意义,欲表达高度抽象之意义,则须转为拼音文字,使不为形器物所拘;"象形字"不为形、器、物所拘,故可调适而上遂于道,故可表达高度抽象之意义,而其表达又不离具体之实存也,故不必转为纯粹之拼音文字,只须以形声、会意为之即可也。盖"象形字",其如道之彰显而为象,因其象而形着之也。

《诠释》这样的诠释,会让我们去思考一个重要的问题,截至目前为止,存在而有生命力的几个大文明中,只有中华文明仍是使用"象形"(取广义)文字,它可以说是"存有的连续观"的守护者,这里隐含着克服"存有的遗忘"之奥秘。这是将"存有之本源"与"存有之执定"连接为一不可分的整体之理由。"具体"与"抽象","个别"与"总体","末节"与"根本"是连续而不可分的。"存有的三态论"亦唯有在这样的文化土壤中才得生长出来。

三 "言以定形":语言的进入

1. "道显为象,象以为形"此是就存有之开显而说,"言以定形"此是就存有的执定而说,如此之存有的执定是经由主体的对象化活动而形就的。

《诠释》"言以定形"一语从王弼"名以定形"辗转而来,此是顺《老子道德经》所说"无名天地之始,有名万物之母"而说。"天地之始"是就"存有之本源"说,而"万物之母"则就存有之执定之所以可能之根据说。"无名"是"道之在其自己",而"有名"则是道之彰显处说,或可说此乃"道之对其自己"。以其"无名"故可以为"常名","无名"而"可名","可名"而"有名","有名"则指向"定名",既为"定名"已非常名,此即老子所说"道可道,非常道;名可名,非常名"之谓也。

"言以定形"是就"名言"之论定说,此即"定名",定名虽仍溯于道,但"定名"已不同于"常名",不同于"道"也。

2. 溯源而说,"言"当以"道"为依归;就开展而说,"道"之流出而为"言"。"道"乃是"言"之秘藏处,"言"乃"道"之开显处,"道"是"不可说",而此"不可说"即隐含一"可说","可说"必指向于"说","说"之为"说",必指向于"说出了对象",此"说出了对象"即为一"言说的论定",此是经由"语言的逻辑决定"而做成的论定,此是经由"主体的对象化"而做成的论定。

《诠释》如此说来,从"不可说"、"可说"、"说"、"说出了对象"是一连续之开显历程。这里,我们可以看出"言"与"默"并不是两个截然的两端,而是连续为一体的,这也可以看出"有"与"无"并不是对反的,只是放在存有的连续观,放在循环性的思考下才有的思考。

再者,"道"乃是"言"之秘藏处,"言"乃"道"之开显处,"存有"是"语言"之形上的安宅,即此安宅而为秘藏也,"语言"是"存有"之现实之宅第,即此宅第而得彰显也。吾人亦可说"沉默"是"说话"之秘藏处、安宅处,"说话"是"沉默"之定居所、开显处。语言之开启伴随着主体的对象化活动而生。

3. "道"之为"不可说",即此"道"即为"一","一"是"整全之体"、"根源之体",此即所谓之"道生一","生"者,"同有"之谓也,非有一物生另一物也。此"不可说"不停留于秘藏处,必彰显之,此彰显即为"可说","不可说"而"可说",此是"一生二"。前所谓之"一"是就"整全之体"说,后所谓之"二",则是就"对偶原则"而说。此"可说"必指向于"说",此是由存有之"可能性"转而为"必然性",此是就存有之由"意向性"而为"定向性",此是"二生三"。"二生三"的"三",此乃承于"一"之"整体性"、"二"之"对偶性",转而为"三"之"定向性",此定向性必指向存在,而经由一主体的对象化活动,使得存在的事物成为一决定了的"定象",此即"三生万物"之谓也。"三生万物"此是从"定向性"之转向于"对象性"。"道生一"、"一生二"、"二生三"、"三生万物",由"根源性"、"整体性"、"对偶性"、"定向性",终而成就其为"对象性"也。

《诠释》以上所释重在解老子《道德经》"道生一、一生二、二生三、三生万物",以为此乃由道之"根源性"、"整体性"、"对偶性"、"定向性",终而成就其为"对象性"也。此"根源性"、"整体性"、"对偶性"、"定向性"、"对象性"是通而为一的,故一切存在之对象皆可以还归于根源之道,道亦可以下委于存在之对象。如其存有之道而言,以"生发"一语为要;如其存在对象而言,以"回归"一语为要。因其生发,走向"执定",走向"异化";便须经由一回归、还复,达到"治疗"。"异化"必与"语言"相关,"治疗"必还归于"存有",此即所谓"语言的异化"与"存有的治疗"也。

4. "道"之为"道"是就其"根源之整体"而说,此"根源之整体"其开展而有"对偶性",然若归返言之,则此"对偶性"乃根源于一"辩证性"、"和合性"。以其如此,故言"一阴一阳之谓道"。辩证之和合而未展开,即此而为空无也,即此而为"境识俱泯"也,若以数学式比喻之,此正如"二"之"0"次方,故其为"一"也。以此类推之"二"之"一"次方,则其为"二"也。"二"之"二"次方,则其为"四"也。"二"之"三"次方,则其为"八"也。由"0"而"一",而"二",而"三",此是"道生一"、"一生二"、"二生三"之谓也。由"一",而"二",而"四",而"八",此是"太极生两仪"、"两仪生四象"、"四象生八卦"之谓也。

《诠释》此是合《老子道德经》与《易经传》以为说,阐明根源性、整体性必含一辩证性、和合性,亦为如此,才可能下开对偶性、定向性、对象性也。《易经传》所说之"阴阳、开阖、翕辟"皆就如此而为说。老子所谓"负阴而抱阳"一语传神的将此辩证和合之根源总体表述出来。

如上所述,"0"或"空无"并非与实有相对待的没有,而是一充满着开展可能性的本源,是"境识俱泯"之未开显之状态,即此"境识俱泯",而"境识俱起",进而"以识执境",这是一连续体,而不是断裂体。

5.《老子道德经》所言"道生一、一生二、二生三、三生万物",此是就存有之开显,并走向"存有之执定"而说;《易经传》所言"太极生两仪、两仪生四象、四象生八卦、八卦定吉凶",此是就存有之开显之结构面说,且此结构面乃走向于"价值之论定",此不同于前者之为存有之执定而已。或者,吾人可以如是言之,最后之溯源即乃"道"(存有),而其开显与执定则不离存在面与价值面也。换言之,"言以定形",其所定虽为存在面,实者此"存在面"即乃"价值面"也,两者不可分。

《诠释》此是将"三生万物"与"八卦定吉凶"对比,指出老子之阐析重在存有之开显,因其开显而指向对象,而《易经传》则重在存有之结构面说,并即此结构而有一价值之论定。

问题的关键点在于"言以定形",即此,其所定既为存在面,即此"存在面"又是"价值面",两者不可分。值得我们注意的是"存在面"与"价值面"是合而为一的。进一步说之,"存在"既与"价值"是合一的,就不能严分"实然"与"应然"。"实然"与"应然"之严格区分,此是就"存在"之定执面而说,是就"存有之执定"下委的说;若溯其源,由分别相回到无分别相,回到"存有之本源"上溯的说,则实然之实,已非定执之实,而为体证之实,即此亦是应然之实。实然应然,于此亦不可勉强分别也。

四 "言业相随":业力的衍生

1. 如上所言,言以定形,其既定之,业亦随之,是乃言业相随之谓也。

言之为言,是由原先之根源性的整体之所开显,由其根源性、整体性、对偶性、定向性而落实为对象性,以此一历程言之,当其对偶性、定向性即已含有一染执性之可能,即此染执性而为业也。

《诠释》这里,我们似乎呼之欲出的点示出"恶"的存有学根源,它就在"道"之彰显过程里,由原先辩证和合为一不可分的整体,走向对偶性、定向性、对象性,因之而有了矛盾性、对反性,染执于焉伴随而生。

或者,我们可以说,所谓的"恶"乃由于"言说"所滋生的"论定",伴随着这样的主体对象化活动,便不可避免地产生了恶。简单地说,对象的论定,连带地也就定了罪、定了恶。"罪"、"恶"是难以避免的,但却也因之有了救赎与解脱。

2. 或者,吾人亦可说,当道体显现时,即其几而已有善恶矣! 若能入乎无为之诚,始得以进乎道体之妙。然此无为之诚并非一浑沦之境界语,亦非修养工夫语,而应如其存有学之开显与复归而言之。几之有善恶,是由前所谓之对偶性、定向性而走向染执性,此非仅关乎心性修养之事也,实关于历史社会总体、生活世界之事也。

《诠释》这里强调"诚无为,几善恶",由道开显之几,落实于"对偶性"、"定向性"而走向"染执性",这不仅关乎心性修养之事也,而且关于历史社会总体、生活世界之事。换言之,几必有善恶,人之面临善恶是不能避免的,因之如何去面临历史社会总体、生活世界是不可避免的,对于善恶的处理,不能只是心性修养的处理。若只执泥于心性修养的处理,则可能走向于境界形态的追求,以心体与道体通而为一的迷恋,以道的误置当成道之自身,甚至在形上学、知识论上陷入一无世界论的迷谬之中。

"行事"、"处世"、"修道"这几个不同的向度,要如何取得恰当的协调,的确是不容易的。事理、情理、道理,其范畴各有所异,事理之重在客观法则性、情理重在生命之互动与感通、道理则重在总体之本源。中国传统之道德学似乎重在情理与道理,而忽略了客观之事理,殊不知客观事理之疏忽终而使得情理、道理变得诡谲,并以其诡谲为奥秘。心性修养原本平坦易行,却因之而多所禁忌、扭曲,殊为可惜!

3. 由其根源性、整体性、对偶性、定向性而落实为对象性,此一历程乃道之开显所不能已,彼既"范围天地之化而不过",更又"曲成万物而不遗"。范围天地是就道体之彰显处说,曲成万物则就主体的对象化活动所成之对象物而说。此"曲成"即"言以定形",并因此"言以定形"而"言业相随"。人间世事莫有非言所成者,亦莫有非业所成者。言之为言,可统括"名"、"思"、"文"、"知",即或用一切语言文字符号所构成之系统而说,即此则有其"业",此"业"当可连着"染执"、"趋向"、"势力"、"性好"、"利害"等等而说。

《诠释》能重视"范围天地是就道体之彰显处说,曲成万物是就主体的对象化活动所成之对象物而说",方能注意如何的"去染不去执";知"执"有"净"有"染",能去染存净,如此之执,非但无害,还为有利。盖人间还为人间,不执不成业,净执成净业,善执成善业,"执"是重要的。若不能恰当的注意到这个关键点,只说个"去执",到头来,"执"是去了,"染"还在,是又奈何! 尤可惧者,以虚无缥缈之无执,任其染而为染,怪不得会落入"情识而肆"、"虚玄而荡"的地步,岂不慎哉!

4. 以是言之,"物"非不齐,乃"论"所不齐,然物既为物,必以论而为物;亦即"形"之为"形",非"言"不形;一切存在之为存在,若就其通及于道言,则存在只此存在,自有其内在之同一性在,然经由"言以定形",则此存在才由此同一性而分化为殊异性之存在。古来"理一分殊"之理,即为如此。"理一分殊"乃以气之感通交融为一,此是"存在之辩证消融",并非以言之论定,再以"对象之共相升进",而通同于一。

《诠释》此所谓"'理一分殊'乃以气之感通交融为一,此是'存在之辩证消融',并非以言说之论定,再以'对象之共相升进',而通同于一",这清楚的区别了中西形而上学的异同。前者关连着"存有的连续观"而展开,后者则与"存有的断裂观"密切相关。前者是以主体之生命为核心的哲学思考,后者则是以客观之对象为核心的哲学思考,前者重在

"通极于道",后者重在"穷极于理"。宋代朱子学《格物补传》所述之"格物穷理"虽有后者之姿态,但仅只是姿态而已,骨子里,他走的仍然是"通极于道"之路。换言之,朱子学所说的"理一分殊"仍宜做"存在之辩证交融"解释,不宜做"对象之共相升进"解释,将朱子学解释成客观的实在论,多所不恰当。或者,将朱子理解成客观、顺取之路,有别于逆觉之路,以致说朱子为"继别为宗"(如业师牟宗三先生所判别者),亦多有可议处。实则,理学、心学、气学,虽各有所重,但皆宜置于此"通极于道"之立场上立说也。

5. 言业相随,分别说、分别相,此是由道之根源性而整体性而对偶性,而定向性而对象性所不得不然之活动,此活动之定执、染污、趋势、性好、利害亦伴随而生,此西人近所常言"知识"与"权力"相伴随而生是也。

《诠释》近世西方所谓"知识社会学"乃至其他晚近哲学思潮之发展,颇重视"知识"与"权力"的麻烦问题;此问题于东土哲学而言,亦有深入之反思,值得留意,只是东土哲学于此多含藏于心性论、修养论中,须得进一步发掘,方能使之重现于世。这也就是说,我们须将"言业相随"这样的立论置于历史社会总体、生活世界中来仔细思量,不能只陷溺在存有论、心性修养论的立场来处理。这是一个极重要的哲学向度,东土哲学有大保藏在焉!不可忽也,焉可抛却自家无尽藏,沿途持钵效贫儿耶!

6. 知识、权力伴随而生,言业相随、相伴、相绞、相结,言已不再能如其形而定其形,言以其深沉之业而控其形、役其形,使形非其形,是所谓扭曲变形是也。此扭曲变形可谓为一"存有论式的扭曲变形",人多忽于此,而不知深入此存有深处,予以治疗之也。人或多泥于语言之效用,以为可能有一理想沟通情境,经由语言之治疗而使此变形得回复也。实者,此问题之关键点即在"语言",此须得"存有"始得以治疗也。简言之,是"语言之异化",得"存有之治疗"也;非"存有之异化",得"语言之治疗"也。

《诠释》笔者有意将"知识"与"权力"的问题上升到"存有论式的扭曲变形"来立论,一方面要阐明此问题的复杂性,一方面要说这扭曲变形乃起于"言业相随、相伴、相绞、相结,言已不再能如其形而定其形,言以其深沉之业而控其形、役其形"。如此一来,我们既已清楚认知这是"语言之异化",因而所该寻求的、所能寻求的是经由"存有的光照",产生一"存有的治疗"。

"存有的治疗学"与当前"社会批判理论"可以相提并论,所不同者,存有的治疗学所重在:经由一"因而通之,上遂于道"的方式,理解之、诠释之、批判之、重建之,即此而产生一治疗之效果。从存有的执定,而有恰当的、客观的、对象化的论定,理解之;经由语言、文字的深化,既"诠"而"释"之,"诠释"是经由语言的破解,而使之释放;如此渐由存有之执定上遂于存有之开显,便可产生一批判之作用;这样的批判便不同于对治式的批判,而是来自于存有的光照所导生的治疗。经由这样的治疗而重建之,这样的重建始能稍免于言业相随、相伴、相绞、相结的恶执。

五 "言本无言":语言还归于沉默

1. 言本无言,然又不已于无言,无言而言,无言为本,此本亦无本矣!

言之为无言,此是"道"之"不可说",然"道"又不停留于"不可说",其"不可说"必含一"可说",以其含一"可说",因得以开显也。"道"与"言"之关系,真乃"道可道,非常道"、"名可名,非常名"也。"言以定形",此是言说之指向对象,因其指向对象而亦有所范限,此是以"道"之"常名",经由"可名"之活动,而转为一"定名"。能了解此由"常名"、"可名"而走向"定名",故知"定名"之所限,以其知定名之所限,而可跨出其所限,此即"言本无言"之谛义。

《诠释》道本不可说,而可说,可说而说,说之成物,此是一连续生发之过程,已如前所述。所当强调者,这明白的要强调"道"与"言"之为不可断,因此落实于人间,就不采取"言语道断,心行路绝"之实践方式,即采了"言语道断,心行路绝"之实践工夫,亦须得调适而上遂之,辗转以绎之,方才无误。当然,"言语道断,心行路绝"不能做断灭想,亦不当只是落在心性修养上之"不断断",更应是落在社会实践上之"净执以成业"。

进一步言之,若一味的强调心性修养论式的"一体之仁",而忽略了将此"一体之仁"转为社会实践论,则难免其自闭之限,无世界论、独我论皆为可能之趋向,不可不慎也。

2. "无言"之道,乃由"常名"再而归返于"寂"也,此是由"境识俱显"而浑归于"境识俱泯"也。此是撤离一切言说之建构,而浑归于一无建构的本然状态,然此无建构并非在主客对橛观下,说其无建构,而是主客俱泯、物我偕忘下的无建构。盖无建构所以为建构之基础也,此基础是一无基础之基础,是"无住本"也。

《诠释》由"定名"归于"常名",再因而通之,使归于"无名",这是一个回归的过程,但这是"回归",可以是"还灭",但不是"断灭",回到"无建构"所以成就一"建构"之可能。这样的提法是有意将当前之解构论调适而上遂于道,再启一新的建构论也。

就中国哲学论之,实可将佛老之"虚、无、寂、静"与儒家所强调之"实、有、生、动"做一存有之连续,而不再两相对反、对治也。宋明儒之批判佛老,多有偏见,亦不知佛老本亦有别者。船山之学,虽因而通之,多所融释,但仍有立场之囿限。近世熊先生之论,宏远深切,仍不免其误解。牟先生更能摆脱原先"辟佛老"的心态,而有进一步的如理分判。笔者于此,更思有所进者,将此如理分判,因而通之,融释于道也,行之于儒也。

3. "言以定形",指向对象,而成就一决定了的"定象",如此之"定象"亦即"对象物",一般所说之"万物"是就此而说,此亦"有名万物之母"之谓也。

"言本无言",一切定象皆可撤离,浑归于寂,故言归于无言,如此无言之境,亦寂然之识,此境识俱泯,寂天寞地,一般所说之"天地",溯源而说,当极于此,此亦"无名天地之始"之谓也。

《诠释》如此之论,将"天地"与"万物"分别说之,天地非万物之总名,万物亦非只就散殊而说。"天地"必浑归于无名方得为说,"无名"是就总体之本源说,亦可以是就存在之场域说、就生活之世界说,然所当注意者,必当归本于无分别相、归本于无名,方为得当也。

或亦可如是说之,"天地"就"道"说,"万物"就"德"说,万物莫不尊道而贵德,上承于道,下着于德;"道"是就本源说,"德"是就本性说,道是就总体之场域说,德则就具体之事物本性说。"言本无言",实乃"尊道而贵德"之论也。

4. "天地"是就"场域"说,是就"生活世界"说,"万物"是就"对象"说,是就"执着之定象"说。"言以定形"当指向对象物之厘定,"言本无言"则去名以就实,而此"实"非实,乃不可说之寂而已矣!

《诠释》"去名以就实",实非实,这是就回归之途说,但就"道"之开显处往下说,道生之、德蓄之、物形之、势成之,如此"正名以求实"可也。存有的治疗学所关连的存有三态论,由"存有的本源"、"存有的开显"、"存有的执定"三者所构成之理论。这样的治疗学有意的将儒、道、佛的思想做一总体的融通,特别是儒道两家本为一体,互为体用。儒体道用,其用在融通淘汰;道体儒用,其用在建立构成;儒道同源,互为体用。佛教之"真空"可调适上遂于道教之"虚无寂静",进言其"自然无为"也。佛教之"妙有"可因而通之于儒教之"实有生动",进言其"人伦日用"也。

5. 知识、对象、万物乃"建构"所成者,天地、场域、生活则乃"参与"所成者,"参与"之"在言中",然亦"在言外",盖"言本无言",参与在先,建构在后也。参与可成建构,然亦可瓦解此建构,而为解构也。

《诠释》将"参与"与"建构"对比而论之,前者重在生命主体之互动融通,后者重在言说对象之客观论定。参与之为先,意指生命、存在、主体等之为先,如此为先,天地、场域、生活方为落实,知识、对象、万物亦才得以有一恰当之论定。

"解构"看似一消极负面之活动,但回到一无建构之本源,所以成就如其本然之建构也。从"解构"到"建构",从"无执"到"净执",这当是"言本无言"的深义!

六 "业本非业":业力原是虚空无物

1. 业本无根,感之即有,归寂为无,然"言业相随",伴之而成,或亦可说业并非一"存在之实然",乃经由"言说之定然",所拖带而成者。然其所独特者在此"定执、染污、趋势、性好、利害"等等,既伴随而生,彼又生出一束缚之力,将"言说之定然"往下拖带,而形成一僵化之结构,"言""业"遂相缠绕而不可解。

《诠释》如前所说,"言业相随",这是一语言的异化现象,它是由"横面的执取所拖曳相引而成者",是在"众人皆知美之为美,斯恶矣"的状态下而生者。"业"之一字,正将此趋迫性表达无疑,然此业并非存在之实然,乃经由言说之定然而成者。这样的强调,一方面是要说明一切之业皆为人之所造,非有一客观实然之业,一方面顺此要说,一切业既为人之所造,亦当为人之所自解,人之不能自解,而乞灵于冥冥不可知,斯大谬也。

2. 如此之"言"为"业缠之言",如此之"业"为"言缠之业",以今人"知识"、"权力"二语言之,前者乃为"权力的知识",而后者则为"知识的权力"。实者今人已落于此"知识"即"权力",而"权力"即乃"知识"也。"知识"与"权力"两者相即不二。

《诠释》"业缠之言"强调"言"所可能的"业"性与"缠"性,而说"言缠之业",则强调"业"之为业就在"言"之所"缠"。既为如此,我们所当留意者是对于一切之"言说"都当做一"业缠"之解构,对一切"业力"亦当做一"言缠"之解构。

解构者何?当从执染之特性乃一横面之执取所拖曳相引而成瓦解起,一旦摧破了语言的构造,回到存有之自身。这否定性的思考方式之所以能瓦解语言的异化与心知的定执,则是因为先预取了存有之为存有这个生活世界的概念作为基础始为可能。这也就是说,否定性的思考之能产生的解构作用,并不是虚无主义的瓦解一个定执之物而已,而是要回到一个生命的开显之场——"天地"之中,而天地是存有(道)平铺的开显。

3. "言业相缠"所成之两面相为"业缠之言"与"言缠之业","业缠之言"看似理性,实则已为工具所异化之理性,而非理性之本然。欲破此业缠之言,若不能深入其业,只依彼等之业缠之言以为之理性破之,则是为业力所限之理性,只绞绕而不能破也。"言缠之业"看似善着,实则已为言说所缠,故业力所现,多所曲折周致。欲破此言缠之业,若不能深入其言,破解其言,只依彼等言缠之业,顺之思考,则多委曲从之,而不能真瓦解也。

《诠释》如上所述,笔者实有意经由"言缠之业"与"业缠之言"两组词来阐析当前现代化理性所造成诸问题,并进一步指出当前面对现代化之后之种种反思,虽有其可贵处,但多半围限于言业相缠下,而无能为力,或者只以新的威权取代旧的威权而已。

4. "言缠之业"、"业缠之言"所形成之总体,其特性在相刃相縻、相缠相结、既矛盾又斗争、既对立又联合,故以一般言说所及之执着性对象化之知识系统欲破解之,实为不可能。因此破之为破,不能以时下两橛对立观下之为破也。故欲破"言缠之业",当得深入"言之无言",欲破"业缠之言",当得深入"业之非业"。

《诠释》如上所述,之所以难解现代化工具理性所造成之严重异化,乃因陷溺于主客两橛观下来思考所致,盖言本无言,业本非业,"言"与"无言"是连续的,因之可以经由一存有之道的回归与还灭,而透入无言之境;"业"虽可回溯于"无明",然此"无明"即涵"法性",即此"法性"故为非业,由"业"与"非业"的连续性视之,"业"亦可以经由一回归与还灭之历程,而透入非业之境。深入业之非业,乃使得"言缠"为解,言缠既解,其业可去,业缠既去,其言亦可以回归于无言矣!深入言之非言,乃使得"业缠"为解,业缠既解,业为非业也。

5. 存在之本然是境识一体、当下明白者,由存在之本然而走向言说之定然,业因之伴随而生,然当下亦可以回归本源,故业即生亦即灭,生灭一如,业本非业也。此业之生灭,端在心能无执、无染,不随它去也,能随缘不变,能依境而起悲也。即此悲慈,足以消其业力之障也。

《诠释》言业相缠下,颇难破解,但当此一念,即是契机,然此只是契机,并非果真即以此为破矣!为何当此一念,即是契几,盖因人之心能当下舍执而入于无执之境,即此无执可为当下一时之解脱,使人们对此言业相缠之状况能有一存有论式的光照,此即佛教所谓般若智是也,即此般若智,同体大悲存乎其中,所谓"悲智双运"者即指此也。

6. 业本非业,言业相缠,执此非业以为业,劫之、夺之,欲破其业难矣!业本非业,当下一念,慈悲为怀,当即可破,此是以其"言之无言"、"业之空无"以为破也。"业本非业"就其存有学之回溯其源,知业本虚空;此正含一实践学之契入,知慈悲之为大也。

《诠释》如前所说,当此一念,即为契几,但此只是契几,并非如此即可破此相缠之言业;欲破此相缠之言业,须得深入此中之底蕴。此须得回溯前节所述"净执"之重要性,关连此"净执",吾人亦当深入理解一"净业"之可能。既为人间世便无有不执者,便无有非业者,只是要如何去面对此执、面对此业,此执既为染,此业亦染之,却须暂忘此染,方有去染之契几。

这里所谓"暂忘",亦是般若智初几之用也,过此初几,进一步才能解此深缠,步步做去,方得为解。须得注意者,此非只是心性修养之事而已,它更得转为客观法则性之重视,先以"暂忘"为始,另建一理想之客观结构,此即为净执,以此净执作为对比,再解开其纠缠系缚,此事甚为不易,须视实况而疗治之,其原则大体先简述至此。

七 "同归于道":存有本源的回溯

1. "言"、"无言","业"、"非业"以两橛观言之,此本不同,然破此两橛观,以合一观言之,此"不同而同"也,是乃"玄同"也。"合一观"之所以可能,其关键点在于"言"与"无言"为连续的合一,而非断裂的两端,"业"与"非业"为诡谲的合一,而非矛盾的两端。

《诠释》如前所述,如此之合一观、连续观,乃基于中国文化之母土而做成者。若以如是模型观之,吾以为熊十力先生的体用哲学实有别于牟宗三先生的两层存有论,熊氏之论实隐含一"存有的三态论",此乃吾于《存有、意识与实践:熊十力体用哲学之诠释与重建》一书中作成者。

牟先生重在"纵贯的创生"义上立说,而其立基点则在道德本心,熊氏一方面重在纵贯之创生,其立基点则在宇宙总体之本源(道),另外则亦开启一横面之执取,此则重点在由"存有的根源"、"存有的开显",进而有一"存有的执定"这样的连续历程。牟先生全系于"一心",由此"一心"而开二门也。熊先生系于总体之本源,由此总体本源之道,而铺展为万有一切也。牟先生重在主体之自觉义,而熊先生虽亦重主体之自觉义,但亦可以进一步转为万有交融为总体之处所义、场域义。吾之"存有的三态论"实继承于此,而思有所转进也。

由上所论,我们可以进一步说"'言'与'无言'为连续的合一,而非断裂的两端,'业'与'非业'为诡谲的合一,而非矛盾的两端",并不似主体性哲学一般,皆视一心之过转而已,实乃铺显于场域、处所而显现也。

2. 归者,因其"道"而有所"显",有所"显"而后有所"形",有所"形"而后有所"定",因其"定"而成"执",因其"执"而生"染",终之以化此执染,而回归于道也。如此之回归可以理解为一存有学之回溯其源,即此存有学之回溯其源实即含一实践学之契入也。

存有学的回溯其源与实践学的契入,乃一体之两面,此非只置于一诡谲的相即辩证中,即显其义,亦非只置于一连续的一体中,即浑合为一,而是置于一广大生活世界与历史社会总体中,既指向对象物,分理之,又回归于形上之道而统合之。

《诠释》由"存有的根源",而"存有的开显",进而"存有的执定",这是就存有之道彰显落实而说;再由"存有的执定"所伴随而生之杂染,反思之、破解之、调适之,回返于存有之本源,这是一回归、还灭之路。彰显、落实与回归、还灭,一体两面,如如无碍!

"存有的三态论"重在处所、场域中展开,它所不同于主体性哲学者在于重视广大的生活世界与历史社会总体,尤有过之也。若以传统之身心论、理欲论、理气论、道器论、理势论,它强调的不是以心控身,而是身心一如;不是以理控欲,而是理欲合一;不是理先气后,而是理气合一;不是道先器后,而是道器合一;不是理先势后,而是理势合一。或者说,他所强调的是具体性、实存性原则,而不是抽象性;普遍性原则,他所重视的是处所性、场域性,而不是主体性。

这也就是为何我在《咒术、专制、良知与解咒——对"台湾当代新儒学"的批判与前瞻》一文所强调的:"实践概念之为实践概念应当是以其自为主体的对象化活动所置成之对象,而使此对象如其对象,使此实在如其实在,进而以感性的透入为起点,而展开一实践之历程,故对象如其对象,实在如其实在。这'如其'不是康德意义下的物自身的'如',不是佛教意义下的'如',而是在'实践历程而开启'这意义下的'如'。'如'是动态的历程,不是静态的当下。"

3. 指向对象物而分理之,此是"言以定形"事,而回归于形上之道,此是"去名以就实"事。"言以定形"须归返于"无言",如此之"定形",才不致走向异化之定形,才得一识解分明之定形,因归返于"无言",才得归返存有自身,如此才得以回返存有之场,而受其治疗也。

《诠释》在"存有三态论"下,哲学治疗学最终须得依止于"存有的根源",而所谓的存有的根源并不是一复然绝待的形上之体,而是"无名天地之始",是一场域、一处所、一天地,回到此存有之场中,方得疗治也。

这也就是前所述及的"存有"是"语言"的形上宅第,而"语言"则是"存有"落实的具体安宅;其实,这样的治疗学是与中国传统的道德学得合而为一的。

传统的道德学,如《老子道德经》所说"道生之、德蓄之、物形之、势成之"、"尊道而贵德",《论语》所说"志于道、据于德、依于仁、游于艺"等所说,皆是由"存有的本源"下贯于活生生实存而有这样的人的本性以及一切存在事物之本性也。这样的道德学不是规范、不是强制,而是创造、是生长,不是对反的克治,而是回返本源的治疗。

4. "去名以就实"之"实",一指存在之实,一指此存在之实之未对象化前之真实状态;前者之"实"为"执"实之实,后者之"实"为"无执"之实。"去名以就实"一方面强调归返于生活世界之真实,是以存在的活动之实取代理论之建构,另一方面则强调此生活世界之真实更得归返于"道"(存有自身),而如此之存有自身,乃非指向对象化之存有,而是一境识俱泯、主客交融为一整体之存有自身,如此之存有自身,亦可以说是空无的。

《诠释》两层"实"的阐明是重要的,若只一味的强调未对象化前之真实状态(无执之实),则易落入原先中国专制、咒术传统的迷雾里。若只一味强调执实之实,这样的实易落于执著之中,徒生对反,难得恰当之疗治也。

这也就是说,我们须得对于存有的三态有一恰当之分际把握,存有的本源当落在场域、处所上来理解,既落于此说,则必然得含存有之对象物及相关之网络来理解,也就是必须重视实存性、具体性、客观性、物质性,不能只是于心性主体上用工夫而已。能了然于此,才能一方面重视回归、还灭于"存有之道"这样的"真实",另一方面更重视到开显、落实至"存在之物"这样的"真实"。

5. 或者可说,此"同归于道"之"道"非一"建构之实在",而为一"解构之实在",然此解构之为解构,非主客两橛观义下之解构,而为境识俱泯义下之解构,盖解构所以成就建构之始也。

《诠释》"同归于道"指的是回到存有的本源,这本源是一切建构的始点,它当然不适合再是一建构的实在,只适合是一解构的实在。这解构的实在,或者亦可以说是还灭的实在,回归的实在,是无执著性的实在,是"见乃谓之象"之所以可能的"道",是一切宇宙创化之源,是境识俱泯的空无状态,是一切可能的起点,是哲学疗治的家乡。

八 "一本空明":总体之源的场域觉醒

1. "一本空明","一"是根源义、整体义,盖论其整体之根源皆"本"于"空",而此"空"即为"明"也。

"本"之为"本",以"无住"为本,或即谓以"无本"为本,可也。

《诠释》如上所论,可将儒教与佛、老彻底汇通,道之为太极,太极更本于无极也。根源义、整体义皆是抒义的说,而非定实的说,不是在一线性思考下的最前项也,而是在一环性思考下的场域也。

"一"是总体、是本源,一当为本,然亦有所本,其本者何?其本为"空"而"明"也。"空"是无执、无着、无昏扰、无纷杂、无分别,此是遮诠,亦是一切表诠之所以可能的起点。

"空"是就"心灵意识与外界存在事物浑归于寂处"说,是就"境识俱泯"处说。"明"则是就"心灵意识与外在存在当下显现明白而说"。"空"字所重在"场域",而"明"字所重在"觉醒"。总言之,万有一切皆回到总体之本源,回到场域的觉醒、觉醒的场域中也。

2. "空"之为"空"以"色空相即"为义之"空",此"空"非定指的存有论义下的"空",而为抒义的说此存有之为存有,实乃空无也。"空无"是消极的说、解构的说,"空无"非与"实有"相对待,此两者玄同为一。"空"之义可理解为一存有论的回溯与销毁,盖销毁所以成就其回溯也。

《诠释》将"空"之义理解为一存有论的回溯与销毁,销毁所以成就其回溯,这论旨重在"为道日损,损之又损,以至于无"的工夫。值得注意的是,它看似消极的解构,却可以是一积极的建构。换言之,若以如是调适道家之学,彼则不只为一修养境界之形而上学也,彼亦堪理身理国,彼原亦可以是之疗治之学,是一生长之学,是一建构之学也。

3. 相对于"空"之偏就存有学之义上说,"明"则是偏就实践工夫论之义上说。"空"是就"存有之在其自己"、就"境识俱泯"下"存有的根源性"而说,亦是就意识之空无性、透明性而说。如此之"空",即隐含一意识的"明觉性"与意识的"自由性",此即所说之"明"。

《诠释》如此分述"空"、"明"二词,是就道体之本源之开显而往下说。若是就具体事物之回溯到道体,则"空"亦可以是一实践工夫论,而"明"亦可以成就一"存有之本源"。由实践论之"空"回到存有论之"明",这是全修在性的工夫,是即用显体的工夫;由存有论之"空"开启实践论之"明",这是全性在修的工夫,是承体达用的工夫。体用不二、一体如如。

4. "明"是当下之照面、明白,如阳明观花"一时明白起来",是境识俱起而未分,一体通明之状态,是由存有的根源而迈向开显,此开显仍为无执著性、未对象化前之状态也。

《诠释》佛教、道教之哲学的极致在"空"、"无",而儒家哲学之极致处则在"明觉"。明觉义即含感通义、创生义、刚健义,其表述,或用"诚"、或用"仁"、或用"良知"皆无不可也。佛、道之所重在平铺之场域义、处所义,而儒家则更于此场域义、处所义,进言其明觉义也。明觉义更含纵贯之创生义。

所须注意的是,"明"固然有其无执著性、未对象化之状态,但更进一步地此"明"亦当落实于"执著性"、"对象化"之境,此或者可以说经由"明白"而转为"清楚"也。牟先生以"良知的自我坎陷以开出知性主体"来做理论上的疏通,此是其两层存有论所必得往前推进的一步;此若置于存有的三态论视之,则亦当由存有的开显而走向存有的执定也。如此由"空"而"明",由"明"而落实于存在事物,此"执"是"明执"。明执非定执,定执为染,明执无染,此如"业之有净有染",义相类也。

5. 如前所言,"道显为象,象以为形,言以定形,言业相随",此是由其根源性、整体性、对偶性、定向性而落实为对象性,如此经由一切语言文字符号所构成之系统,即此则有其"业",此"业"当可连着"染执"、"趋向"、"势力"、"性好"、"利害"等等而说。如此经由存有之执定,是为境识俱起而两分、以识执境、以主摄客,而成就其对象义。此自不免意识的染执性、意识的权体性,如此即隐含意识之质碍性、意识之隐蔽性。

"明"之所以为"明",是存有论的"照明",即此照明而为"销毁",即此销毁而为"回溯"也。意识之质碍性、隐蔽性、染执性、权体性皆得因之而销毁、瓦解,而回复意识的明觉性、自由性、空无性与透明性,存有之根源因之得以回归,此即"同归于道","一本空明"亦因之而成。

《诠释》吾常定位自己之学问路向为"关心人及其周遭存在的异化","并寻求其克服之可能"。前者,须深于"存在之异化"的真切理解;理解之、诠释之,开权显实,融通淘汰,由解构而回到存有之源,因之而得其浇灌、渥沐与治疗也;既而由此得以进一步落实之、重建之也。

我深切知之,众生病、吾亦病之,众生未病,吾亦病之;哲学既为思修交尽之学,思之、修之,修之、思之,吾何能建此"存有三态论"耶!盖深有启于牟师"两层存有论"之教也。吾将吾师所做之超越区分融通之,将表象义与现象义做一区隔,深入于《易经传》"见乃谓之象"之奥蕴,并经熊十力体用哲学之融通而缔造之。

吾以为"存有三态论"可消解现象与物自身的分隔,融通之,使之还归于一也。如此言之,它可以解消"既超越而内在"之圆枘方凿的问题;它可以化解理、心、气三者之紧张关系;它可以更恰当安排佛教与道家的位置,并调适而上遂之;它可以解释"名以定形"(存有的执定)之异化及其复归之可能;顺此理路,可以发展出一套"存有的意义治疗"(或称为"道疗"),如此可以恰当厘清身心问题、心物问题、天人问题、德智问题、性善之内外问题等等;可以解消理论构作上之为横摄、纵贯的两重问题;可以解决《易传》《中庸》、《论语》《孟子》《道德经》等如何通贯为一的解释系统。这样的理论虽亦不离于主体之自觉,但显然地,它的重点则落在"场域"、"处所"上立说。

后新儒学的社会哲学：契约、责任与"一体之仁"
——迈向以社会正义论为核心的儒学思考

林安梧

一 问题的缘起

为什么我们要刻意捻出"以社会正义论为核心的儒学思考"呢？不瞒您说，我就是发现到一些讲"良知学"的学者朋友，面对社会公共领域时，根本就无法去面对"社会正义"，甚至就做了"社会不义"的事情。他高举良知学，高谈心性修养，但为什么一面对社会不义之事，他却无能为力，他们仍然无法区分什么是"私情恩义"，什么是"良知天理"，什么是"世俗权力"，他将这三者连在一起，形成一"良知专制私义共同体"展开一良知的专控活动。

相对于此，作为这良知专制私义共同体的另一端，他们接受着这样的专控活动，或者压抑自己，甚而造成一良知的自虐，或者他们有了一种奇特的修养方式，他们躲到自己所构筑的心灵境界之中，依样的"世故颟顸"，却将此作为"道德修行"。说真的，这种"私情恩义错当良知天理，世故颟顸以为道德修行"在近两千多年来的儒学发展史里层出不穷，甚至是前修未密，后出转精，心性修养论讲得再深奥，再缜密，再精微，结果是一样的，面对"社会公共领域"依然是懦弱以为温柔，乡愿以为忠厚。

我每看到这样的事，心总抽痛，我不愿简单的以为这是某某人的人格强度不够的问题，因为它根本是一个文化心灵机制的问题，这问题没解开，儒学是不可能有所谓"现代化"的，更何况"现代化"也充满了权力与欲望的陷阱。我所认识的一些朋友，你们不碰这样的问题，只安享学术权力机制的果实，这本身就是不义的。须知："道德"必然得以"公共领域"为第一优先考虑的视点，离了公共领域，以私下的心性修养，直挂到天理上去说，这不但是不足的，而且是不对的。

道德竟只是境界，修养竟成了乡愿，心性亦只日趋麻木而已，儒学落到这样的地步岂不可悲！因此，我们须得正视"公共领域"，提高"社会正义"，如此才能谈所谓的"道德"，谈所谓的"修养"，谈所谓的"心性"，儒学才有崭新的生机。

正因如此，这几年来，我做了"心性修养"与"社会正义"的对比区分，并进而厘清了所谓的"内圣"与"外王"，并不是先求内圣再求外王，也不是安立了内圣的基础，才能去置立外王的事业。① 对于当代新儒学所强调经由"良知的自我坎陷以开出知性主体而开出民主与科学"的论调提出批评,指出彼等混淆了"诠释的理论逻辑次序"与"学习的实践逻辑次序"。② 我因之而提出另一想法,"由外王而内圣",经由社会总体的构作的重新理解与认识,进而回溯自家之生命内在,重开心性修养之门。

在方法论上,我大体接受了王船山"两端而一致"的见地,强调"心者,物之心也;物者,心之物也",克服由"内圣"的话语系统去决定"外王"的实践系统,强调"外王的实践系统"重新开启内圣学的崭新向度。因为,外者,内之外也;内者,外之内也;内外通贯,本为一体。对比的两端,就其总体之源来说是通而为一的,当它彰显为两端时,任何一端都必隐含着另一端,交相藏、交相发,各藏其藏,各发其发。③

我这么说,其实正也说了,尽管我强调以"社会正义"为核心的儒学思考,但这样的思考仍是不离"心性修养"的。在两端而一致的思考方法论里,相对于"以社会正义论为核心的儒学心性修养论"必得与"以心性修养论为核心的儒学社会正义论"构成一个整体,这样才算完整。

二 "心性修养论"与"波纹型格局"下的存有连续观

大体说来,宋明儒学不管程朱、陆王,不管道问学、尊德行,都是以"心性修养论"为核心的儒学思考,而且他们也以此去诠释先秦孔孟儒学,至于荀子学则为他们所忽略。须得一提的是,这么说并不意味他们就不谈社会正义的问题,而是他们将社会正义的问题系属在心性修养之下来谈,以为处理了心性修养的问题,社会正义的问题也就迎刃而解了。的确,有些社会正义问题,是可以通过心性修养的处理而得到处理的。要是进一步将华人社会化约成一个"家庭式的社会",由内而外,由小而大,在波纹型的构造之下,"人人亲其亲,长其长,而天下平",这说法便是圆教的究竟,你想怀疑都困难。

这问题的关键点就在于,尽管我们可以将华人传统社会定位为"家族式的社会",是一"波纹型的格局"④,但这并不意味它就可以全收归到"格物、致知、诚意、正心、修身"来

---

① 关于此请参见林安梧《从"外王"到"内圣":后新儒学的新思考》,第二届台湾儒学国际学术研讨会,1999 年 12 月 18—19 日)成功大学中文系,台南。
② 关于此请参见林安梧《牟宗三之后——"护教的新儒学"与"批判的新儒学"》,"第四届当代新儒学国际会议",收入《儒学革命论:后新儒家哲学的问题向度》,第二章,1998 年 11 月,台北:学生书局印行。
③ 请参见林安梧《王船山人性史哲学之研究》,第 111 页,东大图书公司印行,1987 年,台北。又关于此"两端而一致"之论,请参见曾昭旭先生《王船山两端一致论衍义》,收入《王船山学术研讨会论文集》,第 109—114 页,辅仁大学出版社印行,一九九三年十月,台北。又关于"乾坤并建"之思想,请参见曾昭旭《王船山哲学》,第三编,第二章,第三、一节"船山之乾坤并建说",第 339—342 页,远景出版社印行,1983 年 2 月,台北。
④ 费孝通谓此为一"捆材型格局",而有别于中国之为一"波纹型格局",见费氏著《乡土中国》〈差序格局〉,第 22—30 页,上海观察社出版,1948 年,上海。又如此之"差序格局"不只行于中国内地,实亦行于汉人之移民社会。请参见陈其南《家族与社会——台湾和中国社会研究的基础理念》,第二章《台湾汉人移民社会的建立及其转型》,联经出版公司印行,1990 年 3 月,台北。

决定"齐家、治国、平天下"。(以上引自《大学》)因为,毕竟社会之为社会,即使还不是现代化的公民社会,但既是社会就有其"公共性",这样的公共性不是那一个别之体,或者小如家庭的简易结构的内在之源可以决定的,它之为公共性是从每一个个人的个体性,每一家庭的家庭性,每一家族的家族性,每一社群的群性蒸发出来,升扬出来,上升至整体而普遍的高度,而构成一崭新的特性来,而且这特性是有其实体性的。①

这样的实体性往往与其构成的一大套话语系统密切结合在一起,这样一套庞大的话语系统之归趋方式其实往往就决定了解决这社会实体问题的向度。换言之,往昔儒学传统的社会其所构成的一大套话语系统,大体都被收摄到带有宗法封建、帝皇专制意味下的内圣之学里,因而强调心性修养成了解决社会实体问题的优先课题。②

因此,我们发现社会实体的客观理解往往为儒学心性修养论者所忽视,他们往往以为"一念警恻便觉与天地相似"(陆象山语),"陛下心安则天下安矣!"(刘宗周语),"一日克己复礼,天下归仁焉!"(孔子语)这些究竟了义的说法,其实也不错,但总让人觉得不切实际。揆察原因,正在他们未正视社会有其实体性,尽管传统社会,在一血缘性的纵贯轴下,仍不免有其独立性,须得有别于心性论为核心的思考。

或者,我们可以再将这问题整理一下,一血缘性纵贯轴所成的传统社会仍然有其客观实体性,这客观实体为何总被忽略,尤其长在这血缘性纵贯轴所成的传统社会中的人,总未能客观地正视此社会实体,而总用一种消融于其中的心性修养方式去理解、诠释,并展开他的道德实践与心性修养方式,并以为就此便能解决此中的问题。

说彻底些,这问题与我们文化传统之为一"存有的连续观"有密切关系,我们强调的是"天人物我人己通而为一",我们不习惯做一主客对立的思考,我们习惯的是融到一个大生命之中,总的去思考,而且这样的思考是一融入式的思考,不是一客观对象化的思考,不是主体对于对象的把捉。但我这么说,并不是说存有的连续观一无可取,非得转化为存有的断裂观不可,而是说,我们要去正视这样的事实。③

在"存有的连续观"下,我们所重的不是通过一套话语的论定去辟出一个客观的公共论域,我们不重视经由"我与它"(I and It)这范式去做一主体的对象化活动,而对于此对象化活动所成的定象做一实体性的认定,而去考察其质性如何。我们重视的是经由"我与你"(I and Thou)这范式而强调主客交融不二,强调涵入其中,参赞之、助成之、实践之。换句话来说,我们是以"实践"作为优先,强调生活的参赞、生命的融入,而缺了一"认知"

---

① 依据 Emile Durkheim 的理解,社会之事实是社会之所独有的,不能化约为其他之衍申,请参见涂氏著 *The Rules of Sociological Method and Selected Texts on Sociology and its Method*(Edited with an introduction by Steven Lukes Translated by W. D. Halls),pp.50-59,The Free Press A Division of Macmillan Publishing Co.,Inc. New York.
② 请参见林安梧《儒学与中国传统社会之哲学省察》第十章《顺服的伦理、根源的伦理与公民的伦理》,第 159—178 页,上海学林出版社印行,1998 年 1 月,中国上海。
③ 杜维明于所著《试谈中国哲学中的三个基调》中曾清楚地指出"这种可以用奔流不息的长江大河来譬喻的'存有的连续'的本体观,和以'上帝创造万物'的信仰把存有界割裂为神凡二分的形而上学绝然不同。"(见《中国哲学史研究》,1981 年,第 1 期,第 20 页。

的公共论述、客观论辩的传统。①

这么说,并不是直认为我们华夏文化传统不注重理性,而是说这种"存有连续观"下的理性并不同于"存有的断裂观"下的理性。有些学者甚至说这不同于西方的"理性",而是中国独有的"性理";或者直将这叫做"道理",而有别于"理性"。说"性理"是说它须得返溯至"心性之源"而说其为性理;说"道理"是说它须得返溯到存有之道,回到一切存有的根源而说其为道理。道理、性理就不是两橛对立观下的理,而是两端而一致的理,是一互动融通和合为一体的理,不是认知之理,而是一道德实践之理。②

当然,这样强调道德实践之理之为优先,与其为存有的连续观的格局密切相关,与其血缘性的纵贯轴所成的宗法封建、君主专制、亲情伦理更是关连成一不可分的整体。这是在"孝悌人伦"、"长幼尊卑"、"仁义道德"的教化下完成的政治格局。这是以"宰制性的政治连结"为核心,以"血缘性的自然连结"为背景,以"人格性的道德连结"为方法所构成的政治形态,它强调"为政以德,譬如北辰,居其所而众星拱之"(《论语》中孔子语)、"人人亲其亲,长其长,而天下平"(孟子语)、"舜恭己正南面而已"(《论语》中孔子语)。

三 两重"公共性"的区别与"公义型社会"的建立

值得注意的是,我们这样去厘清中国传统的政治社会,并不意味它就没有公共性,而是说这样的公共性并不是由一话语的客观论域所构成的公共性,而是由一超话语的主客交融所构成的公共性。用费孝通的话来说,这不是一捆材型的公共性,而是一波纹型的公共性;不是经由一客观法则性所定立成的公共性,而是经由主体生命融通而成的公共性;不是一清楚的分别性而绾结成的公共性,而是由主体相互照明下的无分别性下所融通而成的公共性。放在社会学的角度来看,那是经由血缘性的纵贯轴而溯其源头的公共性。

所谓"溯其源",可以是"齿尊",因此"年高"成了"公共性"的源头;可以是"德尊",因此"德绍"成了"公共性"的源头;可以是"爵尊",因此"位高"成了"公共性"的源头。又"源头"者,通于道也,通于存有的根源,如此一来,我们发现年辈高者通于道也,世故乡愿者误以为其通于道也,位高权重者误以为其通于道也。通于道者,乃具有公共性也,误将位高权重者、年高德绍者、世故乡愿者视之为具有公共性,这正是中国传统坏了公共性的最大敌人,真是大大的吊诡。

值得注意的是,"公共性"这词置放在西方主流文明发展的历程来看,它与其"话语的

---

① 关于"我与你"、"我与它"的范式之对比,取自于马丁·布伯(Martin Buber)的《我与你》(*I and Thou*)一书,又请参见林安梧前揭书《儒学与中国传统社会之哲学省察》第九章《从血缘性的纵贯轴到人际性的互动轴》,第155—157页。

② 关于道理、理性之区分,性理与理性之区分,前辈学者如成中英、傅伟勋、刘述先诸位先生多有所论述,另请参见林安梧前揭书第六章《血缘性纵贯轴下"宗法国家"的宗教与理性》,第77—97页。

客观性"、"权力的约制"、"理性的规约"、"个体的主体性"有密切关系。但在中国传统则不然,它与其"生命的交融性"、"仁爱的互动"、"道理的实践"、"群体的主体际性"密切相关。或者,我们仍然可以说中国文化传统是一"存有连续观"下的公共性,这不同于"存有的断裂观"下的公共性。存有的连续观下的公共性,其社会实践重在主体际的交融下的"一体之仁",而存有的断裂观下的公共性,其社会实践重在以主摄客下的"两端之知"。①在"一体之仁"这意义下所成的社会实践是"道义",这不同于在"两端之知"所成的社会实践是"正义"。"道义"者,通于存有之源也,"正义"者,通于公众是非也。

顺着上面说下来,我们当然知道"道义"与"正义"并不是相互违背的,甚至我们还得承认"道义"还比所谓的"正义"更为基础呢! 或者,我们也可以如牟先生用的语句说,通过"自我坎陷"由道义开出正义来。但问题的关键点似乎不在此,因为这仍只是一"理论逻辑"的疏解,而不是"实践逻辑"的展开。因为就实践层面来说,与"道义"紧邻而密切相关的是"血缘性纵贯轴"所构成波纹型格局义下的社会,我们不能任意的抽开来,单看一"理上的道义"。或者,我们发现愈来愈难以见到以前古人的"道义",我们总感叹一句"人心不古",其实说真的,不是人心不古的问题,而是社会已然不古,人心自也跟着不古起来。这是一个"典范转移"的问题,而不只是那些个别的人没做好的问题。

我的意思是说,传统的血缘性纵贯轴的社会已然转型,原先"道义"(存有的根源之义)落实于人间世的实践土壤已然崩颓(或者贫瘠),那原先的道义传统也就长不出来,或者长不好。现下的真实状况是:逐渐由"血缘性纵贯轴"转为"人际性互动轴",逐渐由"道义型的社会"转成"公义型的社会",逐渐由"一体之仁"的传统实践方式转为"两端之知"的现代认知方式,逐渐由"传统宗法社会"转成"现代公民社会"。如何去正视现下的实况,完成这典范的转移,这是极为重要的。

四 "心性修养论"与"社会存有论"两者通而为一

经由理论的推本溯源,回到一道德的形上理境,再下开一实践的理论,这样的理论性工作是需要的;但切实地去了解一个理论诞生的历史根由,洞悉其文化心灵的指向,厘清意识型态的上层建筑与经济生产方式的下层建筑的关系,更为迫切。进一步地说,唯有做了后面这样的工作,在实际上才可能让道德形上理境的"良知"与现实经验世界接壤落实,人间道义才可能恰当转为社会正义。简单地说,要谈社会实践的问题不能老用"道德形而上学"式的推溯,而要注意及"社会存有学"式的考察。因为以前强调心性修养为核心,并由此内圣而开启外王志业,这不是光从道德的形而上学落实于个体心性修养就可以

---

① 关于"一体之仁"取自于阳明的思想,见王阳明的《大学问》"大人之能以天地万物为一体也,非意之也,其心之仁本若是,其与天地万物而为一也"。

了事,他须得置放在一社会存在的实况下来展开。换言之,心性修养论与社会存有论是密切相关的,甚至我们要说有什么样的社会存有论就有什么样的心性修养论,就有什么样的社会实践论。至于,往常我们高举的道德的形而上学便是在"社会存有论"、"心性修养论"、"社会实践论"的基底下所形成的,它们彼此密不可分。

这么一来,我们便清楚的知晓,不能由道德的形而上学与心性修养论作为基础去推出社会存有论与社会实践论。其实,它们彼此是两端而一致的,"社会存有论与社会实践论"是"道德的形而上学与心性修养论"的基础;而"道德的形而上学与心性修养论"则是"社会存有论与社会实践论"的根源。如前所说,它们彼此是"两端而一致"的。

进一步的阐析,我们所强调的是,并不是以前儒学没有"社会存有论与社会实践论",而只注重"道德的形而上学与心性修养论";而是长久以来,我们高谈儒学的时候,往往只谈道德的形而上学与心性修养论,而将隐含于其中的社会存有论与社会实践论忽略了。显然地,这是一种偏枯的诠释,将这种偏枯的诠释用一种理论的诡谲方式将它圆教化,这便是我所谓一种"儒学智识化"所做成的后果。① 再以这究竟圆教之"果",作为一切实践开启之"因",冀望能得开出"外王",那当然是不可能的。

我一直以为这"内圣外王"思考是一内倾式的、封闭性的思考,这与儒学之本怀大异其趣。就此而言,笔者以为从孔子到阿Q,有一病理学式的血脉关联。我在《孔子与阿Q:一个精神病理史的理解与诠释》一文曾这么说——"原先孔子所开启的儒学强调的是一'道德的社会实践意识',但显然地世代并未真从宗法封建与帝皇专制中解放出来;因而在此两面向的纠葛下,道德的社会实践意识无法畅达的发展,遂滑转为一'道德的自我修养意识'。原先之转为一道德的自我修养意识,为的是要归返生命自身,而再度开启社会实践意识,传统之要求由内圣通向外王,所指始此。问题是:内圣通不出去为外王,反折回来,又使得那道德的自我修养意识再异化为一'道德自我的境界之追求'。此时之道德转而为一境界形态之物,而不再是实理实事。原先的道德精神境界的追求所为的是自我的治疗与康复,俾其能开启道德的自我修养之可能;但在世衰道微的情况之下,即如道德精神境界亦成为一虚假而短暂的境界。这再度往下异化便成为一'自我的矫饰'与'自我的休闲',明说其理由,实则为虚,终而堕入一自我蒙欺、万劫不复的魔业之中。魂魄既丧,游走无方,来去无所,这失魂症的病人也只能以'道德的精神胜利法'自我蒙欺罢了。"②

我之特别标举出这一段,主要就是想阐述在中国传统社会血缘性纵贯轴的主导下,儒学是如何的逐渐走向内圣之学,而忽略了外王志业的讲求。但这并不意味永停留于此,而

---

① 关于儒学智识化的问题,请参见林安梧《解开"道的错置"——兼及于"良知的自我坎陷"的一些思考》,刊于《孔子研究》总第53期,第14—26页,中国孔子基金会,1999年3月,山东济南。
② 请参见林安梧《台湾文化治疗:通识教育现象学引论》,第135—140页,黎明文化事业公司印行,1999年2月,台北。

其实它有着崭新的可能。

如上所说,"孔子"与"阿Q"两者可以关联成一个井然有序的系谱。由"道德的社会实践意识"滑转而为"道德的自我修养意识",再滑转为"道德自我的境界追求",而后再异化为"道德的自我矫饰"与"道德的自我休闲",终而堕到以"道德的精神胜利法"而转为一"道德自我的蒙欺"。我们之所以将"孔子"与"阿Q"做这个精神病理史的关联性理解,并不是要去说当代中国族群之为阿Q为可接受的,而是要藉由这样的理解与诠释达到一治疗的作用,进而得以瓦解这个奇怪的综体,让中国文化及在此中长养的中国子民有一重生的可能。①

笔者以为这里所谓的"重生"之可能,现下最重要的便是正视吾人实已由原先的血缘性纵贯轴所成的宗法家族社会,转而向一契约性社会连结的现代公民社会迈进。换言之,儒家道德学当以此作为理解及实践的基底,这是以"社会公义"为优位的道德学,而不是以"心性修养"为优位的道德学。

五 从"道德创生论"到"社会正义论"的基本构成

"社会公义"指的是就一政治社会总体而说的"公义"。"社会"(society)一般用来指的是经由"公民"以"契约"而缔结成的总体。这样的总体经由"公民"以"契约"缔结而成,故可称之为"公民社会"或"契约社会"。此与中国传统的血缘性纵贯轴所成之总体有别,它是一有别于"我与你"之外的"他在"。这样的"他在"所依循的不是"血缘亲情",而是"社会契约"。"公民"并不是内在具着"大公无私"本质之民,而是进入"公众领域"之民。②

"公民"并不同于"天民",亦不同于"人民"。"天民"是"自然人","人民"是"大众人",而"公民"是"公约人"。中国传统虽属专制,但"皇民"之观念不强,而"天民"之观念甚强;截至目前,其"公民"之观念仍颇为薄弱。这与中国之重"血缘亲情"、"孝悌仁义"之传统密切相关,此即一"差序格局",一"波纹型的格局"。值得注意的是:"血缘亲情"、"孝悌仁义"并不只平面展开而已,它更调适而上遂于道,通于宇宙创生之根源。这与中国传统的巫祝信仰有密切的关系,是由此而转向一天人连续观的气化宇宙论哲学。③

儒家的"道德创生论"亦在此"气化宇宙论"之基底下作成,都可以归结到一"连续型

---

① 请参见林安梧《台湾文化治疗:通识教育现象学引论》,第135—140页,黎明文化事业公司印行,1999年2月,台北。
② 以上所论大本于卢梭(J. J. Rousseau)的见解,请参见 Jean Jacques Rousseau, *The Social Contract and Discourses*, translated by G. D. H. Cole,台北:双叶书店影印,1970年。又请参见拙著《契约、自由与历史性思维》第二章《论卢梭哲学中的"自由"概念——以"自然状态"与"社会状态"对比展开的基础性理解》,台北:幼狮出版社印行,1996年1月。
③ 请参见林安梧前揭书《儒学与中国传统社会的哲学省察》第十章,第173—178页。

的理性"这样的大传统中。"道德创生论"原与"社会实践论"是合而为一的,但在"宰制性的政治连结"这样的帝皇高压底下,"道德创生论"往"境界修养论"迈进,而逐渐忽略了"社会实践论"。"境界修养"下委而成一"乡愿",或者是如鲁迅笔下的"阿Q"。这都是传统修养论的变调与扭曲、异化。①

强调"大公无私",此"公"与"私"是一伦理性的指涉,且显然地见不出一容纳"私"之领域。有趣的是,这"大公无私"的思考,原先是落实在一"血缘性纵贯轴"的思维下来思考的,是由"亲亲而仁民"、"仁民而爱物"推扩出去的。这样推扩出去,应是"由私及公",或者"雨及公田,遂及我私",但吊诡的却反面的转为一"大公无私"。实者,这"大公无私"之论,要不是统治者所教导之意识形态,就是太强调由主体而上遂于道体,由人之本心而上遂于道心所成的意识形态。极可能,两者交结为一不可分的总体。在帝皇专制下强调"大公无私",又强调"天理良知",并将两者通而为一,最后做成的"性善论",此与原先的血缘亲情义下的"性善论"已有所不同。我以为此中便隐含着良知学的暴虐性与专制性的吊诡难题。②

"血缘亲情"下的"性善论"是经由一差序格局、波纹型之格局,渐层开来的伦理实践态度,其性善是一具体之感通性。"帝皇专制"下的"性善论"则渐离开了此具体之感通性,而上遂到一宰制性的政治连结所成的总体,并且规定此总体之本源。吊诡的是"大公无私"在历史上的倒反就是"大私无公",甚而以此大私为大公,"公众领域"因此更难独立成一"他在"。

"公民"是进入"公众领域"之民,这样的"民"不是"道德人",而是一"公约人",是由一般具有个体性的个人做基础而做成的。如是言之,先做为一个"个人",然后经由"公约",才做为一个"公民";但若从另一面来说,如此之个人当在公约所成之公民社会下,而成一个人。这样的"个人"进入到"公众领域"才发生其"公民性",才成为一公民。或者说,在公共领域下方得成就一普遍意志,即此普遍意志才有所谓的"公义"。

"公义"指的是依其"普遍意志"为基础而建立之行为规准背后之形式性原则。换言之,"公义"并不是"大公无私"之义,而是"有公有私"之义。这样的"公"与"私"并不是截然相互背反的,它有其连续性。这样的"公"是建立在"私"之上的,"私"不是"自环也"的"私",而是一独立之单位的"私",是作为"公"的基础的"私"。值得注意的是:"公"与"私"的连续性,并不建立在"性命天道相贯通"这样的连续性,而是建立在经由"契约"所构造成的连续性。这"连续性"不是内在"气的感通"义下的连续性,而是外在"言说的论定"义下的连续性;不是内在亲缘的连续性,而是外在契约的连续性。

相对于这样所成的政治社会共同体,其背后的根源性依据乃来自于"普遍意志"。"普遍意志"是"契约"的根源,而契约则是普遍意志实现的途径。"普遍意志"并不同于

---

① 请参见林安梧《台湾文化治疗:通识教育现象学引论》,第135—140页,黎明文化事业公司印行,1999年2月,台北。
② 关于此请参见林安梧《良知、良知学及其所衍生之道德自虐问题之哲学省察》,朱熹与宋明理学学术研讨会,"中央大学"哲学研究所,东方人文基金会,鹅湖月刊社,2000年12月26—27日,台北。

"天理",因为"普遍意志"之所对是"公民",而"天理"之所对则为"天民"。天民与公民并不相同。康德(I. Kant)更由此"普遍意志"转而言"无上命令"(Categorical Imperative)①,这正如同儒家之由"天理"转而言"良知"。康德学与其社会契约论的传统密切相关,儒学与其血缘性纵贯轴所成之总体密切相关。儒学与康德学颇为不同。

换言之,"公义"并不是经由内在的修养来作成,而是经由一"言说的公共论域"而达致。社会契约是经由言说的公共论域而产生的,是经由彼此的交谈而出现的。这样所成的伦理,彻底的讲不能停留在"独白的伦理",而必须走向一"交谈的伦理"。儒家是一"交融的伦理"并不是一"交谈的伦理",当然也不是一"独白的伦理"。"交融的伦理"以血缘亲情为主,而"交谈的伦理"则是以公民互动为主。前者是以家庭为本位的,而后者则是以个人为本位的,由个人而走向一契约的社会。②

六 社会正义论中儒学可能的资源及其限制
——"忠信责任传统"与"孝悌尊卑传统"的对比

再者,须得一提的是,就中国文化传统而言,并没有西方近代意义的公民社会,也没有此公民社会意义下的契约型的理性;但这并不意味中国传统就没有责任伦理的概念。早在《论语》书中所记载的就出现有若与曾参的对比差异,有若代表的是"孝悌尊卑"的传统,而曾参则代表的是"忠信责任"的传统。③

可惜的是,由于秦汉之后,走向帝皇专制的封闭性思考,而将儒学的孝悌伦理彻底地置放于宰制性的政治连结之下,使得儒家原先孝悌人伦所强调的血缘性的自然连结完全成了帝皇专制者的支持者,甚至,将曾子完全安置在"孝悌尊卑"的传统下来理解,就在这样的格局下忽略了原先的"忠信传统",忽略了忠于其事、信于彼此的"责任伦理"。

更荒谬的是,原先可能开启的忠信责任伦理的传统,秦汉之后,几乎完全被帝皇专制所异化扭曲了;此时,"忠"成了"主奴式的忠君","信"成了"封闭性的老实";"忠信"成了主奴式封闭式的老实忠君。再者,将这忠信又挂搭到一种根源性的存有学式的追溯,强调回到存有之道的源头,直将此视为一切道德实践之动源,便以为这关键处下了工夫,一切便得解决了。就这样的状况来说,也毋怪玛斯·韦伯(Max Weber)要论断儒家道德哲学讲的只是意图的伦理,而不讲求责任的伦理。当然,韦伯只是就历史上之有此现象而论,但并未深入探析此中的周折曲致。

---

① 关于此,卡西尔(E. Cassirer 1874—1915)论之甚详,见卡氏著《卢梭、康德与歌德》,孟祥森中译,龙田出版社印行,1977年。
② 请参见林安梧《对儒家"伦理"概念的反省与考察》,刊于陈明主编的《原道》,第二辑,第84—100页,团结出版社印行,1995年4月,北京。
③ 请参见林安梧《〈论语〉中的道德哲学之两个向度:以"曾子"与"有子"为对比的展开》,士林哲学与当代哲学学术研讨会,2000年1月14日,辅仁大学哲学系,台北新庄。

以上有关"曾子忠信责任传统"与"有子孝悌尊卑传统"的对比,笔者之所重并不在于想指出儒家是以责任伦理为重的,并不在于想指出儒家的"孝悌伦理"与"忠信道德"迥然不同而且截然无关;相反地,笔者仍然同意一般所论以为儒家并不以责任伦理为重,而孝悌伦理与忠信道德本就密切相关,他们都通极于大宇长宙的根源性创造根源。不过,笔者要清楚的指出:我们并不同意说儒家的道德哲学没有责任伦理这一面向,我们也不同意孝悌伦理与忠信道德的内涵全然相同。笔者想要说的是:儒家道德哲学本也含有责任伦理这一面向,儒家的忠信道德与孝悌伦理虽亦有密切的关系,但此中本有异同,值得重视。

再者,笔者这些年来,一再强调标识出儒学由"心性论"转向到"哲学人类学"的必要性,因为道德实践动力的开启,并不是如以往之心性论者,以形上的理由之追溯,而推出一先验的令式就可以了事的。相对而言,当我们着重于其历史发生原因的考察,我们势将因之而开启一哲学人类学式的理解。

哲学人类学式的理解,简单的是要说传统儒学所强调的"人格性的道德连结"是在如何的"血缘性的自然连结"、"宰制性的政治连结"下所形成的,而现在又当如何的转化调适,开启一以"契约性的社会连结"、"委托性的政治连结"为背景的"人格性的道德连结",诸如这样的理解与诠释都得置放于一切实的物质性的理解之下的理解。①

或者说,我们不再以"良知的呈现"作为最后的断语,来阐明道德实践的可能,而是回到宽广的生活世界与丰富的历史社会总体之下,来评述"性善论"(或者说"善向论")的"论"何以出现。这"论"的出现必须回溯到人的生产力、生产关系、生产工具、生产者之间的互动关系来理解。这一方面是将心性论导向社会语言学及哲学人类学来处理,而另一方面则要导到更为彻底的带物质性的、主体对象化的把握方式来重新处理。这也就是说,我们势将在原先儒学之作为一道德理想主义的立场,转而我们必须再注意到其作为一物质主义的立场来加以考察。从心性论转向哲学人类学,亦可以理解为由"本体的唯心论"转向于"方法上的唯物论",要由"道德的省察"转为"社会的批判"。②

七 走出"本质主义"思考方式的限制

再者,须得一提的是,笔者一直以为当代新儒学重要的在于它完成了儒学智识化与理论化的工作,当然伴随着其理论化与智识化,当代新儒学背后则是主体主义的,是道德中心主义的,而在方法上则是形式主义的,是本质主义的。正因如此,良知成了一最高而不

---

① 笔者建立"血缘性的自然连结"、"人格性的道德连结"、"宰制性的政治连结"这三个理念类型(Ideal type)来诠释中国政治社会的传统,始自于1989年所写《道的错置(一):先秦儒家政治思想的困结——以〈论语〉及〈孟子〉为核心的展开》一文,孔子诞辰2539年国际学术研讨会,至1994年写成《儒学与中国传统社会的哲学省察:以"血缘性的纵贯轴为核心的展开"》(此书1996年由幼狮文化事业刊行),此问题论述大体底定。
② 关于此,请参见拙著《儒家型马克思主义的一个可能:革命的实践、社会的批判与道德的省察》,《鹅湖月刊》第二十一卷第八期,1996年2月,台北。

容置疑的顶点,是一切放射的核心,是整个中国儒学中存在的存在,本质的本质,一切都由此转出,这么一来,就难免会被诬为良知的傲慢。① 尽管,在牟先生的两层存有论的划分中,对此做了必要的厘清,但终不免为人所少知、难知,因而被误解,这是可以理解的。

正因为这种本质主义(essentialism)的思维方式,当代新儒学总的以为中国文化传统之本质为道德的,而西方文化则为知识的;因而如何的由道德的涵摄或开出知识的,这顿然成了非常重要的问题。然而,我们若真切的体察到我们对比的去论略中西哲学如何如何,运用所及的对比概念范畴,其当为一理念类型(Ideal type),其为理念类型并不是一真实的、本质的存在,而是一乌托邦式的存在,此存在只是作为理解与诠释而展开的。换言之,如果我们的方法论所采取的是一较接近于唯名论(nominalism)的立场,我们就不会将理解及诠释所构成之理论系统,当成实际的存在来处理。② 如此一来,也就不必去设想如何的以道德去涵摄,去开出知识,当然也就不必有所谓的"良知的自我坎陷以开出知性主体,以开出民主与科学"。

或者我们可以说"良知的自我坎陷以开出知性主体"是为了安排科学与民主的曲折转化,是由道德本体论的"一体性原则",转出认识论的"对偶性原则",在儒学的理论上这一步的转出是极为重要的。但我们要进一步指出:像这样的方式仍只是一理论的梳清,是一原则上的通透而已,它并不属于实际发生上的办法,也不是学习上须经过的历程。换言之,像"良知的自我坎陷以开出知性主体"是为了安排科学与民主的曲折转化,这乃是后设的,回到理论根源的梳理,并不是现实实践的理论指导。既然如此,我们就可以更进一步地指出,并不是由儒学去走出民主与科学来,而是在民主化与科学化的过程中,儒学如何扮演一个调节者、参与者的角色,在理论的、特别是后设的思考的层次,它如何扮演一理解、诠释,进而瓦解与重建的角色。

果如上述,我们就不适合再以"良知的自我坎陷以开出知性主体"或者"主体的转化创造"这样的立论为已足,况且我们要清楚知道的是,这样的提法是站在主体主义、形式主义、康德式批判哲学的立场而说的,这是在启蒙的乐观气氛下所绽放出来的哲学,这与我们当前整个世界的处境已然不可同日而语。我们不宜再以一本质主义式的思维方式,将一切传统文化归结到心性主体上来立言,我们应面对广大的生活世界及丰富的历史社会总体,对于所谓的民主与科学亦当有一实际的参与,而不能只停留在一后设的理论上的梳清,当然更不能不自觉的又流露出以前老儒学所具有的"奇理斯玛"性格来,将那后设的、理论上的梳清转成一超乎一切的现实指导原则。这就难脱原先传统儒学所隐含的专制性格与咒术性格,这是值得我们注意的。

---

① 此说见于余英时《钱穆与新儒家》一文,见《犹记风吹水上鳞——钱穆与现代中国学术》一书,台北三民书局印行,一九九一年,台北。
② 关于本质主义与唯名论之区分,多得力于卡尔·波柏尔(Karl Popper Raimind)在 The Poverty of Historicism 一书中的启发,又请参见笔者《论历史主义与历史定论主义——波柏尔〈历史定论主义的贫困〉的理解与反省》,收入林安梧《契约、自由与历史性思维》一书第九章,第 167—182 页。

八 从"新外王"到"新内圣":多元、差异与融通的可能

　　这些年来,我一直以为中国文化传统的资源是多元的,是融通的;但在两千年帝制压迫下,使得它有着严重的一元化、封闭化的倾向,如何去开掘出一条道路来,这是许多当代知识分子所关切的志业。我深切同意须得应用韦伯式的理想类型分析(Ideal-typical analysis)对传统的质素有所定位,再展开进一步的改造与重组。① 问题是如何深入到中国文化传统中,恰当的理解、诠释,然后有所定位,才有进一步发展的可能。否则,只是片面性的定位,或者将表象点出,便予以定位,虽欲有所转化、创造,甚至是革命,这往往难以成功。当然,我这么说,并不意味片面的定位就没价值,而是要呼吁,不要以片面的定位当成全体,片面如果是"开放性的片面",那是好的,不要落入"封闭性的片面"就可以了。

　　笔者仍想强调"道德"是一不离生活世界总体本源的思考与实践,在不同的传统、不同的文化、不同的族群、不同的情境,将展现着不同的丰姿。如今,进入到现代化的社会之中,契约性的社会连结是优先于血缘性的自然连结的,原先长自血缘性的自然连结的"仁爱之道",现在当长成一"社会公义"。真切的涉入到公共领域中,经由"交谈"互动,凝成共识,上契于社会之道,在这样的社会公义下,才有真正的"心性修养",才有真正的内圣。

　　如上所述,后新儒学意在跨出"内圣→外王"的格局围限,而改以"外王→内圣"为思考模型,强调"人际性的互动轴",以契约、责任作为思考的基底,以"一体之仁"作为调节的向度,尊重多元与差异,化解单线性的对象定位,摆脱工具性理性的专制,但求一更宽广的公共论述空间,让天地间物各付物,干道变化,各正性命,虽殊途而不妨碍其同归也,虽百虑而可能一致也。当然问题的焦点,不是如何由道德形而上学式的"一体之仁"如何转出"自由与民主",而是在现代性的社会里,以契约性的政治连结为构造,以责任伦理为规则,再重新来审视如何的"一体之仁";不是如何由旧内圣开出新外王,而是在新外王的格局下如何调理出一新的内圣之学来。

---

① 请参见林毓生《政治秩序与多元社会》,第349页,联经文化事业公司印行,1989年5月,台北。

面向生活本身的儒学
——"生活儒学"问答①

黄玉顺

1

问:"生活儒学"的思想是如何提出来的?

答:在世纪之交的这些年的思考中,我逐渐形成了自己的生活儒学的观念;②而"生活儒学"概念的正式提出,则是在 2004 年 5 月的一次网上讨论中。③ 然后,在一系列文章、言论中,我对"生活儒学"思想进行了阐述。此后,拙文《生活儒学导论》发表。④"生活儒学"提出以来,引起了一些反响。2004 年 12 月 11 日,由中国人民大学哲学系牵头、北京地区一部分活跃的中青年学者所组成的"青年儒学论坛",在干春松教授的主持下,曾专门就拙文《生活儒学导论》组织了一次研讨。自此至今,围绕我所提出的"生活儒学"的讨论仍然在以各种文本形式进行着。

问:这仅仅是一种很外在的陈述。就观念本身而言,"生活儒学"是如何提出来的?

答:"生活儒学"的提出,有其当下的语境。首先必须指出的,就是当前的儒学复兴运动。"儒学复兴运动"是我在一次网上讨论中提出的,意在对中国上个世纪 90 年代以来、尤其是新世纪以来的思想趋向给出一种概括性的标识。这个标识,得到了大家的认同。儒学复兴运动所面临的语境,可以区分为两个方面:一方面是观念的语境,另一方面则是现实的语境。就观念语境看,在深层观念上,儒学的复兴面对着当代哲学或者当代思想,主要是后现代主义和海德格尔现象学的观念。这是我们必须加以应对的,否则就谈不上儒学的复兴(这是我所持有的一个基本的信念:"儒学"的复兴,虽然并不等于、但无疑首

---

① 原载《面向生活本身的儒学——黄玉顺"生活儒学"自选集》,四川大学出版社 2006 年 9 月第 1 版。
② 这些年来,台湾的龚鹏程、林安梧先生也有"生活儒学"的提法;此外,大陆的个别学者也有"生活儒学"的提法。但他们与我的"生活儒学"观念是大不相同的。但无论如何,这表明了:"面向生活的儒学"已经成为了当前的儒学复兴的一种基本趋向。
③ 黄玉顺、陈明等:《关于"生活儒学"的一场讨论》,中国儒学网(www.confuchina.com)。这场讨论围绕着我在网上发表的《"文化保守主义"评议——回复陈明的一封电子邮件》进行(此文不久即以《"文化保守主义"评议——与〈原道〉主编陈明之商榷》为题,刊发于《学术界》2004 年第 5 期)。在讨论中,我第一次明确提出了"生活儒学"的概念;但实际上在此前的一系列文章里,我就已经实质性地提出了这一思想。
④ 黄玉顺:《生活儒学导论》,《原道》第十辑,北京大学出版社 2005 年 1 月第 1 版。

先是儒家"哲学"①的重建)。但是,这种观念的语境有其现实生活的渊源,观念本身也归属于生活。因此,儒学的复兴,首先面对着现实的语境。这种现实语境,就是我们身处其中的当代生活样式本身。这就是我所不同于"儒家原教旨主义"的地方:我的出发点始终是我们当下的现实生活。用儒家的话语讲,唯有生活,才是我们的"大本大源"、"源头活水"。

问:这就是"生活儒学"的意谓所在?也就是生活儒学之所以要特别标明"生活"的原因所在?

答:确实如此。通俗地说,"生活儒学"就是**面向生活本身的儒学**。所谓"面向生活",就是:我们的一切的一切,无不源于生活、归于生活。所以,儒学的重建必须以生活为本源。这是孔子当初创建儒学的夫子之道,也是我们今日重建儒学的必由之路。

2

问:那么,究竟什么是生活?

答:严格讲,"什么是生活"这样的问法是不恰当的。当我们问"什么是生活"或者"生活是什么"之际,生活就已经被看成了一个存在者、一个物,而不再是存在本身、生活本身了。这是因为,但凡"什么"总是意味着一个东西,一个对象,一个在形而上学"主—客"架构中的客体。但生活并不是"什么"——生活不是一个东西。

我们也不能问"生活何以可能"这样的问题。因为:这本来是康德—海德格尔提出的问题,按照他们的用法,"何以可能"这样的问题乃是针对形而上学的,是在追问形而上学的根据或者本源。然而生活不是形而上学,也不是形而上学所思考的事情。生活并没有根据,因为根据是一个存在者,而生活本身却先行于任何存在者;生活也没有本源,因为生活本身就是本源。这里我尤其要说明:生活儒学所说的"生活本源"并**不**是说的"生活**的**本源"。在生活儒学的话语中,生活 = 本源。

问:如此说来,生活就是不可言说的了?

答:生活既不可言说,也可以言说。这取决于我们的言说方式。存在着两种不同的言说方式:一是符号的言说方式,一是本源的言说方式。

在符号的言说方式中,被言说者乃是一个符号的"所指"——索绪尔意义上的所指、或者弗雷格意义上的指称。现代语言科学告诉我们,一个符号有"能指"和"所指"。符号的所指,就是一个对象。这就意味着,在符号的言说方式中,生活被对象化了。生活被对象化,意味着生活成为了一个客体;同时也就意味着:我们自己成为了一个主体。这就陷

---

① 本文无意于讨论"中国有没有哲学"那样的问题。此外,这里的"哲学"乃是广义的用法,例如海德格尔宣称了"哲学的终结",但他的思想言说往往仍被人们称做"海德格尔哲学"、"存在哲学"。

入了形而上学的"主—客"架构的思维模式。这样一来,我们作为主体,就置身于作为客体的生活之外了。然而试问:我们又怎么可能置身于生活之外? 所以我要特别强调:生活儒学所说的"生活",就是所谓"存在"本身。然而在符号的言说方式中,正如老子所说:"道可道,非常道。"(《老子》①第1章)—— 我们所说的"生活",已经不是生活本身了。在这个意义上,孔子才说:"予欲无言。天何言哉?"(《论语·阳货》②)但孔子仍然要言说,一部《论语》都记载着孔子的言说;老子也在言说,一部《道德经》也正是在言"道"。然而老子、孔子那里的言说,往往不是符号的,而是本源的。

本源的言说方式绝非符号的言说方式:这里,言说是"无所指"的,也就是说,生活不是一个符号的所指。如果说,符号的所指是一个存在者,一个"物",那么,符号的言说方式是"言之有物"的,而本源的言说方式则是"言之无物"的。在本源的言说方式中,言说本身就归属于生活本身:这里,生活不是作为一个对象的"被言说者";生活与言说是融为一体、打成一片的。比如,爱的情话、诗的絮语,都是本源的言说方式。唯其无所指,本源的言说本身便不是符号。

当然,生活也是可以、甚至必须被加以符号化地言说的。除非我们不谈"儒学"——儒家之"学"。我在这篇问答里的许多言说,其实也都是形而上学的、符号的言说方式。否则,我们就不可能建构形而上学。但是对于生活儒学来说,重建形而上学乃是重建儒学的题中应有之义。然而任何形而上学的建构,必定以"主—客"架构为先行观念,这首先就要求生活被对象化。但虽然如此,我们却应该心知肚明:这并不是本源的言说。儒家的本源言说意味着:根本无须"儒学"这样的东西。

问:那么,生活儒学如何来言说生活?

答:生活儒学这样来言说生活:生活不是存在者,而是**存在本身**;用儒家的话语来说,生活不是"物",而是**事**。儒家的一个基本观念乃是:"物犹事也。"(《周礼·地官·大司徒》③)这个表达的意义在于:器物是由事情生成的,而不是相反;这也就是说,存在者是由存在给出的,而不是相反。这是我跟海德格尔之间的一个基本区别。在他看来,存在本身只能通过此在的生存领会,才能"存在出来";而此在却是一种存在者:纵然是一种"特殊的存在者"、一种充满了去存在之可能性的存在者,但他毕竟首先已经是一个存在者。但是这样一来,存在本身的显现就是以此在的生存为先行条件的了;换句话说,此在这样的存在者也就先行于存在本身了。其实,"被抛"这个词就已经预设了某种存在者的先行性。④ 然而我们要问:此在这样的存在者是何以可能的? 乃至任何存在者本身是何以可能的? 存在者是何以成其为一个存在者的? 难道它不是被存在本身"给出"的吗? 所以,

---

① 《老子》:王弼《老子道德经注》本,《诸子集成》本,中华书局 1957 年版。
② 《论语》:《十三经注疏》本,中华书局 1980 年影印版。
③ 《周礼》:《十三经注疏》本,中华书局 1980 年影印版。
④ 在这个问题上,我倒认为萨特并未误解海德格尔。恐怕也正因为如此,后期海德格尔才会抛弃"此在的生存"这条进路。

生活儒学的观念与之相反:是存在给出了存在者,生活生成了**生活者**。这里,不是"存在总是存在者的存在";而是:存在者总是存在着的存在者。意思是说,一个存在者之所以成其为一个存在者,首先因为它存在着;用生活儒学的话来说,一个生活者之所以成其为一个生活者,首先因为他生活着。举例来说,在儒家的观念中,不是先有一个仁者、然后他去仁爱,而是先有仁爱、然后在仁爱中生成了仁者。首先是生活造就了人,然后人才可能改变生活。但这并不是"先有鸡还是先有蛋"的问题,因为鸡和蛋都是存在者,而生活是存在本身;我们可以问"人之为人何以可能",却不能问"生活何以可能",因为我们向来在生活、并且总是去生活。

问:生活儒学的观念跟海德格尔的观念之间,为什么会有这样的区别?

答:这是因为我跟海德格尔之间的另外一个基本区别,即我的"生活"观念与他的"生存"概念的区别。他把生存理解为此在的生存,而又把此在理解为一个存在者,这样一来,某种存在者就成为了存在的前提。而生活儒学之所谓生活,不是此在的生活,亦即不是主体性的人的生活。这类似于庄子所说的:"有人之形,无人之情"(《庄子·德充符》);虽然无"人之情",但是有"事之情"(《庄子·人间世》)。① 王国维说:

> 有有我之境,有无我之境。"泪眼问花花不语,乱红飞过秋千去"、"可堪孤馆闭春寒,杜鹃声里斜阳暮",有我之境也;"采菊东篱下,悠然见南山"、"寒波澹澹起,白鸟悠悠下",无我之境也。有我之境,以我观物,故物我皆著我之色彩;无我之境,以物观物,故不知何者为我,何者为物。②

此在的生存只是"有我之境",生活本身才是"无我之境"。所以,从本源的层级上来看,生活并不是人的生活,人倒是生活着的人。这意思就是说,人之所以为人,首先是因为他生活着。有怎样的生活,就会有怎样的人。

问:那么,海德格尔为什么会把此在视为生活或生存的前提?

答:这是因为,在他看来,生存与存在是不同的事情。这是我跟海德格尔之间的又一个最基本的区别。在他那里,生存与存在之间有一种区分:虽然存在只有通过生存领会才能显现出来,但是,在他那里,我们仍然决不能说"生存等于存在";虽然可以说此在的存在便是生存,但却不能反过来说此在的生存便是存在。总之,生存与存在不是一回事。然而在生活儒学看来,生活恰恰就"等于"存在。生活儒学的一个基本观念就是:生活即是存在,生活之外别无所谓存在。这是因为:一切的一切都源于生活而归于生活、出于生活而入于生活。正是在这个意义上,生活是一切的一切的本源。所以,海德格尔转向之后的后期思想放弃了生存论的进路,而直接诉诸存在本身,这对于生活儒学来说是毫无参照意义的。我只对他前期的生存论感兴趣,因为生存之外的"存在"、或者说不同于生存的所谓"存在本身",只不过是在西方传统思想背景下产生的一种臆想。对于生活儒学来说,

---

① 《庄子》:王先谦《庄子集解》本,《诸子集成》本,中华书局1957年版。
② 王国维:《人间词话》,《人间词话新注》(修订本),滕咸惠校注,齐鲁书社1986年新1版,1.03。

存在本身就是生活本身。

3

问：可是,你这样的"生活"观念,跟儒家本来的观念之间,真的有什么关系吗?

答：当然是有关系的,而且是实质性的关系。这种关系首先在于"生活"与情感、尤其是"仁爱"的关联。简单来说,这是因为,生活总显示为生活感悟——生活情感、生活领悟。但要注意,生活与生活感悟的关系不是传统哲学所谓"本质"与"现象"的关系。显示之为显示,不是说的一个本质显现为一个现象,不是说的作为本质的生活显现为作为现象的生活感悟;而是说,生活就是显示本身,或者说,显示就是生活本身;这种显示既是现象、也是本质,唯其如此,生活感悟、生活本身也就无所谓是现象、还是本质。在这种意义上,生活感悟就是生活本身。而生活首先显示为生活情感:没有生活情感的所谓"生活本身"是不存在的,或者说,是不可思议的。当然,在本源上,这种生活情感不是"人之情",而是"事之情"。儒家哲学实质上是一种情感哲学,是一种"爱的哲学"。

问：可是众所周知,在儒家思想中,"情"并不是根本的,而不过是"性"之所发。"未发"为性,"已发"为情,这是《中庸》的一个基本思想。生活儒学对此如何解释?

答：确实如此。但这只是原创时期之后的儒家的形而上学观念,而非儒家的本源的观念。它是我们今天首先应该予以颠覆的形而上学。的确,在后原创期、亦即秦汉以来的儒家观念中,有一种基本的架构,即:性本情末、性体情用(以及性善情恶、或情可善可恶)。这是一种"性→情"的形而上学架构:本→末、体→用的架构。《大学》表达的就是这样的架构。就形而上学建构本身来说,这样的架构是恰当的,因为形而上学的建构首先必须确立起主体性,亦即孟子所说的"先立乎其大者"(《孟子·告子上》①),这个"大者"就是"性"——主体性。这种"性"——主体性同时又是本体,即是终极的"物"——终极存在者。然而唯其是物而非事,亦即是存在者,而非存在本身,我们会问:这种"性",亦即主体性本身何以可能?如何"先立其大"?这样一问,也就打开了回归生活本源、生活情感的通道。结果,我们发现,在原创期、前原创期,尤其是在孔子那里,事情正好相反:不是"性→情"的架构,而是"情→性"的生成关系。性是形而上学的初始范畴,而情是它的生活本源。这是近年来人们在郭店楚墓竹简的儒简研究中揭示出来的一个重要事实。我的导师蒙培元先生在他新近的著作中,也已在相当程度上揭示了这一点:儒家哲学乃是一种情感哲学。② 当然,这并不是说传统的形而上学架构就是毫无意义的了。现在,当我们将本源的"情→性"架构和传统形而上学的"性→情"架构联系起来,就可以得到这样一个基

---

① 《孟子》:《十三经注疏》本,中华书局 1980 年影印版。
② 蒙培元:《情感与理性》,中国社会科学出版社 2002 年版。

本架构:情→性→情。后一个"情"是形下之情,即是"未发"的形上之"性"的"已发"状态;而前一个"情"才是本源之情,亦即本源的生活情感。

问:可是,我们还没有说到"生活"与"仁爱"的关联。这种关联究竟是如何在生活情感中体现出来的?

答:前面说了,生活首先显示为生活情感。在儒家,这种生活情感首先是仁爱。当然,生活情感不仅仅是仁爱。传统有"七情"之说:喜怒哀惧爱恶欲。这是需要仔细分辨的:"欲"是欲望、意欲、意志,它以主体性为前提,因此,"欲"显然不属于本源的生活情感的层级;"爱恶"却是两种基本的感情,既可以指形下的道德感情,也可以指本源的自然质朴的生活感情;"喜怒哀惧"则是四种基本情绪,既可以指本源的情绪,也可以指形下的情绪。情绪是先行于感情的,但感触却更先行于情绪。这样一来,在本源层级上,我们得到这样一种关于生活情感的领悟:生活感触 → 生活情绪(喜怒哀惧)→ 生活感情(爱恨/好恶)。

我这里举一个典型的例子,出自孔子的言说:

> 宰我问:"三年之丧,期已久矣。君子三年不为礼,礼必坏;三年不为乐,乐必崩。旧谷既没,新谷既升,钻燧改火,期可已矣。"子曰:"食夫稻,衣夫锦,于女安乎?"曰:"安。""女安则为之!夫君子之居丧,食旨不甘,闻乐不乐,居处不安,故不为也。今女安,则为之!"宰我出。子曰:"予之不仁也!子生三年,然后免于父母之怀。夫三年之丧,天下之通丧也。予也有三年之爱于其父母乎?"(《论语·阳货》)

孔子说出的乃是一个表达情绪的词:安。感到心安,这是一种典型的情绪感受。这是儒家特别注重的一种生活情绪。就其本义来看,"安"字从"宀"从"女"表明,这是出自早期先民的一种生活领悟,它有两个基本涵义:女人哺育孩子,在家为安。小孩何以能有心安的情绪? 这本是生活中的常识:小孩感到不安而啼哭时,父母会把他抱起来,于是他便感到心安了。所以孔子特别指出:"子生三年,然后免于父母之怀。"父母怀抱婴幼,这是身体的亲密的感触。对于孩子来说,这种怀抱的感触,产生了心安的情绪;而正是这种心安的情绪,才导致了孩子对父母的爱的感情:"予也有其三年之爱于其父母。"这就是孔子所言说的生活情感的自然显示:感触→情绪→感情。那样的感触是如此的刻骨铭心,那样的情绪是如此的记忆犹新,使得我们不能不产生如此的爱。假如父母新近去世了,我们就会由爱亲的感情而思及心安的情绪,由心安的情绪而思及怀抱的感触,于是自然而然地感到"食旨不甘,闻乐不乐,居处不安"。礼制何以可能? 乃导源于生活、生活情感:正是基于对父母的爱,并且根据当时那种生活方式的时宜,人们才会设定形上的"至善"那样的心性,才会作出形下的"三年之丧"那样的丧礼制度安排。

问:这样的言说似乎表明:作为生活情感的仁爱,基于家庭的亲情。难怪人们指摘说,儒家伦理只是一种家族伦理,儒学也只是一种伦理学,它在今天已失去了普适的价值,因为今天已经不是家族社会。生活儒学对此如何解释?

答:其实未必。当时的儒家以血缘亲情来说明仁爱的情感,那也是导源于他们当时的生活显示样式的,即导源于宗法社会的生活方式。而这恰恰也表明,在儒家那里,生活本身总是本源:在宗法社会的生活方式中,"家→国→天下"同构外推,人们自然会在生活中领悟到"孝悌为仁之本"的道理,领悟到"爱有差等"、"推己及人"的"推"的必要。但这并不是当时的儒家所领悟到的本源之仁的唯一显示样式。作为生活情感的仁爱从来都是普适的。孟子就曾给出了一种普适的本源情境,而与血缘亲情全然无关:

> 所以谓人皆有不忍人之心者,今人乍见孺子将入于井,皆有怵惕恻隐之心:非所以内交于孺子之父母也,非所以要誉于乡党朋友也,非恶其声而然也。……恻隐之心,仁之端也;羞恶之心,义之端也;辞让之心,礼之端也;是非之心,智之端也。……凡有四端于我者,知皆扩而充之矣,若火之始然、泉之始达。(《孟子·公孙丑上》)

在这种生活情境中,"今人乍见孺子将入于井"即是本源的感触,"不忍人之心"或"怵惕恻隐之心"则是本源的情绪,它们是"仁之端",亦即仁爱这种本源的感情的发端,犹如"泉之始达",即是本源的事情。但在这里,那个"人"与"孺子"之间并不存在任何血缘亲情。这是一种普世的情感。

4

问:这就是生活感悟中的生活情感了,而生活感悟中的生活领悟又是如何的?

答:生活领悟是处于生活情感与形而上学观念建构之间的事情,而同样归属于生活本身。我首先要特别指明:生活领悟并不是任何意义上的"认识"。生活领悟既不是形而下学的、科学意义上的、乃至常识意义上的认识,也不是形而上学的认识。认识之为认识,一定根据"主—客"架构:一个主体,认识一个客体、对象。但是不论主体还是客体,都已经是存在者,都是"物"。然而这种"主—客"架构本身,即主体性和对象性的观念本身,却是在生活领悟中生成的。生活领悟并不是对存在者的认识,而是对存在本身的领悟:我们领悟着生活本身,这种领悟本身就归属于生活。

问:具体地说来,我们究竟如何领悟着生活?

答:我们这样领悟生活:领悟着存在、领悟着流行、领悟着天命、领悟着领悟本身。这些领悟,我分别称之为"存在的领悟"、"流行的领悟"、"天命的领悟"、"领悟的领悟"。我们知道,科学基于四大预设信念:实在性、运动性、规律性(或因果性)、可知性。这些预设是科学本身不加思索而执为前提的,其实只是一些信念。不仅科学,而且"常识"也都执定这些信念。有人"科学地"把"马克思主义哲学"概括为"四句教":世界是物质的,物质是运动的,运动是有规律的,规律是可认识的。这里贯彻着科学的四大预设信念。但是我们知道,不仅科学,而且形而上学本身都无法说明这些信念本身是何以可能的——休谟已经宣告了这些信念是不可能得到哲学的说明的。然而,生活儒学试图阐明:实在性的信念导源于存在的领悟,运动性的信念导源于流行的领悟,规律性的信念导源于天命的领悟,可知性的信念导源于领悟的领悟。

问:现在就来具体地说说"四大领悟",首先,何谓"存在的领悟"?

答:让我们首先来追问这样一种常识:我们总是不假思索地认定客观实在的东西的存在,认定存在者的客观实在性、物的客观实在性。我们说:它们是不以人的主观意识为转移的。这就是关于实在性的预设信念。显然,这是一种基于"主—客"架构的观念:我们先行区分了主观意识、客观存在。而我们知道,这样的观念导致了"认识论困境":我们的主观意识如何可能确证客观的实在?内在的意识如何可能切中外在的实在?这在哲学形而上学的理论上是永远不可解决的问题,它仅仅是一种"相信"。但是,我们明明"知道":它们就是客观实在的。问题不在于我们是否"知道",因为我们已经"知道"了;而在于:我们是如何"知道"的?——我们是如何"知道"存在者的实在性的?我们如何获得了关于存在的信念?进一步问:我们是如何"知道"存在者的?换一种问法:关于存在者的观念、物的观念是如何生成的?生活儒学的回答就是:由于生活感悟。正是在生活情感中,我们才领悟到存在本身,领悟到存在者的存在,领悟到存在者本身。

第一,我们首先是领悟到存在本身,然后才领悟到存在者的存在,最后才领悟到存在者。如果说,存在先行于存在者,那么,对存在的领悟就必定先行于对存在者的领悟。存在者就是这样被"给出"的:我们首先是意识到存在本身,进而才意识到存在者的存在,这才意识到存在者;没有关于存在本身的观念,就没有关于存在者存在的观念,也就没有关于存在者的观念。老子说:"天下万物生于有,有生于无"(《老子》第40章);又说:"无名天地之始,有名万物之母"(《老子》第1章)。"无"即"无物",即还没有领悟到任何存在者;"有"即"道之为物",即领悟到了存在本身;由于"有"了对存在本身"纯有"的领悟,[①]才有对存在者"万物"的领悟。"有"和"无"其实是一个意思,即是同样的领悟情境:"有"言其已有关于存在本身的领悟,而"无"言其尚无关于存在者的领悟。

第二,存在即生活,存在领悟即生活领悟。存在领悟并不是说:有一个叫做"存在"的东西摆在那里,它作为一个对象,被主体所领悟。存在领悟就是存在本身,生活领悟就是生活本身。海德格尔在谈到 Sein / to be 时,本来应该已经意识到了这一点,然而他却没有意识到:既然存在本身只是在生活领悟中才显示出来的(用他的说法,存在本身只能在此在的生存领会中显现出来),这就已经表明,存在领悟其实就是生活领悟本身,就是生活本身。我们"知道"了生活,也就"知道"了存在;然而我们向来生活着、并且向来"知道"我们生活着,所以我们向来存在着、并且向来"知道"我们存在着。我们由此领悟着存在、领悟着生活。

第三,存在领悟是导源于生活情感的:正是在情感中,我们才领悟到生活之为存在,并

[①] 这里"纯有"是借用黑格尔的词语,但不是指的他那种形而上学的"绝对观念",而是指的作为存在本身的生活本身。

进而领悟到生活者之为存在者。对于儒家来说,这种情感首先是**爱**。但这并不是笛卡儿式的"我思故我在",而是:

爱,所以在。

没有爱,就没有存在,也就没有作为爱者的我、你、他的存在,因为是爱生成爱者、存在者。没有母爱就没有母亲,因为此时母亲还不成其为母亲;没有父爱就没有父亲,因为此时父亲还不成其为父亲;没有友爱就没有朋友,因为此时朋友还不成其为朋友;没有恋爱就没有爱人,因为爱人此时还不成其为爱人。这就是孟子讲的:"无恻隐之心,非人也。"(《孟子·公孙丑上》)也就是《中庸》讲的:"不诚无物。"① 人、物作为存在者,都是由作为生活情感的爱所生成的。

常识、科学、形而上学的实在性信念,不过是把这种关于存在与存在者的存在领悟对象化的结果。这里,我们还可谈谈空间问题。常识的空间观念、形而上学—科学的空间概念何以可能?在存在本身—生活本身的层级上,并无所谓"空间";"空间"的观念,一定以存在者作为参照——它有一个标准,而这个标准乃是一个存在者。甚至所谓的相对主义者,也是这样来思考的。例如惠施在著名的"历物十事"中就说:"天与地卑,山与泽平"(地之卑以天为标准,泽之平以山为标准);"我知天下之中央:燕之北、越之南是也"(燕北、越南以中央为标准)。他甚至由此推出了更抽象的空间概念:"至大无外,谓之大一;至小无内,谓之小一";"无厚不可积也,其大千里"。(《庄子·天下》)"小一"类似于几何的"点"概念,"无厚"类似于几何的"面"概念。如果说,存在的领悟先行于存在者的观念,那么,存在者的观念就先行于空间的观念:追本溯源,空间概念乃是存在领悟被对象化、存在者化的结果。

5

问:那么,何谓"流行的领悟"?

答:所谓"流行",是说的儒家所说的"大化流行"。这里,"大化"不是任何东西,不是物,不是存在者。"大化"乃是孟子所说的"大而化之":"可欲之谓善,有诸己之谓信,充实之谓美,充实而有光辉之谓大,大而化之之谓圣,圣而不可知之之谓神。"(《孟子·尽心下》)这似乎是在说一个人的修养所达到的境界,但这种境界恰恰是向本源的回归:倾听天命的"圣"("圣"字的本义为倾听)、阴阳不测的"神"("神"字的本义为显示)。因此,"大化"就是存在本身,也就是"流行"。流行即大化,大化即流行。所以,"流行"就不是说的物、存在者的"运动""变化";"流行"仅仅是说的存在本身的一种情境,亦即是说的

---

① 《礼记》:《十三经注疏》本,中华书局 1980 年影印版。

生活本身的一种情境。这种本源情境,便是"生生"。① "生生"只是两个动词而已:这里没有主词,也就是说,没有主体、物、存在者。流行之为流行,是说:生活如水,涌流不已。生活之"活",本来就是活的水、水流、水流之声:"活,水流声。"(《说文解字·水部》②)所以,《诗》云:"河水洋洋,北流活活。"(《诗经·卫风·硕人》③)如此看来,生活就是孔子所说的:"子在川上曰:'逝者如斯夫,不舍昼夜!'"(《论语·子罕》)就是孟子所说的:"源泉混混,不舍昼夜。"(《孟子·离娄下》)生活如斯,本源如斯:生活作为本源,便是流行。

正是在这种流行着的生活中,我们才领悟到生活的流行:我们不仅领悟到存在,而且领悟到流行。我们"知道"了:生活流行着。那么,我们何以能领悟到流行?在生活情感中,我们在情感中领悟到流行,是因为情感本身便是流行:"柔情似水","激情澎湃",情感就是流行着的生活,就是生活的流行。于是,我们便领悟到:生活即是流行,存在即是流行。孔、孟便是如此而领悟到本源流行的:

> 徐子曰:"仲尼亟称于水曰:'水哉!水哉!'何取于水也?"孟子曰:"源泉混混,不舍昼夜,盈科而后进,放乎四海。有本者如是,是之取尔。苟为无本,七、八月之间雨集,沟浍皆盈;其涸也,可立而待也。故声闻过情,君子耻之。"(《孟子·离娄下》)

他们的思想是"有本"的,因为他们领悟到了本源的流行;后原创期的思想往往是"无本"的,因为他们往往在观念上蔽塞了流行的本源。而后者是如何发生的呢?

由于"无形"的"流**行**",才有"有形"的"流**形**",才有"形"而上学的建构,"形"而下学的构造。不仅形而下学,而且形而上学,都以"形"为参照。这种"形"也就是形体,就是物,就是存在者。而在中国传统的形而上学观念中,最大的"形"或"物"就是天地,所以:"天地有正气,杂然赋流形。"(文天祥《正气歌》)存在者是有形的,是"有";存在本身则是无形的,是"无"。庄子说:"泰初有无,无有无名:一之所起,有一而未形。"(《庄子·天地》)这里,"一"有两种意义:后来继"起"的有"形"的"一"是形而上学的开端(本体性的存在者),已是"流形";而"泰初"的"未形"的"一"则是形而上学的本源(本源的存在),却是"流行"。原创时期的诸子大都能领悟到:"流形"的本源乃是"流行"。而如果不能领悟到"流行",却仅仅领悟到"流形",就会导向运动着的存在者、存在者的运动的观念。如果说,存在领悟的对象化,导致实在的信念,那么,流行领悟的对象化,便导致运动的信念。常识、科学、形而上学的"运动"观念何以可能?那是因为我们把生活的流行加以对象化的把握,把无形的流行理解为有形的运动——存在者的运动。此时,"流形"被把握为运动着的存在者、存在者的运动。

这里可以谈谈时间概念的问题。常识的时间观念、形而上学—科学的时间概念何以可能?从层级上来看,时间观念同样是导源于生存领悟的:具体来说,就是流行的领悟被

---

① 《易传》把"生生"理解为"易道",即"生生之谓易",这是不是一种本源的观念,另当别论。
② 许慎:《说文解字》,大徐本,中华书局1963年版。
③ 《诗经》:《十三经注疏》本,中华书局1980年影印版。

对象化,流行本身被存在者化为客观实在的时间。单就常识—形而上学—科学的层级来看,时间观念却是根据空间观念的,这就正如存在的领悟是先行于流行的领悟的。这跟西方人对时间与空间之关系的理解截然相反,事情乃是:时间总是被空间给出的;而不是相反。我们确定年、月、日、时,正是根据的太阳、月亮的空间方位的变动位置。现在几点了?我们去看钟表指针的空间位置。前面提到的惠施"历物十事",也是这样把握时间概念的:"日方中方睨,物方生方死"(日之空间方位的变动);"今日适越、而昔来"(越之地理空间的确定)。(《庄子·天下》)中国人的哲学—科学,给出了这样一个"时空连续统":木、火、金、水→东、南、西、北→春、夏、秋、冬。可见"五行"不是所谓的五种物质元素,而是形而上学的时空同一。

6

问:现在谈谈:何谓"天命的领悟"?

答:我们不仅领悟着生活的存在、领悟着存在的流行,而且领悟着流行的天命。何谓"天命"?"天命"在本源意义上不是说的所谓命中注定的"命运"(destiny),而是说的存在的流行的某种显示样式。而"命运"却是一种宿命论的观念,仿佛有一个高高在上的诸如上帝之类的"天",他预先规定了我们每一个人的"命"。这跟儒家的观念毫无关系。儒家一向主张的乃是尽心尽性、成己成物、参赞化育而与天地同流。这绝不是一种消极的"命运"观念,而是一种积极的"天命"。当然,在原创时期,尤其后原创期的形而上学思想层级上,儒家也有某种"命中注定"的观念。但那并非儒家在本源层级上的观念。本源的天命观念,来自对"天"与"命"的本源领悟。"天命"并不是说的有一个作为存在者、作为物、作为"他者"的天,他在那里发号施令,我们只能俯首贴耳地服从。在本源意义上,天之为天就是"自然"——自己如此。然而"自然"之为"自己如此"也并不是说的一个物、一个存在者自己如此,而是说的存在本身、生活本身自己如此。作为存在本身的生活本身自己如此这般,意味着:生活、生活情感、生活领悟不是任何意义的"被给予性"(the given),甚至不是所谓"自身所予"(the self-given)。生活"给出"任何东西,然而没有任何东西"给出"生活。生活自己如此,这就是"天";我们自己如此生活,这就是"命"。我们领悟着:存在自己如此,流行自己如此,天命自己如此。

固然,"命"的本义是"口令"、"发号施令",①但这"口令"既不是上帝在说话,更不是人说话。"天何言哉?四时行焉,百物生焉。天何言哉!"(《论语·阳货》)这是存在本身在说话、生活本身在说话。儒家把这种本源的言说领悟为:天命。这就是说,天命乃是一种生活领悟。存在本身的言说、生活本身的言说,乃是无声之命、无言之令。"上天之载,

---

① 许慎解释为:"命,使也。"朱骏声纠正说:"命,当训'发号也'。"见《说文通训定声》口部。

无声无臭。"(《诗经·大雅·文王》) 老子所谓"大音稀声",(《老子》第 41 章) 就是这个意思。虽然如此,我们却在倾听。这种倾听,其实就是生活领悟。假如我们没有这样的倾听、领悟,我们何以能够存在、能够言说？我们倾听天命,就是倾听生活。孔子所谓"知天命"而"耳顺"(《论语·为政》),就是在说这样的倾听。我们听到了怎样的消息？我们听到生活告诉我们:在生活、并且去生活。不仅天命使我们有"在生活"之际遇,而且天命的领悟使我们有"去生活"之超越。我们能够倾听这样的天命,就是"圣人":圣之为圣,就是能够倾听,所以,"圣"字(繁体作"聖")从"耳"。"圣"字不仅从"耳",而且从"口",①这就是说,我们不仅倾听天命,而且还能用我们的语言来传达天命。孔子在谈到敬畏感时说:"君子有三畏:畏天命,畏大人,畏圣人之言。"(《论语·季氏》) 圣人之言之所以可敬畏,就在于他言说着存在的流行的天命。有"天命",所以有"人言"。天命这种无声的言说,可以通过人言的有声的言说透露出来。这种有声的言说,就是我们曾谈到过的"本源的言说方式"——本源情感的言说方式。

然而,形而上学的思维方式,却将天命的领悟对象化、客体化、存在者化、物化。存在的物化导向关于实在的预设信念,流行的物化导向关于运动的预设信念,而天命的物化则导向关于因果性、规律性的预设信念。天命的存在者化作为形而上学的把握方式,最主要的表现为两种形态:宗教的因果性信念;科学的规律性信念。

7

问:刚才提到"生活本身的本源结构",那是什么意思？

答:首先我得声明:"结构"这个词语乃是不得已而用之。在形而上学—科学的思维方式中,对"结构"概念有两种理解:要素决定结构;结构决定要素。后者即是所谓"系统科学"的观念。但即使是在这样的观念中,无论是要素,还是结构,亦即系统整体,都是存在者。然而我之所谓"本源结构",所说的却是存在本身—生活本身的"结构"。生活本身的本源结构就是:在生活并且去生活。② 我们向来在生活,这是我们的际遇;我们总是去生活,这是我们的超越。但"在生活"并非"此在的被抛",因为此时此刻尚无任何此在,即没有任何存在者;而"去生活"也非宗教的"超越"(transcendence)或者先验哲学的"超越"(transcendental),因为这两种"超越"都是存在者的超越。问题在于:这种存在者的超越是何以可能的？从被抛的所是向本真能在的超越何以可能？从小人向君子乃至圣人的超越何以可能？我的回答是:它们都导源于生活本身的本源结构。唯其如此,自由才是可能

---

① 许慎《说文·耳部》认为:"圣,通也。从耳,呈声。"这是一种解释。也可以解释为:从耳、从口,壬声。
② 鉴于有人将我所说的"去生活"之"去"误解为"去掉",这里有必要作一个说明:"去生活"之"去"犹如"去吃饭"之"去"。"去"并不是一个否定动词,而是一个趋向动词。"去生活"并不是说"去掉生活",正如"去吃饭"并不是说"去掉吃饭"。"去生活"只是说:生活下去。"去吃饭"就是"吃饭去","去生活"就是"生活去"。

的。这种本源的超越,就是生活本身的**去生活之超越**:虽然我们已然在生活,但是我们还要去生活。这就是我所说的:生活本身的本源结构。我们在生活、并且去生活;我们在爱、并且去爱;我们在领悟、并且去领悟。"黄河之水天上来,奔流到海不复回!"(李白《将进酒》)对于这样的本源结构,我们不能问"为什么",而只能说:生活本身自己如此。

问:好吧,最后谈谈何谓"领悟的领悟"。

答:我之所以提出"领悟的领悟",是为了回答"常识—形而上学—科学的可知性信念是何以可能的"这个问题。这种可知性信念,乃是哲学"认识论"的一个基本预设。古希腊人说"我知我无知",也是基于这种预设,因为"我无知"其实已经被"我知",即我已经相信"我无知"是"可知"的。所谓"不可知论",同样基于这种预设。比如,对于休谟来说,感知之外的实在是不可知的,然而感知本身却是实实在在地可知的。再如,对于康德来说,"物自身"是理论理性所不可知的,但却是理性本身所可知的,实践理性便可以通达之。然而不论是感知本身还是"物自身",都是某种"物"、某种存在者。这就是说,可知性信念基于存在者观念。不仅如此,存在者观念基于对象性观念(存在者是被对象化把握了的存在),对象性观念基于客观性观念(对象即是客体),而客观性观念基于主体性观念(客体与主体是互为条件的)。这就表明,可知性信念是基于"主—客"架构的:我们作为主体,能够认识客体;不仅如此,而且我们**知道**我们能够认识。这就意味着:我们知道**认识**本身。

但是在生活本源的层级上,根本就没有所谓"认识"这回事,因为认识总是对象性的,而在本源层级上还没有对象性。那么,我们如何知道认识本身?那必定是:认识本身就是一个对象;换句话说,认识必定是由于某种事情被对象化地把握了的结果。本源层级上的可以被对象化为认识的事情,只能是生活领悟;因为,情感是不可能被把握为认识的。因此,必定存在着这样一种领悟,它的被对象化便成为"认识"这样一种对象。那么,是怎样的事情被对象化地把握为认识了?唯一可能的解释就是:我们把某种领悟对象化了。但这种被对象化了的领悟却不可能是存在领悟、流行领悟、天命领悟,因为这些领悟被对象化了的结果乃是存在者的实在性、运动性、规律性。由此看来,必定存在着这样一种领悟,这种领悟是对前面那些领悟本身的领悟,我称之为"领悟的领悟"。

确实,我们在生活中不仅领悟着存在、流行、天命,而且领悟着这些领悟本身。这种领悟之于其他那些领悟的关系,类似于佛学所谓"末那识"之于前面"六识"——意识、眼耳鼻舌身识——的关系。区别在于,在佛学中,"末那识"及前面"六识"都不是说的在本源层级上的事情:"末那识"相当于是对"六识"的反思,它本身又以"阿赖耶识"为根据。这个"阿赖耶识"类似于黑格尔所谓"实体即是主体"那样的形而上学根据。然而领悟的领悟却是前形而上学的、前意识的生活感悟的事情,而归属于生活本源。只有当这种领悟的领悟被对象化,才成为形而上学、认识论的事情,才成为了所谓"认识"这样一种被主体所反思的对象。认识这个东西自身之成为对象,这就是西方人之所谓"反思"的本意:我们作为主体,具有某种能力,即能够认识自身,也就是把自身这种能力设置为一个对象。领悟的领悟被对象化而成为被认识的认识,便导向了常识—形而上学—科学的可知性信念。我们知道我们作为主体,能够认识客体。

8

问:以上的讨论,其实已经回答了"形而上学何以可能"的问题:形而上学是在生活领悟的本源上被构造起来的。但实际上这还只是逆向的"解构",是在回答"形而上学的本源"问题,而非正面地顺向地探讨"如何建构形而上学"的问题。但是,"儒学的重建"必须实际地解决这个问题。不过,这个问题暂时放下,因为我们首先还面对着另一个问题:生活儒学为什么要重建形而上学?

答:这是我跟海德格尔之间的又一个基本区别,同时也是跟所谓"后现代主义"的一个基本区别:①他们不仅"解构"了哲学、形而上学,而且宣称我们已经进入了一个"后哲学"、"后形而上学"时代,认定哲学、形而上学的重建是不可能的了;而我却坚信形而上学重建之可能性、必要性,并坚持致力于儒家形而上学的重建工作。

海德格尔事实上做了一项极有意义的工作:对科学与形而上学的"解构"与"还原",已经揭示出了这样一种"奠基关系":

  科学 ← 形而上学 ← 生存领会 ②

但这样一来,却恰恰已经不自觉地透露出了这样一种他所始料不及的生成关系:

  生活本源 → 形而上学 → 形而下学 ③

这个道理应该是很简单的:既然树木发于种根,种根育于土壤,那么,土壤当然可以再育种根,种根可以再发树木。我们既然意识到了生活是形而上学的本源、形而上学是形而下学的根据,那么,形而上学、形而下学的重建就是可能的。

形而上学的重建不仅是可能的,而且是必要的。按照上面所得出的"奠基关系"或生成关系,科学必定有其形而上学的基础。事实就是如此:科学作为一种形而下学,以某个存在者领域作为自己的当然的对象,但科学从来不思考这个存在者领域本身是何以可能的这样的问题。这个存在者领域是由形而上学给出的:形而上学以范畴表的方式给出存在者领域的划界,即以范畴的方式给出"物界"。这种物界划分,其实就是一种最基本的分类学,诸如:实体 / 非实体(非实体依存于实体)④、心 / 物、人间(此岸) / 非人间(彼

---

① 据说后现代主义有一种区分:消极的,积极的。所谓积极的后现代主义,也要致力于正面的建设工作。这是另外一个话题,兹不赘论。
② 这里所采用的是海德格尔的说法。
③ 这里所采用的是生活儒学的说法。
④ 亚里士多德:《工具论·范畴篇》,李匡武译,广东人民出版社 1984 年版。

岸)、人／自然界,等等。科学以这种物界为前提,否则,它就没有自己的对象。科学仅仅思考某个存在者领域,而形而上学思考"存在者整体"(海德格尔语)、"存在者之为存在者"(亚里士多德语);形而上学以这个唯一存在者为根据(老子"道之为物"),去说明其他众多存在者之存在(老子"德"、即"得"、即"得道"之为"万物")。① 这就意味着:没有形而上学,就没有科学。但我们知道,科学总还是要存在下去、发展下去的。比如说,当未来的科学发展面临着范式的转换之际,形而上学何为? 此时形而上学的任务,就是提供科学范式转换的根据。

问:那么,这种生成过程是如何发生的呢? 具体说,如何从生活本源过渡到形而上学?

答:这再次涉及到前面说过的生活本身的"本源结构"问题。生活本身的本源结构就是:在生活并且去生活。形而上学建构的秘密,就隐藏在这种本源结构之中:形而上学与形而下学,都发生于"在生活"与"去生活"之间。我们"在生活"之际,发生着生活情感,获得了生活领悟。我们将生活领悟对象化、客体化,由此而获得存在者观念、主体性观念;我们由此而进行形而上学的建构,并进行形而下学的构造;而这一切也都归于生活、入于生活,亦即恰恰就是我们的"去生活"。这就是我在前面说过的:一切的一切都源于生活而归于生活、出于生活而入于生活。

问:可是,这样的陈述仍然不够具体,能否更加具体地说明,形而上学究竟是如何被建构起来的?

答:从生活本源到形而上学的过渡,在儒家,还有一个关键的观念:思。"思则得之,不思则不得也。"(《孟子·告子上》)然而汉语的"思"与西语的 think 或 thought 迥然不同,相去甚远。思首先是情感的事情,然后又是领悟的事情,最后才是形而上学、形而下学的事情。

思首先是情感之思。我们常说的思念、思乡、相思、思绪,就是这种情感之思。这跟海德格尔之所谓 Denken(译作"思"或"思想")截然不同。诗歌"唐棣之华,偏其反而;岂不尔思? 室是远而",孔子评论:"未之思也! 夫何远之有?"(《论语·子罕》)这里的"思"就是说的情感之思。孔子说诗"可以兴,可以观,可以群,可以怨"(《论语·阳货》),都是在说情感的事情。唯有这种情感之思,才真正与诗有着不解之缘:"诗缘情"②,真正的诗乃是生活情感的本源的言说。唯其如此,孔子才特别强调"兴于诗"(《论语·泰伯》),意思是说:主体性的确立(兴)乃在于诗。其所以如此,就因为诗作为本源之情的言说,乃是思。这跟海德格尔对诗与思的关系的理解也是不同的。所以孔子才说:"《诗》三百,一言以蔽之,曰:'思无邪。'"(《论语·为政》)"思无邪"是说的情无邪。这种情感之思,乃源于爱:爱之,才思念之。我们爱乡,才思乡;我们爱一个人,才会相思。爱之深,思之长,是谓思绪。例如,孔子爱狂狷之士而思之:"万章问曰:'孔子在陈,曰:"盍归乎来! 吾党之

---

① 在老子那里,"道"与"物"之间具有这样一种对应:本源之道—"无物";形上之道—"道之为物";形下之道—"万物"。形下之道,即所谓"德",这是儒、道两家共同的观念。
② 陆机:《文赋》,《六臣注文选》,浙江古籍出版社据《四部丛刊》本 1999 年影印版。

士狂简,进取不忘其初。"孔子在陈,何思鲁之狂士?'孟子曰:'孔子"不得中道而与之,必也狂狷乎! 狂者进取;狷者有所不为也。"孔子岂不欲中道哉? 不可必得,故思其次也。'"(《孟子·尽心下》)既爱中道之士,也爱狂狷之士,故而思之。

不过,思与爱虽然都是情感的事情,但是有着一种基本的区别:爱是**当事**的,思是**事后**的。显然,我们不可能当面思念一个人。正因为是事后的事情,思就必定意味着"空间"的距离:"有所思,乃在大海南!"(汉乐府《有所思》①)或者更确切地说,正是由于思,我们才能领悟到"空间"的观念。这跟西方哲学关于空间概念的理解截然不同。空间的观念何以可能? 乃导源于情感之思。而正由于这种空间的距离,思与爱就不同:思必伴随着表象。在思念中,必有思之所思的形象。这种形象,在想象中生成。苏东坡思念亡妻:"十年生死两茫茫,不思量,自难忘,千里孤坟,无处话凄凉",这里不仅是"千里"的空间,更是阴阳两界的"空间"隔离;日有所思,夜有所梦:"夜来幽梦忽还乡,小轩窗,正梳妆",正是在思念的想象中的形象。汉语所谓"思想"的本来意义,就是:在思念中想象,在想象中思念。"思想"就是:思—想——思之想之。"想象"就是:想—象——思想着形象。唯其如此,诗之为思总是形象的;但这并非所谓"形象思维",因为此时此刻并无所谓"思维"。这是情感之思,形象只是在情感中的形象。这种所思的形象,就是原初的表象。所以说,正是思——情感之思——生成了表象。这里,"一切景语,皆情语也。"②这是从情感之思过渡到认知之思的秘密所在:认知总是表象的。

表象是一种极其重要的观念形式。休谟甚至认为,全部意识并无所谓感性、理性的区分,而只存在着直接观念、间接观念的区分。③ 所谓间接观念,就是表象。这就是说,不仅感性意识,而且所谓理性意识,都是采取的表象的方式。确实,无论是形而上学还是形而下学的方式,都是表象的方式。海德格尔说过:"形而上学以论证性**表象**的思维方式来思考存在者之为存在者。"④其实,形而下学,例如科学,也是采取的表象的方式。所以,对于从生活本源向形而上学的过渡来说,表象的生成具有特别重要的意义:它是情感之思之所以可能转化为认知之思的一个必要条件,因为我们知道,任何认知都是采取的表象的方式。表象化意味着对象化:表象是观念中的一个对象。对象化就是客体化,所以同时就意味着主体化,因为客体与主体是同时并存的。于是,"主—客"架构由此确立,形而上学由此可能。

问:但这似乎只是一种"可能",这样说来,从生活本源到形而上学的建构,就只有可能性,而没有必然性?

答:非也。首先需要指出:像"可能性"和"必然性"这样的说法,本身都是形而上学的范畴话语。但我们姑且这么说:从生活本源到形而上学的建构是"必然的"。何以见得?

---

① 郭茂倩:《乐府诗集》,中华书局 1979 年版。
② 王国维:《人间词话》,2.10。
③ 休谟:《人性论》,商务印书馆 1980 年版。
④ 海德格尔:《面向思的事情》,陈小文、孙周兴译,商务印书馆 1999 年第 2 版,第 68 页。

我们来看一个故事:

有一家子,共同生活在一幢房子里,油盐酱醋,饮食男女,平平常常,无波无澜,或者纵然激情澎湃,其实还是波澜不惊。我把这种生活情景称为"本源情境"。这里,没有任何"主—客"意识:父母、子女、房子、家具,他们习惯于此,都没有"意识到";换句话说,它们都既不是对象,也不是主体,因为他们从来不去仔细打量、考究对方,不论他是人、还是物。有一句成语就是说的这种情境:习焉不察。这是真正的本源意义上的"百姓日用而不知。"(《周易·系辞上传》)海德格尔所说的锤子的"上手状态",就类似于这种情境(当然只是类似,因为"上手状态"是说的作为存在者的"物"与作为存在者的"此在"之间的一种"照面"方式)。庄子曾说到过这种本源情境:"有虞氏不及泰氏。有虞氏,其犹藏仁以要人;亦得人矣,而未始出于非人。泰氏,其卧徐徐,其觉于于;一以己为马,一以己为牛;其知情信,其德甚真,而未始入于非人。"(《庄子·应帝王》)庄子认为,有虞氏的生活方式是相当"源始"的了,但是毕竟是"人"的生活——主体性存在者的生活;而泰氏的生活却是"非人"的生活,亦即根本不是任何主体性存在者的存在——这里,连"此在"那样的"特殊存在者"也是没有的。你可以说人是"马",也可以说人是"牛"。生活的本源情境就是如此:本源的生活乃是"非人"的生活;这里只有"事之情",没有"人之情"。(《庄子·人间世》)当然,在这种本源情境里发生着生活感悟——生活情感、生活领悟;但是,这种生活感悟乃是本源的事情,即是先行于主体性、先行于任何作为存在者的人、物的事情。

但有一天,忽然下起了倾盆大雨,屋顶漏了,恐怕是某一条椽子坏了。这时候,他们忽然"意识到"了房子的"存在",并开始仔细地打量它、端详它、研究它。突如其来,本源情境便被打破了:房子立即被对象化了,变成了一个存在者,或者说变成了房子里所有东西(人、物)的"存在者整体";而坏了的椽子,便成了这个存在者整体当中的一个"存在者领域"。用海德格尔的话来说,"上手状态"突然之间落入了"在手状态"。当他们研究椽子这个"存在者领域"时,认识、知识、科学便开始发生了;当他们研究房子这个"存在者整体"时,形而上学便开始发生了;当他们决定要整个地推倒重建这幢破旧的房子的时候,他们开始了"形而上学的重建"工作。

当然,这还仅仅是说的"物";其实,"人"也是如此的。在这座房子里共同生活的这一家子,实际上生活在某些规则、制度中,或者说生活在某种(广义的)伦理中。这种伦理、规则、制度,叫做**规范**;在传统儒家话语中,这就叫"礼"。儒家之所谓"礼",涵盖了诸如道德规范、法律规范、政治规范、家庭规范、职业规范等等社会规范,可以统称之为**伦理**规范。这些规范在体制上的落实,便是所谓**制度**。不仅伦理有规范,知识同样有规范:知识规则、知识制度。不过,人们虽然生活在规范中,但是在本源情境里,人们并没有意识到这些规范;不仅没有意识到规范,而且,严格说来,在本源层级的生活感悟中根本就没有所谓"意识",因为意识之为意识,就是对象意识、自我意识,然而在本源情境里,既无对象,也无自我。这里所发生的一切,都是"无意识"的。① 这里只有先行于任何存在者、任何"人"、任何"物"的生活情感、生活领悟。

但有一天,这位父亲忽然病逝了。此时此刻,本源情境便骤然被打破了:家庭的支柱倒塌了,种种生存问题接踵而至。悲伤之余、丧事之后,母亲面对着幼弱的子女,开始考虑"这日子今后怎么过下去"的问题。比如,她想到了改嫁的问题:假如不改嫁,她无力独自养活这些孩子。接下来的情况是:一切都被改变了。必须重新考虑整个家庭的问题——存在者整体的问题,这是形而上学的事情;必须重新考虑某些家庭成员的问题——存在者领域的问题,这是"社会科学"的事情。不仅如此,而且显然,他们必须改变某些规范、制度。

这一切看起来似乎是很"偶然的",其实不然,"天要下雨,娘要改嫁",橡子总有一天是会坏的,父亲总有一天是会死的,在这个意义上,我会承认康德的一种说法:人天生就是形而上学的存在者。形而上学发生于本源情境被突然打破之际,然而本源情境总是要被打破的,在这个意义上,我们说形而上学的建构是"必然的"。如果说形而上学本身就归属于生活,那么,我们总是要去建构形而上学,这就是我们的"天命":我们去建构形而上学,也是去生活。

在儒家的观念中,重建形而上学、形而下学,所依据的是两个方面:一是变动了的生活方式,二是不变的仁爱。在上面那个例子里,母亲所做出的一切改变,都基于她对孩子们的不变的爱以及变动了的生活方式。但是,生活方式只不过是生活本身的显示样式:生活便是显示,而显示总是显示为显示样式;这种显示样式被我们存在者化地、对象化地、客观化地打量之际,它就被把握为所谓"生活方式"。生活方式的变动,不过是对生活本身的流行的形而上学把握。因此,这两个方面——不论是仁爱还是生活方式,都归属于生活本身。这就是说,形而上学、形而下学的重建,都导源于生活。

但我在这里却想顺便强调一下:"生活方式"是一个极其重要的概念。民族何以可能? 由于生活方式。"民族"就是现代"民族国家"(nation:与"国家"是西来的同一个词),但它并不是一个从来就有的观念,而是一个典型的现代性观念,它是与资本主义、资产阶级(中产阶级)的崛起相伴随的,是基于现代性的生活方式的观念。文化何以可能? 同样由于生活方式。文化总是被把握为"民族文化",也就是说,民族乃是文化的先行观念。这就表明了:民族和文化都不是本源的事情。然而,目前某些儒者的立场,无以名之,姑称之为"文化先验主义"(cultural transcendentalism)吧。这里,民族文化被悬设为一个先行的根据。而生活儒学的更彻底的发问则是:文化何以可能? 民族何以可能? 它们都是基于被把握为生活方式的生活显示样式的,唯其如此,它们都是历史地变动的东西——是"器",而不是"道"。

---

① 这不是弗洛伊德意义上的"无意识"。

9

问:形而上学就这样被建构起来了。但这样的形而上学建构究竟有什么意义?或者说,它对我们的现实生活究竟有什么意义?

答:其实,这是两个不同的问题:第一,生活儒学不仅仅是形而上学,而是包含着这样三个层级:生活领悟、形而上学、形而下学。第二,生活儒学的现实意义、或对现实生活的意义。

问:好吧,咱们先谈第一个问题:生活儒学的**三个层级**,这是什么意思?

答:生活儒学认为,我们的观念包含着三个基本的层级:生活本源、形而上学、形而下学。

首先是"形而上学"和"形而下学"这样两个层级的区分。"形而上者谓之道,形而下者谓之器。"(《周易·系辞上传》)器就是器物,即是"物";同时,道也是"物"。所谓物,就是某种"东西"——存在者。在哲学所给出的范畴表中,存在者以两种方式给出:要么是实体,要么是实体的某种属性;但属性并不能独立存在,而是依附于实体的,所以归根到底,范畴所标志的就是存在者。① 范畴的这种情形同样适用于概念:概念所标志的同样是实体。不过,虽然都是存在者,但这里存在着区分:道这样的物、存在者是形而上的,是"一",对它的思考就是形而上学;而器这样的物、存在者是形而下的,是"多",对它们的思考就是形而下学。科学是形而下学,技术是对这种形而下学的应用;伦理学也是形而下学,社会规范的设计是对这种形而下学的应用。如果说,形而下学是对万物、某种存在者或某个存在者领域的思考,那么,形而上学就是对唯一绝对之物、作为终极根据的那个存在者的思考。形而上学就是狭义的、纯粹的"哲学",它所思考的乃是作为所有存在者的最后根据的那个存在者——本体。这就表明了这样一种生成关系:形而上学 → 形而下学。这种生成关系就是说:形而上学是形而下学的根据。

虽然如此,毕竟形而上学和形而下学所思考的都是存在者、物。在这个意义上,形而下学也是一种形而上学,因为它们都采取同样一种思维方式:以表象的方式去思考存在者。② 传统的形而上学思考存在者,而遗忘了存在本身;我们今天重建的形而上学虽然并不遗忘存在本身,但这样的形而上学仍然是思考存在者的。科学仍将思考自然界的存在者,伦理学仍将思考社会界的存在者,而哲学仍将思考作为所有这些存在者的根据的那种存在者。但是,它们并不遗忘存在本身,并不蔽塞生活本身。

于是就引出了另外一种区分:"生活本源"和"形而上学"这样两个层级的区分。形而

---

① 亚里士多德:《工具论·范畴篇》,李匡武译,广东人民出版社 1984 年版。
② 海德格尔:《面向思的事情》,陈小文、孙周兴译,商务印书馆 1999 年第二版,第 68 页。

上学的言说所指涉的是存在者,而生活本源的言说所指涉的是存在本身。这种存在本身,就是生活本身、生活情感、生活领悟。假如我们承认:存在本身就是生活本身,那么,我们接受海德格尔所作出的"存在论区分":存在与存在者的区分。我们承认,海德格尔的这个"发现"是划时代的。但我更愿意说:生活儒学所说的存在论区分就是"生活论区分"。这就是说:存在与存在者的区分就是生活与生活者的区分。所谓"生活者"并不仅仅是指"人",也包括"物",因为在生活儒学的观念中,在本源层级上并没有人与物的划分:它们向来**共同生活**着。所谓"共同生活",所说的就是生活的本源情境:这里并不是说的先有了人和物,然后它们来"照面";而是说本来就没有所谓"人"和"物",而只有生活本身。只是在"人和物都是由生活本身生成的"这种意义上,我们才说"共同生活"。儒家所说的"天地万物一体之仁",在本源意义上就是在说这样的本源情境。顺便说说:在当前"生态伦理"的热烈讨论中所面临的"如何克服人类中心主义"这个问题,只有在"共同生活"这样的本源层级上才有可能得到彻底的解决。周敦颐当年"窗前草不除去",是感觉到野草的存在"与自家意思一般"(《周敦颐集》卷九)①,就是缘于他领悟到了:"草"原来是与我共同生活着的"自家人"—— 草并不是与"人"界划的"物",而是共同生活中的"生活者"。由此,儒家才可能有"民胞物与"、"一视同仁"的观念。这已经远不仅仅是一个生态伦理的问题。只有回归生活本源,当代哲学的一个基本问题"形而上学何以可能"才能得到彻底的阐明:形而上学是导源于生活的,是导源于生活领悟的。这就意味着这样一种生成关系:生活本源 → 形而上学。

以上讨论表明了:如果说,形而上学是形而下学的根据,那么,生活本身就是形而上学的本源。这就是我所说的生活儒学的三个层级:生活本源 → 形而上学 → 形而下学。

问:这样一来,我们也就明白了这样的问题:"哲学有什么用?"

答:是的。我们经常会遇到这样的疑问:"哲学有什么用?"这个问题就是:形而上学有什么用?人们总是认为,形而下学——科学、伦理学等——才是有用的。这也不能说是一种错误的观念,因为确实只有形而下学才是可以"应用"的。但是,还有另外一种应用:作为形而下学的科学与伦理学,本身首先就在"应用"形而上学的"原理"。这就是另外一层意义上的"奠基"问题:形而下学何以可能?—— 科学何以可能?伦理学又何以可能?科学与伦理学作为形而下学,乃根据于形而上学。比如,它们都根据于形而上学的"主—客"架构:科学把这个架构应用于"自然界"这个存在者领域,于是"物"才成为我们的"研究对象";而伦理学把这个架构应用于"社会界"这个存在者领域,于是"人"才成为我们的"研究对象"。而这两者同时也是在应用形而上学的"物界"划分:"人—物"或"社会界—自然界"这样的划分本身是由形而上学的范畴给出的。

---

① 《周敦颐集》,中华书局1990年版。

10

问：按照这种陈述，由生活本源到形而上学，由形而上学到形而下学，最后则落实为规范构造。这种规范构造，其实就是在生活中建立规则，实质地改变生活，即"去生活"。这样一来，显然，生活就不再是本源的、而是形而下学的规范构造了。这岂不是出现了两种生活吗？一种是作为本源的生活，另一种则是作为规范构造的生活。规范的生活是否还是本源的生活呢？

答：实际上，这里并没有所谓"两种生活"。生活就是生活，就是生活本身。但是，生活对于我们来说具有两种不同的意义：固然，一方面，现存的一切，都**曾经**是人们的某种构造，都是人们的去生活而超越的结果，亦即都是规范的生活；但是，另外一方面，**当下**现存的一切，都是我们的本源，都是我们的在生活之际遇，亦即都是本源的生活。作为本源，生活本身是没有意义的，因为假如生活是有意义的，那就意味着在生活之外有一个确定这种意义的标准；但作为规范，生活却是有意义的，因为此时，生活恰恰已经被我们对象化了。这样一来，本源的生活本身也就同时获得了一种意义，也就是说，这种意义是在与规范的生活的对待关系中显示的：规范生活是**前此的意义**，本源生活是**当下的意义**。

问：以上分析似乎表明，生活儒学的总体的三个层级"生活本源→形而上学→形而下学"实际上不是层级性的，而是某种循环？

答：也可以这么说。所以，这种关系也可以有其他不同的描述：

……形而上学→形而下学→生活本源→形而上学……

……形而下学→生活本源→形而上学→形而下学……

但是，这却不是一种简单的"循环"，我更愿意说，它具有某种**类似**黑格尔辩证法的特征。但它跟黑格尔辩证法之间却存在着一种根本的区别：黑格尔辩证法乃是纯粹的形而上学体系，诸多形而下学的东西只是这个形而上学体系的内在环节；在黑格尔辩证法那里，根本就没有生活本源，它仅仅是主体的自我反思，而表现为实体的自我展开运动。

问：即便如此，还是存在着一个问题：我们为什么非得从生活本源这个环节开始不可？为什么不能从形而上学或者形而下学这个环节开始呢？

答：我们确实只能从生活本源开始。对此可以作三点阐明：第一，假如从形而上学开始，那么，人类自原创时期以来的观念史已经告诉我们，它必定导致存在本身的遗忘、生活本源的蔽塞。不仅如此，形而上学的"主—客"架构何以可能的问题未经先行阐明，使我们必定陷入"认识论困境"；生活本源层级的揭示，彻底消解了产生"认识论困境"的可能性。第二，假如从形而下学开始，那就必定不仅导致生活本源的蔽塞，甚至导致形而上学的缺席，这就意味着我们必定陷入道德相对主义、知识相对主义，奉行实用主义、丛林原则,这正是"后现代状况"的困境。第三,唯有从生活本源开始,我们才可能避免存在本身的遗忘、生活本源的蔽塞,也才可能说明形而上学何以可能、进而说明形而下学何以可能。

问:但是,前此的规范被我们把握为当下的本源,这是否同样会导致道德相对主义、知识相对主义?是否会导致我们对现存的规范的妥协态度?

答:不会的。当然应该承认:作为本源的在生活之际遇,作为**前形而下学**、乃至**前形而上学**的事情本身,当下现存的一切乃是"中性"的:它们无所谓真、善、美的分别,因为它们无所谓知、意、情的分别(无"人之情"、有"事之情")。本源的求真无意于求真,本源的向善无意于向善,本源的审美无意于审美。这固然是一种"承认现实"的态度。但这并不意味着妥协态度。生活本身的本源结构决定了,我们总是要去生活,即总是要超越现实的生活,这是一种"改变现实"的态度。我们首先必须承认现实,然后才有可能改变现实,否则,改变现实的愿望只是一种空中楼阁。过去人们不理解孔子对"礼"的态度,就是因为不懂得这个道理:孔子一方面主张"学礼"、"克己复礼"、"非礼勿视,非礼勿听,非礼勿言,非礼勿动"(《论语·颜渊》),另一方面却主张"礼有损益"(《论语·为政》),人们感到这似乎是自相矛盾的。其实,"礼"作为规范构造是具有不同的意义的:它固然是前此的规则建构,即是"损益"的结果;但它却是当下的生活际遇,所以首先必须"学礼"。所谓"即凡而圣"("圣"就是"仁且智"),只能这样理解。

问:最后,能不能对"生活儒学"的总体意义作出某种简要的概括?

答:众所周知,恩格斯曾经把黑格尔辩证法的意义概括为这样两句话:凡是现存的,都是合理的;凡是现存的,都是应当灭亡的。——"这种看法的保守性是相对的,它的革命性质是绝对的。"①仿此,我把生活儒学的意义概括为这样两句话:**凡是现存的,都是本源的;凡是现存的,都是应当超越的**。第一句话的意思是:凡是现存的,都曾经是前此的某种形而下学的构造,但是,无论如何,对于当下的我们来说,它们都是我们的在生活之际遇,我们只有由此出发,才能去生活而超越;第二句话的意思是:凡是现存的,纵然都是我们的在生活之际遇,但是,我们必定去生活而超越它们,而这种去生活而超越,同样归属于我们的在生活之际遇。——这种看法既无所谓"保守",也无所谓"革命";生活儒学只是告诉我们:我们向来在生活,并且总是去生活。

---

① 恩格斯:《路德维希·费尔巴哈和德国古典哲学的终结》,《马克思恩格斯选集》,第四卷,人民出版社 1972 年版,第 211—213 页。

儒学与生活：民族性与现代性问题
——作为儒学复兴的一种探索的生活儒学*

黄玉顺

本文所研究的课题，可以从两个角度来看：从通常的学科体制上来讲，这是所谓"儒学与现象学的比较研究"；但实际上则是试图对儒学进行一种当代的阐释，我给它一个概括的符号，叫做"生活儒学"。首先指出一种现象：最近一些年来，具体说，是上个世纪90年代以来，特别是新世纪以来，中国大陆的思想文化领域出现了一种动向，今天有人把它称为"儒学复兴运动"。那么，我们应该如何来看待、如何来理解这么一种现象？为此，本文将讨论这么三个大问题：第一，儒学复兴的缘由。这里涉及的是我们今天思想领域中的一个极其重要的问题，简单说，那就是"民族性"与"现代性"的问题。第二个问题是：儒学复兴的进路；或者更确切地说，一种可能的进路。这就是说，我们今天来思考儒学复兴的问题，在哲学、思想层面上，我们应该通过怎样一条道路，才能达到这个目标。第三个问题：儒学复兴的一种尝试——"生活儒学"的构想。①

一　复兴儒学的缘由：民族性与现代性问题

最近这些年来，中国大陆出现了一种非常重要的思想动向。我们从两个方面去看它，可以看得非常清楚：一个方面，我们来作一个历史的回顾，就会发现，自从五四以来，中国整个思想文化领域形成了一种三足鼎立的格局：一个是马克思主义；一个是自由主义，或者叫做自由主义西化派；再一个是文化保守主义，其中最有代表性的就是现代新儒家。这么一种思想格局，是在五四新文化运动中形成的：1919年是一个转折点，当时的激进分子发生了分化，开始形成这个格局；到1923年的"人生观论战"或者叫做"科学与玄学的论战"，这个格局正式形成。②到今天为止乃至于可以预见的未来，我们始终都生活在这么一

---

* 原载《人文杂志》2007年第4期（发表时有删节），人大复印资料《中国哲学》2007年第10期全文转载。这是笔者于2006年4月11日在中国政法大学人文学院所作的一次讲座。本文是事后由研究生崔罡、杨生照根据当时的录音记录整理，特此致谢。笔者最后审定，加上了若干注释，列出了参考文献。
① 关于"生活儒学"，参见黄玉顺：《面向生活本身的儒学——黄玉顺"生活儒学"自选集》，四川大学出版社2006年版；《爱与思——生活儒学的观念》，四川大学出版社2006年版。
② 黄玉顺：《超越知识与价值的紧张："科学与玄学论战"的哲学问题》，四川人民出版社2002年版。

种思想文化格局之中,三派之间一直进行着思想斗争。这是一个简要的历史回顾。但是,另一个方面,我们来作一种现实的观察,就不难发现,这里面出现了一些重大的变化。上个世纪 90 年代以来,特别是新世纪以来,尤其是 2004、2005、2006 年,过去最强大的马克思主义话语和自由主义话语,今天都发生了很大的变化;而过去的文化保守主义、现代新儒家,用他们自己的话来说,是"花果飘零",目前却出现了复兴的迹象。

从这三大派的互动关系来看,也有一些很重大的变化。例如,前年年底在北京开了一个会,这个会议很有意思,会议的副标题是"新左派、自由派和保守派视域中的儒学",而正标题就叫做"共同的传统"。① 这是历史上从来没有过的事情:三大派的代表人物,大家居然可以坐到一块儿来。这表明,三派都或多或少、或明或暗地认同这个"共同的传统"。

就中国的自由主义来讲,今天有一部分自由主义者(当然,还不是很多),开始把目光投向儒家传统。例如某某,过去一向致力于宪政问题的研究,现在他思考的是什么问题呢?他思考的是:西方传来的民主宪政,能否在儒家传统中寻求一种根基,寻求一种形上的支撑。这是一个非常重要的变化。

另外,马克思主义,包括我们国家的执政党,他们一代一代的越来越多地在采用一种表达方式——中国传统的表达方式,那是你在马克思主义教科书中找不到的表达方式;更确切地讲,就是儒家的表达方式。例如,毛泽东把马克思主义哲学概括为"一分为二"。这个"一分为二",大家知道,是出自朱子的话,是朱子讲《周易》哲学的"阴阳"观念的。② 他说:每一事物上都有一阴阳,每一阴上又有一阴阳,每一阳上又有一阴阳,"一分为二,节节如此,以至无穷。"③这是典型的儒家话语。再比如,毛泽东、尤其是邓小平,把马克思主义的思想路线概括为"实事求是"。④ 这同样是典型的儒家话语,它的出处是班固的《汉书·河间献王传》,是称赞河间献王:"修学好古,实事求是。"⑤其实,后来清代儒学的乾嘉学派的治学精神就是"实事求是"。到了今天的领导人,他们更多地采用了儒家的话语来表达其执政理念,诸如"以德治国"、"以人为本"、"和谐社会"、"亲民"之类。例如"以德治国",那本来是周公、孔子的政治思想(《论语·为政》⑥),所谓"周孔之道"。"亲民",则是儒家经典《大学》里的话,所谓"大学之道"(《礼记·大学》⑦)。这一切,都是跟刚才所讲的"共同的传统"有关联的。

---

① 会议:"共同的传统——新左派、自由派和保守派视域中的儒学",2004 年 12 月,北京。儒学联合论坛(www.tomedu.com)。
② "一分为二"一语,最初出自隋朝的杨上善所撰注的《黄帝内经·太素》:"一分为二,谓天地也。"但更充分地揭示一分为二的道理的,则是宋代理学。参见冯契主编:《哲学大词典·中国哲学史卷》,上海辞书出版社 1985 年版。
③ 黎靖德编:《朱子语类》,中华书局 1994 年版,卷六十五、卷六十七。
④ 黄玉顺:《"实事求是"命题的存在论意义——依据马克思"实践主义"哲学的考察》,载《广西民族学院学报》2001 年"人文社会科学专辑"。
⑤ 班固:《汉书》,中华书局 2006 年版。
⑥ 《论语》:《十三经注疏》本,中华书局影印,1980 年版。原文:"子曰:'为政以德,譬如北辰,居其所而众星共之。'""子曰:'道之以德,齐之以礼,有耻且格。'"
⑦ 《礼记》:《十三经注疏》本,中华书局影印,1980 年版。原文:"大学之道,在明明德,在亲民,在止于至善。"

刚才列举的只是一些现象。本文的第一大部分,是想讲一个道理:为什么会这样?为什么会走向"共同的传统"?为什么会采取儒家的话语?我们可以从一种宏大的历史背景上、从历史哲学的高度,来思考这么一个问题。这不仅是一个理论问题,也是一个现实问题。

这里提出一个问题:中国究竟有多少个民族?当然,我们知道有一首歌:"五十六个民族五十六朵花,五十六个兄弟姐妹是一家。"①我们讲中国有五十六个民族,这错了没有呢?当然没错。但是,我们同时又讲:中国只有一个民族。那么,这是不是自相矛盾的说法?不是,一点也不矛盾。实际上是这样的:当我们说中国有五十六个民族的时候,这个"民族"的概念,用英文来说,指的是 nationalities,或者甚至是 ethnics,这是一个前现代的民族概念;而当我们说中国只有一个民族的时候,英文叫做 nation,这是一个现代性的概念,也就是我们所说的"中华民族"——Chinese nation。

这个关键词 nation 实在是太重要了。过去学界对它有两种翻译,有的时候译作"民族",有的时候译作"国家";现在学界有一种更准确的翻译,这个 nation,我们一般把它译作"民族国家"。我想说的是:"民族国家"——nation——这个观念,它是理解我们中国的近现代历史的一个关键性概念,也是理解我们当下的生存的一个关键词;不仅如此,放眼世界,可以说,它也是理解世界近现代历史的一把钥匙,一把非常关键的钥匙。其实,台湾问题、最近网上关于电视剧《施琅大将军》的激烈争论,实质上也还是这个问题。

谁都知道,从世界范围来看,世界在走向近代化、现代化,或者说是在走向"现代性"。但是,过去人们通常只讲现代性的维度,而遮蔽了另外一个重要的维度,即民族性的维度。而我会这样来表达:现代性乃是民族性的事情。当然,我这里所说的"民族"是 nation——现代民族国家,这是一个现代性的概念,而不是那个"五十六个民族"意义上的概念。所以,也可以这样来表达:民族性乃是现代性的一个涵项,一个基本的涵项,一个本质的涵项。离开了民族性,你就无法理解现代性。

这个问题,我们既可以从思想史的角度来看,也可以从政治、经济、整个历史的角度来看,都可以看得非常清楚。从思想史的角度来讲,我刚才提到中国的自由主义者。其实,可以说,自由主义的理念,从五四运动开始,甚至更早,从严复开始,它在中国青年中的影响就是非常之大的,很多时候还是最大的。但是,中国的自由主义从来就没有成功过。为什么呢?前些年我写过一篇文章,专门谈这个问题,大意如下:②

中国自由主义为什么不成功?我把它归结为"两大脱离":脱离传统,脱离现实。就脱离传统看,中国自由主义基本的文化立场就是"两个全盘":一个方面是全盘反传统。自从五四时期"打到孔家店",就是全盘的反传统,一直到"文革",说是要"与传统观念实

---

① 高守信:《五十六个民族五十六朵花》。歌词:"五十六个民族五十六朵花,五十六个兄弟姐妹是一家,五十六种语言汇成一句话:爱我中华。"
② 黄玉顺:《"自由"的歧路:五四自由主义的两大脱离》,载《鹅湖》(台湾)2000 年第 12 期、《学术界》2001 年第 3 期、人大复印资料《中国现代史》2002 年第 3 期。

行最彻底的决裂"。另外一个方面与此相关,就是全盘西化。全盘反传统和全盘西化,从学理上来讲,它恰恰违背了我们刚才所讲的:民族性是现代性的一个基本涵项。

我们看看西方人实现近代化或现代化,他们是怎么做的。首先是观念的现代化。而观念的现代化,在西方的历史上,大家都很熟悉,不外乎是文艺复兴、启蒙运动。文艺复兴和启蒙运动做什么事情呢?简单来讲,就是继承并且转换西方本土的"二希"传统。所谓"二希"传统,就是古希腊文化传统、希伯来文化传统。西方自由主义跟中国自由主义走的道路完全不同、截然相反:中国自由主义是两个全盘——全盘西化、全盘反传统;而他们(西方)恰恰首先是继承自己的传统。

什么叫"文艺复兴"呢?说起来很简单,就是:古希腊的一批典籍失传了,然后通过阿拉伯的中介,在中世纪的后期重新被发现,然而谁也读不懂,搞不明白,于是出现了一批学者,一批纯粹的学究,去研究它,去阐释它;然而这些阐释者是被当下的生活所给出的(这是我的"生活儒学"的话题),因此,其结果自然而然地就是阐释出了现代性的观念。这就是继承与转换——传统的继承与当代的转换。

再说希伯来传统,同样是如此的。在文艺复兴运动中,伴随着宗教改革运动,例如马丁·路德的宗教改革。有一个问题是值得注意的,就是:近代西方思想其实并不是反基督教的,不是反宗教的,而只是反教会的。马丁·路德的基本精神很简单,那就是"因信称义",意思是说:过去,我们作为一个信徒,要和上帝沟通,必须通过一个代理人,一个中介,就是教会。实际上这也是一种集体主义精神。而现在呢?不再需要了。信仰是个人的事情:我信仰上帝,上帝就与我同在。这是什么意思呢?从观念上来看,这其实就是现代性的一个表达,是现代性的一种基本精神,就是莱布尼茨所说的"单子"精神;或者,我们可以追溯到亚里士多德的"第一实体"的精神。① 这种第一实体的单子精神,后来成为了西方立国的基本精神,乃至各个方面的基本精神,就是我们通常所说的个体主义,individualism。马丁·路德的宗教改革,体现的就是这么一种单子精神。这正是现代性的一种基本精神。这就是说,希伯来、基督教这么一个文化传统,经过宗教改革运动,它首先被继承下来了,作为他们的本土思想文化资源;同时,通过马丁·路德等人的阐释,它也发生了一种现代转换。

所以我说:现代化或者现代性,它一定是一个民族国家的问题。你不可能离开民族性来谈现代性。这就是我一开始就提出的那个问题的深层原因:为什么今天会出现儒学复兴这样一种运动、一种现象?同时,这也是我自己为什么要研究儒学的缘故:"认识你自己",我必须理解我自己生存的时代状况,理解我自己的生活,才能知道我应当做什么。所以,我对自己的儒学研究充满信心,因为我坚信这一点:这就是现代性的事情,也就是民族性的事情。

基于这样一种立场,我首先会反对自由主义西化派的那么一种倾向,那么一种主张。

---

① 黄玉顺:《重建第一实体——中西比较视野下的中国文化的历时解读》,载《泉州师院学报》2003年第3期。

五四以来的两个全盘、两大脱离,脱离传统,全盘西化,我是坚决反对的。但另外一方面,我也反对另外一种倾向,那就是所谓"儒家原教旨主义"。它仅仅注意到了民族性这么一个维度,而忽视了现代性的维度,忽视了当下的生活样式,那也是不行的。

目前的儒学界,其实有两条路线。其中一条路线,就是儒家原教旨主义,是非常危险的。有相当一部分儒家原教旨主义者,他们站在民族文化立场上,反对西化,在这点上,我与他们是一致的;但是,他们拒绝一切所谓"西方的"东西,用我们今天的套话讲,拒绝一切基本的"人类文明成果",这是我所不敢苟同的。举例来说,最突出的是:五四的时候提出把"德先生"、"赛先生"请来,即发展民主、科学;而今天的一些原教旨主义者,却反民主、反科学。他们不仅是反科学主义,而且是反科学。

我有一次跟一个原教旨主义者讨论,是很有意思的。我说:你是一个儒者,你怎么想的就应该怎么做吧?他说:是啊。我说:那么,你反科学,就不应该接受任何科学的成果。他说:当然啦。我说:好,你自己想想,自己看看,你这一身,从头到脚,有哪一样不是科学的成果?那么,你现在该怎么办呢?马上统统脱下来?可是脱完了以后,你又该怎么办呢?你环顾四周,你的房间,你的电话,你的车,你的手机,哪一样不是科学的成果?你怎么能反科学呢!

当然,这只是很表浅的说法。从哲学上来讲,我现在可以简要地说:儒家原教旨主义在哲学上所采取的是一种极其典型的形而上学的思维方式——轴心期以后两千年来所形成的非常典型的形而上学思维方式。他们把传统看成是一个凝固的、"现成在手"的东西。然而实际上这是不可能的。去年在广州开会,遇到某某,"大陆新儒家"的代表人物之一,也是如此。我向他提出这么一个问题来:"你要'明体达用',首先要明你的'体',那么,你是怎么明这个'体'的呢?"他说:"就是圣贤所讲的嘛。"我问:"圣贤所讲的在哪里呢?"他说:"当然是在'经'里嘛。"我说:"但是,今天搞哲学的人都有一个基本的常识:经典是被解释的经典。比如读《论语》,一百个人就会读出一百种不同的《论语》来。那么,你某某所明的这个'体',凭什么说它就真正是儒家的那个'体'呢?难道你某某说的就是权威吗?如何来判定这一点?"①这是一个解释学问题,实际上就是一个思维方式的问题。

今天的哲学早已经把这种形而上学的思维方式解构了。所以我强调:我反对原教旨主义,因为它极其危险。为什么我要讲"生活儒学"呢?那就是要回到我们当下的生存、当下的生活。原教旨主义确实很危险。我有一次跟人开玩笑说:"你坚持原教旨主义,做得最好、最理想的状态是什么?不外乎就是搞出一个中国式的'塔利班'来嘛!"中国的塔利班,儒家的塔利班,那是极其危险、极其有害的。那是完全回到古代礼教的生活方式中去。这既不应该,其实也是不可能的事情。原教旨主义不仅对民族、对国家是极具危害性的,而且对儒学本身也是极具伤害性的,没有任何好处。但可悲的是:持有这样的极端民族主义、极端原教旨主义立场的人似乎还不少,而且这几年似乎还有增长的趋势。这是让

---

① 儒学联合论坛(www.yuandao.com)。

我感到悲哀的。

所以,我们一定要牢牢记住这一点:nation——现代民族国家。这个 nation,它是一个具有双重维度的观念,这个双重的维度,也就是本文所讲的第一个大问题:民族性与现代性的问题。这是理解我们的时代、我们生活的关键,也是理解世界近现代史、中国近现代史的一把钥匙。这个大问题,也就是我想回答的"儒学复兴的缘由"问题。

二 复兴儒学的进路:儒学与现象学比较研究

如果说,我作为一个学者,选定了这么一条道路、一个立场、一种职志,我要做儒学复兴的工作,那么,我该怎样做呢?这是本文想讲的第二个大问题:"儒学复兴的进路"问题。这个问题,我刚才谈到过,如果从学科体制上来讲,它实际上就是"儒学与现象学的比较研究"。这当然仅仅是从学科体制上来讲的;其实,我们现在思想界有不少人对这种学科建制上的说法是不以为然的。我这里姑且这么说吧。

关于这个话题,我想从一个问题来切入。什么问题呢?设想,我这里有这么一个茶杯,我就此提出一个问题:这个茶杯是不是客观实在的?你凭什么说这个茶杯是客观实在的?我常听见有人回答:"我看到它了。"我想,除了这个答案之外,你可能想不出更好的答案来了。然而,我会反问:你说你看到它了,就能证明它的客观实在性了吗?这涉及:什么叫客观实在?我们来给它一个严格的定义:"不以人的意识为转移的",那叫"客观实在"。可是,你说你看见它了,"看见"是一种视觉,也就是说,是一种意识现象。这就意味着:它已经在你的意识之中,而并不在你的意识之外;也就是说,它并不是不以你的意识为转移的。

那么,这个问题应该怎么回答呢?我不知道。不仅我不能回答这个问题,其实,西方哲学几百年都没能回答得了这个问题。这个问题的准确名称,叫"认识论困境"。实际上,在近代以来的西方哲学中,这个"认识论困境"一直就隐隐约约地、或明或暗地充当着思想推进的动力;直到最后,它越来越明晰地得到了一种表达。胡塞尔的《现象学的观念》,其实就是从"认识论困境"问题切入的。① 他的意思,亦即这样一种"认识论困境",我可以用两句话来非常精确地表述:

第一句话是从存在论层面上来讲的:内在意识如何可能切中外在实在?胡塞尔用了"切中"(treffen)这个词,我们可以用另外一个词来表达:内在意识如何可能确证外在实在?我借用一句佛教的说法,后来成为汉语成语的,叫做:外在的客观实在是"不可思议"的,因为,当你思之、议之的时候,它就在你的意识之中,也就是说,你仍然没有能通向外在实在。我经常打这么一个比方,你们可以设想一下:你如何可能走出自己的皮肤去?皮肤

---

① 胡塞尔:《现象学的观念》,倪梁康译,上海译文出版社 1986 年版。

是比喻意识的边界。你能吗？你不能。

第二句话是从认识论层面上来讲的，其前提是假定我们承认外在的客观实在，但我们仍然面临着"认识论困境"，亦即：这个内在意识如何可能通达那个外在实在？这仍然是一个问题。所以，在胡塞尔那里，关于外在实在的东西，他把它"悬搁"掉了，就是搁置起来，"放入括弧"，存而不论，然后直接回到内在意识本身。

当然，我之所以讲"认识论困境"问题，目的并不是要否定客观实在、否定客观世界。你能否定吗？不能。打个比方，学生晚自习后回寝室去，一边走一边想："我这个寝室是客观实在的吗？"他睡上铺，一边往上爬一边却在想："这个床是客观实在的吗？"明天早上，他去吃饭，一边奔食堂，一边却在想："这食堂是客观实在的吗？我如何可能确证它的实在性呢？"完了！没法活了！这就意味着：关于客观实在的观念，乃是我们生存的前提。

但是，我刚才讲了，几百年来的哲学家都没法解决这个问题。这个客观实在，我们既不能证明它，也不能证实它。因此，我们只好把它叫做"信念"；在现代逻辑语义学、语用学中，把它叫做"预设"——presupposition。这个预设太要紧了，它关乎我们的生存。但我们无法从理论上解决"认识论困境"问题。

实际上，西方哲学中有些人一直在致力于解决这个问题。举例说，我刚才讲到的胡塞尔，他是这样解决的：直接把客观实在悬搁起来。除此之外，还有各种各样的解决方案。比如黑格尔，他就会说：你这个"认识论困境"问题之所以可能提出来，是基于这样的前提的，那就是你一上来首先就设置了内在/外在、主观/客观、主体/客体，已经把它二分了。黑格尔会说：内在意识和外在实在本来没有二分，它们本来是一回事，一个东西，就是"绝对精神"——尚未展开的绝对精神。

这当然是解决问题的一种方式，也可以说就是德国古典哲学的一种解决方式。但是，20世纪的思想仍然会认为：这不是一种彻底的解决方式。比如，海德格尔就会认为：这仍然是哲学形而上学的方式。什么是哲学的事情呢？什么是形而上学的事情？说到底，就是主体性的事情。① 海德格尔会说：像黑格尔那样一种解决方式，正如黑格尔自己说的，"实体就是主体"，②而他这个主体，尽管不是"主—客"架构下的相对的主体性，却是某种绝对的主体性，即哲学上把它叫做"本体"的东西。这样的绝对主体性，也是绝对的实体性。③ 同样，胡塞尔的那么一种解决方案，海德格尔作为他的弟子，仍然认为那依然是一种传统的形而上学，还是一种绝对主体性、绝对实体性。

真正解决"认识论困境"问题的，是这么一条思想进路，那就是把这个问题本身给消解掉。怎么消解呢？具体说来就是，我们这样发问：你如何可能提出"认识论困境"这样

---

① 海德格尔：《哲学的终结和思的任务》，载于《面向思的事情》，陈小文、孙周兴译，商务印书馆1999年第2版，第76页。原文汉译："什么是哲学研究的事情呢？…… 这个事情就是意识的主体性。"
② 黑格尔：《精神现象学》，贺麟、王玖兴译，商务印书馆1979年第2版，第15页。
③ 海德格尔：《哲学的终结和思的任务》，第76页。原文汉译："作为形而上学的哲学之事情乃是存在者之存在，乃是以实体性和主体性为形态的存在者之在场状态。"

的问题来？我刚才讲了，黑格尔其实已经思考到了这一层：你之所以能够提出这样的问题来，是因为你预先就设定了一个"主—客"架构：一个内在意识、一个外在实在。然而我们会问：这种"主—客"架构本身何以可能？"主—客"架构乃是从形而上到形而下的一个中介，从本体论（存在论）到知识论（认识论）的一个中介，是一切认识论问题的终极架构。但是，黑格尔的那个解决方式，在海德格尔看来是不彻底的，因为我们仍然可以发问。发什么问呢？即便你这是一个绝对的主体性，不是"主—客"架构之下的相对主体性，但仍然存在问题，这就是海德格尔最著名的一个观念：存在的遗忘。也就是说，我们可以提出这么一个问题：存在者是何以可能的？这个问题当然是康德最早提出的，但海德格尔认为康德并没有能解决这个问题。①

你之所以能够提出"认识论困境"问题，是因为你预先设定了主体和客体。主体和客体是什么东西呢？就是实体，是存在者。而我们要问：存在者何以可能？存在者是如何被给出的？它是怎么生成的？这是海德格尔意义上的现象学观念，它跟胡塞尔的现象学观念有本质的不同。到了海德格尔这里，对于我们今天搞哲学的人来说，是一个常识，那就是所谓"存在论区别"：我们区分存在和存在者。但应该还有更进一步的区分，这是海德格尔没有明确讲的：就存在者本身来讲，也有一个区分，那就是形而上的存在者和形而下的存在者的区分。这是我们今天进行哲学思考的一个基本视域。我先由从康德到海德格尔的发问方式来阐明这两个区分，然后再用中国哲学的观念来阐明这两个区分。

我们知道，康德提出了几个非常重要的问题，诸如：数学何以可能？自然科学何以可能？形而上学何以可能？② 数学、自然科学这样的学科叫做"形而下学"，因为它们所思的是众多相对的存在者当中的某一个存在者领域。在形而下的层面上，众多相对的存在者如何生成？科学何以可能？乃至于伦理学何以可能？它们都是针对形而下学的问题。而"形而上学何以可能"则是针对纯哲学提出来的问题，是对那个唯一绝对的存在者的发问。在海德格尔这里，把这个问题置换为：存在者何以可能？这是今日哲学上的一个最前沿的课题。康德提出了这个问题，但没有能解决这个问题，因为他用理性为形而上学奠基，然而理性本身是主体性的事情，这样是没法解决问题的。

形而上学何以可能？这首先就意味着，用海德格尔的话来说，形而上学、纯哲学是思考什么的？思考"存在者整体"；或者，他借用亚里士多德的话来说，思考"存在者之为存在者"。这样的存在者，我把它叫做"唯一绝对的存在者"。唯一绝对的存在者有两种表现方式：一种是哲学上的，叫做"本体"；另一种是宗教上的，比如基督教的，就是"上帝"。

我们今天所面临的问题是什么呢？如果我们对科学、伦理学等形而下学发问，比如"科学何以可能"，这是"科学的奠基"问题，即如何为科学奠基。为科学奠基的是形而上学，是纯哲学，那么，如果进一步问：哲学又何以可能？形而上学又何以可能？这是"形而

---

① 黄玉顺：《形而上学的奠基问题——儒学视域中的海德格尔及其所解释的康德哲学》，载《四川大学学报》2004 年第 2 期、人大复印资料《外国哲学》2004 年第 5 期；见《面向生活本身的儒学》。
② 康德：《纯粹理性批判》，蓝公武译，商务印书馆 1960 年版，第 41—42 页。

上学的奠基"问题。这怎么办？我们今天已经很清楚：不管它是形而下的、众多相对的存在者，还是形而上的、唯一绝对的存在者，你总是存在者，而我们要问的是：存在者何以可能？于是，我们才能回到存在本身。

那么，存在本身是什么？存在不是"什么"。这样问是"不合法"的。因为：当你说"存在是什么"的时候，你已经预先把存在设想成了一个存在者、一个实体、一个东西。但存在不是个东西。

其实，中国人早就有这样一种观念。我们知道，海德格尔最崇拜的一个人就是老子。照我的理解，老子的全部思想有一个基本的架构，这个基本架构，我用老子的一句话来解释："天下万物生于有，有生于无。"(《老子》①第 40 章)

首先是天下"万物"，其实就是我刚才讲的"众多相对的存在者"。那么，它们是从哪里来的呢？老子说："生于有。"这个"有"是纯粹的有、纯有，其实就是那个形而上的、作为本体的、唯一绝对的存在者。这与黑格尔的"绝对理念"是相通的。我们看黑格尔重新给出整个世界，是从哪里开始的呢？其书的第一部第一编第一章第一节的第一个范畴就是：有，纯粹的有。② 这在今天看来是不彻底的，也是"存在的遗忘"。所以老子还说："有生于无。"这句话恰恰就是从根本上回答"存在者何以可能"的问题。

什么是无？老子是有明确表达的，就是"无物"，即没有存在者先行于任何存在者。我们每一个人，作为众多形而下的存在者之一，进行一种境界的追求，该怎么办？那就回去吧："万物并作，吾以观复。"(《老子》第 16 章)复就是回归。回到哪里去呢？首先回到"有"，但是还不够，老子说："复归于无物。"(《老子》第 14 章)这是非常明确的表达："无"就是他所说的最终复归的"无物"，无物存在。所以我经常讲，我们今天的哲学，最核心、最要紧、最前沿的一个课题，就是要说清楚：究竟怎样"无中生有"。所谓"无中生有"，意思就是说：存在者何以可能？存在者是如何生成的？或者说，存在者是如何被给出的？

说到这个"给出"，有一个观念是一向被忽略的，然而它是一个极其重要的问题，就是"给出"或者叫做"给予"的问题——英语里的 give 的问题。有一个关键词，用被动式，它是今天哲学必须思考的问题，就是 the given——所予，被给予性。全部的哲学实际上首先确立或设定了一个"原初所予"—— primordial given 。这个原初所予，不是我们通常所谓的"逻辑起点"，也不是经验性时空意义上的什么"起点"；用现象学的话语来讲，它是一个原初性的、奠基性的观念。胡塞尔在其《逻辑研究》里给出了一个准确的形式定义：一个观念的存在如果以另一个观念的存在为前提，那么，后面这个观念就是前面这个观念的奠基性观念，前面一个观念是被后者奠基的。③ 我刚才讲的为科学奠基、为形而上学奠基，

---

① 《老子》：王弼《老子道德经注》本，《诸子集成》本，中华书局 1957 年版。
② 黑格尔：《逻辑学》，上卷，杨一之译，商务印书馆 1966 年版，第 69 页。
③ 胡塞尔：《逻辑研究》第二卷第一部分，倪梁康译，上海译文出版社 1998 年版，第 285 页。原文汉译："如果一个 α 本身本质规律性地只能在一个与 μ 相联结的广泛统一之中存在，那么我们就要说：一个 α 本身需要由一个 μ 来奠基。"

就是这个意思。

其实,近代以来的西方哲学,不论经验主义、还是先验主义,实际上都首先自觉或不自觉地要避免陷入"认识论困境",为此寻求一种原初所予。比如经验主义,从培根开始,一上来就是设定了"主—客"架构,即内在意识和外在的客观实在,但后来它走向了贝克莱和休谟,就是我们所谓的"不可知论"。为什么呢?它最后必须找到一个可以避免"认识论困境"的原初所予,这个原初所予就是"感知"本身;至于感知之外的东西,我们不知道,也不必管它。先验论也是这样的,一直到胡塞尔由"悬搁"而"还原"到"纯粹先验意识",也就是找到一个可以避免"认识论困境"的原初所予。但这个原初所予仍然是一种存在者,而没有回到存在本身。20世纪的思想达到这么一个观念层级,就是重新发现存在本身,由此来理解、回答"存在者何以可能"的问题。

这就是现象学最终获得的一个基本观念:回到事情本身,回到存在本身。这样的观念,对于我们今天阐释儒学来说,具有极其重要的借鉴意义。西方20世纪的三大思想运动,或者说三大哲学运动——分析哲学、现象学、后现代主义,我们可以来做一个比较。这三大思想运动,对于儒学来说,现象学是最切近的。例如分析哲学,当然有它的好处,我们可以借鉴它的语言分析技术,那是非常精湛的,非常好的。但我认为,从学术品质上来讲,它跟中国的思想传统格格不入,更不用说它的哲学基础是一种经验主义(当然,维特根斯坦这样的人可能是个例外)。就现象学运动来看,我主要是研究这样几个现象学大师:首先是胡塞尔,然后是他的弟子马克斯·舍勒、海德格尔。对于我的工作来说,他们各有各的意义。

首先,特别重要的一点,就是我们今天"回到存在本身"这么一个观念。这是海德格尔揭示出来的。海德格尔的此在生存现象学,是很有意思的。当然,我对他的很多观念还是有批评的,不同意他的一些看法。比如说,海德格尔致力于回到存在本身,以说明存在如何给出存在者,这就意味着:存在本身先行于任何存在者。但是,在他看来,我们如何才能够通达存在、领会存在、把握存在呢?只有一种特殊的存在者可以做到,那就是"此在"(Dasein)。但是,此在也是一种存在者,也就是人这样的存在者。这样一来,那就意味着:某一种存在者仍然是先行于存在的。这显然是自相矛盾的,终究未能超出形而上学传统。① 所以,后来有人、包括一些后现代思想家批评他说:你的这个"此在"实际上还是个"大写的人",是不彻底的、还需继续解构的东西。我这只是举个例子,意思是说:我们做现象学与儒学的比较研究,并不是把现象学作为一个标准尺度,用它来衡量、改造我们的儒学。我不是这个意思,不是说"人为刀俎,我为鱼肉",而是说我们应该怎样与之展开对话。这就是我的态度:用儒学的思想资源来跟西方的现象学展开一种平等的对话。这在学科体制内,我们称之为"比较研究",其实不然,它就是一种对话,通过对话来寻求一种

---

① 黄玉顺:《论生活儒学与海德格尔思想》,载《四川大学学报》2005年第4期、人大复印资料《外国哲学》2005年第12期;见《面向生活本身的儒学》。

共通的视域。

还有海德格尔的"师兄"舍勒,也是很有意思的。舍勒的情感现象学,特别有意思,比如他讲"爱"、讲"爱的优先性"。他是在两个层次上讲的,我可以把它归结为两个基本的命题。第一,情感优先于认知。这个优先,我刚才讲了,不是逻辑上的,而是奠基关系。第二,就情感本身来讲,爱优先于恨。① 这就是舍勒的基本观念。他致力于以现象学的方式来建构一个"爱的共同体"。② 这也是很有意思的,因为我们知道,儒家也是讲"爱"的。"樊迟问仁,子曰:'爱人。'"(《论语·颜渊》)仁爱仁爱,仁就是爱。但是,我们仍然要对舍勒有所批判,因为:他这种情感现象学,是建基于基督教的文化背景的。具体来说,这个"爱的共同体"的制高点,一个最终的保障,是什么呢?是上帝的人格,上帝的那么一个 person、或者 hypostasis。所以,我们把它叫做"人格主义"。③ 这跟儒家的思想是截然不同的,下面我会讲儒家是如何理解"爱"的。但是,就情感现象学对"爱的优先性"的关注来讲,那是很值得我们与之对话的。

再进一步讲,如何看待他们的老师、现象学的创始人胡塞尔?尽管我刚才讲了,他的弟子会说:你这还是一种形而上学的东西啊,还是一种主体性啊;但是,在这一点上,我跟他的弟子不同,跟那些后现代主义者也是不同的。在我看来,需要重建形而上学;"拒斥形而上学"是不应该、也不可能的。我下面还会谈到这个问题。那么,重建形而上学,首先就是重建主体性的问题。而要重建主体性,胡塞尔的纯粹意识现象学非常值得参考。我曾经写过一篇文章,专门探讨儒家的"良心"、"良知"、"良能"跟胡塞尔的几个基本概念之间的一种比较:"纯粹先验意识"(reine transzendentale Bewuβtsein)、"本质直观"(Wesensschau)、"意向性"(Intentionalität)。④ 他是很值得我们与之对话的,是我们致力于重建儒家形而上学的一条可以参考的进路。但前提是:我们首先必须回到生活本身,回到存在本身,回到无,然后来"无中生有"。

这就是本文想讲的第二个大点:在 20 世纪的思想视域下,如何考虑儒学复兴的进路问题。在我看来,我们要同西方哲学、特别是 20 世纪西方哲学展开对话,而这个对话的对象,就我个人的选择来讲,首先是现象学。

三 复兴儒学的尝试:"生活儒学"构想

通过这样的对话,我引出我自己的一些观念,其实就是我所理解的儒学的观念。由

---

① 舍勒:《爱与认识》,《舍勒选集》,刘小枫选编,三联书店(上海)1999 年版。
② 舍勒:《爱的秩序》,《舍勒选集》,刘小枫选编,三联书店(上海)1999 年版。
③ 舍勒:《基督教的爱理念与当今世界》,《舍勒选集》,刘小枫选编,三联书店(上海)1999 年版。
④ 黄玉顺:《儒家良知论——阳明心学与胡塞尔现象学比较研究》,载《阳明学刊》(第一辑)贵州人民出版社 2004 年版;见《面向生活本身的儒学》。

此,我们进入第三个大的话题,就是"复兴儒学的尝试",这是我个人的一种尝试,也就是"生活儒学"的构想。

"生活儒学"这个符号标志,是由两个关键词构成的:"生活"和"儒学"。"儒学"大家都很熟悉;那么"生活"呢?人们首先会问一个问题:什么叫生活?或者:生活是什么?但我会说:这个问题是"不合法"的。因为:当你把"生活"说成是"什么"的时候,你已经预设了一个观念,就是:生活是一个东西、一个存在者、一个物。而我会说:生活不是个东西,即不是存在者。所以我经常讲:假如你一定要叫我说生活是"什么",我会回答:生活是无。所谓"无",就是我刚才引用老子的话说的:"无物"。生活先行于任何物,先行于任何存在者——包括人,即主体性的存在者。所以,生活就是存在。

说到"存在",人们可能不一定注意过它们在汉语里的本来意义。我们就来看看"生"、"活"、"存"、"在"这几个字本来的意思。什么叫"本来的意思"啊?就是说,那是中国先民在"轴心时期"之前、在前轴心期、在所谓"理性觉醒"之前、在建构形而上学之前所获得的一种本真的生活领悟。

我先说"生"。这个字的下面是一个"土";上面是一个"屮",就是一棵草,是草木刚冒出地面的那个样子。这就是说,这个字说的是草木之生,草木在大地上生长。然后你会想:我们中国先民为什么会用"草木之生"来说所有的"生"、包括"人生"呢?这里面显然有一种领悟。这种生活领悟,乃是先行于概念性思维、先行于对象化把握、先行于形而上学的,是一种前形而上学的、前概念的领悟。

再说"活"字。这个字的本义是什么呢?你去查我们的第一部字典,许慎的《说文解字》,他就会告诉你:"活,水流声。"① 然后你去查《诗经》,用的就是它的本义:"河水洋洋,北流活活。"(《诗经·卫风·硕人》②) 这里的"活活"就是说的那流水的声音。你就会想:我们的远古先民为什么要用水流声来说我们的生活、我们的生存。我再举一个例子:圣人。圣人干什么的?你看甲骨文,"聖"字就是一个人,上面一个大耳朵。③ 圣人就是能听。听什么?用我的话来说:倾听生活,倾听"天命"。其实就是倾听水流"活活",因为生活如水。能够倾听天命、倾听生活的,就是圣人。孔子就是由"知天命"(《论语·为政》)而"畏天命"(《论语·季氏》),所以他是圣人。

"存在"也是这样。比如这个"在"字,是两个字构成的:一个是"才",一个是"屮"。"才"和"屮"意思差不多:草木之初生也。④ 那是很有意思的:我们用草木之"在"来说人之"在",也是一种生活领悟。人和草木共同生长在大地上。我这里借用一个海德格尔的一个术语:"共在"(Mitsein)——共同存在,也就是共同生活。

人和草木共在,这一点尤其体现在"存"字上面,是特别有意思的。"存"字也有一个

---

① 许慎:《说文解字》,大徐本,中华书局1963年版。
② 《诗经》:《十三经注疏》本,中华书局1980年版。
③ 甲骨文"聖",从"耳"、从"口"、从"人"。
④ 许慎:《说文解字·屮部》:"屮,草木初生也。"《说文解字·才部》:"才,草木之初也。"

"才"——草木初生;但它还有一个"子",就是小孩子、人。① 所以,存之为在,最初就是在说人与草木的共同存在、共同生存、共同生活。这就是我所说的生活的"本源情境",这是一切的一切的大本大源、源头活水。

而且,"存"字最早的一种语义、用法,许慎解释说:"恤问也。"②什么叫"恤问"呢?我用今天的话来说,就是:很怜惜地问,很爱怜地问,很温存地问,所以又叫"存问"。这是"存"字最早的一种用法,今天的"温存"这个词语保存了这种古老的意义。你为什么温存?因为你爱。所以,生活本身作为一种共同存在,而显现为生活情感,显现为爱。这是一种本源的领悟,后来儒家的"仁爱"观念正是从这里来的。

所以我说:存在、生活、情感、仁爱,原来都是同一层级的观念。因此,对于存在本身,我为什么用"生活"这个词语来传达,那是有来源的,不是随便说的。

存在的观念,说的是存在者领域尚未划分,甚至存在者本身也尚未被给出,而这就是生活的观念。我的一个最基本的表达就是:生活就是存在,生活之外别无存在。你不能设想,在生活之外还有什么存在。

刚才讲"存"字也表明:在儒家思想中,生活与"温存"的"爱"有关:生活首先显现为情感,显现为仁爱的情感。情感是什么?情为何物?情感并不是物,不是个东西。爱是什么?也不是个东西。情感、爱先行于任何东西。这在儒家《四书》之一的《中庸》里有一个经典表达,叫做:"不诚无物。"这里的"诚",不是我们今天在道德意义上讲的"诚信",而是讲的"仁爱"这样一种儒家的最根本的观念。大家知道,儒学就是仁学,根本就是仁爱。假如没有仁爱这样最真诚、最本真、最纯真的情感,就无物存在。这就叫做"不诚无物"。这个观念是我们今天理解儒家思想的最重要的一点。

爱当然有着各种各样的显现样式,我们事后可以来做一种很分析化的把握,概念化的、对象化的把握:有各种各样的爱,比如说,有母爱、父爱、兄弟姐妹之爱、友爱、爱情、博爱等等,诸如此类的,太多了,我称之为"爱的显现样式",都是爱,都归属于爱本身。儒家就讲这个爱。爱先行于任何物,先行于任何存在者,是存在本身的事情,生活本身的事情。这是一个最基本、最重要的观念。我举些例子来说:

比如,对于"母爱",通常会这样来理解:有一个母亲,有一个儿子(注意,这实际上就是先说出了两个存在者,两个主体性的存在者),然后,他们之间产生了情感,母亲对儿子的情感,就叫做"母爱"。这样一种表达,是我们两千年来所习惯的形而上学的思维方式。我会说,这样的表达完全是本末倒置的,完全搞错了。按照儒家"不诚无物"的观念,应该反过来说。我会这样来表达:"没有'母爱',母亲不在。"因为,假如没有母爱的显现,这个女人就根本不成其为一个母亲,她作为一个母亲这样的主体性存在者尚未诞生、尚未被母爱所给出。就是这个道理,非常简单。

---

① 许慎解释"存"、"在",认为其中的"才"仅仅是读音,其实不然,"才"也兼有意义,是所谓"声兼义"的情况,这在汉字里是比较常见的。
② 许慎:《说文解字·子部》:"存,恤问也。"

任何一种爱的样式都是这样的。比如说,爱情也是这样的。人们通常会说:有一个男同学,有一个女同学(这又是两个存在者,两个主体性存在者,事先说出来了),然后他们之间发生了一种感情,我们称之为"爱情"。这种表达也是本末倒置,完全弄反了。因为,在爱情这样的"事情"上(现象学说的"面向事情本身"),人不是抽象的人,不是一般的"男同学"、"女同学";关乎爱情的是这样具体的主体性存在者,我们命名为"爱人"或者"恋人"。那么,"爱人"或者"恋人"这样的主体性存在者何以可能?是因为爱。是爱情生成了、给出了爱人,而不是相反。假如主体先行,那么,你就会有这样一种想法,比如说:"我现在已经二十好几了,'男大当婚,女大当嫁'嘛,该找对象了。"你去"找对象",然后开始"谈对象"。大家注意,"对象"这个词语在这里是非常准确的:这个时候还没有爱情的显现,你还不是"爱人",她也还不是"爱人",而仅仅是一个"对象",一个"客体"。这就是很典型的"主—客"架构下的对象性的把握。

所以,我们今天来理解儒家的"仁爱"观念,首要的一点是:必须把仁爱理解为先行于任何存在者的存在本身,而归属于生活。我称之为"生活情感",而视之为存在本身或者生活本身的显现。这是一个首要的观念。否则,你就会把儒家思想形而上学化,甚至形而下学化,乃至仅仅把它道德化、伦理化。那样一"化",最后一定"合乎逻辑"地走向原教旨主义,因为你不能回到"事情本身",不能回到我们当下的生存,不能回到我们的生活本身。

总的来讲,我的"生活儒学"构想主要有这三个观念层级:

第一,我首先讲清楚生活本身,包括生活的本源情境(共同生活)、生活的本源结构(在生活并且去生活),以至生活的情感显现,诸如"怵惕恻隐之心"这样的事情。

第二个大的层级,我想阐明:重建形而上学,这是必然的、必要的、不可回避的事情。其实甚至包括海德格尔那样的观念,也必然得出这样的结论来。为什么呢?这个道理很简单:如果说,作为形而下学的科学,必定是建立在形而上学的基础之上的,那就意味着,如果科学还存在,它必定有其形而上学基础。这是无法回避的。不难看出,包括西方的科学哲学,后来慢慢发展,到最近的奎因的"本体论承诺"①,其实都是这么一个问题:形而上学是不可能回避的,回避不了的。问题仅仅在于:我们不能以一种原教旨主义的形而上学的方式,把某种"现成在手"的、历史上曾经有过的儒家形而上学体系作为我们的根据。必须重建。而重建从哪里开始呢?用儒家的话来说,首先回到"大本大源",回到"源头活水",那就是生活本身、生活情感、作为生活情感的仁爱,在这种本源上来重建形而上学。

究竟如何重建呢?那是一个复杂的问题,我这里不可能展开来讲。简单来讲,首要的环节是主体性的重建。我刚才讲了,主体实际上有两个层次。首先是——用孟子的话来讲——"先立乎其大者"(《孟子·告子上》②),就是首先确立本体意义上的绝对的主体

---

① 奎因:《从逻辑的观点看》,江天骥等译,上海译文出版社1987年版,第9页以下。该书译为"本体论许诺"。
② 《孟子》:《十三经注疏》本,中华书局影印,1980年版。

性。然后,你才可能导向一种相对的主体性,导向一种"主—客"架构。"主—客"架构乃是为一切科学和伦理问题奠基的根本架构,没有这个架构,什么知识建构、道德建构都谈不上。其实,儒家原来就有这么一个架构。例如,荀子讲过:"凡以知,人之性也;可以知,物之理也。"(《荀子·解蔽》①)这就是一个很典型的"主—客"架构:一边是主体性的"人之性",一边是对象性的"物之理"。

在这个架构下,我们重建形而下学。这就是生活儒学的第三大层级:重建"形而下学"。这是什么意思呢?形而下学其实主要就是两个领域,《周易》里表达为"观乎天文"、"观乎人文"(《周易·贲·彖传》②)。"天文"和"人文",这是给存在者划界,也就是我们今天的两个基本领域:知识论、伦理学。就这么两个基本的存在者领域。

从形而上学到形而下学的建构的一个枢纽,一个必要的环节,那就是:重建范畴表。西方两千年来的哲学和科学,从哲学到科学过渡的这么一个环节、一个枢纽,就是亚里士多德的范畴表。③ 他就这样看待存在者领域的划分,就这样看待世界。中国的《尚书·洪范》,也是一种范畴表,那是中国最早的范畴表之一。④ 但到了今天,显然,你不能再用那个东西了,不能再用什么"金木水火土"来说明这个世界了。必须重建范畴表,也就是重新对形而下的众多相对的存在者领域进行划分。当然,过去的一些基本的划分还是可以的,如知识与伦理。

这里尤其想强调的一点是:今天,伦理学的重建,有一个很重要的问题,或者说是一个最核心的问题。什么问题呢?在形而下的层级上重建相对主体性,在今天来看,有一个问题是最要紧的,那就是"国民"人格的建构。我为什么不说"公民",而说"国民"呢?就是回到我开头谈的那个问题:这么一个"国",nation,是现代性的民族国家的观念。所以,"国民"人格问题是我自己下一步想展开的一个工作方向。今天如何在儒学的思想资源的基础上,建构现代性的"国民"人格这样一种主体性,这确实是一个非常重要、非常现实的课题。

大概来讲,整个"生活儒学"的构想,就是想在我们自己的当下的生存、当下的生活、当下的情感这样一种本源上,来改变我们的生活。其基本立场就是我刚才讲到的:既反对自由主义西化派的立场,也反对儒家原教旨主义的立场,而是基于我们的一种现代性诉求的民族性表达,这样来建构起一种我所理解的儒家思想的当代形态。

---

① 《荀子》:王先谦《荀子集解》本,中华书局1988年版。
② 《周易》:《十三经注疏》本,中华书局影印,1980年版。原文:"小利有攸往,天文也;文明以止,人文也。观乎天文,以察时变;观乎人文,以化成天下。"
③ 亚里士多德:《工具论·范畴篇》,李匡武译,广东人民出版社1984年版。
④ 黄玉顺:《中西思维方式的比较——对〈尚书·洪范〉和〈工具论·范畴篇〉的分析》,载《西南师范大学学报》2003年第5期。

当代儒学范式

——一个初步的儒学改革方案

郭 沂

绪论、转换范式——儒学当代发展的使命

时代呼唤着新的儒学体系,儒学面临着突破。

那么,儒学将以什么方式突破?在整个儒学演变的脉络中,我们处在什么位置上?当代儒学发展的任务是什么?怎样建构新的儒学体系?对于这些举世关注的问题,学者们给予了不同的回答。

牟宗三将中国儒学史分为三期,自孔孟荀至董仲舒为第一期,宋明儒学为第二期,现代新儒学为第三期,即"吾人今日遭遇此生死之试验,端视儒学之第三期发扬为如何"①。儒学第三期发展的使命是"三统并建":"一、道统之肯定,此即肯定道德宗教之价值,护住孔孟所开辟之人生宇宙之本源。二、学统之开出,此即转出'知性主体'以融纳希腊传统,开出学术之独立性。三、政统之继续,此即由认识政体之发展而肯定民主政治为必然。"②牟宗三又将这种"三统并建"说归结为"内圣开出新外王"。所谓"内圣",即传统儒家的心性之学,用牟宗三的话说就是"道德良知",相当于"道统之肯定"。所谓"新外王",就是科学和民主,分别相当于"学统之开出"和"政统之继续"。至于"内圣"何以开出"新外王",牟宗三又创"道德良知自我坎陷"之说,谓道德良知经过自我限制、自我否定,自觉地从德性主体转出知性主体,即从道德良知(内圣)开出科学和民主(新外王)。不过,此说隐晦曲折,甚为牵强,已为不少学者所诟病。可以说,牟宗三"内圣开出新外王"的努力没有获得成功。

其后,杜维明对牟宗三关于儒学第三期发展的观点有所修正。首先,出发点不同。牟的出发点是"吾人今日遭遇此生死之试验"一语所隐含的儒学的自救和护教,而杜维明则说:"对西方现代文明所提出的挑战作出创造性的回应正是儒学第三期发展的起点。"③其次,内容不同。牟以"内圣开出新外王"为基本内容,也就是说来自西方的资源主要是民主和科学。杜认为,除了民主和科学之外,第三期儒学还要回应西方思想三个层面的挑

---

① 牟宗三:《道德的理想主义》,台湾学生书局1985年版,第1—2页。
② 牟宗三:《道德的理想主义·序》。
③ 《杜维明文集·自序》,武汉出版社2002年版。

战,第一是超越精神的层次,也就是基督教所代表的文化方向;第二是社会的层次,是社会建构的问题;第三是心理的层次,主要是弗洛伊德古典心理学及继之而起的心理分析学①。最后,也是最重要的一点,二者的断代时间不同。牟认为现代新儒学已经属于儒学的第三期发展,而杜所讨论的是"儒学第三期发展的前景"、"儒学第三期发展的可能性"。就是说,第三期至今并没有到来。在他看来,"儒学第三期的发展,大概至少也得100年后才能看出某些比较明显的迹象。"②

李泽厚在对牟宗三和杜维明的"三期说"提出了尖锐批评之后提出了"儒学四期"说:"孔、孟、荀为第一期,汉儒为第二期,宋明理学为第三期,现在或未来如要发展,则应为虽继承前三期,却又颇有不同特色的第四期。"他认为,第四期儒学的发展至少需要从马克思主义、自由主义和存在主义以及后现代主义吸收营养和资源,其主题将是"人类学历史本体论"。③

成中英则提出了"儒学发展五阶段论"。首先是儒学发展的原初阶段,从古典儒学到汉代儒学为第二阶段,宋明新儒家为第三阶段,清代为第四阶段,现代新儒家为第五阶段。他指出,第五阶段的发展"必须面对中西方或东西方的两大文化体系进行理解与把握,以切入知识与行为双向的全面整合与逐步融合。"另外,成中英还在其"本体诠释学"的基础上提出了"新新儒学"这个概念。他说:"第五阶段中新新儒学的兴起在面对当代新儒家的盲点与弊执而进行再启蒙并回归原点而再出发。此有两重点:重点之一在掌握自我以掌握宇宙本体,掌握宇宙本体以掌握自我。……重点之二在掌握天人一体的整体以面对现实,以发现问题、分析问题、解决问题。"他认为,新新儒学既要体现中国古典性,又要体现西方现代性④。

以上诸说是从不同角度对儒学发展史的分期,各有其理据,也各有其不足。三期说虽突出了儒学理论系统的建构,但忽略了儒学发展演变的完整过程;四期说和五期说虽表达了儒学发展演变的完整过程,但不足以显示儒学理论框架的转换。

自上世纪90年代初以来,笔者坚持"就哲学自身发展的内在规律而言","中国哲学的发展大致经历了两个大的阶段,从中国哲学的产生至玄学为第一阶段,从佛学到理学为第二阶段。主要根据是,这两个阶段哲学的内在结构有着根本的不同。""第一阶段哲学的内在结构大致可以分为三个层面:天道论、人性论和人心论。"到了第二阶段,"不但过去居于第三层面的心上升到最高层面,而且过去并不占重要地位的理也上升到最高层面"。依这种观念,儒学的发展也可相应地分为两期,即先秦汉唐为第一期,宋明以后为第二期。至于以熊十力、冯友兰、牟宗三等为代表的现代新儒学,则仍然属于儒学第二期,乃是理学的余音回响。我之所以这样说,是因为这些现代新儒家"尽管在不同程度上受

---

① 《杜维明文集》第一卷,第580页。
② 《杜维明文集》第一卷,第566页。
③ 李泽厚:《说儒学四期》,见《己卯五说》,三联书店2003年版。
④ 成中英:《第五阶段儒学的发展与新新儒学的定位》,《文史哲》2005年第五期。

到西方思想的影响,但这种影响不足以使其哲学的基本结构与宋明理学区别开来","熊十力、牟宗三承陆王之遗风,冯友兰则接程朱之余绪"①。至于中国哲学的前景,"首先是西方哲学传入并在中国扎根,然后是西方哲学影响并改变中国哲学的内在结构"②。不难看出,这种看法试图兼顾儒学的理论建构和发展过程,与以上诸家之说有所不同,但主要思路与三期说尤其经过杜维明改造的三期说十分吻合。

笔者认为,如果从学术形式和思想范式两个角度来考察儒学发展之路,可能更容易看清问题的实质。大致地说,在两千五百年的历史长河中,儒学虽然历经原始儒学、汉唐经学、宋明理学、清代朴学和现代新儒学五种学术形态,高潮迭起,异彩纷呈,但其基本的思想范式可归结为二,即原始儒学和宋明理学,前者制约着汉唐儒学之规模,后者则决定了宋以后儒学之路向。换言之,先秦以降为先秦原始儒学的延伸,宋明以降至今为宋明理学的延伸。当今儒学发展的使命,不仅仅是建构第六种学术形式,更为重要的是建构第三个儒学范式。相对于原始儒学范式和宋明儒学范式,我们可称之为当代儒学范式。

毋庸讳言,这其实是从另一个角度进一步确认了上述笔者有关儒学分期的看法。儒学的第一范式和第二范式,分别相当于儒学发展的第一期和第二期,而儒学的第三期发展事实上就是建构第三个儒学范式。

儒学乃忧患之学,故其新范式必生于重大的社会危机。春秋末年,周室衰微,王命不行,列国内乱,诸侯兼并,生灵涂炭,礼坏乐崩。孟子谓:"世衰道微,邪说暴行有作,臣弑其君者有之,子弑其父者有之。"(《孟子·滕文公下》)《庄子》谓:"天下大乱,贤圣不明,道德不一。"(《庄子·天下》)当此华夏文明生死存亡关头,孔子挺身而出,力挽狂澜。他聚徒而教,整理六经,以"仁"释"礼",以"易"立"仁",从而开创儒家学派。

两汉之际,佛教东来,日渐流行,至隋唐时期,已成燎原之势,代儒学而独尊于天下,由此导致了严重的社会危机。正如钱穆所说:"自唐中晚之际……社会上乃只充斥着诗人与佛教信徒。佛教信徒终不免带有出世性,诗人则终不免带有浪漫性,于是光明灿烂盛极一时之大唐时代终不免于没落,而且没落到一个不可收拾的地步。五代在中国史上乃成为一段最黑暗时期。其时真所谓天地闭,贤人隐。"③在此背景下,前有唐代韩愈之排佛,后有北宋五子之兴儒,而朱子崛起于南宋,收北宋以来理学之功,集周孔以下学术思想之成,理学作为一种新的儒学范式得以完善和确立,并为社会所接受。从此,儒学恢复了其在中国文化中的主导地位。

鸦片战争以后,西学开始流行于中国。进入20世纪,欧风美雨迅速主导我中华,而儒学几乎成了封建专制、保守僵化、腐朽落后的代名词。作为两千年来中国人的主要信仰载

---

① 笔者在90年代初的博士论文提出的这种见解,同后来李泽厚先生所提出的"现代新儒家"就是"现代宋明理学"的说法不谋而合。李说见《世纪新梦》,安徽文艺出版社1998年版,第109页。
② 郭沂:《尽心·知性·知天——老庄孔孟哲学的底蕴及其贯通》,第1—2页,复旦大学研究生毕业论文,1993年4月印行;《郭店竹简与先秦学术思想》,第43—44页,上海教育出版社2001年2月版。
③ 钱穆:《朱子新学案》(上),巴蜀书社1986年版,第7页。

体,儒学的危机,导致了极度的信仰危机,而信仰危机又必然导致严重的社会危机。信仰是人类最高的价值追求,是精神的寄托,是心灵的慰藉,是生活的向导。一个人一旦失却信仰,他的精神会变得萎靡,他的心灵会变得空虚,他的生活会变得迷惘。当今社会,物质文明可谓高度发达,但是人们精神生活质量却令人担忧。另一方面,信仰危机必然导致见利忘义,物欲横流。"天下熙熙,皆为利来;天下攘攘,皆为利往",不正是现代社会的写照吗?其结果是道德败坏,犯罪猖獗,社会混乱。因而,欲挽救社会,必先再塑信仰;欲再塑信仰,必先重建儒学。

其实,进入现代社会以后,儒学就面临着改革,但由于种种因素的干扰,这场改革一直没有顺利进行。这场改革,从人类文明的发展趋势看,是一个现代化过程,其性质类似于文艺复兴时期的宗教改革;从儒学自身的演变历程看,是一次范式的转换,其性质类似于宋明理学对儒学范式的重建。当年佛教在精神文化领域的挑战导致了儒学由第一范式到第二范式的转换。相比之下,当代儒学所面临的西学的挑战是全方位的,像现代新儒家那样仅在原有范式之内进行修修补补,已经无济于事了。所以建构原始儒学和宋明理学以来的第三种儒学范式,关系到未来中国人的生存方式,关系到在全球化时代中华民族能否一如既往地屹立于世界民族之林,应该是当今有责任心的知识分子的头等大事,是今日中国的当务之急!

当代儒学范式,或者说第三个儒学范式之建构的使命和方向应该是:回应现代化和全球化的时代挑战,以儒学的基本精神为本位,回归先秦原典,整合程朱、陆王、张(载)王(船山)三派,贯通儒、释、道三教,容纳东西方文明尤其西方哲学,建构一套新的哲学体系和社会学说,以解决当今社会面临的种种问题,并为未来世界开出大同盛世。这将是一项长期的和艰巨的任务。

儒学范式有三大支柱,一是道统论,二是核心经典系统,三是哲学体系。三者的共同转换,意味着儒学范式的转换。其中,道统论是儒学范式的宗旨,核心经典系统是儒学范式的依据,而哲学体系是儒学范式的实际载体。可以说,哲学体系既是核心经典系统的延伸,又是道统论的落实。打个比方,核心经典系统和道统论所提供的是一个平台,而一个个哲学体系就是建筑在这个平台之上的一座座亭台楼阁。也就是说,在这个平台上建构什么样的哲学体系,那是因人而异的。正因如此,不管在儒学发展的第一期还是第二期,都曾出现了众多的哲学体系。这些哲学体系尽管都独具风骚,风格各异,但也都打上了它们所从属的那个时期的烙印。这个烙印便是范式的标记,是其所属于的那个范式的核心经典系统和道统论赋予的。儒学发展的第一期和第二期哲学内在结构的不同,事实上就反映了范式的不同。这就是说,一个儒学范式的道统论与核心经典系统,是这个范式之下各种哲学体系的共同基础和前提。下面就以原始儒学和宋明理学两个范式为背景,尝试性地探讨一下当代儒学范式的道统论和核心经典系统。

上篇:天人统与人天统——当代儒学范式的道统论

道统是儒家核心价值理念的结晶,也是儒家发生发展的根本宗旨。不同的道统观,往往反映了不同的价值取向。所以,道统观在很大程度上决定了儒学发展的基本方向。

儒家道统思想源远流长。从《论语》看,孔子已敏锐地觉察到尧舜以降的道统之存在。《尧曰》首章载:"尧曰:'咨!尔舜!天之历数在尔躬,允执其中。四海困穷,天禄永终。'舜亦以命禹。"(《论语·尧曰》)这是对尧舜禹道统传承的最明确而生动的表述。大禹之后,后世学者所公认的道统传承者汤、文、武、周公,在《论语》中也有踪迹可寻。孔子弟子子夏将汤与舜并举,称"富哉言乎!舜有天下,选于众,举皋陶,不仁者远矣。汤有天下,选于众,举伊尹,不仁者远矣。"(《颜渊》)当卫公孙朝问向子贡请教"仲尼焉学"的问题时,子贡回答说:"文武之道,未坠于地,在人。贤者识其大者,不贤者识其小者,莫不有文武之道焉,夫子焉不学,而亦何常师之有?"(《子张》)孔子所孜孜不倦学习的正是文武之道。至于周公,更是孔子连做梦都在追求的精神导师:"甚矣吾衰也!久矣吾不复梦见周公!"(《述而》)文、武、周公之后,大道不彰,圣人不出,礼坏乐崩。当此之时,孔子挽狂澜于既倒,扶大厦之将倾,担当起传承道统的历史重任:"子畏于匡。曰:'文王既没,文不在兹乎?天之将丧斯文也,后死者不得与于斯文也;天之未丧斯文也,匡人其如予何!'"(《子罕》)朱熹《论语集注》注曰:"道之显者谓之文,盖礼乐制度之谓。……言天若欲丧此文,则不必使我得与于此文;今我既得与于此文,则是天未欲丧此文也。天既未欲丧此文,则匡人其奈我何?"文王既没,大道在我!面对死亡威胁,这份自信,这份从容,这份豁达,唯孔子为能。

孔子晚年"学《易》"以后,又进一步将道统的源头追溯到伏羲。他说:"古者包牺氏之王天下也,仰则观象于天,俯则观法于地,观鸟兽之文与地之宜,近取诸身,远取诸物,于是始作八卦,以通神明之德,以类万物之情。作结绳而为网罟,以佃以渔,盖取诸《离》。包牺氏没,神农氏作,斫木为耜,揉木为耒,耒耨之利,以教天下,盖取诸《益》。日中为市,致天下之民,聚天下之货,交易而退,各得其所,盖取诸《噬嗑》。神农氏没,黄帝、尧、舜氏作,通其变,使民不倦,神而化之,使民宜之。《易》穷则变,变则通,通则久。是以'自天祐之,吉无不利'。黄帝、尧、舜垂衣裳而天下治,盖取诸《乾》、《坤》。"(《系辞下》)于是,伏羲、神农、黄帝、尧、舜、禹、汤、文、武、周公,再加上孔子本人的传道谱系已大致勾画出来了。另外,在《大戴礼记·五帝德》中,宰我曾经向孔子请教黄帝、颛顼、帝喾、尧、舜五帝之事,孔子不但依次作了答复,而且还说到"禹、汤、文、武、成王、周公,可胜观也",这也是以道统传承为根据的。

孔子之后,重新确认道统并以传承道统为己任的,是孟子。他说:"由尧舜至于汤,五百有余岁;若禹、皋陶,则见而知之;若汤,则闻而知之。由汤至于文王,五百有余岁,若伊尹、莱朱，则见而知之；若文王，则闻而知之。由文王至于孔子，五百有余岁，若太公望、散宜生，则见而知之；若孔子，则闻而知之。由孔子而来至于今，百有余岁，去圣人之世若此其未远也，近圣人之居若此其甚也，然而无有乎尔，则亦无有乎尔？"（《孟子·尽心下》）又说："五百年必有王者兴，其间必有名世者。由周而来，七百有余岁矣，以其数，则过矣；以其时考之，则可矣。夫天未欲平治天下也；如欲平治天下，当今之世，舍我其谁也？"（《孟子·公孙丑下》）孟子的意思是清楚的：尧、舜、禹、汤、文王、孔子之后，真正能够担当道统的，"当今之世，舍我其谁也"！

但是，战国末期大儒荀子并不买孟子的账，他在《性恶》篇对孟子的性善论进行了猛烈的批判，显然是把孟子排除在道统之外的。不过，荀子对孔子以前的道统体认，却与孟子并无二致。他说："先王之道，则尧、舜已"（《大略》）；"今夫仁人也，将何务哉？上则法尧、禹之制，下则法仲尼、子弓之义，以务息十二子之说"（《非十二子》）。在《成相》篇，荀子又像晚年孔子那样将道统追溯到伏羲："文、武之道同伏戏。由之者治，不由者乱，何疑为？"在这些论述中，荀子心目中从伏羲、尧、舜、禹、文、武为代表的早期圣王到孔子的道统谱系隐然可见。作为一代儒学大师，荀子虽然没有说出"当今之世，舍我其谁也"的豪言壮语，但他显然是以传承道统为己任的。一方面，在孔子之后众儒中，荀子只将业师子弓列入道统谱系，他本人自然就成了道统谱系的延伸。另一方面，荀子对"道"作了界定："道也者，何也？曰：礼义、辞让、忠信是也。"（《强国》）其中，"礼"是关键："礼者，人道之极也。"（《礼论》）这同孟子以"仁"为四德之首，是大异其趣的。在荀子看来，所谓圣人，便是道的最高体现："圣人者，道之极也。"（《礼论》）众所周知，荀子思想的核心概念便是作为"人道之极"的"礼"。这样，荀子对道统的担当，已不言自明了。

到了唐代，韩愈以明确提出道统论而成为理学的先驱之一。他说："斯吾所谓道也，非向所谓老与佛之道也。尧以是传之舜，舜以是传之禹，禹以是传之汤，汤以是传之文、武、周公，文、武、周公传之孔子，孔子传之孟轲。轲之死，不得其传焉。荀与扬也，择焉而不精，语焉而不详。"（《韩昌黎全集》卷十一）不难看出，韩愈的道统论是以孟子的说法为蓝本的，只是表达得更加清晰和完整而已。值得注意的是，在谈及孟子师承的时候，韩愈虽承认孟子之学传自子思、曾子，但他并没有因此将二子纳入传道谱系，而坚持孔子之后唯孟子得道统真传："孟轲师子思，子思之学，盖出曾子。自孔子没，群弟子莫不有书，独孟轲氏之传得其宗。……故求观圣人之道，必自孟子始。"（《韩昌黎全集》卷二十《送王秀才序》）

朱子明确地提出了"道统"这个概念，但其道统论与韩愈有显著不同。一是像晚年孔子那样将道统追溯到伏羲："盖自天降生民，则既莫不与之以仁义礼智之性矣。然其气质之禀或不能齐，是以不能皆有以知其性之所有而全之也。一有聪明睿智能尽其性者出于其间，则天必命之以为亿兆之君师，使之治而教之，以复其性。此伏羲、神农、黄帝、尧、舜，所以继天立极，而司徒之职、典乐之官所由设也。"（《大学章句序》）

二是将曾子、子思等纳入传道谱系。在孟子和韩愈看来，孔孟之间的"百有余岁"，道统中断,至孟子才独得其宗。但朱子却认为,此"百有余岁",道统代有传人,未曾中断,而曾、思二子,正是连接孔孟之间道统的桥梁。朱子相信,曾子和子思传道之迹分别见于《大学》、《中庸》:《大学》之"经一章,盖孔子之言,而曾子述之。其传十章,则曾子之意而门人记之也"(《大学章句序》);"《中庸》何为而作也?子思子忧道学之失其传而作也。"(《中庸章句序》)由此,朱子重建了道统传承谱系:"夫尧、舜、禹,天下之大圣也。以天下相传,天下之大事也。以天下之大圣,行天下之大事,而其授受之际,丁宁告戒,不过如此。则天下之理,岂有以加于此哉?自是以来,圣圣相承:若成汤、文、武之为君,皋陶、伊、傅、周、召之为臣,既皆以此而接夫道统之传,若吾夫子,则虽不得其位,而所以继往圣、开来学,其功反有贤于尧舜者。然当是时,见而知之者,惟颜氏、曾氏之传得其宗。及曾氏之再传,而复得夫子之孙子思,则去圣远而异端起矣。子思惧夫愈久而愈失其真也,于是推本尧舜以来相传之意,质以平日所闻父师之言,更互演绎,作为此书,以诏后之学者。……自是而又再传以得孟氏,为能推明是书,以承先圣之统,及其没而遂失其传焉。"(《中庸章句序》)在这里,朱子将皋陶、伊尹、傅说、召公以及颜子、曾子、子思纳入传道谱系,为前人所未及。对孔孟之间的道统传承链环,朱子弟子黄榦《朱先生行状》有更简明的表达:"窃闻道之正统,待人而后传。自周以来,任传道之责,得统之正者,不过数人,而能使斯道章章较著者,一二人而止耳。由孔子而后,曾子、子思继其微,至孟子而始著。"①他将传承道统者分为两类,一是"任传道之责,得统之正者",二是在此基础上进一步"能使斯道章章较著者",二者当为传道和弘道之别。在他看来,曾子和子思属于前一类,孔子和孟子属于后一类。

尽管道统是真实存在的,但由于各种主客观原因,人们对道统和传道谱系的看法却见仁见智,故孔子、孟子、韩愈和朱子的道统观皆不尽相同。自朱子之没,又八百有余岁了。时过境迁,我们今天也很难全盘接受朱子的道统观。

大道兴于对天人之际的追究。在古人看来,万物由天所生,而天道实为宇宙之大法,人事之准则,故天、人之间息息相通。正因如此,如欲究天人之际,则既可自上而下地"推天道以明人事",又可自下而上地"究人事以得天道"。这正是往圣先哲究天人之际、探大道之奥的两种基本途径和方式。由此形成了道之两统,我分别称之为天人统和人天统,或曰天人道和人天道。

此道之两统,已清晰地呈现于六经。清人章学诚曾经这样区分《易》和《春秋》之别:"《易》以天道而切人事,《春秋》以人事而协天道。"(《文史通义·易教下》)后来,梁启超更将这两种思维方式追溯到祝、史二职,并以之论衡六经。他把春秋以前称为中国学术思想的胚胎时代,认为其时掌握学术之关键者就是祝和史:"一曰祝,掌天事者也。……祝之职亦有二:一曰司祀之祝,主代表人民之思想,以达之于天,而祈福祇者也。……二曰司历之祝,主揣摩天之思想,以应用于人事者也。……盖司历之祝所主者凡三事:一曰协时

---

① 见《朱子全书》第二十七卷,上海古籍出版社、安徽教育出版社2002年版,第566页。

月正日以便民事也,二曰推终始五德以定天命也,三曰占星象卜筮以决吉凶也。""二曰史,掌人事者也。吾中华既天、祖并重,而天志则祝司之,祖法则史掌之。史与祝同权,实吾华独有之特色也。重实际故重经验,重经验故重先例,于是史职遂为学术思想之所荟萃。……六经之中,若《诗》,若《书》,若《春秋》,皆史官之所职也;若《礼》,若《乐》,亦史官之支裔也。……而史之职亦时有与祝之职相补助者。盖其言吉凶祸福之道,祝本于天以推于人,史鉴于祖以措于今。……要而论之,则胚胎时代之学术思想,全在天人相与之际;而枢纽于两者之间者,则祝与史皆有力也。"①

综二氏之说,我们可以得出结论:在六经中,《易》代表祝的传统,其究天人之际的主要方式为"以天道而切人事"或"推天道以明人事",属于天人道统;《诗》、《书》、《礼》、《乐》、《春秋》代表史的传统,其究天人之际的主要方式为"以人事而协天道"或"究人事以得天道",属于人天道统。

我曾说过:"心性论实乃中国哲学之根蒂、中国文化之命脉,其中又以人性论更为根本。……德和欲分别代表人之为人的本质与人生而即有的本能,可分别归之于宋人的义理之性与气质之性。二者及其相互关系,不但是先秦人性论的核心问题,也是整个中国传统人性论的核心问题。"②那么,德欲之际和天人之际的关系是什么呢?我以为,自殷周之际,究天人之际的主要目的,就在于化解德欲冲突的问题。欲为天生,德为人事,德欲之际,岂非天人之际?所以,中国哲学的元问题和本质特征,是究天人之际,化德欲冲突。其所要解决的,是人之为人的问题。由此元问题,大道得以化成,得以闳深。

究天人之际的两种基本思维方式,决定了六经化德欲冲突的途径有别。大《易》推天道以明人事,强调天命,或者说天对人的赋予,其天人关系是内在的,包孕着性善论的机缘。《诗》、《书》、《礼》、《乐》、《春秋》由人事以究天道,强调敬德祈命,注重德行和礼乐教化,其天人关系是外在的,持自然人性论。其"性"就是欲望、本能,也就是宋人所说的气质之性。当时人性论的核心,可以归结为以"德"御"性",包括以"德""节性"和以"德""厚性"两个方面。也就是说,古人已经认识到作为情欲的"性"有积极、消极之辨,或善、恶之别。积极或善的"性"需以"德""厚"之,而消极或恶的"性"需以"德""节"之。在当时,"德"为善的行为,是外在的③。

寄寓于六经的道之两统是怎样作用于孔子的呢?

孔子上承夏商周文明之精华,下开两千年思想之正统,无疑是道统传承的枢纽性人物。关于孔子与六经的关系,学者们多着墨于孔子是否和如何整理六经之类的问题上。其实,更为重要的是,孔子思想亦源于六经,他正是借助六经来传承大道和创建儒家学派的。换言之,就思想而言,儒家实起源于六经。

严格地讲,儒学的起源和儒家的起源是相互关联的两个问题。《汉书·艺文志》说:

---

① 梁启超:《论中国学术思想变迁之大势》。
② 郭沂:《德欲之争——早期儒家人性论的核心问题与发展脉络》,《孔子研究》2005年第5期。
③ 详见郭沂:《从"欲"到"德"——中国人性论的起源与早期发展》,《齐鲁学刊》2005年第2期。

"儒家者流,盖出于司徒之官,助人君顺阳阳明教化者也。游文于六经之中,留意于仁义之际,祖述尧、舜,宪章文、武,宗师仲尼,以重其言,于道最为高。""儒家者流,盖出于司徒之官",谓被称为"儒家"的这个群体,出于从事司徒这个官职的人士,所谈的是"儒家"的起源问题。而"游文于六经之中",谓儒家以六经为立论根据,也就是说其学说本于六经,所谈的是"儒学"的起源问题。

数年前,笔者曾指出孔子思想有一个"下学而上达"的发展演变过程,这个过程可分为三个阶段,即由礼学而仁学进而易学,这三个阶段分别属于孔子的早年、中年、晚年①。现在看来,这个基本框架虽然成立,但这种表述显得过于简单和生硬,没有充分地揭示出孔子思想的丰富内涵和深厚底蕴,也没有有效地展现其生动性和延绵性,就像虽然描绘出了一座宫殿的轮廓,但没有反映出其富其美其辉煌一样。经过几年的思考和沉潜,我将孔子思想及其三个发展阶段重新表述为:以"礼"为核心的教化思想、以"仁"为核心的内省思想和以"易"为核心的形上学思想。

这三个阶段也意味着孔子思想的三个组成部分。但这三个部分或阶段之间并不是截然分开和相互独立的,更不是相互抵触的,而是递次包容、交互渗透的关系,即一方面,以"仁"为核心的内省思想包容以"礼"为核心的教化思想,而以"易"为核心的形上学思想又包容以"礼"为核心的教化思想和以"仁"为核心的内省思想;另一方面,三者之间也是交互渗透的。也就是说,当孔子思想发展到第二阶段,第一阶段以"礼"为核心的教化思想便从属于以"仁"为核心的内省思想,而当发展到第三阶段,第一阶段以"礼"为核心的教化思想和第二阶段以"仁"为核心的内省思想又都从属于以"易"为核心的形上学思想。据此,孔子思想的核心是变动的,即由"礼"而"仁"而"易"。当然作为一个整体,孔子思想是以"易"为核心的。在这三个核心中,"礼"是外在的,"仁"是内在的,而"易"是至高无上的。因而,这个"下学而上达"的过程包含由外入内和自下而上两个转折。

我们虽然把孔子核心思想由"礼"而"仁",再由"仁"而"易"的过程分别称作"由外入内和自下而上两个转折",但事实上,这两次转折都是逐渐的和自然而然的,经过量的不断积累,才最终实现质的突破,从而完成过渡。

礼,就像人们所公认的那样,是一套外在的社会道德规范。我想,孔子最初对礼的理解也不过如此。但在现实生活中,孔子体会到,仅仅靠外在的道德规范是远远不够的,必须辅之以内在的心理要求。于是,孔子又致力于人内在的东西,深究内省之学,试图使之服务于礼,将内在的心理要求和外在的道德规范统一起来。不过,随着孔子内省之学向纵深发展,他的重心逐渐地发生了倾斜,终于掂出了"仁"这个范畴,从而实现了由"礼"到"仁"的过渡。

礼也好,仁也好,都处在形而下的层面,与同时代的老子哲学相比,缺少像"道"这样一个至高无上的形上学根基。孔子晚年开始致力于形上学的探索,这还要从他学《易》说

---

① 郭沂:《郭店竹简与先秦学术思想》第三卷第二篇,上海教育出版社2001年版。

起。孔子在周游列国期间,诸事不顺,到处碰壁,显得力不从心。在这种情况下,大约在五十六七岁至六十期间,孔子不得已搬起了《周易》,试图通过占筮来决定未来的吉凶祸福,并引发了对这部经典的浓厚兴趣,以至于"读《易》,韦编三绝"①。根据帛书《要》等有关文献,并结合当时的历史场景,我们可以设想,孔子"学《易》"过程当经历了四个阶段或四个境界。孔子对《易》的兴趣,起初和人们一样,只是在于占筮之用,这是第一境界。第二境界是由"不安其用而乐其辞",而发现《周易》中含有"德义"的"古之遗言"。此"德义"当属礼、仁之类的道德思想。在第三境界,孔子体会出"《易》之道"、"《易》道",主要为"天道"、"地道"和"人道"。在第四境界,孔子创造性地提出了"易"这个最高形上学范畴。这标志着孔子"易"本体论的建立,也标志着从"仁"到"易"过渡的完成。这就是说,保存于今、帛本《易传》的孔子易说中,许多"易"字为孔子的最高概念,而不是通常所认为的《易》之书②。

我们知道,在早年,"孔子以《诗》、《书》、《礼》、《乐》教","晚而喜《易》",又"因史记作《春秋》"。其实,这种经历和孔子思想的演变存在着异乎寻常的关系。

在"学《易》"以前,也就是在孔子思想发展的早期和中期,孔子主要继承了《诗》、《书》、《礼》、《乐》之人天道统,持自然人性论和礼乐教化观。《论语》中出现了两个"性"字,其中一个是孔子本人说的:"性相近也,习相远也。"(《阳货》)如何理解这个"性"字?朱子引程子曰:"此言气质之性,非言性之本也。"朱子本人也说:"此所谓性,兼气质而言者也。气质之性,固有美恶之不同矣。然以其初而言,则皆不甚相远也。但习于善则善,习于恶则恶,于是始相远耳。"(《论语集注》)看来,人人之性,并不相同,只是相近,且后天习染可以改变"性"。在这里,"性"与"习"是相对的;就是说,与后天的习染相比较,先天的个性还是相近的。孔子接着说了一句话,不可忽视:"唯上知与下愚不移。""上知"与"下愚"是两种个性。拿这两种情况来看,同样属"上知"的一些人或同样属"下愚"的一些人,虽然其个性是分别相近的,但其后天习染却会相当不同。

当然,孔子也没有忽视欲望这一气质之性的重要内容。大家都知道孔子和颜渊关于克己复礼的那段著名对话。其文曰:"颜渊问仁。子曰:'克己复礼为仁。一日克己复礼,天下归仁焉。为仁由己,而由人乎哉!'颜渊曰:'请问其目。'子曰:'非礼勿视,非礼勿听,非礼勿言,非礼勿动。'"所谓"克己",其实指克除私欲。所谓"非礼勿视"等,即是指以礼节欲、以德节欲。但是,孔子并非不分青红皂白地否定一切欲望。他说:"富而可求,虽执鞭之士,吾亦为之。如不可求,从吾所好"(《述而》);"富与贵,是人之所欲也,不以其道得之,不处也。"(《里仁》)对于富贵之"欲",是可以追求的,只不过要得之有道。否则,"不义而富且贵,于我如浮云"(《述而》);"放于利而行,多怨。"(《里仁》)一种欲望是否可以追求,要看它是否符合"义"、符合"德"。

---

① 说详郭沂:《郭店竹简与先秦学术思想》第二卷第一篇《孔子与〈周易〉》。
② 郭沂:《从早期〈易传〉到孔子易说》,原载《国际易学研究》第 3 辑,华夏出版社 1997 年版,后收入《郭店竹简与先秦学术思想》第二卷第一篇。

孔子没有明确地说性是善的还是恶的,但从其具体论述来看,似乎有善的一面,如"肆"、"廉"、"直"等等;也有恶的一面,如"荡"、"忿戾"、"诈"等等。另外,符合"义"的欲望应该是善的,否则是恶的。

所以,我以为在早期和中期,孔子对"性"的理解,基本上维持了传统的观念。"礼"和"德"一样,也是外在之物,所规定的当然也是作为欲望、本能的气质之性。

与"礼"和"德"不同的是,"仁"是一种自觉的内在要求,那么是否我们可以说在中期孔子的人性观已经冲破了传统的羁绊了呢?不可。以笔者的理解,孔子之"仁"就是人心对生命的珍惜、热爱与尊重,包含对自我、对父母兄弟和对所有人生命的珍惜、热爱与尊重三个由近及远的层面①。所以,孔子的仁学本质上属于心学,而不是性学。换言之,在第二阶段,孔子尚未以"仁"为"性",甚至尚未以"仁"为人与生俱来的、人之为人的本质。

孔子晚年"学《易》"后,将重点转向继承和发扬《易》之天人道统,并创造性地提出了义理之性和性善的理念。

今本和帛书《易传》中孔子易说所体现的晚年孔子则进一步以包括仁、义在内的"德"为"性",从而完成了对传统人性论的根本转化。这实为义理之性之渊源、性善说之滥觞。以"德"即人的本质界定人性,是中国人性论成熟的标志②。和老子一样,晚年孔子也是通过宇宙生成论来探索人性的秘密。晚年孔子是这样来阐述其宇宙生成论的:"易有太极,是生两仪,两仪生四象,四象生八卦,八卦定吉凶,吉凶生大业。"在这种宇宙生成过程中,"易"是如何作用于天地万物的呢?孔子说:"乾坤,其易之蕴邪?乾坤成列,而易立乎其中矣。乾坤毁,则无以见易。易不可见,则乾坤或几乎息矣。"又说:"天地设位,而易行乎其中矣。成性存存,道义之门。"(《系辞》上)《易》以乾坤喻天地。故这里的"乾坤"、"天地"实为"两仪"。从这两段引文看,"易"中具有创生功能的"太极"生出天地以后,"而易立乎其中矣","而易行乎其中矣",即"易"也随之存在于天地之中了。这种思路颇似老子的"譬道之在天下也,犹小谷之于江海也"。这样,也可以将孔子的"易"相应地分为"本原易"和"次生易"两类,就像将老子的"道"分为"本原道"和"次生道"两类一样。和老子不同的是,孔子径直地将存在于天地之中的"易"称为"性"。所谓"成性存存,道义之门",是说这种存在于天地的"易",即次生易实际构成了"性",并成为各种"道义"的根源。

孔子思想的丰富内涵和深厚底蕴为孔子之后儒学的分化提供了条件。一位思想巨人之后,其后学们各执一端加以发挥,甚至导致学派分化,是世界思想史上的普遍现象,孔子之后的儒家正是如此。

进入战国,儒家开始分化为两系。一系承《诗》、《书》、《礼》、《乐》、《春秋》之人天统和孔子早期思想,本之以圣人之教化,从而论性情之原,礼乐之生,可谓之教本派。此派创自公孙尼子,继之以郭店简《性自命出》、《内业》,集成于荀子,而子夏实为其先驱。另一

---

① 说详郭沂:《郭店竹简与先秦学术思想》,第 570—572 页。
② 说详郭沂:《从"欲"到"德"——中国人性论的起源与早期发展》,《齐鲁学刊》2005 年第 2 期。

系承《易》之天人道统,融合孔子中晚期之思想,本之以天命之善性,从而论情心之变,教化之功,可谓之性本派。此派创自子思,集成于孟子,而曾子乃其前奏。《中庸》曰:"君子尊德性而道问学。"性本派侧重"尊德性",而教本派侧重"道问学"。两派的学术思想路径虽然不同,但都是道统的承担者。

不过,秦汉以后,两派的历史命运完全不同。性本派,确乎像韩愈所说,"轲之死,不得其传焉"。而教本派,经过董仲舒的发展改造,却一直是汉唐传统思想的正宗,浩浩汤汤,未尝中断。其流弊,在于由教化儒学演变为政治儒学,自不待言。

可见,韩愈以后的理学家们只注意到了道之天人统,并由此只承认以思孟为代表的性本派是道统的继承者,而完全没有发现道之人天统,并因而无视教本派同样继承道统的事实,甚至贬之曰"荀与扬也,择焉而不精,语焉而不详"。尽管如此,在事实上,宋明理学不但遥绍早已中断的思孟道统(天人统),而且也继承了荀扬道统(人天统)。张载天命之性和气质之性二元论的提出,意味着将道之两统纳入到一个统一的思想体系中。

不过,理学家们对天人统和性本派的青睐和对人天统和教本派的忽视,并不是因为他们缺乏学术修养,而是有其深刻的历史根源的。余敦康曾经指出,从汉代开始,儒学的发展偏于外王而忽视内圣,以致在心性之学的研究上毫无建树。在某种意义上,蕴含于孔孟儒学中的许多关于塑造理想人格的重要内容也失传了。但是,一旦礼法名教社会产生了严重的异化,追求外在事功的道路被堵塞,迫使人们不得不退回到内心世界去寻找精神支柱,儒学这才真正显露危机。同佛教的那一套系统完备的心性之学相比,不仅汉唐经学存在着严重的缺陷,连孔孟儒学也相形见绌[①]。这就是说,宋明理学的历史使命是站在儒学的立场上回应佛教心性之学的严峻挑战,而在传统儒学中,具有比较丰富的心性论资源,可以开发出来与佛教心性论相抗衡的,正是思孟学派。所以,挺立思孟,提出道统学说,正是为了满足当时的现实需要。

我们现在建构当代新儒学所面临的形势和任务,同宋明理学极其相似。唐宋之际以前,佛教盛行,儒门淡泊,收拾不住,已经持续了几个世纪。儒学能否起死回生,就在于它能否有效地回应佛教的挑战,结果宋明理学家们成功了。一个多世纪以来,欧风美雨,席卷神州,儒学重新被时代所抛弃,大有收拾不住之势。因而,儒学能否再次崛起,关键在于它能否像当年回应佛教的挑战那样有效地回应西学的挑战。

牟宗三试图在儒家思想中开出新外王的尝试何以未获成功?根源就在于他没能跳出宋明理学所提出的那个道统的藩篱!依我看,以思孟为代表的天人之统或心性之统,民主和科学的基因是有限的,从中是很难开出新外王的。

如果说宋明理学所要回应的是佛教心性论的话,那么当代新儒学所要回应的就是西方文化中的民主和科学。在这一点上,牟宗三的确抓住了要害。我们要像宋明理学家们从儒学元典中挖掘心性论的资源那样,从儒学元典中开发民主和科学的资源。在这一点

---

① 余敦康:《内圣与外王的贯通》,学林出版社 1997 年版,第 269—272 页。

上,牟宗三也是正确的。问题是,他宋明理学道统论的影响,找错了对象。

那么,传统儒学中有没有民主和科学的资源呢?许多人表示怀疑,但我的回答是十分肯定的,它主要存在于道之另统,即人天统中。尤其从公孙尼子到荀子的战国教本派,蕴藏着非常丰富的科学与民主的基因,是我们建构当代新儒学、回应西学挑战的宝藏。当然,除了儒家之外,其他中国传统学术思想系统中也含有大量科学与民主的信息,而以中医学为代表的中国传统科技,更是世界科技之林的奇葩。所有这一切,和西方的科学与民主一样,都是我们可加以评判继承,并用来建设中国当代科学与民主的宝贵资源。

值得特别强调的是,我们在借鉴西方经验的前提下从传统资源中开出的民主和科学,是一种既不同于西方又超越于西方、既能尽量避免西方之流弊又能有效回应西方的新型的民主和科学系统。它之于西方的民主和科学,犹如宋明理学的心性论之于佛教心性论。

所以,我们建构当代新儒学,不但要接续天人之统,也要继承人天之统。二统如鸟之两翼,车之两轮,缺一不可。担当两系道统,仰受千古圣脉,是建构当代新儒学的根本宗旨。

下篇:五经七典——当代儒学范式的核心经典系统

经以载道,道赖经传。经典从来就是儒家道统的承载者,是儒家立论的依据,是儒学发生发展的源头活水。所以,作为原始儒学和宋明理学这两个范式的最主要的确立者,孔子和朱子构筑各自儒学范式的路径虽然存在这样和那样的差别,但有一点是共同的,就是他们都将建构儒家核心经典系统作为基础性工程。

孔子之时,周室微而礼乐废,《诗》、《书》缺,于是孔子论次《诗》、《书》,修起《礼》、《乐》。晚年又整理《周易》,并因史记作《春秋》,从而创建了六经系统。先王先圣们的传道之迹见于六经,而孔子之确立六经作为儒家核心经典系统,实为传道也。孔子自称"述而不作"。但事实上,孔子是寓"作"于"述",就是说他是借解释发挥六经来建立自己的儒学体系的。

秦火以后,《乐经》不存,故汉武帝只立《诗》、《书》、《礼》、《易》、《春秋》五经博士,五经遂成汉唐传统经学的核心。至东汉,增《论语》、《孝经》为经,连同五经,合称"七经"。据皮锡瑞《经学历史》,"唐分三《礼》、三《传》,合《易》、《书》、《诗》为九",称"九经"。据宋代晁公武《郡斋读书志》,唐文宗太和年间,复刻"十二经,立石国学"。所谓"十二经",即"九经"外加《论语》、《孝经》、《尔雅》。及宋代,随着孟子地位的提高,《孟子》一书又被列入经,遂有"十三经"之称。这些儒家核心经典系统皆以五经为核心,皆由六经系统演化而来,故可归为六经系统。

朱子对经学的最大贡献,是根据他对道统的重新确认,将上述以五经为核心的传统经学,改造为四书五经系统,并将重心由五经转移到四书。对此,钱穆早有定评:"《语》、

《孟》、《学》、《庸》四书并重,事始北宋。而四书之正式结集,则成于朱子。朱子平日教人,必教其先致力于四书,而五经转非所急。故曰:'《语》、《孟》功夫少,得效多;六经功夫多,得效少。'其为《语》、《孟》集注,《学》、《庸》章句,乃竭毕生精力,在生平著述中最所用心。朱子卒,其门人编集《语类》,亦四书在先,五经在后。《语类》一百四十卷,四书部分共占一百五十一卷,当全书篇幅三分之一以上。五经部分二十九卷,不及四书部分篇幅之半。其他《语类》各卷,涉及四书,亦远胜其涉及五经。亦可谓宋代理学,本重四书过于五经,及朱子而为之发挥尽致。此后元明两代,皆承朱子此一学风。清儒虽号称汉学,自擅以经学见长,然亦多以四书在先,五经在后。以孔孟并称,代替周孔并称。虽有科举功令,然不得以科举功令为说。则朱子学之有大影响于后代者,当以其所治之四书学为首,此亦无可否认之事。"①

就这样,随着孔、曾、思、孟道统的确立,《论语》、《大学》、《中庸》、《孟子》四书系统也形成了。朱子的理学体系博大精深,代表着中国哲学的又一个高峰。它不但源于四书五经,而且在一定程度上可以说是对四书五经的诠释、发挥、发展。

不过,朱子所建立的四书五经系统,虽主导中国思想达六七百年之久,但自鸦片战争以来,中国和世界已经发生了巨大变化,这个儒家核心经典系统已经不能满足我们时代的需要了。也就是说,重构儒学核心经典系统,即建立第三个儒家核心经典系统,仍然应该是第三个儒学范式的基础性工程。

我所理解的儒家核心经典系统应该指儒学孕育和奠基时期最重要的儒学经典。五经为孔子所手订,乃夏商周三代的文化积淀,隐含着中国文化基因,孕育着儒家生命,其经典地位是不可动摇的。从孔子到孟荀,为儒学的奠基期。这个时期的儒学,群星灿烂,学派林立,著作迭出,繁荣之至,世称显学。朱子从中选出《大学》、《论语》、《孟子》、《中庸》构成四书,反映了他的立场和时代需要。但对于建构当代新儒学来说,这个四书系统是有很大局限性的。

根据上文对儒家道统的重新判定,愚见以为,现存儒学奠基期最重要的经典可新编为七:《广论语》、《子思子》、《公孙尼子》、《性自命出》、《内业》、《孟子》、《荀子》,总称"七典",与五经合称"五经七典"。也就是说,作为两系道统集大成者的孔子之下,《子思子》和《孟子》属天人统和性本派,《公孙尼子》、《性自命出》、《内业》和《荀子》归人天统和教本派。笔者试图在六经系统和四书五经系统的基础上,将儒家核心经典系统重构为"五经七典"系统。

一个世纪以来,随着考古资料的不断出土,人们对先秦文献的认识已经发生了翻天覆地的变化。一方面,这些简帛资料使许多佚失两千余年的先秦典籍重见天日;另一方面,根据这些资料,学者们进而重新审查传世文献,得出了与前人不同的判断。近期引起学术界巨大震动的主要有 70 年代出土的长沙马王堆汉墓帛书、90 年代出土的郭店楚墓竹简

---

① 钱穆:《朱子新学案》,巴蜀书社 1986 年版,第 1355—1356 页。

和最近公布的上海博物馆藏战国楚简。这几批简帛资料涉及先秦儒家的尤多,可以说从根本上改变了先秦儒家文献的版图。这一切,恐怕是八百年前的朱子连做梦也想不到的。

据《汉书·艺文志》:"《论语》者,孔子应答弟子、时人及弟子相与言而接闻于夫子之语也。当时弟子各有所记,夫子既卒,门人相与辑而论撰,故谓之《论语》。"《论语》集孔子言论之精粹,确为研究孔子最重要的史料,也是中国人最神圣的经典。然而,孔子弟子三千,登堂入室者七十有二,故当时一定有大量记录孔子语的笔记。而孔子去世后,后学即分化,故所谓"夫子既卒,门人相与辑而论撰",一定只是各小集团之内的事情。由此可知,当时一定存在许多结集孔子言行录而成的《论语》类文献。当然,各小集团在结集孔子言行录的时候,是以自己的特点和兴趣进行取材的。今本《论语》特别注重道德修养。由此可以推知,此书主要是由孔子德行科的弟子门人结集的。

那么,《论语》之外那些《论语》类文献的下落如何呢?它们并没有完全从历史上消失。在现存西汉以前的文献中,常常见到集中记载孔子言行的文字,从上下文看,绝非私家著作的征引。这就是《论语》类文献的佚文,其史料价值与《论语》不相上下。如今本和帛书本《易传》中的有关文献、《孝经》、定县竹简《儒家者言》和《哀公问五义》、《荀子》中的有关文献、大小戴《礼记》中的有关文献、《孔子家语》和《孔丛子》中的有关文献以及最新出土的郭店楚墓竹简和上海博物馆藏战国楚竹书中的有关文献等①。

这里特别值得强调的是孔子与《周易》的关系以及《易传》中的孔子遗教。孔子与《周易》的关系是中国学术史上最大的悬案之一。笔者经过详细的考察证实,确如《论语》、《史记》、《汉书》、《要》等文献所言,"孔子晚而喜《易》",时间在他五十六七岁前后。由于孔子之喜好《周易》以致达到着迷的程度,所以他留下了大量关于《周易》的言论,其中的一部分一直保存到现在,主要见于今本和帛书《易传》。鲜为人知的是,孔子晚年(很可能在六十八岁返鲁之后)不但曾对成于他之前的几种《周易》文献进行过系统整理和研究,而且还为之作序。今本《易传》的材料大致可以分为两类。一类为孔子之前的《周易》文献,我称之为早期《易传》,包括《彖》、《象》二传全部,《说卦》前三章之外的部分和《序卦》、《杂卦》全部,《乾文言》的第一节;另一类为孔子易说,即其余的部分。至于帛书《易传》,皆属孔子易说。今、帛本中的这些孔子易说和其他西汉以前古书中连续记载的有关孔子的文献一样,亦非假托,当为《论语》类文献②。

因此,只有综合研究《论语》类文献,才可能更全面地了解孔子思想。这样一来,将今本《论语》和其他《论语》类文献合编成一本《广论语》,也就变得理所当然了。

战国末期的韩非子在其名著《显学》篇中告诉我们,自孔子死后,儒家有八派之多,其

---

① 说详郭沂:《〈论语〉源流再考察》,《孔子研究》1990 年第 4 期;《再论原始〈论语〉及其在西汉以前的流传》,《中国哲学史》1996 年第 4 期;《郭店竹简与〈论语〉类文献》,见《郭店竹简与先秦学术思想》,上海教育出版社 2001 年版。

② 说详郭沂:《孔子学易考论》,《孔子研究》1997 年第 2 期;《从早期〈易传〉到孔子易说》,《国际易学研究》第 3 辑,华夏出版社 1997 年版;《〈易传〉成书若干观点平议》,《齐鲁学刊》1998 年第 3 期;《孔子与〈周易〉》,见《郭店竹简与先秦学术思想》,上海教育出版社 2001 年版。

繁荣景象,不难想见:"自孔子之死也,有子张之儒,有子思之儒,有颜氏之儒,有孟氏之儒,有漆雕氏之儒,有仲良氏之儒,有孙氏之儒,有乐正氏之儒。"近人蒋伯潜《诸子通考》亦不无感慨地说:"战国初,为儒家全盛时期。"①然而,正如顾炎武《日知录》卷十三《周末风俗》所说:"显王三十五年丁亥之岁,六国以次称王,苏秦为从长。自此之后,事乃可得而纪。自《左传》之终以至此,凡一百三十三年,史文阙轶,考古者为之茫昧。"在儒学发展史上,这段空白正相当于孔孟之间。由于文献不足,人们对这个被称为"全盛时期"的儒学所知甚少,以致当今的大部分中国哲学史和中国儒学史著作,略过孔孟之间的历史空白,从孔子直接跳到孟子。这不能不说是一个令人十分遗憾的事情。谁也预料不到,郭店楚墓竹简的出土为揭开孔孟之间的儒学这个历史之谜提供了契机。

首先,这批竹简让所谓"子思之儒"终于露出了庐山真面目。

当今学者对子思著作在历史上的流传情况所知甚少,误解甚多。我考察的结果是,从先秦至南宋,子思名下的这部著作先后出现过三种传本,分别代表其演变的三个阶段。第一阶段为先秦至刘向校书前的《中庸》四十九或四十七篇,是为祖本;第二阶段为《汉志》所著录的"《子思》二十三篇",是为新编本;第三阶段为《隋志》和《唐志》所著录的《子思子》七卷,是为重辑本。

那么,子思书的原始状态如何呢?我认为,子思书本来至少包括三类文献。第一类是子思所记孔子言论,包括原本《中庸》(今本《中庸》基本上由两部分构成,以孔子语单独成章的部分为本来的《中庸》,另一部分为子思的一篇佚文,姑名之曰《天命》)、《表记》、《坊记》、《缁衣》四篇,它们属于《论语》类文献。梁时的沈约早就说过这四篇出自《子思子》。另外郭店楚简《穷达以时》可能也属于这一类。第二类为子思的著作,包括《五行》、《天命》和《大学》。另外,现存古籍中可能还保存了一些子思著作的佚文,例如《淮南子·缪称训》的主体部分很可能就是子思书《累德篇》的佚文。第三类为子思门人所记子思言行。这一类或属于子思书,或散见于其他典籍,这正如孔子门人所记孔子言行或见于《论语》,或散见于群书。郭店简《鲁穆公问子思》为鲁穆公和子思的对话,当为子思门人所记,它很可能也属于子思书中的一篇②。

这样,将上述原子思书残卷辑录在一起,新编《子思子》一书,就显得十分必要了。

其次,这批竹简提供了探索儒家八派之"孟氏之儒"的新途径。

王瑗仲说:"孟氏之儒当谓孟子门下。《史记·儒林传》云:'孟子、荀卿之列,咸遵夫子之业而润色之,以学显于当世',则其授受之广可知。《圣贤群辅录》曰:'孟氏传书,为疏通致远之儒。'赵岐称孟子通五经,尤长于诗书,则《群辅录》谓传书或有所本。"③郭沫

---

① 蒋伯潜:《诸子通考》,浙江古籍出版社1985年出版,第110页。
② 说详郭沂:《〈中庸〉成书辨证》,《孔子研究》1995年第4期;《〈大学〉新论——兼评新儒家的有关论述》,《新儒家评论》第2辑,中国广播电视出版社1995年出版;《郭店竹简与子思学派及其文献》,见《郭店竹简与先秦学术思想》第二卷;《子思书再探讨——兼论〈大学〉作于子思》,《中国哲学史》2003年第4期;《〈淮南子·缪称训〉所见子思〈累德篇〉考》,《孔子研究》2003年第6期。
③ 陈奇猷:《韩非子新校注》下册,上海古籍出版社2000年版,第1126页引。

若也说:"孟氏自然就是孟轲,他是子思的私淑弟子。"但是,韩非子在这里谈论的是"自孔子之死也"、"自墨子之死也"的儒、墨两家的情况,而三墨皆墨子直传弟子,故八儒的时代离"孔子之死"亦当不远。从年龄上看,孟子应为第五代儒家。但在我看来,八儒多属孔子弟子和再传弟子,最晚也不超过三传弟子,正处在孔孟之间。

那么,韩非子所提到的"孟氏"到底是谁呢?我们可以从有关思孟关系的纷争中找到一些线索。汉代以来,学者们或认为孟子学于子思本人,或主张学于子思之弟子。根据笔者的新考,子思年九十二,生活在公元前504—403年之间,但这仍不能与孟子时代相接,而多种典籍中有关孟子受业于子思的说法乃至有关子思、孟轲相见的记载又难以置疑。实际情况是:孟子虽然深受子思及其门人的影响,并与之构成思孟学派,但他既非受业于子思,亦非受业于子思门人。《子思子》、《孔丛子》等书所载的那位姓孟、名轲、字子车的儒者,并不是孟子,而是一位与孟子同姓名的子思弟子。有关孟子受业于子思的说法皆由此衍生,有关孟子受业于子思门人的说法都是由思孟时不相值的事实和《史记》衍文的影响所导致的误解①。

这位孟子车并非等闲之辈,而是先秦时期的卓越思想家。早在幼年第一次拜见子思的时候,他就深得子思的器重和高度评价:"言称尧舜,性乐仁义,世所希有也。"(《孔丛子·杂训》)孟子车既为"世所希有"的大儒,那他一定有相当的著述。然而,随着他的名字为后来同姓名的孟子所掩盖,其著作也丧失殆尽。值得庆幸的是,郭店儒简的出土,为追寻孟子车佚文提供了可能。窃以为,郭店简中的《性自命出》、《成之闻之》、《六德》、《尊德义》、《唐虞之道》、《忠信之道》六篇,很可能就是孟子车的遗著,而孟子车可能即为《显学篇》之"孟氏之儒"。在儒学八派中,孟子车是辈分最晚的一位,也是唯一的孔子三传弟子。

如果这种推断不误,那么我们就可以顺理成章地将上述六篇郭店简合编成一书,并按先秦古书惯例,名之曰《子车子》。为谨慎起见,暂以其中的核心文献《性自命出》总其名。

在儒家八派中,有著作传世的还有"孙氏之儒"。

关于"孙氏之儒",自清代就有荀子和公孙尼子二说。顾广圻曰:"孙,孙卿也。《难三篇》云:'燕子哙贤子之而非孙卿。'"②皮锡瑞说:"刘瓛以《缁衣》为公孙尼子所作,沈约以《乐记》取《公孙尼子》,或即八儒之公孙氏欤?"③其后二说并行,如日人津田凤卿曰:"'孙'上恐脱'公'字。《汉书·艺文志》《公孙尼子》二十八篇,注七十子弟子。《太平御览》引公孙尼子。一曰'恐公孙丑也'。或曰指孙卿子,非。"梁启超曰:"孙氏即孙卿。或指孙氏为公孙尼子,恐非。"④陈奇猷曰:"此孙氏以指公孙尼子为是。盖本篇乃诋儒者,谅韩非子不致诋毁其师。且韩非对其师颇爱护,《难三篇》云:'燕子哙贤子之而非孙卿,故

---

① 郭沂:《孟子车非孟子说——思孟关系考实》,《中国哲学史》2002年第3期。
② 陈奇猷:《韩非子新校注》,第1127页引。
③ 皮锡瑞:《经学历史》,第27页。
④ 二家之说皆见陈奇猷《韩非子新校注》第1127页引。

身死为戮。'燕子哙非孙卿,韩非即出此愤慨语,岂在此又指其师而诋之,于理不合。且公孙氏本可省为孙氏,王先谦《荀子集解》卷首云'孙卿者,盖郇伯公孙之后,以孙为氏也',即其例。《圣贤群辅录》云'公孙氏传易',当即此人。"①今按,荀子的时代离"孔子之死"实在太远,"孙氏"当以公孙尼子为是。公孙尼子系子夏弟子,卓然大儒,堪称一派。

《汉书·艺文志·诸子略》儒家类载有《公孙尼子》二十八篇。这部经刘向整理"定著"的二十八篇本《公孙尼子》流传时间并不长,大概在汉魏之际就佚失了。《隋书·经籍志》子部儒家类著录有《公孙尼子》一卷。很可能在二十八篇本佚失以后,有心人将其佚文辑在一起,而篇幅又不大,不足以分卷,故合为一卷。因而,一卷本的出现,从侧面说明二十八篇本在隋以前确已亡佚。这部一卷本,在宋以后又亡佚了。

二十八篇本和一卷本《公孙尼子》虽然皆已散佚,所幸的是其若干佚文保存至今,其中最重要的就是今本《礼记》中的《乐记》篇。

关于公孙尼子的其他著作,陆德明《经典释文·序录》曾说,"《缁衣》是公孙尼子所制。"其《礼记音义》又说:"《缁衣》,郑诗,美武公也。刘瓛云:'公孙尼子所作也。'"但按照沈约的说法,"《中庸》、《表记》、《坊记》、《缁衣》,皆取《子思子》。"②清人黄以周考证道:"《文选注》引《子思子》有'民以君为心'一事,'昔吾有先正'一事。《意林》载《子思子》有'小人溺于水'一事。则《缁衣》篇出自《子思子》明矣。《释文》引刘瓛说《缁衣》公孙尼子所作,不足据也。"③看来,《缁衣》为《子思子》的一篇,是完全可以肯定的。它是否也曾出现在《公孙尼子》中呢?这种可能性也是不能排除的。此篇所记悉为孔子言论,属《论语》类文献,既非子思手著,亦非公孙尼子亲撰。和其他许多《论语》类文献一样,它为不同古书所共采,是完全可能的。

在《公孙尼子》二十八篇中,除了《乐记》和可能的《缁衣》外,可考的篇名还有《春秋繁露·循天之道篇》所提到的《养气》篇。另外,马国翰《玉函山房辑佚书》还辑有不可考篇名的《公孙尼子》佚文十二条。除了马氏辑本外,洪颐煊也曾辑录过一本《公孙尼子》,在《问经堂丛书》中④。

准此,有必要在马、洪二氏辑本的基础是重新校订《公孙尼子》一书。

《汉书·艺文志》儒家类有"《内业》十五篇",注曰"不知作书者"。著名的《管子》四篇即《心术》上下、《白心》、《内业》,实为其佚篇。论者多以为此四篇为道家著作。其实,四篇虽多用道家概念,但价值取向却是儒家的,当然为儒家著作。

除了"自孔子之死也"这个时间范围外,韩非子提出儒家八派的学术标准,在我看来可以用司马迁的"究天人之际"和"成一家之言"二语来表达。也就是说,只有建构了一套独特的哲学体系的早期儒者,才可以入选儒家八派。既入选八儒,当各有著作。虽然我们

---

① 陈奇猷:《韩非子新校注》,上海古籍出版社 2000 年版,第 1127 页。
② 见《隋书·音乐志》。
③ 黄以周辑解:《子思子·内篇》卷四。
④ 郭沂:《公孙尼子其人其书及其学术谱系》,待刊。

现在只能读到子思之儒、孟氏之儒和孙氏之儒的著作残卷,但我们仍能从中领略其哲学体系之大概。至于其他五派的哲学体系,因其著作无存,我们就很难详细推测了。曾子、子夏和子游等当时很有影响的儒家派别之所以未列八儒,并不是韩非子的疏忽,而是在他看来,这些儒学流派未尝建立起自己的哲学体系,故不符合入选条件。

"究天人之际"、"成一家之言",仍然应该是我们今天建构儒家核心经典系统的入选标准。我认为,上面讨论的《广论语》、《子思子》、《性自命出》、《公孙尼子》、《内业》以及传世的《孟子》和《荀子》这七部先秦儒家经典,都是符合这个标准的。

总之,两脉道统,见于"五经",存于"七典",比量齐观,庶几可得大道之全矣。出于对道统的不同看法,唐代以前的经传中,常以周孔并称;唐宋之际以后,代之以孔孟并称;现在看来,以周孔孟荀并称,或许有更强的概括性。

我之所以将《论语》等七部原始儒家最重要的著作称为"典",而没有像四书五经系统那样称为"书",是因为"典"指可以作为典范的最重要的"书",与"经"字相当,地位远远高于"书"。《书·五子之歌》"明明我祖,万邦之君,有典有则,贻厥子孙"孔传:"典,谓经籍。"汉王符《潜夫论·赞学》曰:"是故索物于夜室者,莫良于火;索道于当世者,莫良于典。典者,经也,先圣之所制。"《论语》等七部书,正是照亮人类精神世界的火炬,正是"索道于当世"的向导,故谓之"典"。而"书",指装订成册的著作,是普通名词。其实,朱子本来称《论语》等四部书为"四子"。《朱文公文集》卷八二有《书临漳所刊四子后》一篇。《朱子语类》卷一〇五:"四子,六经之阶梯;《近思录》,四子之阶梯。"称"子",乃因孔、曾、思、孟皆为先秦诸子。虽然他也将《论语》等合称为"四书":"如《大学》、《中庸》、《语》、《孟》四书,道理粲然,人只是不去看。若理会得此四书,何书不可读,何理不可究,何事不可处"(《朱子语类》卷一四),但从行文看,"四书"二字不过指"四部书",尚非专用名词。朱子对《大学》、《中庸》的注释称"章句",对《论语》、《孟子》的注释称"集注",后人合称之为《四书章句集注》。故"四书"之称,盖出于后人,不一定符合朱子的本意。

上引钱穆之说,谓朱子之重四书远胜于五经,这也是其后学列四书于五经之前的原因。今五经七典之序,非重五经而轻七典之谓也,只是考虑到一方面在时代上五经早于七典,另一方面在人们用语习惯上"五"先于"七"也。至于七典在五经七典系统中的地位,大致与四书在四书五经系统中的地位相当。

诚然,我们今天建构当代新儒学,不但要回归先秦元典,而且还要继承历代大儒的思想,他们都是道统的承担者。其中最值得重视的有董仲舒、周敦颐、邵雍、张载、程颢、程颐、朱熹、陆九渊、王阳明、王夫之、戴震、熊十力、冯友兰、牟宗三等人。这是特别需要说明的。

道哲学概要

郭 沂

引 言

近代以来,如何整合知识论和价值论,从而建构新的哲学体系,是整个世界哲学的根本任务。从西方哲学方面看,尽管知识论成为时代的主旋律,但对价值的追求,也一直没有停止过,形成了诸如现象学、存在主义、后现代主义等思潮。从中国哲学方面看,在原有价值论的基础上发展出具有现代特色的知识论,是有识之士的努力方向,而牟宗三的"三统并建"、"内圣开出新外王"之说就是一个典型事例。但是,时至今日,他们并没有提供出一个令人满意的方案,其根源,恐怕在于他们没有在更高的层面上处理好知识论和价值论的关系。

让我们首先扫视一下大的历史背景。

在现代化和资本主义浪潮的冲击下,19世纪以降,中西传统哲学不约而同地走向了衰落。之所以如此,是因为传统哲学与现代性秉性各异,格格不入。

传统哲学和现代性的特性各是什么?一言以蔽之,如果说所谓现代性就是理性的话,那么传统哲学更多地表现为价值。

中国哲学始于忧患,从一开始就关注人生的价值和生命的意义。中国哲学虽然也重视知识,但所讨论主要是关于道德的知识。道德和道德知识,中国先哲分别称之为"尊德性"和"道问学"。他们在提到"知"、"学"、"道问学"等等时,大抵指道德修习。至于自然知识和科学知识,在他们眼中不过是一些无关紧要的"小道"。因此,中国哲学基本上是一种价值哲学。在这种价值哲学影响下,自然知识和科学知识始终被置于从属的地位,没有引起中国古人足够的重视,以致没有纳入国家教育体系。从这个角度看,中华文明自身没能发展出资本主义和现代化,是有其必然性的;五四时期那批热血青年在全盘接受西方现代化思潮的时候愤然全盘抛弃传统哲学,也是有其必然性的。

在西方文化中,哲学的本义是"爱智",这注定了西方哲学从一开始就对知识情有独钟。尽管如此,在康德以前,西方哲学所讨论的问题还是和中国哲学有很强的相似性,价值也是其所关注的重要问题。近代以降,从中世纪神学挣脱出来的西方哲学家便满腔热情地扑向知识世界,以知识为最高目标,把主要精力投向探索"物性"与自然奥秘,培根的名言"知识就是力量"成了一个标志性口号。他们所讨论的知识,更侧重自然知识和科学知识;他们的理性,主要是作为工具的理性和逻辑关系。与此同时,反映人与人、人与社会的价值悄然疏离。如此看来,资本主义和现代化之所以发生在西方,决不是偶然的。

但是,资本主义和现代化并没有像人们所希望的那样将人类带到一个真正的自由世界。的确,现代化不断地给我们带来剧变,使我们享受到前所未有的物质文化,但随之而来的却是环境破坏、贫富悬殊、科技异化、核弹威胁、文明冲突、物欲横流、精神沉沦。

与此相映成趣的是,为现代性所深深渗透和侵蚀的现当代哲学尽管学派林立,思潮时现,但难免呈现出江河日下的颓势。

这场人类危机和哲学危机迫使我们不得不重新审视、重新反省,重新选择,重新起航。

回到人自身吧!正如康德所说,"人是目的"。人的一切活动,最终都是为了人自己,哲学作为人的高级智力活动,当然也不能例外。准此,我们就不得不承认,在一个合理的哲学体系中,价值论应该居主导的和核心的地位,而知识论则处次要的和辅助的地位;前者是目的,后者是实现前者的手段。

这场人类危机和哲学危机的实质,正是价值危机。所以,维护价值论在哲学中应有的地位,重建人类的精神家园,是摆脱危机的根本道路。

这样,我们就可以对中西哲学所存在的问题和目前所面临的任务有清醒的认识。中国哲学的缺陷在于知识论的缺失,恰恰相反,现代西方哲学的不足则是价值论的淡化。因而,中国哲学的使命是建立知识论以辅助价值论,西方哲学的使命则是重构价值论以主导知识论。双方恰恰可以取长补短,相得益彰。可以预见,在中西哲学相互渗透、相互激荡下形成的未来世界哲学,将是一种以价值论为主导,以知识论为辅助的新的哲学体系。

本文的目的,就是以中国哲学为出发点,向这一伟大的目标迈进。

我以为,这首先需要我们对形而上学抱有正确的态度。

形而上学是哲学的命脉。自亚里士多德以来,形而上学就被称为"第一哲学",可见其在传统西方哲学中地位。但是,近代以来,西方哲学出现了重大转向。随着分析哲学、后现代主义等思潮的流行,西方哲学开始由形而上走向形而下,由本体走向现象,由先验走向经验,"解构形而上学"、"哲学的终结"的呼声此起彼伏。

这一反形而上学的潮流波澜壮阔,声势浩大,俨然已经成为当今哲学界的主流。它真的代表着未来哲学的发展方向吗?且看当代最伟大的天体物理学家史蒂芬·霍金的看法:"以寻根究底为己任的哲学家不能跟得上科学理论的进步。在18世纪,哲学家将包括科学在内的整个人类知识当做他们的领域,并讨论诸如宇宙有无开初的问题。然而,在19和20世纪,科学变得对哲学家,或除了少数专家以外的任何人而言,过于技术性和数字化了。哲学家如此地缩小他们的质疑的范围,以至于连维特根斯坦——这位本世纪最著名的哲学家都说道:'哲学仅余下的任务是语言分析。'这是从亚里士多德到康德以来哲学的伟大传统的何等的堕落！"①

是的,这个潮流背离了哲学的本性和实质,意味着哲学传统的堕落。当然,出现这种情况不是偶然的。本体与现象的分离是西方传统形而上学的基本特征,恐怕也是最大缺陷。由此所导致的种种后果和弊端,最终致使西方传统形而上学积重难返。这要求我们改革甚至重建形而上学,而不是将它抛弃。以历史的眼光看,可以预见,反形而上学的潮流将不过是整个哲学发展史的一个过渡阶段。哲学终究要回到哲学的轨道上,回到形而上学的轨道上。

形而上学也是中国哲学的基础与核心。从历史上看,《易》乃五经之首,大道之原,更是中国形上学之根。孔子晚年的易本体论是直接通过阐发易理而建立起来的,而老子的道本体论又何尝不源于大易？老子和晚年孔子所创建的形上学体系,发展到子思、孟子已经十分成熟。这个形上学体系的基本框架是由三个层面组成的,一是作为世界本原的道（老子）、易（孔子）或天（思、孟）,二是作为人之为人本质的性,三是作为主观世界的心。宋明理学是中国哲学的又一个高峰,而为之开辟道路并奠定形上学基础的,正是周敦颐根据易理所作的《太极图说》。周敦颐《太极图说》及其所引发的宋明理学的主要贡献,是对孔子的易本体论和宇宙论作了新的阐述和发展。

如果说程朱和陆王的形上学分别深受佛学中以华严宗为代表的理本派和以禅宗为代表的心本派的影响,但依然保持着中国传统形而上学基本结构的话,那么上个世纪冯友兰"真际"、"实际"两个世界的划分与牟宗三的"两层存有论"形而上学不仅深深打上了西方哲学的烙印,而且偏离了中国传统形而上学的基本方向。可以说,近代以来,在西方哲学的强力冲击下,中国传统形而上学无疾而终,早已被时代所遗忘和抛弃。

现在到了重新反省和认识中国传统形而上学的时候了。我以为,这套形而上学体系不但没有西方传统形而上学的那些弊端,而且恰恰能够纠正这些弊端,并为未来形而上学指明方向。

通过创建或重建形上学来开出种种有关人生、伦理、社会、政治的学说,是包括儒道释三家在内的中国哲学各流派的基本路径。

中国形上学的另一个重要特色,是宇宙论与本体论合一,所谓天人合一、体用一如、内圣外王等等,都是以此为基础的,这样就避免了西方哲学本体与现象脱节的弊病。

宇宙论是研究宇宙起源、演变的理论,本体论是探讨世界本原、本性和结构的学问,而在哲学层面上,宇宙和世界两个范畴相当,它们都是天地万物的总称,所以宇宙论和本体论的对象只不过是同一事物的两个方面,二者相辅相成,混而为一。准此,通过探索宇宙的起源来论证世界的本体、万物的本性以至社会的秩序,是形上学建构的最根本、最可靠的途径,也是中国哲学的大智慧之所在,值得我们效法。

---

① 史蒂芬·霍金:《时间简史——从大爆炸到黑洞》,湖南科学技术出版社1996年版,第156页。

一　宇宙大爆炸与中国古代哲学宇宙论

在过去,人们对浩瀚的宇宙所知甚少,哲学家们是根据当时有限的天文学知识和自己对大自然的洞察来建立宇宙论的。时至今日,宇宙学已经取得了令人瞩目的长足发展,并成为一门显学,它不能不成为我们建构当代形上学的一个坚实的基础。我想,倘使老子、孔子、朱子以及亚里士多德、康德活在今天的话,他们一定不会无视现代宇宙学的成就的。

1. 宇宙大爆炸理论

众所周知,宇宙大爆炸学说已经得到了科学界的广泛认同。这个学说认为,宇宙起源于一个比原子还小的"奇点"。大约140亿年以前,积聚了无比巨大宇宙能量的奇点发生了一次大爆炸,并迅速膨胀,从而形成我们今天的宇宙。从大爆炸的那一刻起,才有了时间和空间。就是说,时间是有开端的,空间也是有边际的。这和传统物理学理论宇宙时空无限假说恰恰相反。

宇宙大爆炸的理论有一个不断发展和完善的过程。1929年,美国天文学家哈勃通过观测发现,河外星系都在离开我们向远方退行,而且距离越远的星系离开我们的速度就越快,这正是一幅宇宙膨胀的图景。1932年,勒梅特首次提出了宇宙大爆炸理论,指出宇宙是从一个"原始原子"开始,不断分裂膨胀而成的;宇宙诞生于没有昨天的那一天。上世纪40年代,美籍俄国天体物理学家伽莫夫第一次将爱因斯坦的广义相对论融入到其宇宙学说中,建立了完整的大爆炸理论,并对大爆炸遗迹辐射的温度作出了科学预言。他坚信,高热爆炸产生的辐射,即使是在100多亿年后的今天,也不会完全消失。1965年,彭齐亚斯和威尔逊果然发现了大爆炸遗留下来的"痕迹",即宇宙微波背景辐射,以确凿的数据证明了宇宙的确曾经处于与今天完全不同的高温高密状态,从而为宇宙大爆炸理论提供了重要的依据。后来,彭洛斯的研究结果显示,宇宙中大质量的物质,即大质量的恒星会坍塌,并最后被压缩成"黑洞"。霍金意识到,如果把彭洛斯所描绘的坍塌过程反转过来,那么扩张的宇宙正在坍塌,这恰好就是大爆炸发生的反向过程。1970年,霍金和彭洛斯在论文中证明,时空中一定存在着"奇点",因此黑洞和宇宙大爆炸都是不可避免的。霍金还进一步对大爆炸后 10^{-43} 秒以来的宇宙演化过程作了清晰的阐释:比原子还要小的奇点发生大爆炸后,形成了一些基本粒子,这些粒子在能量的作用下,逐渐形成了宇宙中的各种物质。1989年,美国航空航天局将COBE卫星送上了太空。斯穆特根据卫星所发回的观测数据用计算机绘制出了一张宇宙微波背景辐射的图像,他称之为"宇宙蛋"。这个宇宙蛋显示,大爆炸后存留于宇宙不同方向上的温度存在细微变化,这使大爆炸的理论再次得到观测的证实,从而被大多数人所接受。最近,美国科学家通过对WMAP太空探测器发回的宇宙微波背景辐射的分析,发现有证据表明,宇宙在"大爆炸"后不到万亿分之一秒的时间里,经历了一个从仅由显微镜可见的尺寸暴涨成天文数字规模的极速膨胀的过程。至此,宇宙大爆炸的理论得到了最有说服力的支持。

那么,宇宙的最终结局将如何呢?科学家们认为,宇宙并不是永远地膨胀下去。膨胀停止后,由于星系重心吸引力作用,宇宙开始向内部塌缩,使所有星系越聚越紧,最终变回一个高度密集的点,然后这个点再次发生爆炸,从而形成一个新的宇宙。有的科学家甚至认为,很可能存在宇宙死亡和重生的循环。也就是说,宇宙将永远不会结束,而是处于从生长到消亡的不断循环过程中。而大爆炸既不是宇宙的起点也非终点,只是宇宙的两个不同阶段中间的过渡,如今的宇宙就是在上个宇宙的废墟中诞生的。

2. 中国古代哲学宇宙论

中国古代的宇宙论,可以分为天文学宇宙论和哲学宇宙论两类。前者所探索的是作为物质的宇宙,如盖天说、浑天说、宣夜说等等,不属我们讨论的范围。后者除了探索作为物质宇宙外,更关心作为本体的宇宙。中国古代的哲学家们固然无法想象上述现代宇宙学的发展,但令人称奇的是,他们所建立的宇宙模式却同大爆炸宇宙模式惊人地相似。

我们可以大略地把中国古代的哲学宇宙论归结为四种宇宙模式。

第一种宇宙模式是,宇宙产生于一个原始元点,万物都由这个元点所生。作于春秋末期老聃的郭店楚简本《老子》便代表了这种模式:"有状混成,先天地生,寂寥,独立,不改,可以为天下母。未知其名,字之曰道,吾强为之名曰大。大曰逝,逝曰远,远曰反。"这种"先天地生"、"可以为天下母"的"道",显然就是宇宙的原始元点。它不是一种具体事物,而是一种混而为一的状态。既然它生了宇宙万物,当然是最伟大的,故谓之"大"。"大曰逝,逝曰远,远曰反"三语,可以看作宇宙演变的过程。是不是"大曰逝"相当于宇宙大爆炸过程,"逝曰远"相当于宇宙膨胀过程,而"远曰反"相当于宇宙塌缩过程呢?这种表述,的确给人以遐想的空间。

具体言之,道是如何生万物的呢?老子说:"反也者,道动也。弱也者,道之用也。天下之物,生于有,生于无。"可见,天下万物都是在道的循环运动和柔弱本性中产生的。就各种事物的产生过程言,有的"生于有",有的"生于无"。盖婴儿诞生之类,"生于有"者也;风雨雷电之属,"生于无"者也。

与此不同,郭店楚简《太一生水》把宇宙的原始元点称为"太一":"太一生水,水反辅太一,是以成天。天反辅太一,是以成地。天地〔复相辅〕也,是以成神明。神明复相辅也,是以成阴阳。阴阳复相辅也,是以成四时。四时复〈相〉辅也,是以成沧热。沧热复相辅也,是以成湿燥。湿燥复相辅也,成岁而止。……是故太一藏于水,行于时。周而或〔始,以己为〕万物母;一缺一盈,以己为万物经。此天之所不能杀,地之所不能厘,阴阳之所不能成。"何为"太一"?我们先看《说文》对"一"字的解释:"一,惟初太始,道立于一,造分天地,化成万物。"可见,"一"就是宇宙万物的最初始点,它是最伟大的,是绝对的,故谓之"太一"。"太一"既然就是宇宙产生的原始元点,空间、时间以及宇宙万物皆由它所生,故其地位、作用乃至形态皆类似于现代宇宙学中的奇点。

《潜夫论·本训》谈到了一种类似的宇宙模式:"上古之世,太素之时,元气窈冥,未有形兆,万精合并,混而为一。莫制莫御,若斯久之。翻然自化,清浊分别,变成阴阳。阴阳有体,实生两仪。天地壹郁,万物化淳。和气生人,以统理之。"宇宙万物产生于"元气"。何谓"元气"?"元气窈冥,未有形兆,万精合并,混而为一。"这令人自然地联想到小至几乎没有形兆,但密度极大、能量极强的奇点。而"翻然自化,清浊分别,变成阴阳",又与大爆炸之情形十分相似。至于"阴阳有体,实生两仪。天地壹郁,万物化淳。和气生人,以统理之",则是各种宇宙物质演化成万物乃至产生人类的过程。

宇宙大爆炸理论尽管已经相当完美了,但它不能解释奇点的形成以及奇点大爆炸之前的情况。同样,上述宇宙模式也没有说明诸如"道"、"太一"、"元气"等原始元点是如何生成的。古代中国的第二种哲学宇宙论模式,不但认为宇宙来源于一个原始元点,而且对产生这个元点的母体作了进一步的探讨,从而将我们的视野引进一个绝对的本体世界。

成于战国中期太史儋的今本《老子》是这样阐述其宇宙生成论的:"天下万物生于有,有生于无。"(四十章)如果说"有"、"无"在竹简本"天下之物,生于有,生于无"中是普通概念的话,在这里它们显然是一对哲学范畴。我曾指出:"'有'和'无'是太史儋从不同角度对道的存在状态的描写:'有'是就道的实在性而言的,'无'是就道的自然性而言的";"所谓'有生于无',是指道之实在('有'),是通过道之自然('无')来表现的。"①因而,这段文字所要表达的是,天下万物皆由道所生。太史儋又把道称为"谷神":"谷神不死,是谓玄牝。玄牝之门,是谓天地根。"(六章)这把道生万物的意思表达更加直白和生动。这样一来,太史儋的宇宙模式与老聃似无不同。但太史儋进一步指出:"道生一,一生二,二生三,三生万物。万物负阴而抱阳,冲气以为和。"(四十二章)从"一"、"二"、"三"、"万物"的生成过程看,"一"就是宇宙的具体产生者,也就是《太一生水》中的"太一",即宇宙的原始元点。至于"二"、"三",则分别为阴阳二气和八经卦三爻之"三"。值得注意的是,作为万物产生者的"一",又由"道"所生。因此,太史儋为原始元点找到了终极根据,这就是"道"。在这个意义上,老聃的"道"和太史儋的"道"是不同的,一为宇宙的原始元点,一为产生原始元点并在原始元点之上的绝对的本体世界。

上海博物馆藏战国楚竹书《恒先》也讨论了前元点状态,并且对宇宙生成过程作了更加详细的描述:"恒先无有,朴,静,虚。朴,太朴。静,太静。虚,太虚。自厌,不自忍,或作。有或焉有气,有气焉有有,有有焉有始,有始焉有往者。未有天地,未有作行,出生虚静,为一若寂,梦梦静同,而未或明,未或滋生。气是自生,恒莫生气。气是自生自作。恒气之生,不独,有与也。或,恒焉。生或者同焉。……浊气生地,清气生天,气信神哉,云云相生。"

"恒先"就是原始元点之上的那个绝对的本体世界,相当于太史儋的"道"。这个本体世界是绝对永恒、绝对在先的,故谓之"恒先",又简称"恒"。其本性有三,即朴、静和虚。但这不是一般的朴、静、虚,而是"太朴"、"太静"、"太虚",即最本原的、高于一切的朴、静、虚。从"恒先无有"一语看,作为绝对本体世界的"恒先",是没有任何存在者的,是一

---

① 郭沂:《郭店竹简与先秦学术思想》,上海教育出版社2001年版,第711—715页。

个绝对的虚无世界。后来,在朦朦胧胧中,一种叫"或"的东西自我满足,便顺其自然,不刻意压抑自己,开始兴起。"或",犹今言"有的",或"某一种东西"。这种东西之所以被称为"或",是因其不确定性。有了"或",于是便有了"气";有了"气",于是便有了"有";有了"有",于是便有了"始";有了"始",于是便有了"往"。"有有",前一"有"字为动词,即存在着;后一"有"字为名词,即超现象界的形上存在。此"有"乃万有之源,宇宙万物皆由其所生,故此"有"相当于《太一生水》的"太一"或宇宙大爆炸学说中的奇点。"有或"、"有气"的"有",当然也是动词。"有或焉有气,有气焉有有"之语,意味着超现象界的形上存在有三个自上而下或自先而后的层次,即"或"、"气"、"有"。换言之,"或"、"气"、"有"都属于形上存在,但在整个演化链条中,它们分别居于不同层面和阶段上。"往",《说文》云"之也",犹老子"大曰逝"之"逝",言宇宙成长膨胀过程。在天地产生之前的恒先世界,没有任何事物的兴作和运行,处在极其虚静的状态,混沌为一,万端寂灭,茫昧无边。在"未或明"、"未或滋生"二语中,出于强调,"未"字皆前置,当读为"或未明"、"或未滋生"。是说当时"或"还没有显现和滋生。那么,"或"和"气"是如何产生的呢?"气"是自己产生的,而不是由"恒"产生的。最初的"气"一旦产生,就具有恒常性,故谓之"恒气"。但是,"恒气"不是孤立产生的,而是"有与",即有参与者或辅助者的。"与"犹《太一生水》中的"辅"。这个参与者或辅助者就是"或"。"或"一旦产生,也具有恒常性。而产生恒常的"或"的,是其自身。就是说,"或"也是自己产生的。气分清浊,浊气生地,清气生天。气的确是神奇的,宇宙万物,由之而生。

成书于汉代的《易纬·乾凿度》延续了这一思路:"有太易,有太初,有太始,有太素也。太易者,未见气也。太初者,气之始也。太始者,形之始也。太素者,质之始也。气形质具而未离,故曰浑沦。浑沦者,言万物相浑成,而未离也。视之不见,听之不闻,循之不得,故曰易也。""浑沦"相当于奇点。"万物相浑成,而未离也。视之不见,听之不闻,循之不得"云云,同现代宇宙学对奇点的描述何其相似!所不同的是,古人对"浑沦"形成之前的情况,作了大胆的推测。这里的"气"、"形"、"质",与《恒先》的"或"、"气"、"有"类似,也是属于不同层面和阶段的形上存在,它们分别始于"太初"、"太始"、"太素"三个前后相继的演化状态。而"未见气也"的"太易",则是一个没有任何存在的绝对的本体世界,相当于《恒先》的"恒先"。

说起中国古代宇宙论,人们总不会忘记《易传·系辞》的这段文字:"是故易有太极,是生两仪。两仪生四象。四象生八卦。八卦定吉凶,吉凶生大业。"按照笔者的考证,《系辞》反映了孔子晚年学说。

当代《周易》注家,包括高亨、金景芳等名家,多把《系辞》"易与天地准"、"易有太极"等语中的"易"字加上书名号。这是一个很大的误解。其实,这些"易"字非指《易》书,而是宇宙之本原、世界之本体,是孔子晚年哲学的最高概念,大致与今本《老子》的"道"相当。其实,《系辞》本身已经明确区分了"易"作为书和作为"道"两个概念:"'易'之为书也不可远,为道也屡迁。"汉代的桓谭曾经说:"扬雄作《玄书》,以为玄者,天也,道也。言圣贤著法作事,皆引天道以为本统,而因附属万类、王政、人事、法度。故宓羲氏谓之'易',老子谓之'道',孔子谓之'元',而扬雄谓之'玄'。"①(《新论·闵友》)虽然桓谭将世界本原的概念追溯到伏羲,未免过度夸张,但这至少说明,在他看来《周易》中的"易"像老子的"道"、孔子的"元"、扬雄的"玄"一样,为世界的本原、本体。总之,在历史上,《易传》中作为哲学概念的"易"和作为典籍的《易》区分得很清楚,误"易"为《易》的流行只是晚近的事情。

"易"为绝对的本体世界,相当于太史儋的"道"和《恒先》的"恒先"。"太极"之"极"有"极点"之意,故"太极"即"太一",谓宇宙的原始元点。这里的一个重要问题是"易"和"太极"的关系。从"易有太极"一语,看不出是"易"产生了"太极"。这句话有两层涵义。一是"易"含有"太极",二是"太极"与"易"同在,二者之间不存在"生"与被"生"的关系②。"太极"生阴阳二气,由阴阳二气产生四时之运行,在四时的运行中形成八卦,即天、地、雷、风、水、火、山、泽八种基本宇宙物质。这是第三种宇宙模式。

第四种宇宙模式见于《淮南子·天文》:"天地未形,冯冯翼翼,洞洞灟灟,故曰太始。道始生虚霩,虚霩生宇宙,宇宙生气,气有涯垠。清阳者薄靡而为天,重浊者凝滞而为地。清妙之合专易,重浊之凝竭难,故天先成而地后定。天地之袭精为阴阳,阴阳之专精为四时,四时之散精为万物。""太始"之"始"原作"昭",从王引之校改。"道始生虚霩",原作"道始于虚霩",从《太平御览》引文改。高诱注:"冯翼洞灟,无形之貌。"又王逸注《楚辞·天问》曰:"太始之元,虚廓无形。""廓",同"霩"。可见,"虚霩",即"天地未形,冯冯翼翼,洞洞灟灟"的"太始"。何为"宇宙"?高诱注曰:"宇,四方上下也。宙,往古来今也。"故"宇宙"犹今言"时空"。这段话是说,"道"产生了"虚霩"(即"太始"),"虚霩"产生了宇宙,宇宙产生"气"。清阳之气飞扬为天,重浊之气凝固为地。天地聚合精气为阴阳,阴阳的专一精气为四时,四时的分散精气为万物。这个宇宙模式与《恒先》有相似之处。"太始"、"虚霩"类似"朴、静、虚"而"无有"的"恒先","宇宙"相当于"或"的阶段。所不同的是,在《恒先》,"恒先"就是绝对本体世界了;在《天文》,"太始"、"虚霩"生于"道","道"才是宇宙万物的终极产生者。有意思的是,由于在"道"、"气"之间存在一个"太始"、"虚霩"阶段,所以在这个宇宙生成链环中,我们似乎找不到一个相当于奇点的原始元点。也许在作者看来,"道"就是宇宙的原始元点。就是说,作为原始元点的"道"首先生了"太始"、"虚霩",然后才产生宇宙、气、天地、四时以至万物。

从以上的介绍不难看出,这些宇宙模式同大爆炸宇宙模式的确十分相似。它们都认为宇宙起源于一个原始元点,都认为宇宙有一个成长或膨胀过程,都认为时空是在宇宙生

---

① 桓谭之所以说"孔子谓之'元'",缘于孔子作《春秋》——《春秋》的核心概念是"元"。正如阮籍《通老论》所说:"道法自然而为化,侯王能守之,万物将自化。《易》谓之太极,《春秋》谓之元,老子谓之道。"
② 对"易有太极",汉代的纬书作了两种解释,恐皆为误解。一见于《易纬·乾凿度》:"孔子曰:易始于太极,太极分而为二,故生天地。"谓"太极"先于"易"。二见于《易纬·乾坤凿度》:"太易始著,太极成。太极成,乾坤行。"郑康成注:"太易,无也。太极,有也。太易从无入有,圣人知太易有理未形,故曰太易。"如果我们可以把"太易"理解为"易"的话,那么这是说"易"先于"太极"。

成过程中产生的,如此等等。

那么,这种相似性是否只是偶然的巧合,甚或只是一种比附呢?非也!奥妙就在于宇宙与万物的生成过程是十分相似的。首先提出大爆炸学说的勒梅特曾把宇宙从"原始原子"不断分裂膨胀的过程,比喻成一颗小小的橡果,长大成为一棵参天的橡树。其实,万物都会经历一个类似的过程。中国古代的哲人正是将他们对万物生长过程朴素、直观的观测认识加以提升和形而上学的思辨,来建构其宇宙模式的。例如,郭店《老子》常用"素"、"朴"、"婴儿"等事物的状态来形容道之自然。又如,今本《老子》以事物的生死过程来表达"反者,道之动"的道理:"人之生也柔弱,其死也坚强。万物草木之生也柔脆,其死也枯槁。"(七十六章)所以,他们能够根据万物的运行现象来推导出类似宇宙大爆炸的宇宙模式。

3. 原始元点与万物之间的内在关联

作为"原始原子"的奇点与万物之间存在什么样的内在关联呢?现代生物学证明,母亲的基因会遗传给子女,而一个拥有共同祖先的族群会携带相同的基因。由此推断,作为宇宙之母的奇点应该蕴藏着万物的一切基本信息,或者说任何事物都会携带奇点的原始信息。这正是中国古代哲学家们的思维方式。他们认为,在产生万物的过程中,宇宙万物的产生者将自己的特性赋予万物。

在郭店《老子》看来,道生出天下万物后,它自身便存在于天下万物之中了:"譬道之在天下也,犹小谷之与江海。"意思是说,道之存在于天下,犹如河流与江海的关系一样。河流的水流入江海后,便存在于江海,无所不在。今本《老子》进一步明确指出:"朴散则为器。"(二十八章)"朴"是道的别名,"器"即万物。在这里,"散"字与郭店《老子》"道之在天下"之"在"字完全一致。就是说,当道生出天地万物以后,道便"散"在天地万物之中。今本《老子》还把"道"与万物的关系比喻成母子关系:"天下有始,以为天下母。既得其母,以知其子。既知其子,复守其母,没身不殆。"(五十二章)从行文看,"母"分明指道,"子"分明指天下万物。既然道"散"在万物,既然我们对道的本性已有所了解,那么我们完全可以据此推知天下万物的本性。俗语云:"有其父必有其子",万物的本性与道的本性必然是一致的。

这样,道其实就存在两个层面,一是作为天地之根、万物之母、具有原生能力的道,我们姑名之本原道;二是存在于万物,或者说为万物所得的道,姑名之次生道。次生道就是"德",也就是人之为人的本质、本性。

这一思路,为晚年孔子的易本体论所继承。孔子说:"乾坤,其易之蕴邪?乾坤成列,而易立乎其中矣。乾坤毁,则无以见易。易不可见,则乾坤或几乎息矣。"又说:"天地设位,而易行乎其中矣。成性存存,道义之门。"(《系辞》)《易》以乾坤喻天地。故这里的"乾坤"、"天地"实为"两仪"。从这两段引文看,"易"中具有生成功能的"太极"生出天地以后,"而易立乎其中矣","而易行乎其中矣",即"易"也随之存在于天地之中了。这种思路颇似老子的"譬道之在天下也,犹小谷之于江海也"和太史儋的"朴散则为器"。这样,也可以将孔子的"易"相应地分为"本原易"和"次生易"两类。和老子不同的是,孔子径直地将存在于天地之中的"易"称为"性"。所谓"成性存存,道义之门",是说这种存在于天地的"易",即次生易实际构成了"性",并成为各种"道义"的根源。

对于这个道理,宋明理学家们进一步提出了"理一分殊"的观念,而朱子更用"月印万川"的现象作了明白形象的阐释:"本只是一太极,而万物各有禀受,又自各全具一太极尔。如月在天,只一而已,及散在江湖,则随处而见,不可谓月已分也。"(《朱子语类》卷九十四)学者们以为理学家的"理一分殊"思想和朱子的"月印万川"之喻来自华严宗,殊不知它们更与老子的道论和孔子的易本体论存在渊源关系。朱子所说的月亮"散在江湖,则随处而见"的"在"字和"道之在天下也"的"在"字完全一致。当太极生出天地万物以后,它便存在于天地万物之中了,这就犹如"月在天,只一而已,及散在江湖,则随处而见"一样。

二 道体

可见,中国古代哲学宇宙论至今仍然具有强大的生命力,在此基础上建构的宇宙论和本体论合一的形而上学堪称典范。这样一来,以现代宇宙学和中国古代哲学宇宙论为基础,以中国古代形而上学为榜样,综合中西古今的哲学意识,建构一套新的宇宙论和本体论合一的形而上学,就成了开辟未来哲学的一条可靠道路。

在这里,我沿着从《周易》、老子、孔子到程朱、陆王的思路,将形而上学改建为三个部分或三个世界,即道体界、性体界和心体界。

1. 道的构成

应该用什么概念来表达宇宙之本原、世界之本体?先民认为,万物皆为天所生,这样"天"就成了中国最早的表达宇宙本原的概念。春秋末年,老子和孔子分别提出了更具哲学意味的"道"和"易"两个概念。尽管如此,人们仍然认为"天"具有至高无上的地位,所以战国至汉唐的儒家既没有接受"道",也没有采用"易",而是继续沿用了"天"作为本原、本体概念。魏晋时期,玄学大盛,老子的"道"逐渐为越来越多的人所接受,以至于连宋明理学家们都大谈"道体"。在这种情况下,为了避免不必要的隔阂,我采用"道"这个概念来表达宇宙之本原、世界之本体,把下面将要讨论的哲学和形上学分别称为"道哲学"和"道形上学"。

"道哲学"和"道形上学"既吸收儒道两家有关"道"的思想,又有所超越,所以不能理解为某种"道家哲学"和"道家形上学"。就其基本价值取向而言,反倒可以列入儒家的谱系。

"道哲学"和"道形上学"是一种在"道"的基础之上或者说沿着"道"的进路而建立起来的哲学和形上学(Daoic philosophy, Daoic metaphysics),而不是为了"道"而建立的哲学和形上学,也不是对"道"所作的哲学和形上学的解释(philosophy of Dao, metaphysics of Dao)。二者的区分,犹如牟宗三"道德的形上学"(moral metaphysics)和"道德底形上学"(metaphysics of moral)之别。

道体是一个超越的和绝对的本体世界,与孔子的"易"、今本《老子》的"道"和《恒先》的"恒先"相当。它无边无际、无穷无尽、无所不包、不生不灭,是一个绝对的"大全"和一切存在者之母。

　　何以知"道"？鉴于道体与万物的关系,认识道体和万物的途径有两种。一是由道体推索万物,如今本《老子》在"天下有始,以为天下母"之后接着说:"既得其母,以知其子。"二是由具体事物追溯道体,如孟子所说:"尽其心者,知其性也;知其性,则知天矣"。

　　今本《老子》把道与万物的关系比喻成母子,十分形象。但是,话又说回来,道与万物的关系同生物学上的母子关系毕竟有所不同。当我们见到一对夫妇,我们可以从他们身上推断和想象他们的孩子,尽管我们没有见过他们的孩子。而道毕竟是超绝的,是看不到、摸不着的,离开万物,我们不可能了解大道。所以,对道体的认识总是始于对万物的认识,而不能说对万物的认识始于对道体的认识。当我们由认识万物而认识道体以后,才可以再由道体反过来进一步把握万物。对这个认识过程的完整表达应该是:"既知其子,以得其母;既得其母,以知其子。"今本《中庸》云:"君子之道,费而隐。夫妇之愚,可以与知焉。及其至也,虽圣人亦有所不知焉。夫妇之不肖,可以能行焉。及其至也,虽圣人亦有所不能焉。天地之大也,人犹有所憾。故君子语大,天下莫能载焉。语小,天下莫能破焉。《诗》云:'鸢飞戾天,鱼跃于渊。'言其上下察也。君子之道,造端乎夫妇。及其至也,察乎天地。"由物观道,以道知物,"上下察也"。

　　值得强调的是,这是就认识发生过程而言的,至于在事实上和逻辑上,总是先有"母"后有"子"的。

　　历史上种种作为宇宙本根、世界本原的范畴,都是哲学家们先由物观道,再以道知物,然后"上下察也"得出来的。换言之,他们所构建的超验世界,归根结底,源自经验世界。不过,他们对这些范畴只是笼统地肯定,而没有对其构成作进一步的分辨。在我看来,经验世界可以归纳为三种基本元素,它们是物质、价值和知识。由此推知,道体界也由三种基本元素构成,我分别称之为值、气和理,统谓之"三元"。值是"价值元",乃价值的存有、意义的存有。气是"质料元",乃质料的存有,为物质世界的本原,也就是古人所说的气之本体。理是"形式元",乃理则的存有、知识的存有。其中,理无自体,而是寓于值和气之中的,故分为两类。一类与值相对应,乃值所含之理,可谓之值理。如作为一种价值,仁本身属于值,但仁之为仁,当有其理,此即值理。另一类与气相对应,乃气所含之理,是自然界的法则、规律,即古人所说的"物理",可谓之气理。

　　我之所以要提出"值"这个概念,是出于三个方面的考虑。其一,中国传统哲学的重心虽然是探讨价值问题,却没有一个独立表达价值的概念,这就好像中国历史上诸子学、经学、玄学、佛学、理学的最高层面都是哲学,却没有哲学这个概念一样。或许在古人看来,大家都在探讨这个问题,都在研究这门学问,便不言而喻了。其二,在中国传统哲学中,价值和理则是合而为一的。且不说仁、义、礼、智、信,就连宋明理学的核心概念理、心等等,莫不如此。它们既是价值,也是理则。或者更确切地说,这种价值就是理则,这种理则也就是价值,价值等同于理则。其三,从形而上的层面看,传统哲学的本原概念亦是价值的承载者,像老庄的"道"、孔子的"易"、思孟的"天"、程朱的"理"、陆王的"心",皆既是世界的本原,又是价值的存有,当然也是知识的存有。以上这些状况不但是许多问题纠缠不清的一个重要原因,也不利于现代学术语境下的哲学讨论,从而会在一定程度上限制中国哲学的创新和发展。有鉴于此,我将价值的存有从本原概念中析出,并以之同作为知识存有的"理"相对应,从而重构中国形上学。

值、理、气三者的特性各有不同。值是至真、至善、至美的,或者说是纯真、纯善、纯美的。气本身虽然是无所谓真、善、美或假、恶、丑的,但又包含着导致真、善、美和假、恶、丑的可能性。理的情况比较复杂。虽然理本身也是无所谓真、善、美或假、恶、丑的,但同时我们又不得不把真、善、美和假、恶、丑的理则归之于理。换言之,理包含着真、善、美和假、恶、丑之理则。具体地说,值理自然属于真、善、美之理,但气理则真、善、美之理与假、恶、丑之理相杂。这就是说,气本身虽然无所谓真、善、美或假、恶、丑,但自理言之则两方面并存。所以,从一方面说理本身无所谓真、善、美和假、恶、丑,但从另一方面说它既是至善之本,又是万恶之源。

值、理、气特性的这种不同,决定了三者在道中的地位是不同的。显而易见,值是道的高级形式,气为道的低级形式,而理则介乎二者之间。

2. 道的特征

当哲学家们提出其作为宇宙本原、世界本体的范畴后,一般会对这些范畴的本质特征作进一步的规定,如老子认为本性为"自然",孟子认为天的本性为"善"等等。其实,这不过是他们对现实世界本来面貌和理想状态洞察的投影,所谓"既知其子,以得其母"。至于他们所说这些本体特征规定着万物的特性,那不过是"既得其母,以知其子"的过程罢了。

根据我对现实世界本来面貌和理想状态的认识,愚见以为道之特性有九,曰朴也,静也,虚也,独也,诚也,和也,生也,仁也,易也,统谓之"九德"。朴、静、虚,取自老聃、太史儋《恒先》。朴,状道体"自然"。根据笔者的考证,所谓"自然",谓本来的样子、初始的样子。静,状道体"寂兮寥兮"。虚,状道体"虚而不屈"。独,状道体"独立不改",自由自在。子思云:"诚者,天之道也。"吾谓:"诚者,道之道也。"《说文》:"诚,实也。"道体之值、理、气以及太极,皆真实无妄,非虚无也。"保合太和",本乎道体之至和也。"天地之大德曰生",亦本乎道体生生无穷之德也。《系辞》曰:"生生之谓易。"质言之,易学就是生命哲学,而生实为宇宙之精神,天地之意志。朱子说:"天地自有个无心之心"(《朱子语类》卷四),是之谓也。道体生生,长养万物,岂非大道之仁耶? 易有三义。孔颖达《周易正义》卷首引《易纬·乾凿度》云:"易一名而含三义,所谓易也,变易也,不易也。"又进一步指出:"郑玄依此义作《易赞》及《易论》云:'易一名而含三义:易简,一也;变易,二也;不易,三也。'"从此,易简、变易、不易作为易之三义为人们所接受。道由三种基本元素构成,故曰"易简";道并不是静止的,而是运动变化的,故曰"变易";这种运动变化是永恒的,故曰"不易"。

此道之九德的总体特征为"恒",故谓之"恒朴"、"恒静"、"恒虚"、"恒独"、"恒诚"、

"恒和"、"恒生"、"恒仁"、"恒易"。

需要说明的是,九德只是道的特性或存在方式,其本身并不是价值。

3. "无极而太极"

在道体界,值、理、气是永恒的,也是自在的、散在的。自其永恒性而言,可分别谓之"恒值"、"恒理"、"恒气"。从其自在的、散在的状态而言,即是"无极"。学者们认定周敦颐的"无极"观念来自老子,其实未必。在我看来,所谓"无极"源自孔子易说,不过是易体的本来状态而已。《易》曰:"易,无思也,无为也,寂然不动,感而遂通天下之故。"我以为这是对易体本来状态即无极的描述。

道为一切存在者之母只是一个笼统的说法。宇宙万物的直接源头是太极,也就是被现代科学家称为"奇点"的原始原子。太极与道的关系如何呢?这涉及太极如何形成的问题。科学家们虽然能够证明宇宙始于奇点,但至今不能证明奇点的生成机理。从上文看,孔子的"易有太极"说认为,作为宇宙原始元点的"太极",本来就存在于作为绝对本体世界的"易"之中,是与"易"同在的,是永恒的。这种看法,我称为本有论。而今本《老子》的"道生一"说则认为,作为宇宙原始元点的"一"是由作为绝对本体世界的"道"所生的,也就是说,宇宙原始元点并不是永恒的,而是有一个产生过程。这种看法,我称为生成论。我们现在还无法证明这两种看法谁是谁非。在这个问题明了之前,我暂且采用生成论之说。在我看来,道犹如母体,太极就像母体孕育出来的卵子,而宇宙则是由卵子演变而成的孩子。

道体之中,孕育我们这个宇宙的太极(奇点)是唯一的,还是有其他同伴呢?对此我们目前尚无法作出明确的答复。如果道体之中存在着若干个甚至无数个太极,那么每个太极都可以演化出一个宇宙。这样,道体就是一个超级宇宙,超级母亲。

太极乃由恒值、恒理、恒气三者相搏聚而成,这是道体孕育太极的过程,也就是周敦颐所谓的"无极而太极"的过程。

存在于太极的恒值、恒理、恒气,已非一般的恒值、恒理、恒气了,而是参与生成、为宇宙万物本源的恒值、恒理、恒气,吾分别谓之"太值"、"太理"、"太气"。太值、太理寓于太气中,与太气不相分离。故太极者,携太值、太理之太气也。

太气既然是一种质料,那么它就是一种有限的存在,而这又进一步决定了它所禀受的太值和太理也是有限的。因而,我们说太极乃由恒值、恒理、恒气三者相搏聚而成,并不意味着太极禀受了道体的全部信息。作为道体的结晶,太极是有限的,这具体表现于"太值"、"太理"、"太气"的有限性。

就像太极具三元一样,它亦备九德作为其整体特征。太极之九德乃道体之九德的显现和落实。如易之三义于太极之中,见乎动静,察乎阴阳,显乎刚柔。故动静、阴阳、刚柔三者,乃易之表现形式。

4. 太极生万物

至于太极生成宇宙万物的过程,我接受周敦颐《太极图说》的阐述:"无极而太极。太极动而生阳,动极而静;静而生阴,静极复动。一动一静,互为其根;分阴分阳,两仪立焉。阳变阴合而生水火木金土,五气顺布,四时行焉。五行一阴阳也,阴阳一太极也,太极本无极也。五行之生也,各一其性。无极之真,二五之精,妙合而凝。乾道成男,坤道成女。二气交感,化生万物,万物生生而变化无穷焉。"

当然这是一种哲学语言,而不是科学表达。在这套语言里,就像太极相当于奇点一样,水火木金土则涵盖了通过大爆炸的能量所形成的基本粒子以及其后形成的各种宇宙物质,而太极生成万物的过程相当于宇宙大爆炸后的整个宇宙演变史。

只有道体才是绝对永恒的,而太极有始亦有终,至于由其衍生的宇宙,当然也是一个有限之物,会经历一个生长老死的过程。

我完全赞成朱子"本只是一太极,而万物各有禀受,又自各全具一太极尔"这一陈述,但又进一步认为,太极也存在两个层面。一是作为万物生成者的太极,是为本原太极;二是万物所具的太极,是为次生太极。前者即朱子所谓"本只是一个太极"的"太极",后者即朱子所谓"万物各有禀受,又自各全具一太极"的"太极"。用现代科学的观念看,所谓本原太极,就是宇宙大爆炸之前那个奇点;所谓次生太极,就是万物所携带的奇点的原始信息。

朱子认为,原生太极和存在于万物中的太极之间虽然犹如"月在天,只一而已,及散在江湖,则随处而见"一样,但这并不意味着太极本身被拆散了。太极存在万物之中以后,原生太极依然完好无缺,就像月亮"散在江湖",其本身仍然完好无缺一样,"不可谓月已分也。"但根据现代宇宙学的研究,奇点经过大爆炸以后,它自身便演化为宇宙。换言之,宇宙一旦形成,奇点便不复存在了,正如今本《老子》所说,"朴散则为器"。所以,我们理应据此对朱子之说加以修正。

鉴于太极为道体的结晶,故当奇点演化宇宙万物,或者说本原太极演变为次生太极,大道也便随之流贯于万物。这正如孔子对易道流贯万物之情状的描述:"易……为道也屡迁,变动不居,周流六虚,上下无常,刚柔相易,不可为典要,唯变所适";"易,无思也,无为也,寂然不动,感而遂通天下之故。"

次生太极,也就是万物之性。太极本由值、理、气三者组成,故作为次生太极的性,亦存在三类,即值之性、理之性和气之性,或分别简称值性、理性、气性。这里的气之性或气性实相当于宋明理学家的气质之性。

总之,任何事物都是由价值元、形式元和质料元构成。此三元之在道体为恒值、恒理、恒气,在太极为太值、太理、太气,在万物为值性、理性、气性。

作为道的体现,太极一方面为宇宙之本原、世界之本体,所以它是超越的、先验的;另一方面,它流贯于万物,所以它又是内在的、经验的。就是说,对于万物,太极既超越又内在,亦先验亦经验。鉴于太极和道的关系,我们也可以说道既超越又内在,亦先验亦经验。

作为次生太极,万物之性亦在整体上承载了道之九德或太极九德。

对于以上道体演化以至万物化生的过程,今依生成论之模式,略仿周敦颐太极图,造道生万物图如下:

需要稍加说明的是：其一，周子之所以名其图为"太极图"，盖由于其第一部分为"太极"。今第一部分为"道"，且全图所表达的是道体演化以至万物化生的过程，故吾称之为"道生万物图"。其二，周子《太极图说》"无极而太极"之语，容易产生歧异，正如陈荣捷所说："'无极而太极'的'而'字，意谓'也是'或'转为'；但亦可训释为'以及'，在此训释下，无极与太极，便分为两橛；此正陆象山所极力反对，认为周敦颐已析太极而为二矣。他方面朱熹则坚称周子非谓太极之外别有无极，无极是实体未有形状之前的状态，而太极则是实体有形状之后的状态，两者通贯一体。"①今道生万物图首列"道"，以表明无极实为道体的本来状态。次列"道生一"，以显示大道孕育太极，由无极而至太极之情势。其三，太极图将"乾道成男，坤道成女"和"万物化生"为两部分，然窃以为到了"成男"、"成女"的阶段，则万物已然化生，故道生万物图合二为一。

道生万物图
道（无极）

道生一（无极而太极）

一生二（太极生两仪）

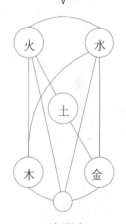

五气顺布

万物化生

三　性体

1. 人、物之性的差别

万物各具一太极，是否意味着万物之性相同呢？

我们先来看万物之气性。由于太极中的气是质料，所以万物对气的禀受，即气性，也属质料。既然是质料，它就是一偏的和有限的。也正因如此，万物对气之本体的禀受是千差万别的，亦即万物的气之性是千差万别的。在宋明理学家看来，人物皆受天地之气以为形。人具五行，"物亦具有五行，只是得五行之偏者耳"（《朱子语类》卷四）。就是说，虽然人和万物俱具五行，但人得五行之全，而物只得五行之偏者。

早在战国末期，荀子对万物的差别有一个很好的概括："水火有气而无生，草木有生而无知，禽兽有知而无义，人有气有生有知亦且有义，故最为天下贵也。"（《荀子·王制篇》）这个"生"字既然与"气"、"知"、"义"并列，且为草木所具备，那么就不是一般意义上的生命，而是植物生命。当一个人完全失去了意识，但仍然活着，我们便说他是一个"植物人"，这意味着他只有植物生命。"知"

---

① 陈荣捷：《中国哲学文献选编》，江苏教育出版社 2006 年版，第 400 页。

即知觉、意识,也就是"心"。荀子将万物分为四类,第一类"有气而无生",即没有生命的物质,诸如水火之类;第二类"有生而无知",即虽然有生命,但没有知觉、意识,没有心,诸如草木之类;第三类为动物,"有知而无义",即虽然有知觉、意识,有心,但不懂得"义";第四类为人,"有气有生有知亦且有义"。不但有生命、有知觉,而且"有义"。在荀子看来,性就是本能、欲望,因而他不可能像孟子那样以"义"为性。所以这里的"有义"并不意味着义为人性,而是指具有懂得"义"的能力。这就是说,虽然动物和人都有心,但动物的心是低级的,不足以懂得"义",而人的心是高级的,能够懂得"义","故最为天下贵也"。用周敦颐的话说,就是:"惟人也,得其秀而最灵。"(《太极图说》)此四类,我们可以用荀子的语言分别称为有气之物、有生之物、有知之物和有义之物。

笼统地说,所谓性就是各种事物所具有的各种素质的总和。其中,最能代表一类事物的本质并以之同其他事物相区别的素质,我称为"本质的性",其他素质则为"非本质的性"。

就气之性来说,在荀子所分的四类事物中,后三类不仅分别具有其前一类的素质,而且具有更高层次的素质,而这种更高层次的素质便是此类事物气之性的最高的和本质的体现。物质性是有气之物的唯一特性,故没有本质和非本质之分;有生之物的非本质的性为物质性,其本质的性为生命性;有知之物的非本质的性为物质性、生命性,其本质的性便是知觉能力;有义之物的非本质的性包括物质性、生命性、知觉能力,而发现价值的能力则是其本质的性。换言之,有生之物的本质的性体现在生命中,有知之物的本质的性便体现在动物之心中,而有义之物的本质的性则体现在人心中。在万物之中,人心是气之性的最高体现。朱子云:"心者,气之精爽。"(《朱子语类》卷五)不难看出,不同层次的素质正是区分不同事物的决定因素。在这个意义上,甚至毋宁说这些不同层次的素质,就是不同事物的气之性。非生命是诸如水火等非生命物质的气之性,生命是生物的气之性,动物之心是动物的气之性,人心则是人的气之性。因此,所谓兽心就是兽性,人心就是人性,心即性也。

既然性就是心,那么性与心何以异?我以为性和心是从不同角度对同一事物的界定,性是就其先天禀赋和客观存在性而言的,心是就其主观能动性而言的,作为性的心与其他事物之性的根本不同就在于心能知觉。陆九渊云:"在天者为性,在人者为心。"(《语录》下,卷三五)所以,性和心只有逻辑上的区别(在逻辑上,性先于心),而无事实上的区别。

那么,万物是否都具有值性?其值性是否相同?从先秦哲学史上看,在以义理(值)为性的哲学家中,只有孟子主张以四端为内涵的性是人类所特有的。其他各家,无论老子还是晚年孔子和子思,都持万物有性论。至于万物之性是否相同,他们没有作进一步的讨论。到了宋明时期,理学家们才以偏全来分辨人物之别。

在我看来,万物气之性的不同直接决定了值之性的差异,甚至可以说气之性与值之性是相应的、同构的。在荀子据以分辨万物的四种素质中,气、生、知皆非价值,只有义才属价值。荀子认为,只有人才能发现价值。按照气之性和值之性同构的原理,这其实意味着只有人才具有值之性。孟子则说:"人之所以异于禽兽者几希,庶民去之,君子存之。舜明于庶物,察于人伦,由仁义行,非行仁义也。"(《离娄下》)从上下文看,人不同于禽兽的"几希"是指仁义礼智之端绪,即"恻隐之心"等"四端"。就是说,"四端"只有人才具有,有没有"四端"是人和动物的根本区别。可见,在这一点上,孟荀不谋而合,只是荀子不把价值特性的义称为"性"而已。

应该承认,有生之物、有知之物和有义之物皆由有气之物不断演化而来,这就是说,生命、兽心、人心也是气长期演化的结果。在这个意义上,我们不得不说有气之物已经蕴含着值之性的种子,有生之物的生命形式是值性种子的萌动,至于有知之物的心智形式则是值性种子的萌芽。但无论如何,不管值性种子还是值性种子的萌动、萌芽,都不是真正的值性。禾虽出米,禾非米也。然朱子却认为,对于植物,"只看戕贼之便凋瘁,亦是义底意思。"(《朱子语类》卷四)在我看来,这并非真正的义,而只是疑似之义,或者说疑似值性。

理既分值理和气理两类,因而理之性亦相应地含值理性和气理性两类。准此,万物气之性和值之性的差异,决定了其理之性的不同。概而言之,有气之物、有生之物、有知之物和有义之物皆具有各自的、处在不同层面的气理性,但唯有作为有义之物的人才拥有值理性。

就是说,从理之性的角度而言,物质理性为有气之物的唯一理之性,它不存在本质与非本质之别;有生之物的非本质的性为物质理性,其本质的性为生命理性;有知之物的非本质的性为物质理性、生命理性,其本质的性为知觉理性;有义之物的非本质的性包括物质理性、生命理性、知觉理性,其本质的性则为值理性。

总之,人物之性的差别主要表现在三个方面,一曰高低,二曰偏全,三曰通塞。其中,高低、偏全两个方面已如上文所述。通塞是指人禽之心对自性的自觉能力不同。禽兽之心缺乏自觉和自反的能力,其性不可通达,故谓之塞;人心具有自觉和自反的能力,故其性通过其心得以感通,故谓之通。这里的高低、偏全、通塞,只是相对的。换言之,人物相较,我们说物性为低、偏、塞,人性为高、通、全。但如果存在比地球人更高级的地外生物,则其性为高、通、全。相比之下,人性为低、偏、塞,而物性又等而下之矣。这意味着,此种地外生物拥有高于值性的、人类所不具备的本性。

对于人性物性之别,朱子论述颇多,如他说:"以气言之,则知觉运动,人物若不异;以理言之,则仁义礼智之禀,非物之所能全也"(《孟子集注·告子上》);有弟子问:"性具仁义礼智?"朱子答曰:"……虽寻常昆虫之类皆有之,只偏而不全,浊气间隔。"他进一步指出:"如蜂蚁之君臣,只是他义上有一点子明;虎狼之父子,只是他仁上有一点子明。其他更推不去。"(《朱子语类》卷四)对此,朱子曾经打过一个很形象的比喻:"人物之生,天赋之以此理,未尝不同,但人物之禀受自有异耳。如一江之水,你将杓去取,只得一杓;将碗去取,只得一碗;至于一桶一缸,各自随器量不同,故理亦随以异。"(《朱子语类》卷四)"器量"以气言,江水以理言。人物之"器量"不同,故所取之水量亦别,或如杓如碗,或如桶如缸。从这些记录看,朱子认为,由于所受之气的限制,人物之异,一方面在于偏全,另一方面在于通塞。

不过，朱子有时对这个问题的态度并不明确。有弟子问："物物具一太极，则是理无不全也。"朱子答曰："谓之全亦可，谓之偏亦可。以理言之，则无不全；以气言之，则不能无偏。"（《朱子语类》卷四）这个回答模棱两可，没有点破物所禀之理到底是否不全，着实让人摸不着头脑。他还说："以其理而言之，则万物一原，固无人物贵贱之殊；以其气而言之，则得其正且通者为人，得其偏且塞者为物。是以或贵或贱而有所不能齐。"（《大学或问》）又有弟子问："气质有昏浊不同，则天命之性有偏全否？"朱子表示："非有偏全。谓如日月之光，若在露地，则尽见之；若在蔀屋之下，有所蔽塞，有见有不见。昏浊者是气昏浊了，故自蔽塞，如在蔀屋之下。然在人则蔽塞有可通之理。至于禽兽，亦是此性，只被他形体所拘，生得蔽隔之甚，无可通处。至于虎狼之仁，豺獭之祭，蜂蚁之义，却只通这些子，譬如一隙之光。"（《朱子语类》卷四）偏全和通塞是两个问题。从行文看，"至于禽兽，亦是此性"，似乎"非有偏全"。其所以与人不同，是因为"只被他形体所拘，生得蔽隔之甚，无可通处"。就是说，人物之异，只是通塞的差异，而非偏全的不同，这与上述的见解显然是不协调的。出现这种情况的缘由，大概是朱子过于拘泥其物物具一太极的理论罢。

值理和气理以及与之相应的值理性和气理性，是有本质区别的两类事物。然而，宋明理学家将其混为一谈，以为万物兼备值理性和气理性，导致有关人性、物性异同的讨论纠缠不清。弟子问："人物皆禀天地之理以为性，皆受天地之气以为形。若人品之不同，固是气有昏明厚薄之异。若在物言之，不知是所禀之理便有不全耶，亦是缘气禀之昏蔽故如此耶？"朱子答曰："惟其所受之气只有许多，故其理亦有许多。如犬马，他这形气如此，故只会得如此事。"（《朱子语类》卷四）这是合值理性和气理性而言之。《朱子语类》卷四载：

> 问："枯槁之物亦有性，是如何？"曰："是他合下有此理，故云天下无性外之物。"因行街，云："街砖便有砖之理。"因坐，云："竹椅便有竹椅之理。枯槁之物，谓之无生意则可，谓之无生理则不可。"

竹椅之理，即朱子所说的"生理"，只是气理，而非值理；枯槁之物的性，只能是气理性，而不可能是值理性。然而，枯槁之物到底有没有值理和值理性呢？《朱子语类》同篇又载：

> 问："枯槁之物有理否？"曰："才有物，便有理。天不曾生个笔，人把兔毫来做笔。才有笔，便有理。"又问："笔上如何分仁义？"曰："小小底，不消恁地分仁义。"

如果说枯槁之物也有仁义，那是无论如何也令人难以接受的。所以面对弟子的追问，朱子只一句"小小底，不消恁地分仁义"搪塞过去。其实，不是"不消"，而是"不可"。

总之，虽然从整体上可以说物物具一太极，但具体言之，由于物物所受气之性有异，故其所禀值之性和理之性不同，由此决定了物物之太极各有不同。人所具的太极，当然是最高级、最全备的太极，禽兽次之，草木又其次，至于水火，偏之甚矣。不过，在现实世界中，任何事物（包括最为天下贵的人类）所禀受的太极，相对于本原太极来说，总是一偏的，就像其所禀受的气是一偏的一样。就是说,相对于本原太极,而任何次生太极都是不完全的,虽然它们都是本原太极的具体体现。可见,气是决定万物之性的首要因素。值随气异,理因气别,万物以分,是一个基本规律。

既然太极只禀受了有限的道体信息,而万物又只禀受了有限的太极信息,那么道之在万物是十分有限的。

2. 人性的差别

有气之物、有生之物、有知之物和有义之物四者对太极的禀受既然有如此这般的差别,那么同一类事物的不同个体之间情况如何呢?人人之性,或者说每个人对太极的禀受是相同还是相异?

孔子说:"性相近也,习相远也。"(《论语·阳货》)这个"性"是我们所说的气之性和宋明理学家的气质之性。在这里,孔子已经提出,相对于差别较大的后天习染来说,人与人之间的气之性虽然是"相近"的,但其本身毕竟是不同的。孔子曾经将人的天赋分为四等:"生而知之者,上也;学而知之者,次也;困而学之,又其次也;困而不学,民斯为下矣。"(《论语·季氏》)他认为:"唯上知与下愚不移。"(《论语·阳货》)孟子则认为,每个人都具有作为人性的"恻隐之心"等四端:"人之有是四端,犹其有四体也。"(《孟子·公孙丑上》)不仅如此,每个人的人性是相同的,就连圣人也和普通人也没有什么区别:"非独贤者有是心也,人皆有之"(《孟子·告子上》),"圣人先得我心之所同然耳"(同上)。孟子的性,相当于我们的值之性和宋明理学家的天命之性或义理之性。

或许由于受孔孟传统的共同影响,宋明理学家虽然认为每个人的气禀即气质之性有厚薄、清浊、昏明之别,但对理的禀受即天命之性则毫无差异。朱子认为,就天命之性来说,"人之性皆善",人与人之间没有什么差别。至于"有生下来善底,有生下来便恶底,此是气禀不同。且如天地之运,万端无穷,其可见者,日月清明气候和正之时,人生而禀此气,则为清明浑厚之气,须做个好人;若是日月昏暗,寒暑反常,皆是天地之戾气,人若禀此气,则为不好的人,何疑?"因而,人性的差异在于气质之性,而非天命之性。但他又认为气禀的清浊对天命之性会产生很大的影响:"性譬之水,本皆清也。以净器盛之,则清;以不净器盛之,则臭;以汙泥之器盛之,则浊";"禀气之清者,为圣为贤,如宝珠在清冷水中;禀气之浊者,为愚为不肖,如珠在浊水中。"所以,"人之性论明暗,物之性只是偏塞。"(《朱子语类》卷四)

但在我看来,值随气异、理因气别、万物以分这个基本规律不但适应于每类事物之间,而且适应于同一类事物之中的不同个体。每个人对气之本体的禀受,诚如理学家所言,是千差万别的。现代科学证明,不但各个物种之间的基因不同,而且同一物种不同个体的遗传基因也不同,甚至除了同卵多胞胎外,世界上不存在遗传基因完全相同的两个人。这些不同,当然也表现为天赋的高低。可以说,在万物中,唯人类的天赋最高;而在人类中,唯圣人的天赋最高。或者说,气之性的最高表现形态是心,心的最高表现形态是人心,人心的最高表现形态是圣人之心。

气是任何事物得以存在的物质基础。气之性的差异,不可能不导致值之性的差异。朱子量器取水之喻亦适合人人之别,小人之"器量"如杓如椀,圣人之"器量"如桶如缸。不同量器所取之"水"在理学家为理,在我为值。

气之性的差异,一方面决定了人人对值之性的禀受存在偏全之别,另一方面也决定了人人对值之性的自觉能力存在通塞之分。这表明,虽然作为类,人的值之性相对于物是通而全的,而作为个体,人人的值之性仍然存在偏全通塞的差别。

气之性和值之性的不同,遂决定了人人理之性的不同。

不过,我们也必须意识到,圣贤的通全仍然是相对的,而不是绝对的。也就是说,相对于本原太极来说,其所禀受的太极,包括气、值、理,仍然是一偏的、有限的。

因此,在人类中,每一个个体的先天禀赋是色彩斑斓的,世界上不存在先天禀赋完全相同的两个人,就像不存在完全相同的两片树叶。这是否意味着有的人天生就是善人,有的人天生就是恶棍呢?

关于这个问题,让我们回到值、理、气三者的善恶特性来讨论。值之性是至真、至善、至美或纯真、纯善、纯美的,气之性虽无所谓真、善、美或假、恶、丑的,却蕴含着导致真、善、美和假、恶、丑的可能性,而理之性本身虽然也无所谓真、善、美或假、恶、丑,却蕴含着真、善、美和假、恶、丑之理。具体地说,值理性蕴含着至真、至善、至美或纯真、纯善、纯美之理,而气理性既蕴含着真、善、美之理,也蕴含着假、恶、丑之理。

因此,如果单从值性和值理性来看,一方面,人性是至真、至善、至美或纯真、纯善、纯美的,这是圣人和芸芸众生之所同。另一方面,受作为"器量"的气性之所拘,人人所秉之值性和值理性又有大小多少强弱等差别,这是圣人和芸芸众生之所异。据此,虽人性皆美,然美亦分大小。或如大海之美,或如江河之美,或如溪流之美,或如露珠之美。

如果单从气性和气理性来看,则人性本身虽无所谓善恶,却蕴含着善恶的机理与为善、作恶的可能性。一方面,人人都有气性和气理性,故人人都有为善、作恶的可能性。这是圣贤与芸芸众生之所同。依此,不管一个人的天赋如何高,如何聪慧,他都不可能天生就是圣人。他和芸芸众生一样,如果要成为圣人,就必须通过后天修行。这表明,天生圣人只是人们对以往圣人的理想化和神秘化,在现实世界中是不存在的。正因如此,被后儒共同尊为圣人的孔子虽然预设了"生而知之者"这个最高等级,但他并不认为自己是天生圣人:"我非生而知之者,好古,敏以求之者也。"(《论语·述而》)另一方面,人人的气性和气理性千差万别,故人人为善、作恶的可能性亦千差万别。顺其自然情势,禀气之清者,其为善的可能性最大,作恶的可能性最小,故成圣最易;得气之浊者,其为善的可能性最小,作恶的可能性最大,故多为愚、不肖,成圣最难;占绝大多数的普通人,则居于二者之间。这是圣贤与芸芸众生之不同。

因此,气禀本身虽无所谓善恶,但隐含着行善作恶之机缘和功用。不同的气禀在行善作恶中所起的作用有所不同,有的更容易导致行善,而有的则更容易导致作恶。至于最终导致行善还是作恶,那就取决于后天的习染和教育之功了。今仿王阳明四句教,将气性和气理性的善恶问题归结为以下四语：

> 无善无恶性之体，
>
> 可善可恶性之用；
>
> 趋善趋恶赖气禀，
>
> 为善去恶靠教化。

鉴于心和性的关系，首二句中的"性"字亦可替换为"心"。

既然万物之间乃至人人之间存在着如此这般的差别，那么这是否意味着人类有权奴役其他事物、天赋高的人可以奴役天赋低的人呢？我想，张载"民吾同胞，物吾与也"的名言已经回答了这个问题。万物是同源的，人类是一个大家庭，只有相互尊重，才能各尽其性，共同生存，和谐发展。

3. 从主观心、客观心之别看"性即理"还是"心即理"

至此，我们可以对性即理与心即理之争稍作清理了。

人心既然为性的实际承载者，那么我们说人兼备气之性、值之性和理之性，事实上可以具体落实为心兼备气之性、值之性和理之性，或者说心具一太极。太极在万物既为性，而心即性，故毋宁说心本身就是太极。以性言，心含值之性、理之性和气之性三类；以心言，则心含值之心、理之心和气之心三类。其中，只有气之心是主观的、能动的、具有知觉功能的，我们可称之为主观心、主宰心、能动心或知觉心。而值之心和理之心是客观的、自在的，我们可称之为客观心、自在心。

这样一来，如果以主观性来界定"心"、以客观性来界定"性"的话，我们毋宁可以说，主观心为"心"，而客观心为"性"。当然，这个"心"是狭义的。也就是说，作为广义的"心"，实包含狭义的"心"（主观心）和"性"（客观心）两部分。其实，张子《正蒙》所说"合性与知觉，有心之名"，已言明心含"性与知觉"两部分。其所谓"知觉"固然为知觉心、主观心，其所谓"性"，即"理"，相当于我所说的客观心，即值之心、理之心，或值之性、理之性。盖在张子看来，它是客观的，不具知觉功能，故谓之"性"。而在我看来，此"性"是"心"的一个部分。

理学家的"理"当涵我的"理"和"值"。站在我的立场上看，心即性，故心即理就是性即理。也就是说，心即理和性即理是从不同角度对同一事实的不同表达，在实质上二者并没有什么不同。

两派所争论的焦点，在于他们对客观心的看法。在朱子看来，性即理。性、理为心所具，但不可谓心本身就是性、就是理。他说："心以性为体，心将性做馅子模样。盖心之所以具是理者，以有性故也。"又说："性便是心之所有之理，心便是理之所会之地。"（《语类》卷五）但在陆王看来，理不但为心所具，而且心本身就是理。如陆九渊："人皆有是心，心皆具是理，心即理也。"（《象山全集》卷十一《与李宰书》之二）王阳明说："心即理也，天下又有心外之事、心外之理乎？"（《传习录》）

由此，引发了两派对心之本体的不同看法。朱子说："所觉者，心之理也；能觉者，气之灵也。"(《语类》卷五)他将"所觉者"和"能觉者"区分开来，并认为只有"能觉者"即"气之灵"才是心之本体："虚灵自是心之本体。"(同上)王阳明虽然也以灵明主宰为"心"——"何谓心？身之灵明主宰之谓也"，但认为这只是心之功用，而非心之本体——"必其灵明主宰者欲为善而去恶，然后其性体运用者始能为善而去恶也。"(《大学问》)那么什么是心之本体呢？他说："然心之本体，则性也。"(同上)此"性"即"理"，也就是朱子的"所觉者"。可见，朱子的"能觉者"、"气之灵"、"心之本体"和王阳明的"灵明主宰者"是一回事，相当于我们的主观心或知觉心，而朱子的"所觉者"、"心之理"和王阳明的"心之本体"是一回事，相当于我们的客观心。不难看出，朱子的"所觉者"、"心之理"即程朱一派"性即理"之"性"，王阳明的"心之本体"也就是陆王一派"心即理"之"心"。或者更明确地说，程朱的"性"就是陆王的"心"，二者都是指我所说的客观心，而程朱和陆王两派一致把客观心当做理。因此，"性即理"和"心即理"，除了名称之异外，是没有什么实质区别的。

有意思的是，两派也都曾提出心即性之说。如程颐说："孟子曰：'尽其心，知其性。'心即性也。在天为命，在人为性，论其所主为心，其实只是一个道。"(《河南程氏遗书》卷十八)王阳明亦云："心即性，性即理。"又云："性一而已。自其形体也谓之天，主宰也谓之帝，流行也谓之命，赋于人也谓之性，主于身也谓之心。"(《传习录》上)从这些表达可以看出，他们所谓的"心""性""道""理"，仍然是我所说的客观心。所以，理学家们的心即性和我所说的心即性不是同一个层面的问题。他们都是从义理之性来立论的，其"心"其"性"都只是指客观心，而我是从整体上来说的，其"心"其"性"兼概客观心和主观心，或者说是涵盖气之心、值之心、理之心的"心"和涵盖气之性、值之性、理之性的"性"。

事实上，程朱陆王的性即理和心即理之争有遥远的思想源头，至少在战国时期的思孟之异中已见其端倪。

思孟之构成学派，从大处着眼，固然不错，但就具体问题看，二者的差异还是相当明显的，这包括他们对心、性的不同见解。子思的心和性是两种不同的事物，天性内在、性由心显代表了他的思路。就其三句教来说，"天命之谓性"是谈性的形成，而"率性之谓道"和"修道之谓教"则是谈心之于性的作用，虽然他在这里没有明确地使用"心"这个概念。在子思思想中，"心"属于我所说的主观心或知觉心。它虽然能够呈现人性和认识道德，但其本身没有道德性。

孟子的"心"却包含我们所说的主观心和客观心两个层面。他说："心之官则思，思则得之，不思则不得也"、"人人有贵于己者，弗思耳矣。"这个具有"思"的功能的"心"为主观心。这里"思则得之"的"之"和"人人有贵于己者"指的是什么呢？孟子说："仁义礼智，非由外铄我也，我固有之也，弗思耳矣。"(《告子》上)可见，"思"的对象，正是天生即有的仁义礼智，孟子称之为"四端"、"良知"、"良能"或"本心"，也就是我们所说的客观心。正是在这个层面上，孟子合心、性为一。他说："无恻隐之心，非人也；无羞恶之心，非人也;无辞让之心,非人也;无是非之心,非人也。恻隐之心,仁之端也;羞恶之心,义之端也;辞让之心,礼之端也;是非之心,智之端也。人之有是四端也,犹其有四体也。"(《公孙丑上》)这里值得注意的是,"四端"即"恻隐之心"、"羞恶之心"、"恭敬之心"和"是非之心","非由外铄我也,我固有之也","人皆有之",无之则"非人也",以至"人之有是四端也,犹其有四体也"。如此,则"四端",即"恻隐之心"、"羞恶之心"、"恭敬之心"和"是非之心",就是人生而即有的本性、本质,也就是"性"。在这个意义上,孟子的"性"就是"四端",就是"心";他的"性善",也就是"心善"。对于孟子来说,"心"中有"性","性"中有"心","心"、"性"一也。

如此看来,从子思的心性论到程朱的"性即理"之说,以及从孟子的心性论到陆王的"心即理"之说,难道不是血脉相连吗?

四 心体

以上我们已经从"性"的角度对"心"做了整体性的描述,下面再对其具有主观能动性的部分即主观心或知觉心作进一步的探讨。

以现代科学的观点看,所谓知觉心,就是大脑以及整个神经系统。它有三种基本功能,可以分别用"知"、"情"、"意"三个概念来表达。

1. 知——认知、感知、觉知

知是知觉心的认识功能,它包含三种形式,我分别称之为"认知"、"感知"、"觉知",三者的主体可分别成为"认知心"、"感知心"、"觉知心"。认知是对理世界,包括恒理、太理、理之性、理之心的认识,是心对事物的理则和知识获取的方式,具有理智的特征。感知是对气世界,包括恒气、太气、气之性、气之心的认识,是心对事物本身的物理和生物特性的感触方式,具有感性的特征。觉知是对值世界,包括恒值、太值、值之性、值之心的认识,是心对宇宙价值和生命意义的体验、感悟和了解的方式,具有直觉的特征。

就认识的主体而言,为有知之物和有义之物。当然,作为有知之物的动物和作为有义之物的人的认识能力是不同的。就像动物没有值性一样,它也没有觉知能力。出于这个原因,动物的认知仅局限在气理,而与值理无涉。这就是说,对值的觉知和对值理的认知是人所独有的,动物仅仅具有对气的感知和对气理的认知的能力,并且其水平无法和人相比。

就认识的客体或对象而言,是道及其各种存在形式,包括自我之道、万物之道、太极之道和道体之道四个层面。这四个层面又可分别表达为道之在我、道之在物、道之在太极和道之在道体。

对于认识的主体而言,对自我之道的知是内向的,对万物之道、太极之道和道体之道的知是外向的。这意味着知有向内和向外两个指向。认知向内指向理之心亦即理之性

(对我而言),向外指向恒理、太理和理之性(对物而言);感知向内指向气之心亦即气之性(对我而言),向外指向恒气、太气、气之性(对物而言);觉知向内指向值之心亦即值之性(对我而言的),向外指向恒值、太值和值之性(对物而言的)。认知、感知和觉知向内所分别指向的理性、气性和值性,就是认识主体所禀受的次生太极,这是一个内在世界。其向外所分别指向的理世界、气世界和值世界,就是道体、本原太极和认识主体之外的人和万物所具有的次生太极。对于认识主体来说,这是一个外在世界。

道本来是外在的,只是流贯于我并为我所得,它才成为内在世界,因而从这个意义上说,内在世界与外在世界是重叠的、同构的,所以对内在世界的认识,同时也意味着对外在世界的认识。这样的精神过程,都既是向内的,又是向外的。更确切地说,无论是认知、感知,还是觉知,所指向的是同一个目标,这就是太极和道。这就好像空中之月就是万川之月,而万川之月就是空中之月。当你欣赏万川之月时,你所欣赏的同时就是空中之月;同样,而当你欣赏空中之月时,你所欣赏的也正是万川之月。在这个问题上,程朱立足于向外的一面,故认为格物就是穷物之理;陆王立足于向内的一面,故认为格物就是格心。其实,穷物之理和格己之心,是同一件事情,并没有什么实质区别。

但是,相对于完备的和无限的道体,次生太极毕竟是一偏的和有限的,而人们认识的对象,也不会仅仅局限于内在世界。如果单纯从认识外在世界的方面看,这只是一个穷物之理的过程,而不是一个格己之心的过程。不过,程朱和陆王的格物之辩,不可在这个层面上加以讨论,因为他们都认为人虽禀受的是一个完整的太极,次生太极和本原太极以及道体是相同的。

人之所异于禽兽者,以其能通。人心的自觉能力,能够打破其次生太极的一偏之限,通向浩淼的外在世界,故曰通则全。对此,程子所见极是:

> 问:"人之形体有限量,心有限量否?"曰:"论心之形,则安得无限量?"又问:"心之妙用有限量否?"曰:"自是人有限量。以有限之形,有限之气,苟不通之以道,安得无限量?……苟能通之以道,又岂有限量?"(《河南程氏遗书》卷十八)

在这里,有两点需要进一步明确。一是,不但"人之形体"甚至"心之形"有限量,而且道之在人,或者说人所禀受的道也是有限量的。二是,心的无限量是相对的。也就是说,相对于绝对无限的道体,心之妙用是非常有限的。任何人,乃至整个人类,甚至一切更高级的地外生命(如果存在的话)对道体的体认皆不过以蠡测海,而本文所见,亦仅仅沧海一粟而已。

这就是说,由于道既超越又内在,亦先验亦经验,故既可以从经验世界归纳先验世界,又可以由先验世界推知经验世界。正因如此,我们才可以一方面由万物追溯道体,另一方面由道体推索万物。在这个问题上,西方的传统似乎恰恰相反,如在康德看来,先验性的理念是无法从经验中归纳出来的。

2. 情——情爱本能、生理欲望和情绪

情是生命心的第二项功能。

中国古代哲学家们对情极为重视。早在春秋时期，子产就提出六情之说："民有好恶喜怒哀乐，生于六气。……哀乐不失，乃能协于天地之性，是以长久。"（《左传》昭公二十五年子大叔引）"好恶喜怒哀乐"为已发之情，"六气"乃"好恶喜怒哀乐"六者之气。这说明，子产已经把情分为内、外或未发、已发两个阶段或两种状态，并把内、未发者称为"气"。子思承之，提出喜怒哀乐四情之论："喜怒哀乐之未发，谓之中；发而皆中节，谓之和。中也者，天下之大本也；和也者，天下之达道也。致中和，天地位焉，万物育焉。"这种关于未发、已发的论述，尤为后儒所重。郭店简《性自命出》沿着未发、已发的思路，亦持四情论，只不过其四情为喜怒哀悲："喜怒哀悲之气，性也。及其见于外，则物取之也"；"凡性为主，物取之也。金石之有声也，弗扣不鸣；人虽有性也，弗取不出。"子产的"气"、子思的"中"以及《性自命出》的"气"和"性"，其实一也，皆为情欲未发状态。

"气"、"性"或"中"是如何"见于外"或"发"为情的呢？子产和子思均语焉不详，而《性自命出》则明确地不止一次地说"物取之也"，并以"金石之有声也，弗扣不鸣"来比喻"人虽有性也，弗取不出"。"物"即各类客观事物，不具有能动性，何以"取""出""性"？原来，在客观的"性"和"物"之间，存在一个不可或缺的环节，这就是具有主观能动性的"心"。就像《性自命出》所说："凡人虽有性，心无定志。待物而后作，待悦而后行，待习而后定"；"凡心有志也，无与不可。志之不可独行，犹口之不可独言也。"人虽然有心志，但如果"无与"，即没有参与者，也无所作为。这个"与"，就是"物取之也"之"物"。所以，"心"本"无定志"，需要"待物而后作，待悦而后行，待习而后定"。心志由"物"引起的"作"、"行"、"定"的连锁反应，正是"物""取""出""性"的过程。可见，情由心呈现，亦呈现于心。

鉴于心、性一也的判断，在我看来，这里所讨论的"未发"和"已发"，并不是性和情的转换，而只是情存在的两种状态和两个阶段。这就好比我们也可以将心的另外两个基本层面和功能即知和意分为"未发"和"已发"两种状态和两个阶段，但并不意味着"未发"的知、意和"已发"的知、意为两种事物一样。

《礼记·礼运》和荀子都持七情说，并且都不作"未发"和"已发"之分。《礼运》云："何谓人情？喜怒哀惧爱恶欲。七者，弗学而能。何谓人义？父慈，子孝，兄良，弟弟，夫义，妇听，长惠，幼顺，君仁，臣忠，十者，谓之人义。讲信修睦，谓之人利。争夺相杀，谓之人患。故圣人所以治人七情，修十义，讲信修睦，尚辞让，去争夺，舍礼何以治之？饮食男女，人之大欲存焉。死亡贫苦，人之大恶存焉。故欲恶者，心之大端也。人藏其心，不可测度也，美恶皆在其心不见其色也，欲一以穷之，舍礼何以哉？"荀子一方面继承了子产的六情说："性之好恶喜怒哀乐谓之情"；另一方面又提出与《礼运》稍有不同的七情说："喜怒哀乐爱恶欲以心异。"（《荀子·正名》）

情感是由外部刺激引起的主观体验，出于生物本能，为气之发。具体地说，它发自气之性、气之心。质言之，情感其实就是人和动物生物特性的体现形式，为感知的内在对象。在这个意义上，感知和情感之间是主体和客体的关系，二者相辅相成，组成感知—情感结构。

需要说明的是,由于作为觉知对象的值之性和值之心只是人的先天存在形式,并不直接表现为生物形式,所以在主观心中不存在觉知—值结构。

情感包含三个层面。第一个层面我称之为情爱本能,包括人和某些动物生而即有的同情心、人类婴儿和某些动物幼崽对母亲的爱恋等等。第二个层面是欲望,即食色,现代科学归之于生理因素。第三个层面为情绪,现代心理学归之于心理因素,上文提到的六情、四情、七情都属于这个层面。

在典籍中,作为一种情,欲有两种含义。一是愿望、意欲、想望。如《玉篇》:"欲,愿也。"《经义述闻·左传中·欲于巩伯》"余虽欲于巩伯"王引之按:"欲,犹好也。"这种含义的欲,属于第三层面。二是生理欲望。如《说文》:"欲,贪欲也。"《孟子·尽心下》"养心莫善于寡欲",赵岐注:"欲,利欲也。"《吕氏春秋·重己》"使生不顺者,欲也"高诱注:"欲,情欲也。"《楚辞·大招》"逞志究欲"王逸注:"欲,嗜欲也。"这种含义的欲,属于第二个层面。

情的这三个层面都属于生物本能,其本身是无所谓善恶的,却含有导致善恶的机理和可能性。就其自然情势而言,第一层面易于导致利他主义,第二层面易于导致利己主义,至于第三层面是走向利己主义还是利他主义,则完全取决于其"发而皆中节"与否。如果可以把这种趋善趋恶的可能性当做善恶的话,那么我们或许可以说第一层面是善的,第二层面是恶的,第三层面是善恶相混的。

3. 意

生命心的第三项功能为意。我以为意兼心之灵明、心之主宰、心之定向、心之状态诸义。这里的心之灵明,指心之灵处、心之素地,需要用一定的思想、意识、知识等等充实之。《大学》云:"物格而后知至,知至而后意诚,意诚而后心正。"诚者,实也。这几句话所强调的是,以正确的道德知识("知")来充实"意",如此方可将"心"纳入正确的道路。作为心之主宰的意,古人一般称之为"心"。如郭店简《五行》云:"耳目鼻口手足六者,心之役也。心曰唯,莫敢不唯;诺,莫敢不诺;进,莫敢不进;后,莫敢不后;深,莫敢不深;浅,莫敢不浅。"荀子亦云:"心居中虚,以治五官,夫是之谓天君。"(《荀子·天论》)可见,心乃一切行为之主宰。作为心之定向的意,古人一般称之为"志"。如孔子说:"苟志于仁,无恶也。"(《论语·里仁》)后人把意念、动机称为"意",如王阳明说"有善有恶是意之动",这也是心之定向。作为心之状态的意,《大学》讨论尤多,如"知止而后有定,定而后能静,静而后能安,安而后能虑,虑而后能得";"所谓修身在正其心者,心有所忿懥,则不得其正;有所恐惧,则不得其正;有所好乐,则不得其正;有所忧患,则不得其正。心不正焉,视而不见,听而不闻,食而不知其味。"至于今本《中庸》、《大学》、帛书《五行》所说的"慎独"和宋明理学家所说的"持敬"等等,都是对心之状态的描述。

从意之诸义不难看出,意是知觉心的另外两个基本内涵即知和情的主导者。就知而言,意决定着知的方向,也在相当程度上决定着知所能达到的程度。就情而言,意不但决定了情之"发"还是"未发",也决定了情之"发"而"中节"还是"失节"。另一方面,知和情又可以反过来对意施加影响。

4. 认知心与生命心

在心的各项功能中,除认知心之外,其他诸项,包括觉知心、感知心、情、意,皆为生命体验的形式,所以可以统称之为"生命心"。

人们一般称认知心为认识心。在牟宗三的学说中,与认识心对应的概念是"道德心",但我觉得它只是我所说的生命之心的一个方面或一种因素。儒家讲的"恻隐之心"、"羞恶之心"、"辞让之心"、"是非之心"等等固然可以归于"道德心",但《老子》的"愚人之心"、《庄子》的"游心"、"心斋"之"心",以及《坛经》"无诸尘劳之心"等等,就很难说了。我认为,所有这些"心"连同"道德心"一起,都可归为"生命之心"。所以,"道德心"不足构成与认知之心或认识心相对应的概念。

认知心和生命心对人的生存状态以及生命的意义是不同的。生命心是存在价值和生命意义的真正承载者,而认知心不过是实现存在价值和生命意义的一个途径和手段。换言之,生命体验是人的存在的目的,而认知只是实现这一目的的一个工具。

在生命心的四项功能即觉知、感知、情、意中,意扮演着指挥官的角色,觉知、感知和情才是生命体验的具体执行者。所以,觉知与感知—情感结构是生命存在的两种基本状态。由于觉所指向的是值世界,而感知—情感结构源于气,亦指向气,为生物本能,所以我称由觉知所体现的生命形式为价值生命,由感知—情感结构所体现的生命形式为生物生命。不难看出,人兼备价值生命和生物生命,而动物只有生物生命。

5. 万物的目的和意义

万物有无目的?万物的存在有无意义?古人给予了肯定的答复。他们认为,万物的目的和存在意义在于自性的充分实现。用他们的话说,就是"尽性"、"尽心"。

"尽性"之说,为孔子首创。在《说卦》首章,晚年孔子对其新形上学作了进一步阐述:"昔者圣人之作《易》也,将以顺性命之理。是以立天之道,曰阴与阳;立地之道,曰柔与刚;立人之道,曰仁与义。"所谓"性命之理",我以为指"易""命""性"于天地万物之理。正因为这里所讨论的是"性命之理",所以"天之道"、"地之道"、"人之道",可以分别理解为"天之性"、"地之性"、"人之性"。也就是说,孔子已经以"仁与义"为"人之性"。

在同一章,晚年孔子从另一角度对这种性命思想作了说明:"昔圣人之作《易》也,幽赞于神明而生蓍,参天两地而倚数,观变于阴阳而立卦,发挥于刚柔而生爻,和顺于道德而理于义,穷理尽性以至于命。""观变于阴阳而立卦,发挥于刚柔而生爻,和顺于道德而理于义",分别相当于"立天之道,曰阴与阳;立地之道,曰柔与刚;立人之道,曰仁与义"。"理于义"的"义",即帛书《要》篇所说的"德义",而"仁与义"当然皆属"德义"。"穷理"之"理"即上段的"性命之理"。"穷理尽性以至于命"是说穷竭"性命之理",便能极尽"天之道"、"地之道"、"人之道",即"天之性"、"地之性"、"人之性",从而达到"性"的来源"命"。

子思继承了晚年孔子的"尽性"之说。子思在《中庸》中区分了两种道德路径,并从不同角度对其作了阐述,如"率性之谓道"和"修道之谓教"、"诚者"和"诚之者"、"自诚明"和"自明诚"等。这事实上是圣人和普通人的道德路径的区别。依此,子思也区分了圣人和贤人以下"尽性"的不同路径。他说:"唯天下至诚,为能尽其性;能尽其性,则能尽人之性,能尽人之性,则能尽物之性;能尽物之性,则可以赞天地之化育;可以赞天地之化育,则可以与天地参矣。""天下至诚",圣人也。故此言圣人之"尽性"。这种对"尽性"的阐释和"成己"、"成物"之说是相辅相成的。所谓"尽其性",即最大限度地"成己";所谓"尽人之性"、"尽物之性",即最大限度地"成物"。结合"成己,仁也;成物,知也"的说法,"尽性"实为大仁、大智,非圣人不足以当之。

子思接着说:"其次致曲,曲能有诚,诚则形,形则著,著则明,明则动,动则变,变则化,唯天下至诚为能化。""致",朱熹云:"推致也。""曲",郑玄云:"犹小小之事也";朱熹云:"一偏也"。我认为,"致曲",即"择善而固执之也";"曲能有诚",即"诚之者"也。故此处乃论贤人以下之"尽性"。贤人以下通过"择善而固执之"即"致曲",达到"诚",以至"形"、"著"而"明"。至于"明则动,动则变,变则化,唯天下至诚为能化"的过程,则正是"尽人之性"、"尽物之性"、"可以赞天地之化育"的过程。"天下至诚",圣人也;"化","赞天地之化育"之"化"也。到这里,事实上已经达到"天下至诚"的圣人的水平了。看来,贤人以下通过不懈的"诚之"、"修道"、"自明诚"、"至曲",最终也可以成为圣人。

这种尽性观甚为可取。其"率性之谓道"和"修道之谓教"、"诚者"和"诚之者"、"自诚明"和"自明诚"的二分法,首先体现了个体先天气禀的差异,其次阐明了由这种气禀差异所决定的道德路径和功夫的不同,更指出了普通人成为圣贤的方向。这种观点不但继承了孔子"中人以上"和"中人以下"以及"生而知之"、"学而知之"、"困而知之"、"困而不学"的学说,而且惠及宋明理学家的功夫、本体之论,功莫大焉。如王阳明说:"我这里接人,原有此二种。利根之人,直从本源上悟入。人心本体,原是明莹无滞的,原是个未发之中。利根之人,一悟本体,即是功夫,人己内外,一齐俱透了。其次不免有习心,在本体受弊,故且教在意念上落实为善去恶。功夫熟后,渣滓去得净时,本体亦明尽了。"(《传习录》下)显然,这种看法和子思尽性说是一脉相承的。

不过,在孟子看来,性就是心,而心之"思诚"是唯一的道德路径,可见全部的道德功夫只系于一"心"。所以孟子不像晚年孔子和子思那样讲"尽性",而是力主"尽心"。"尽其心"之"心",当然为"恻隐之心"等等,即"四端"。所谓"尽心",是说"四端"全般呈现,为我所得。此"心"即为"性",故"尽其心者,知其性也"。而"性"由"天"所"命",故"知其性,则知天矣"。

孟子之所以将"性"即本心称为"四端",旨在强调它只是一种"端绪"。而既是"端绪",则可沿此"端绪"向外推广、扩充。对此,孟子多有论述。如:"凡有四端于我者,知皆扩而充之矣,若火之始然,泉之始达"(《公孙丑上》);"老吾老,以及人之老;幼吾幼,以及人之幼。天下可运于掌。《诗》云:'刑于寡妻,至于兄弟,以御于家邦。'言举斯心加诸彼而已。故推恩足以保四海,不推恩无以保妻子。古之人所以大过人者,无他焉,善推其所为而已矣"(《梁惠王上》);"亲亲而仁民,仁民而爱物。"(《尽心上》)显而易见,这种说法同子思以"成己"、"成物"为内容的"尽性"说实异曲同工。

  按照孟子的看法,心即性,故他的尽心也就是孔子和子思的尽性。王阳明亦云:"性是心之体,天是性之原,尽心即是尽性。"(《传习录》上)

  总之,尽性和尽心意味着实现本性、本心。《中庸》所说的"尽其性"是实现自我的本性,"尽人之性"为帮助他人实现其本性,"尽物之性"为帮助万物实现其本性。尽性、尽心、实现本性,就是万物的目的和存在的意义之所在。

  万物之性的不同,决定了万物之目的和存在之意义有所不同。对各类事物而言,尽其非本质的性为低级目标,尽其本质的性则为高级目标。对于有气之物来说,其唯一目的是尽其物质性和物质理性;对有生之物来说,尽其物质性和物质理性,只是低级目标,其高级目标是尽其生命性和生命理性;对有知之物来说,其低级目标是尽其物质性和物质理性、生命性和生命理性,其高级目标是尽其知觉能力和知觉理性;对有义之物来说,其低级目标包括尽其物质性和物质理性、生命性和生命理性、知觉能力和知觉理性,其高级目标则是尽其值性、值理性和发现价值的能力。可见,万物尽性的目标是处在不同层面上,对于每一类事物而言,目标越低,意义越小。如对于有知之物来说,实现作为物质的存在是微不足道的;对于有义之物来说,实现作为物质的存在和作为生命的存在(这里当然指的是植物生命)都是微不足道的。如果说高级目标决定事物的意义的话,那么有气之物的意义在于实现其作为物质的存在,有生之物的意义在于实现其植物生命,有知之物的意义在于实现其动物生命,有义之物的意义在于实现其价值生命。

  至于有生之物以上各类事物的物质躯体,则不过是其实现各自生命意义的凭借、工具和手段而已。就是说,枝叶花果是植物实现其植物生命的工具,动物躯体是动物实现其生物生命的工具,人的躯体是人实现其价值生命的工具。

  显然,对于人来说,价值生命决定着生命的意义,是生命存在的高级形式,而生物生命本身无所谓真善美和假恶丑,不具有价值,所以是生命存在的低级形式。

  人对内在世界或者说自我之道的认识,同时也意味着自我本性的呈现,这是一个问题的两个方面。由于先哲以为外在世界和内在世界是同一的,而没有意识到外在世界远远大于内在世界,所以他们相信,充分地开发内在世界,是全般地呈现本性,实现自我的途径。在我看来,这只是实现自我本性的一个途径。另一个途径是,充分地开发外在世界。

  需要附带一提的是,道体也是有目的的,这就是孕育和帮助宇宙与万物实现其本性。

6. 价值生命的层次和人生境界

  相对于作为认知对象的理而言,作为感知对象的气,更具丰富性、生动性和不确定性,而作为觉知对象的值则最为丰富、生动和不确定。不仅如此,作为道体高级形式的值世界,是存在不同层次的。所以,如果说人们对理的认知是大同小异的话,那么每个人对气世界的感触和对值世界体验和感悟的方向和程度是千差万别的,"仁者见之谓之仁,智者见之谓之智",由此形成了千差万别的境界。关于境界,我们可以借用冯友兰的话来描述。他说:"各人有各人的境界,严格地说,没有两个人的境界,是完全相同底。……但我们可以忽其小异,而取其大同。就大同方面看,人所可能有的境界,可以分为四种:自然境界,功利境界,道德境界,天地境界。"①其自然境界、功利境界属于感知和生物生命的不同层次,而道德境界、天地境界则为觉知和价值生命的不同层次。

就是说,各个主体认识道的难易程度不同,所达到的层次亦异。其实,这在很大程度上取决于他们气禀的差异。对此,古人多有讨论。如《河南程氏遗书》卷十八载:

> 问:"人性本明,因何有蔽?"曰:"……才禀于气,气有清浊。禀其清者为贤,禀其浊者为愚。"又问:"愚可变否?"曰:"可。孔子谓上智与下愚不移,然亦有可移之理,惟自暴自弃者则不移也。"

王阳明亦云:

> 人之气质,清浊粹驳,有中人以上,中人以下。其于道有生知安行,学知利行,其下者必须人一己百,人十己千,及其成功则一。(《传习录》上)

贤者、中人以上者禀气之清,其体道更易且深;愚者、中人以下者禀气之浊,其体道更难且浅。但是,只要付出足够的努力,"亦有可移之理",就是说愚者一样能够成功。

觉知能够达到值世界的不同层面和高度,这就决定了价值生命本身也是存在不同层次的。我们知道,作为觉知的对象,值世界包含恒值、太值、值之性(或值之心)三个层面,而三者之间是部分与整体的关系,即值之性为有限的太值,太值为有限的恒值。其中,值之性乃值之在我,是觉知最直接的对象。所以觉知的目标首先是对值之性的体悟,然后是进一步对作为值之性直接来源的太值的体悟。觉知的最高目标是达至值世界的本原形态,即处在道体无极状态的恒值并与之相契合,从而充分实现和体验作为道的本性的道之九德,并由此获得生命的最高自由、最高自在、最高快乐、最高满足、最高安顿。我把这种状态称为生命颠峰状态或颠峰体验。可以说,它体现了生命的根本意义和终极关怀,是人类真正的精神家园。可见,觉知的不断追求,是精神不断解放的过程。

达到生命颠峰状态的途径大致可以分为五种。一是自心了悟的路径,二是各种身心修行的路径,三是道德的路径,四是审美的路径,五是神灵的路径。其中,第一种路径是生命心无所凭借、直截了当的对道的彻悟和洞察,是最高超的体道路径。第二、三、四种路径虽然分别借助于修行、道德和审美,但仍然是依赖生命心自身的认识能力。第五种则主要靠外力的作用,是在依赖生命心自身的能力无法达到颠峰状态的情况下不得不采用的路径,是不得已的办法。

当然,这只是一种理论层面上的区分,在现实中它们又是互相包容的,尽管不同的人群会有不同的侧重。一般说来,利根之人易于采用第一种路径,其次采用第二、三、四种路

---

① 冯友兰:《三松堂全集》(第四卷),河南人民出版社 1986 年版,第 550 页。

径,而对于普通大众来说,则采用第五种路径更为便捷。所以,神灵虽然不是高超体道路径,却是最为广泛运用的体道路径,这就是神灵的重要价值之所在。

各种人生学说和生命体验对五种路径各有倚重。大致地说,自心了悟的路径和身心修行的路径为儒、道、释三家所并重。不过,对儒家来说,道德的路径显得更为重要。至于审美的路径,向来为诗人、文学家、艺术家所青睐。而基督教和伊斯兰教,则对神灵的路径情有独钟。

因而,就各大文明系统的情况看,除审美的路径为各种文明所并重之外,中华文明侧重于前三种路径,印度文明侧重于前两种路径,西方文明和伊斯兰文明则以最后一种路径为主。这也就不难理解,就像西方文明的物质文化达到了人类最高水平一样,中华文明的精神文化达到了人类最高水平。

我要强调的是,这只是达到生命颠峰状态的路径不同,最终的目标则是一致的。好比从不同方向爬同一座山,虽然路径不同,但最终所达到的是同一个顶点,正所谓道通为一。只不过各家对这同一个顶点称谓不一,孔子谓之易,后儒谓之天,道家谓之道,佛教谓之真如,基督教谓之上帝,伊斯兰教谓之真主,如此等等,其实一也。《易》曰:"天下同归而殊途,一致而百虑。"

不断提高境界,最终完全达到生命颠峰状态,往往是一个漫长的修养过程。"吾十有五而志于学,三十而立,四十而不惑,五十而知天命,六十而耳顺,七十而从心所欲,不逾矩",这不正是孔子对其一生境界演进的总结吗?

7. 生物生命和知识对价值生命的腐蚀

然而,对人来说,实现其价值生命和实现其生物生命之间往往存在冲突,如果一任价值生命的实现,必然要压抑生物生命的实现,反之亦然。不仅如此,生物生命无限度的放纵有时会侵蚀甚至吞噬价值生命,从而使人失去人生的目标和意义。

对此,古往今来的思想家多有论述,当然他们都是以高扬价值为宗旨的。如郭店本《老子》说:"罪莫厚乎甚欲,咎莫憯乎欲得,祸莫大乎不知足。"所以主张:"视素保朴,少私寡欲。"今本《老子》也说:"五色令人目盲,五音令人耳聋,五味令人口爽,驰骋畋猎令人心发狂,难得之货令人行妨。是以圣人为腹不为目,故去彼取此。"(十二章)

关于这个问题,孟子有精彩的论述:"体有贵贱,有大小。无以小害大,无以贱害贵。养其小者为小人,养其大者为大人。"(《告子上》)在和公都子的对话中,孟子又对此作了进一步阐述:

> 公都子问曰:"钧是人也,或为大人,或为小人,何也?"孟子曰:"从其大体为大人,从其小体为小人。"曰:"钧是人也,或从其大体,或从其小体,何也?"曰:"耳目之官不思,而蔽于物。物交物,则引之而已矣。心之官则思,思则得之,不思则不得也。此天之所与我者。先立乎其大者,则其小者弗能夺也。此为大人而已矣。"(《告子上》)

孟子的"大体"、"心"相当于我的价值生命和觉知心,"思"为觉知心对值世界的觉知,"小体"和"耳目之官"为生物生命和感知心。从孟子的论述中,我们可以得出这样的结论:觉知心的功能就是对值世界的觉知,这是上天赋予我的,是生命中高贵部分。感知心不能认识值世界,故为外物所遮蔽。外物陈陈相因,最终导致价值的堕落,从而造成对价值生命的残害,这是生命中低贱的部分。所以,滋养和顺从价值生命和觉知心的人为"大人",滋养和顺从生物生命和感知心的人为"小人"。当然,对于"大人"来说,并不是要完全断绝生物生命和感知心,关键在于"先立乎其大者",即首先确立价值生命和觉知心的主导地位,以之统帅生物生命和感知心,这样后者就不能动摇前者了。

看来,生物生命与价值生命的冲突,最终可以归结为觉知心与感知心的冲突。认识心的另一部分即认知心与觉知心之间也存在着冲突,这表现为知识与价值生命的冲突。就是说,如果一任认知心的发挥,一味地追求知识,也会导致价值生命的失落。

郭店简《老子》是这样论述"学"和"为道"之关系的:"学者日益,为道者日损。损之或损,以至无为也。无为而无不为,绝学无忧。"知识是通过学习得到的。相对于精神的本来状态而言,学习无疑是一种增益,正是这些增益的东西导致了对道的背离。因而,"为道"与此恰恰相反,正是对这些增益之物的减损。减损又减损,以至于"无为",从而回归自然,与道合一。"无为"作为一种自然行为,看起来没有做什么,但事实上无所不为。既然"学"是"为道"的反动,那么只好杜绝之:"绝学无忧。"弃绝学习,回归大道,便可无忧。老子还进一步认为,弃绝知识和论辩,人民会得到百倍的好处:"绝知弃辩,民利百倍。"

《庄子·天地》篇表达了类似的思想:"有机械者必有机事,有机事者必有机心。机心存于胸中则纯白不备,纯白不备则神生不定,神生不定者道之所不载也。"有缘于知识的机械,便有投机取巧之事;有投机取巧之事,便有投机取巧之心,投机取巧之心存于胸中,精神便不能澄明纯净;精神不能澄明纯净,微妙的本性便摇曳不定;微妙的本性摇曳不定的人,便不能载道了。

或许老庄对知识的态度过于极端了。孟子以"先立乎其大者,则其小者弗能夺也"来确定价值生命和生物生命的关系,我想这也是我们对待价值生命和知识关系的正确态度。

总之,在觉知心、感知心和认知心三者中,觉知心居主导地位,后二者居从属地位。当三者之间发生冲突时,后二者要服从于觉知心。

8. 价值生命和生物生命的互相渗透

不仅如此,作为两种基本的生命存在状态,价值生命和生物生命之间也是相互影响、相互渗透的。一方面,由于情的渗透,价值生命变得更加生动活泼,更加丰富多彩;另一方面,价值生命的介入,赋予情以价值和意义的属性,这其实是价值对生物生命的提升和转化。此外,由于情隐含着趋善趋恶的机理和可能性,所以它也会对价值生命本身产生一些正面的和负面的影响。

这种带有价值属性的情感,我称为价值情感;这种为情感所渗透的价值,我称为情感价值。前者是情感的价值体现,后者是价值的情感体现。二者名称虽异,其实一也。在这种价值和情感的混合体中,价值起着主导性的作用。人们一般所说的道德情感、审美情感、宗教情感等等,皆属此类。

相应地,我把不带有价值属性的情感称为生物情感,把不带有情感色彩的价值称为单纯价值。

生物情感的三个层面向价值情感转变的模式有所不同。我们说就其自然情势而言,第一层面易于导致利他主义,其实是说它可以顺发为价值和价值情感;第二层面易于导致利己主义,意味着只有通过道德修养的功夫,它才能转换为价值和价值情感;第三层面则在两者之间,或可顺发为情感价值,或通过道德修养功夫才转化情感价值。生物情感向价值情感的顺发或转化,今本《中庸》称之为"发而皆中节"。

一种生物情感能否转变为价值情感,仍然取决于意的主宰作用。意的这种统合知(包括觉知和认知)、情之态势,我们可以仿照古人的话语方式称为"意统知情"。

中国古代哲学家所探讨的功夫论,统而言之,大抵可归结为由生物情感转变为价值情感的功夫。

9. 从孟荀的以情为性说看善恶的起源

情在中国传统人性论中占有极其重要的地位,并且总是和道德纠缠在一起。我曾说过,中国传统人性论的核心问题是"德"、"欲"及其相互关系。由此引发了两条发展脉络,一是三代以降以情欲为"性"或者说气质之性的旧传统,二是晚年孔子所开创的以"德"为"性"或者说义理之性的新传统。这就是说,中国早期对人性的认识经历了一个从"欲"到"德",或者说从人的本能到人的本质的过程。孔子以前,"性"就是情欲、本能。当时的人性论主要表现在两个方面,即以"德"御"性"和以"气"释"性"。老子开始将"德"作为人之为人的内在本质。早期孔子提出"性相近也,习相远也",对"性"的理解,基本上维持了传统的观念。晚年孔子则进一步以"德"为"性",从而完成了对传统人性论的根本转化。这实为义理之性之渊源、性善说之滥觞。子思提出"天命之谓性"之说以弘扬新传统,将情欲之"性"称为"中"。竹书《性自命出》不但发展了子思的"中"论,而且将其恢复为"性",并为之建构了一套独特的外在道德先验论,从而使旧传统发扬光大。孟子起而纠正这一趋势,力主只有"四端"才是"性",而情欲之"性"只是"命",从而将新传统发挥到极致。对此,荀子进而沿着《性自命出》开辟的道路,将旧传统推向顶点,明确提出了性恶的主张[①]。

依本文的看法,新旧传统所谈的人性不可同日而语。旧传统所谓的人性为气之性或气之心,而新传统所谓的人性为值之性、值之心或价值情感。即使同为旧传统,所论人性也有差异。如《性自命出》的性主要指情绪,而荀子的性,如下文所言,主要是生理欲望。

---

① 详见郭沂:《"德""欲"之际——中国人性论的起源与早期发展》,载蔡德麟、景海峰主编《全球化时代的儒家伦理》,清华大学出版社 2007 年版。

那么,古人是如何定义"性"的呢?"性"的本字为"生",二者密不可分,以致古人亦多以"生"解"性"。如告子说:"生之谓性。"(《孟子·告子上》)荀子说:"生之所以然者谓之性。"(《荀子·正名》)董仲舒云:"如其生之自然之资谓之性。"(《春秋繁露·深察名号》)刘向:"性,生而然者也。"(《论衡·本性》引)情欲为"生而然者",这是每一个人都容易理解和接受的。但是,如果要论证道德为"生而然者"却非易事。所以,新传统对"德"之为天生即有的性,起初只作笼统的肯定,而不作具体论证。

后来,面对越来越多的挑战,善辩的孟子不得不为这种新人性观进行论证和辩护。他是如何辩护的呢?一方面,"所以谓人皆有不忍人之心者,今人乍见孺子将入于井,皆有怵惕恻隐之心——非所以内交于孺子之父母也,非所以要誉于乡党朋友也,非恶其声而然也。"(《公孙丑》上)所谓"怵惕恻隐之心",事实上就是人生而即有的同情心。另一方面,"人之所不学而能者,其良能也;所不虑而知者,其良知也。孩提之童无不知爱其亲者,及其长也,无不知敬其兄也。亲亲,仁也;敬长,义也;无他,达之天下也。"(《尽心上》)所谓"孩提之童无不知爱其亲者",是说婴儿对母亲的天然爱恋。这两个方面都是本能,属于情爱本能。既然是本能,故虽然它能够表现为利他主义,或者说表现为善,但其本身是无所谓善恶的。"人之所不学而能"、"所不虑而知",不过是对本能的描述。但是,孟子称之为"良能"、"良知",却值得玩味。如果说这种"能"、"知"自然趋向"良",故谓之"良能"、"良知",我们是可以接受的;如果由于此"能"此"知"本身就"良",故谓之"良能"、"良知",我们就难以苟同了。

令人疑惑的是,这两种态度,在孟子思想中是并存的。在《告子上》篇,面对公都子的质疑,孟子劈头便说:"乃若其情,则可以为善矣,乃所谓善也。""可以"二字表明,性善只是一种可能性,或是一种趋势。这无疑不符合他一贯主张的性善说。所以孟子话头一转,接着便说:"仁义礼智非由外铄我也,我固有之也。"据此,性善为实然。

孟子论证"我固有"仁义礼智的理由是"仁义礼智根于心"(《尽心上》)。他还进一步将仁义礼智在心中的"根"称为"四端":"无恻隐之心,非人也;无羞恶之心,非人也;无辞让之心,非人也;无是非之心,非人也。恻隐之心,仁之端也;羞恶之心,义之端也;辞让之心,礼之端也;是非之心,智之端也。人之有是四端也,犹其有四体也。"(《公孙丑上》)

程朱都认为,四端皆情:

> 或问:"孟子言四端处有二,大抵皆以心为言。明道却云:'恻隐之类,皆情也。'伊川亦云:'人性所以善者,于四端之情可见。'一以四端属诸心,一以四端属诸情,何也?"曰:"心,包性情者也,自其动者言之,虽谓之情亦可也。"(《朱子语类》卷五十三)

以我之见,心即性也,而情又是心的一项功能,故言四端为心、为情是不矛盾的。其实,不但四端为情,而且仁义礼智本身又何尝不是情?前者为生物情感,后者为价值情感。

孟子之所以陷入自相矛盾的境地,我以为根源于他对性的概念首鼠两端。当他将性归结为仁义礼智,即我们所说的值之性、值之心及其呈现形式价值情感的时候,他得出了性善的结论,而当他将性归结为情爱本能的时候,便自然得出性善为一种可能性的结论。孟子既然将性归结为仁义礼智了,为什么还要将之归结为情爱本能,以至陷自己于进退维谷之地呢?问题就出在他试图论证其仁义礼智为性说是符合"生而然者"的普通性定义的,殊不知值之性或值之心是难以用现实事例来证明的。

　　荀子的性恶论与孟子的性善说虽然截然对立,但在思维方式上却如出一辙。在《性恶》篇,荀子不仅将"性"和"情"并称——"从人之性,顺人之情",且屡言"情性",直白其"性"为"情"。此"情"为情的哪个层面呢?荀子说:"今人之性,饥而欲饱,寒而欲暖,劳而欲休,此人之情性也。"又说:"若夫目好色,耳好听,口好味,心好利,骨体肤理好愉佚,是皆生于人之情性者也。"可见,荀子的"性"为生理欲望。

　　性既为生理欲望,即属本能,即无所谓善恶。荀子是如何论证性恶的呢?《性恶》篇开宗明义:"人之性恶,其善者伪也。今人之性,生而有好利焉,顺是,故争夺生而辞让亡焉;生而有疾恶焉,顺是,故残贼生而忠信亡焉;生而有耳目之欲,有好声色焉,顺是,故淫乱生而礼义文理亡焉。"三个"顺是",已准确无误地告诉我们,荀子的性恶,不过是人性向恶的趋势罢了。这段表白,同孟子"乃若其情,则可以为善矣,乃所谓善也"的断言,何其相似乃尔!所以,荀子认为只有"化性起伪"才能将生理欲望转化为价值:"故圣人化性而起伪,伪起而生礼义,礼义生而制法度;然则礼义法度者,是圣人之所生也。"(《荀子·性恶》)

　　朱子如是区分孟子的四端和荀子的七情:"四端是理之发,七情是气之发。"(《朱子语类》卷五十三)依本文,四端、七情皆气之发,或发自情爱本能,或发自生理欲望。

　　尽管我不赞成孟荀将趋善、趋恶当作性善、性恶,但他们对善恶根源的追究却值得我们给予特别的关注。综二家之说,情爱本能和生理欲望等生物情感本身虽然无所谓善恶、无所谓价值,却是善恶、价值之端绪,隐含着向善向恶的趋势。可以说,在生物情感的三个层次中,情爱本能,善之端也;生理欲望,恶之端也;喜怒哀乐,两端并存也。教化的作用就是抑止恶端,推扬善端,故曰为善去恶靠教化。

　　从宏观上看,孟荀之间除了思维方式有所雷同外,具体观点也多有契合。如他们都认为生理欲望为恶的来源,并且都主张通过教化以达到为善去恶的目的。

　　王阳明继承和发展了孟子的良知说。王阳明的"良知"虽然也是情爱本能,但他对良知善恶定性却比孟子合理:"无善无恶心之体。"我认为,王阳明的"心之体"就是处于未发状态的情爱本能,它无所谓善恶,故谓之"无善无恶"。

　　尽管我们对知觉心的功能作了如此那般的区别,但在事实上,这些功能之间是盘根错节、难解难分的。知觉心是能动的,只要心有所动,则往往是知觉心各项功能的综合反应,虽然在不同情况下每项功能的地位有别。

五　人道与道统

1. 文化及其系统

生命心和认知心对道所含有的值世界、气世界和理世界的认识,本质是对道的开发,同时也是道的呈现。道是无限的,生命心和认知心对道认识也是无穷的,生命的意义就在于生命心和认知心对道的无穷呈现。其结果,便形成了文化。换言之,文化就是心体的呈现、心体的外化、心体的产品。不过,生命心和认知心的呈现者性质有所不同,由生命心所呈现的文化为生命文化或文化的生命系统,由认知心所呈现的是知识文化或文化的知识系统。当然,这是就文化的主要倾向而说的。文化作为心的产品,往往是生命心和认知心混合呈现的产物。

鉴于觉知体现了价值生命,感知体现了生物生命,所以由觉知所呈现的文化为价值性生命文化,简称价值文化,诸如道德、宗教、文学、艺术等等。由感知所呈现的文化为生物性生命文化,简称生物文化,诸如体育、各种娱乐活动等等。由于价值生命和生物生命本身就是相互渗透的,所以价值文化和生物文化之间也是你中有我,我中有你。因此,作为心的产品,价值文化中也含有非价值甚至负价值(假恶丑)的成分,而生物文化中也含有价值(真善美)的成分。

由于理世界包含值理和气理两部分,所以知识文化也相应地分为两种,一是价值知识,即由认知心所呈现的值理;二是自然知识或科学知识即由认知心所呈现的气理。前者来自值世界,又是通往值世界的桥梁;后者来自气世界,又创造出新的人为的气世界,这就是物质文化。

各个系统的文化一旦形成,就会分别成为人们认识值世界、气世界和理世界的凭借、工具和途径。

从认识论的角度看,我们可以说生命心和认知心是能知,值世界、气世界和理世界是所知,而文化(包括生命系统和知识系统)是既知,至于尚未被生命心和认知心所触及的值世界、气世界和理世界其余的那仍然无限的部分,则是未知。这里的能知、所知、既知、未知四个概念——合称能所既未,或许能够更全面地反映认识过程。

相对于无限的值世界、气世界和理世界,心之潜能总是有限的。最大限度地发挥心之潜能,则意味着最大限度地开发值世界、气世界和理世界。

文化被心创造出来以后,又反过来服务于心。一般来说,价值文化、生物文化和知识文化正好分别服务于各自的创造者即觉知心、感知心和认知心。孟子说:"养心莫善于寡欲。其为人也寡欲,虽有不存焉者,寡矣;其为人也多欲,虽有存焉者,寡矣。"(《尽心下》)孟子所说的"养"也就是我这里所说的"服务"。不过,认知心毕竟不是生命的体验者,所以知识文化最终还是用来服务于生命心的。大致地说,价值知识主要用来服务于觉知心或价值生命,而科学知识以及由科学知识而形成的物质文化,主要用来服务于感知心或生物生命。

动物有感知心和涉及气理的认知心,故能创造出一些简单的生物文化、自然知识以及相应的物质文化。

2. 终极价值与一般价值

各种文化系统对人的意义是不同的。作为有义之物,人的目的和存在意义最终在于以其所特有的觉知心去实现其值之性、值之心,从而创造价值文化、价值知识。至于感知心和生物生命,则不过是人实现其目的和存在意义的工具、手段和凭借而已。

我们已经知道,在价值生命和觉知心中,生命颠峰状态或颠峰体验体现了生命的根本意义和终极关怀,是人类真正的精神家园。我把这种价值称为"终极价值",它在文化系统中表现为信仰和行为准则,具有至高无上的地位。终极价值既是值本体至真、至善、至美之本性的体现,又是道体九德的落实。

终极价值应该包含哪些内容呢?我们知道,西方人提出的真善美三个价值观念已为世人所普遍接受。但正如钱穆所说:"其实此三大范畴论,在其本身内涵中,包有许多缺点。第一,并不能包括尽人生的一切。第二,依循此真善美三分的理论,有一些容易引人走入歧途的所在。第三,中国传统的宇宙观与人生观,亦与此真善美三范畴论有多少出入处。"①我以为,真善美三大范畴仍然是达到生命颠峰状态各种途径所体现的价值,而不是生命颠峰状态本身所体现的价值。换言之,它们并不是价值的最高形式,并不是终极价值。

生命颠峰状态本身所体现的价值是什么呢?我用一个"安"字来表达。《说文》:"安,静也。从女在宀下";"宀,交覆深屋也,象形。"段玉裁改"静"为"竫",谓"此与宁同意"。徐锴系传:"安,止也。从女在宀中。"《尔雅·释诂下》:"安,定也。"《玉篇》:"安,安定也。"可见,"安"字的本义是,家中有女人,因而安宁、安静、安定、安心、安顿。这当然是站在男子的角度说的。由于生命颠峰状态是人类真正的精神家园,故我用"安"字来表达处在这一精神家园中人们精神的最高自由、最高自在、最高快乐、最高满足、最高安顿等状态。这才是价值的最高形式,这才是终极价值。

因此,我将价值的三大范畴扩大为四大范畴:真善美安。其中,安与真善美不在同一个层面上,而是凌驾于真善美之上的终极价值。

至于目前流行的"核心价值"这个概念与"终极价值"有所不同。我以为,所谓核心价值就是一个社会或一个时代,为了满足某种需要或达到某种目的而形成的主体价值。当这种需要得到满足或这种目的得以实现,这种核心价值也就随之隐退。所以,在历史上,终极价值虽然有所损益,但其基本精神却是一以贯之的,此所谓"天不变,道亦不变"。与此不同,核心价值却随着时代的推进而变动不居。当一个社会进入稳定状态,不存在特殊

---

① 钱穆:《人生十论》,广西师范大学出版社 2004 年 5 月版,第 8 页。

的需要和目的之时,终极价值就会兼核心价值之职。也就是说,对任何社会来说,核心价值或可有可无,但终极价值是不可或缺的。如果由于某种特殊的原因,一个社会的核心价值压倒甚至替代了终极价值,那么这个社会就会失去灵魂,就是迷失方向。正因如此,一个文化系统的核心只能是这种文化的终极价值。

在价值系统,那些并非直接关涉终极关怀的价值,诸如伦理价值、社会价值、政治价值等等,我统统归之于一般价值。

这样,文化就可以分为四个系统,即终极价值系统、一般价值系统、生物系统和知识系统。这只是一个大体的划分,四者之间并没有明确的界限。价值系统和生物系统之间相互渗透的情况已如上所述。就价值系统和知识系统之间的关系看,值理实现为文化,自然就是关于价值的知识;而一切知识又都服务于主体,为我所用,所以知识自有知识的价值。

当然,这四大文化系统对人类的意义,是有差等的。其中,终极价值系统是至关重要的,它决定了人类存在的根本意义,其次是一般价值系统,再次是生物系统,而知识系统又其次也。

3. 作为终极价值的"道"

在儒家学说中,反映终极关怀的终极价值可以用"道"字来概括。

道是中国哲学的一个核心范畴,为儒释道三派所共同推崇。尽管如此,各家对它的理解却不尽相同。大致地说,作为哲学范畴的道,有两层含义,一是由本义道路引申出来的规律、原理、准则等义,二是宇宙的本原、本根、本体。如所周知,作为宇宙本原、本根、本体的道为老子所首创。根据笔者的考察,先秦儒家的道,大抵是作为规律、原理、准则的道。其中,除了加以限定者,如"天之道"("天道")、"地之道"("地道")等外,单独使用的道,一般为人当行之道,即人之道、人道,也就是行为准则。

那么,儒家眼中的人当行之道是什么呢? 大致地说,儒家之道有两个维度,一是精神境界,二是伦理道德。前者侧重个人修养,后者侧重社会秩序。二者又保持着高度的统一。孔子七十岁后所达到的"从心所欲,不逾矩",既是最高的精神境界,又是最高的道德情操。所以,儒家之道表现为一系列的道德范畴。在儒家看来,人们应该遵守各种道德范畴,依道而行。今考经典,如果将先秦儒家的"道"理解为各种道德规范的总称,大致是不错的。如孔子说:"君子道者三,我无能焉。仁者不忧,知者不惑,勇者不惧"(《论语·宪问》),以仁、智、勇为道;"子谓子产有君子之道四焉:其行已也恭,其事上也敬,其养民也惠,其使民也义",以恭、敬、惠、义为道;(《公冶长》)曾子说:"夫子之道,忠恕而已矣"(《里仁》),以忠、恕为道;子思说:"天下之达道五,所以行之者三。曰君臣也,父子也,夫妇也,昆弟也,朋友之交也。五者,天下之达道也。知、仁、勇三者,天下之达德也"(《中庸》),以五种人伦为道;孟子说:"尧舜之道,孝弟而已矣"(《孟子·告子下》),以孝、弟为道;荀子说:"先王之道,仁之隆也,比中而行之。曷谓中? 曰:礼义是也。道者,非天之道,非地之道,人之所以道也,君子之所道也"(《荀子·儒效》),以仁、礼、义为道。

容易让人产生误解的是《易传》中的"道"字。随着魏晋玄学之风的兴起,《易传》中的"道"字,多被理解为作为本原、本根、本体的道。如韩康伯注《系辞》上"一阴一阳之谓道"曰:"'道'者何?无之称也。无不通也,无不由也,况之曰'道'。"在韩氏看来,此"道",即"无",即本体。依我看,这只是对《周易》的玄学解释,万不可以之为《周易》本义。其实,《系辞》上的这个"道"字,只是天地之道,而非超越的本体。一方面,其上文有"易与天地准,故能弥纶天地之道"之语,明言"天地之道";另一方面,《系辞》下亦有"立天之道曰阴与阳,立地之道曰柔与刚"之句,足可旁证。盖合则以阴阳兼状"天地之道",分则以阴阳状"天之道",以柔刚状"地之道"。

又如孔颖达《周易正义》注《系辞》上"形而上者谓之道,形而下者谓之器"曰:"道是无体之名,形是有质之称。凡有从无而生,形由道而立,是先道而后形,是道在形之上,形在道之下。故自形外已上者谓之道也,自形内而下者谓之器也。形虽处道器两畔之际,形在器,不在道也。既有形质,可为器用,故云'形而下者谓之器'也。"这种以"无"释"道"的观点,与韩康伯如出一辙。宋明理学家们虽然不会接受以"无"释"道"的看法,但仍认为"道"就是本体,只不过将韩、孔二氏的"无"替换为"理"而已。朱子说:"形而上者,指理而言;形而下者,指事物而言"(《语类》卷七五);"理也者,形而上之道也,生物之本也;气也者,形而下之器也,生物之具也。"(《文集》卷五八《答黄道夫》)至中西交通以后,随着西文的 metaphysics 被翻译为"形而上学",以"道"、"器"之分为本体与现象之别,已经成为常识。我以为,这也是一个误会。"形而上",即无形质的,感观所不能触及者;"形而下",即有形质的,感观所能触及者。故"器"为有形的事物,"道"为此事物之规律、原理、准则。唐人李鼎祚《周易集解》引崔觐以"体"、"用"喻"器"、"道",诚为真解:"凡天地万物,皆有形质。就形质之中,有体有用。体者,即形质也。用者,即形质之妙用也。言有妙理之用,以扶其体,则是道也。其体比用,若器至于物。则是体为形之下,谓之为器也。假令天地圆盖方轸,为体为器,以万物资始资生,为用为道。动物以形躯为体为器,以灵识为用为道。植物以枝干为器为体,以生性为道为用。""器"为体,"道"为用,故"道"显然不是宇宙之本原、世界之本体。章学诚《原道》(中)将《系辞》这两句话理解为"道不离器,犹影不离形",可谓有识。

在儒学史上,道真正拥有本体的含义,是宋代以后的事情。宋明理学家们不但继承了原始儒学作为事物规律、原理、准则的道,而且在形式上吸收了道家作为世界本原、本根、本体的道,甚至明确地提出了"道体"这个概念。在宋明理学中,道体就是太极,就是世界的本原、本体。就这样,道的两层基本含义就统一起来了。

总之,在原始儒学中,道只是事物的规律、原理、准则,是人当行之道,是行为准则,而不是理学家的"道体"之"道"。道既然为人道,则其切近人事,表现于伦常日用。如孔子所说:"道不远人。人之为道而远人,不可以为道。"(语出今本《中庸》)孟子也说:"夫道,若大路然,岂难知哉?"(《告子下》)至于表示世界本原、本体,相当于宋明理学中"道体"的概念,当时只有两个,一个是"易",一个是"天",前者只见于孔子易学。

我们说道见于伦常日用,并不意味着它仅仅来自现实生活。董仲舒说:"道之大原出于天。"(《举贤良对策》)超越世界,才是大道最终的本源。故子思说:"君子之道,费而隐。夫妇之愚,可以与知焉。及其至也,虽圣人亦有所不知焉。夫妇之不肖,可以能行焉。及其至也,虽圣人亦有所不能焉。"(今本《中庸》)"夫妇之愚,可以与知"、"可以能行"者,道之见于伦常日用者也;"虽圣人亦有所不知"、"有所不能"者,道之玄妙本原者也。

因而,作为人当行之道的"道",其实就是儒家的终极关怀和信仰之所在,也就是儒家所讲的"道统"之"道",它集中体现了儒家的终极价值。所谓道统,就是古往今来的圣贤探寻、继承、弘扬人类当行之道和终极价值的传统,是中国远古人文精神和孔子以来儒家道德精神薪火相传的系统,是中国文化生生不息的命脉。子曰:"人能弘道,非道弘人。"大道由远古圣人的发现得以成立,亦由历代圣贤的不断求索和弘扬得以生生不息。唯其如此,大道方可成"统"。在五千年的历史上,道统不正像黄河、长江吗?由泉之始达而涓涓细流,以至滔滔巨澜,其间又容纳百川,不断吸收异质文明。

我以为,道与道统作为儒家终极价值及其传统的形成,具有普遍意义。虽然各种文明的价值观不同,但其终极价值无不最终落实于一套行为准则,也就是人当行之道。道体是无限的,是一个取之不尽、用之不竭的价值源泉。正像儒家从中发展出儒家之道并形成其道统一样,世界上所有价值体系都从中得出各自之道并形成其道统,道家、佛教、基督教、伊斯兰教,乃至当今盛行的自由主义等等,都各有其道及其道统。到目前为止,形形色色的超越概念,诸如儒家的"天"、道家的"道"、佛学的"真如"、西方的"上帝"等等,无不是各种文化系统站在自己的立场上从不同角度对道体的体认,最终它们无不落实于各自所持的人当行之道,来指导人们的行为。所以,我将人类的终极价值笼统地称为"道"。

作为终极关怀,信仰可以分为宗教信仰、人文信仰两种基本类型。由此,人类的终极价值——人道也相应地分为两类,一是宗教之道,二是人文之道。世界上大多数民族的信仰为宗教,故其终极价值是宗教性的;而中国人的信仰则宗教、人文并行,尤以人文信仰为主,故其终极价值为宗教性和人文性并行,尤以人文性为主。

4. "道"的形成

在各个文化系统中,作为终极价值,道是如何形成的呢?诚如余英时所说:"仅从价值具有超越的源头一点而言,中、西文化在开始时似乎并无基本不同。但是若从超越源头和人间世之间的关系着眼,则中西文化的差异极有可以注意者在。"他进一步指出,中国的超越世界内在于人,要通过内在超越之路才能进入这个超越的价值世界,由此形成了内在超越的价值论;西方的超越世界外在于人,要通过外在超越之路才能进入其超越的价值世界,由此形成了外在超越的价值论[①]。不过,我倒觉得,在中国历史上,虽然内在超越的占有明显的优势,但外在超越的价值论也蔚为壮观。

中国外在超越价值论的源头,可以追溯到原始宗教,而被我称为"华教"的中国传统的主体宗教,就是其代表。这种宗教的主要内容有上天崇拜、民族始祖崇拜、祖先崇拜、圣

[①] 余英时:《从价值系统看中国文化的现代意义》,见《文史传统与文化重建》,三联书店 2004 年版。

贤崇拜、自然崇拜、社会习俗、传统节日等。在我看来,早在中国跨入文明时代之初,也就是三皇五帝时期,华教就已经形成了。在夏商周三代以降至清末的漫长历史时期,华教一直高居国教的地位①。按照华教的思想,万事万物和一切价值的超越源头是天,而天之于人是一种外在的力量。至于其他中国本土宗教,包括道教,无疑也属于外在超越一系。

中国内在超越价值论起源于《周易》。如果从伏羲画八卦算起,其源头也可追溯到三皇五帝时期。依《周易》,万事万物和一切价值的超越源头是阴阳,而阴阳之于人是一种内在的力量,或者说是内在于人的。老子的道论脱胎于《周易》,所以道家的价值系统属于典型的内在超越论。

或许是由于全面继承了传统文化遗产的缘故,儒家一派同时接纳了外在超越和内在超越两系。对此,可以考之于儒家的道统传承谱系。最近,我曾提出道本两统的说法,认为大道兴于对天人之际的追究,而究天人之际,则既可自上而下地"推天道以明人事",又可自下而上地"究人事以得天道"。由此形成了道之两统,可分别称之为天人统和人天统。此道之两统,已清晰地呈现于六经。大《易》属于天人道统,《诗》、《书》、《礼》、《乐》、《春秋》属于人天道统。孔子早期主要继承了人天道统,持自然人性论和礼乐教化观,晚年"学《易》"后,将重点转向继承和发扬天人道统,并创造性地提出了义理之性和性善的理念。进入战国,儒家开始分化为两系。一系承《诗》、《书》、《礼》、《乐》、《春秋》之人天统和孔子早期思想,本之以圣人之教化,从而论性情之源,礼乐之生,可谓之教本派。此派创自公孙尼子,继之以郭店简《性自命出》等篇、《内业》,集成于荀子,而子夏实为其先驱。另一系承《易》之天人道统,融合孔子中晚期之思想,本之以天命之善性,从而论情心之变,教化之功,可谓之性本派。此派创自子思,集成于孟子,而曾子乃其前奏②。

所谓人天统和天人统,正好分别与外在超越和内在超越两系相应。诚然,不管天人统和人天统,都认为道来自超越世界,但其着眼点又各不相同。在天人统看来,性即人之为人的本质,故性本善。道即出自性,而性为天所命。关于这一点,子思表达得最为明确:"天命之谓性,率性之谓道"。按照我的理解,所谓"率性之谓道",就是说将"性"引导出来,便形成"道";或者说引导出来的"性",就是"道"。盖性为内在之物,必靠引导方可呈现。这种关于道之起源的看法,所走的是内在超越之路。与此不同,在人天统看来,性就是人生即有的本能、欲望,故这种内在的性不可能成为道的来源。那么,在此派看来,道来自何处?郭店简《天降大常》(原题《成之闻之》,应为《性自命出》作者的另一篇作品)说:"天降大常,以理人伦。制为君臣之义,著为父子之亲,分为夫妇之辨。是故小人乱天常以逆大道,君子治人伦以顺天德。"和人之"性"一样,人间之"道"亦由"天"所"降",只不过"天"并不是将"道""降"于人自身,而是直接"降"之于天下、"降"之于社会、"降"之于人间。也就是说,"道"是外在于人的。这种关于道之起源的看法,所走的是外在超越

---

① 郭沂:《国家意识形态与民族主体价值相反相成》,《哲学动态》2007 年第 3 期。
② 见郭沂:《五经七典——儒家核心经典系统之重构》,《人民政协报》2006 年 12 月 18 日、2007 年 1 月 15 日连载。

之路。

一般说来,宗教是通过外在超越之路来建构其价值体系的,但佛教却是个例外。和中国其他所有内在超越派一样,佛教也认为超越世界是内在于人性的,是谓佛性。

那么,外在超越之路和内在超越之路谁是谁非呢?作为终极价值,人道源自道体,是值世界在心中的呈现,或者说是心对值世界的开发。值之本体,即恒值和太值,早在人类产生之前,本来就是客观存在的。尤其无极状态下的恒值,更是无生无灭的。在这个意义上,作为价值之源的值是外在于人的。由此,外在超越之路得以成立。但是,当太极生万物之后,万物就各具太极,作为万物之灵的人自然不能例外。在这个意义上,作为价值之源的值又内在于人,成为人的值之性。由此,内在超越得以成立。可见,外在超越和内在超越都是有充足的根据的,只不过它们各看到了真理的一个侧面,各执一端而已。由于太极无二,确切地说,值世界通而为一,故源自人自身和源自外部世界的道是相通的。职是之故,外在超越之路和内在超越之路,终归于一。这样,我们也就不难理解,子思通过内在超越所得之道与《性自命出》通过外在超越所得之道,并无实质区别。因而,对道的追求,理应内外互参,上下求索。

5. 文明的重估

让我们以这个结论来重新评估人类文明。

德裔美籍思想家弗罗姆在《逃避自由》一书中指出,在中世纪,尽管从现代意义上看个人是不自由的,每个人都被他在社会秩序中扮演的角色所束缚,可他不会感到孤独和孤立。社会秩序被当做自然秩序,个人作为它的一部分而从中获得安全感和归属感。在文艺复兴和宗教改革两次浪潮的冲击下,人们在个人情感的表达和宗教信仰方面获得了自由;资本主义的发展又使人们在经济上、政治上获得自由。但这一自由的结果使个人失去了以往的安全保障,陷入了孤立无依的境地。自由给人们带来的不是幸福,而是孤独、恐惧、焦虑、苦恼、惶惑,自由像沉重的负担压得人们不堪忍受,从而使人们害怕它,甚至通过虐待狂和受虐狂、破坏性、自动适应等方式逃避它。这是为什么?现代社会到底出了什么问题?

的确,在传统社会,物质文化十分落后,政治制度也在很大程度上限制了人的自由。但是,更重要的是,那是一个高扬终极价值的社会。正如孟子所说,"先立乎其大者,则其小者弗能夺也"。只要护住了终极价值,人生的意义和心灵的安顿就有了保障。这才是当时人们获得安全感和归属感的根本原因。

现代社会的基本价值是科学和民主。我们已经知道,科学不过是生命的工具,而不是生命本身。随着科学的发展,人类登上了月球,建立了国际空间站,如此等等,但所有这一切,虽然使人们开阔了眼界,增长了知识,但并没有使人们的心灵获得丝毫安顿,并没有解决人生的意义问题。更有甚者,科学的发展极大地冲击了传统的价值体系。哥白尼提出日心说,达尔文提出进化论,以及现代科学的种种发现,深刻地动摇了作为西方终极价值的基督教的根基。如果说牛顿还相信第一推动力来自上帝的话,那么爱因斯坦已经完全否定了上帝的权威。据报载,爱因斯坦在 1954 年 1 月 3 日写给哲学家葛金的信中称宗教是"孩子气的迷信"。他说:"上帝这个词对我来说不过是人类弱点的一种表达,《圣经》是一系列令人骄傲的原始神话,不过看起来有点孩子气。无论如何解释都改变不了这一点。"他甚至认为,犹太人的宗教帮助信徒"实现了某种自我欺骗",并没有提高他们的道德水平[①]。如果是这样,那么对于西方人来说,否定了宗教,就意味着心灵便得不到安顿,人生失去了归宿。

至于民主,则基本上是个制度层面的问题,属于我所说的一般价值,而非终极价值。现代自由观念,包括信仰自由、政治自由、言论自由、经济自由等等,是以确立个体同他人、同自然和社会的相对性为出发点的,其实现取决于个体对外在因素的摆脱。可见这是一种外在自由,与我所说的生命自由不可同日而语。

如此看来,现代人追求的主要目标不是终极价值,而是生命存在的工具和手段。人们把现代思维方式称为"工具理性",也充分地说明了这一点。用孟子的话说,现代社会的特点是"以小害大"、"以贱害贵",而现代人正是"养其小者"的"小人"。这意味着现代人已经遗忘了生命的价值,迷失了人生的方向

这样说并不是要否定科学与民主,也不是说现代社会一无是处。我所强调的是,作为知识文化的科学要服从价值文化,而作为一般价值的政治制度要服从终极价值,真正做到"先立乎其大者,则其小者弗能夺也"。这才是一个健全的社会。

其实,将民主和科学纳入儒学体系,早已成为牟宗三哲学的任务。他认为,儒学经历了三期发展。自孔孟荀至董仲舒为第一期,宋明儒学为第二期,现代新儒学为第三期。儒学第三期发展的使命是"三统并建":"一、道统之肯定,此即肯定道德宗教之价值,护住孔孟所开辟之人生宇宙之本源。二、学统之开出,此即转出'知性主体'以融纳希腊传统,开出学术之独立性。三、政统之继续,此即由认识政体之发展而肯定民主政治为必然。"[②]

牟宗三又将这种"三统并建"说归结为"内圣开出新外王"。所谓"内圣",即传统儒家的心性之学,用牟宗三的话说就是"道德良知",相当于"道统之肯定"。所谓"新外王",就是科学和民主,分别相当于"学统之开出"和"政统之继续"。至于"内圣"何以开出"新外王",牟宗三又创"道德良知自我坎陷"之说,谓道德良知经过自我限制、自我否定,自觉地从德性主体转出知性主体,即从道德良知(内圣)开出科学和民主(新外王)。

牟氏的愿望是极其值得赞许的,但他的论证却大有问题,所以学者们多不相信其"内圣"能够"开出新外王"。问题的关键,恐怕是他的哲学缺乏知识本体,故不得不要求从德性主体转出知性主体,这无异于缘木求鱼。

十分巧合的是,牟宗三所说的"三统",即道统、政统和学统,正好分别属于我们这里所讨论的人道(终极价值系统)、一般价值系统和知识系统这三大文化系统。本文的论述

[①] 见《参考消息》2008 年 5 月 15 日和 18 日报道,分别引自英国《卫报》5 月 13 日文章和英国《每日电讯报》网站 5 月 16 日文章。
[②] 牟宗三:《道德的理想主义·序》,台湾学生书局 1985 年版。

表明,这三大文化系统都是开放的系统,足以容纳来自不同文化系统的终极价值、一般价值,更不用说知识系统。因此,据此进行"三统共建",并从中建立民主和科学,即"新外王",是完全顺理成章的。

六 体用图

以上所论道体、性体、心体、人道等等构成了一个体用的链环。其中,道体为天地之大本,以下迭为体用。即道体为体,性体为用;性体为体,心体为用;心体为体,文化为用;生命为体,知识为用;价值为体,生物为用;人道为体,一般价值为用。现依此作"体用图"如下:

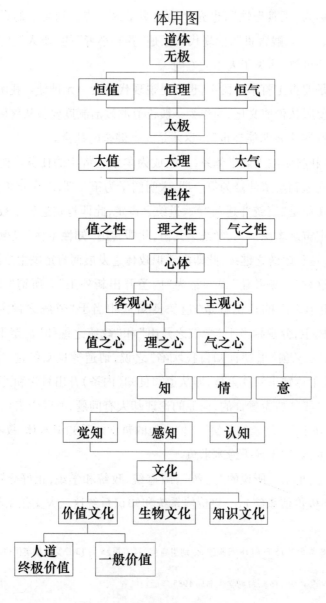

从图中可以看出,道体、性体、心体、文化、价值、人道之间体用一如,上下融通,直如高山流水,一贯而下。

嗟夫,"道之大原出于天",可得而观也!